PARA ESTAR BIEN

USA TU CEREBRO PARA REJUVENECER

USA TU
CEREBRO

**CÓMO VERTE, SENTIRTE Y
PENSAR MEJOR CADA DÍA** PARA

REJUVENECER

Dr. Daniel G. Amen

OCEANO

USA TU CEREBRO PARA REJUVENECER
CÓMO VERTE, SENTIRTE Y PENSAR MEJOR CADA DÍA

Título original: USE YOUR BRAIN TO CHANGE YOUR AGE.
   Secrets to Look, Feel, and Think Younger Every Day

© 2012, Daniel G. Amen, M.D.

Traducción: María del Pilar Carril

Diseño de portada: Departamento de Arte de Océano
Fotografía de Daniel G. Amen, cortesía del autor

D. R. © 2022, Editorial Océano de México, S.A. de C.V.
Guillermo Barroso 17-5, Col. Industrial Las Armas,
Tlalnepantla de Baz, 54080, Estado de México
info@oceano.com.mx

Tercera edición: 2022

ISBN: 978-607-557-430-1

Hecho en México / Printed in Mexico

Para Tana, ¡mi razón para vivir una vida larga y sana!

ADVERTENCIA MÉDICA.

La información presentada en este libro es el resultado de años de experiencia práctica e investigación clínica del autor. Por necesidad, la información
de este libro es de carácter general y no sustituye la evaluación o tratamiento
por parte de un especialista competente. Si usted cree que necesita intervención médica, consulte a un profesional de la salud tan pronto como sea
posible. Las historias de este libro son verdaderas. Los nombres y las circuns-
tancias de estos relatos se han modificado para proteger el anonimato de los
pacientes.

Índice

Introducción: la fuente de la juventud está entre las orejas
Siete principios que cambiarán todo en su vida, 15

1. Nana, Lisa y Ruth, 43
   *Conozca sus cifras para mantener la mente sana y prevenir
   la enfermedad de Alzheimer y otros padecimientos de la vejez*

2. Tamara, 77
   *Concéntrese en los alimentos que lo benefician
   y no en los que lo perjudican*

3. Andy, 129
   Fortalézcase para vivir más

4. José, 161
   *¿Y luego qué? Optimice su corteza prefrontal para estimular
   la conciencia y tomar decisiones mejores y más sanas*

5. Jim, 189
   Aumente la esperanza de vida, velocidad y memoria del cerebro

6. Joni y el minilevantamiento facial, 209
   Estimule su flujo sanguíneo para tener mejor piel y mejor sexo

7. Chris y Sammie, 239
   Trate la depresión, el duelo y el estrés para agregar años a su vida

8. Anthony, Patrick, Nancy y más sobre cómo revertir el daño cerebral, 277
   Mejore su cerebro aunque se haya portado mal con él

9. Historia de dos Ricks, 297
   Cree su propia red de genios para mejorar juntos

10. Daniel y los estudios SPECT, 327
   Lo que no conoce le roba su cerebro

Apéndice: suplementos naturales
para estimular su cerebro y prolongar su vida, 343

Nota sobre las referencias y lecturas adicionales, 359

Agradecimientos, 361

Índice analítico, 365

Introducción
La fuente de la juventud está entre las orejas
Siete principios que cambiarán todo en su vida

Sólo se es joven una vez, pero se puede ser inmaduro indefinidamente.

ODGEN NASH

Hace poco iba en un avión de San Francisco a Honolulu, donde participaría en un debate muy importante en la reunión anual de la American Psychiatric Association. En el asiento contiguo viajaba una mujer mayor, Mary, quien me reconoció por mis programas de televisión. Cuando estaba abriendo mi laptop para empezar a obsesionarme con el debate, Mary se inclinó hacia mí y preguntó:

–¿Alguna vez es demasiado tarde?

–Demasiado tarde ¿para qué? —inquirí a mi vez, tratando de concentrarme en mis actividades del día siguiente.

–Tengo setenta y seis años —susurró—. ¿Es demasiado tarde para tener un mejor cerebro?

–Sólo si planea vivir hasta los setenta y siete —repuse con una sonrisa, mirando sus bonitos ojos verdes—. Si quiere vivir hasta los noventa, ¡*ahora* es un buen momento para empezar!

Ella soltó una risita. Me relajé. Las personas como Mary siempre han alimentado la pasión que siento por mi trabajo.

–*La fuente de la juventud está entre las orejas* —continué—. Es el cerebro el que toma las decisiones que nos mantienen sanos, felices y en camino hacia una larga vida, y es el cerebro el que toma las malas decisiones que

15

arruinan nuestra salud y nos mandan a la tumba antes de tiempo. Si quiere vivir una existencia larga y feliz, el primer paso es tener un mejor cerebro.

Mary me dijo que le encantaban mis programas de televisión porque eran muy prácticos, y que ya había hecho muchos cambios en su vida. También me habló de su hijo, quien tenía problemas de alcoholismo, pero que dejó de beber después de ver mis programas. Se dio cuenta de que no quería saber nada de los daños que vio en el estudio SPECT que el alcohol puede causar al cerebro.

En las Clínicas Amen utilizamos un avanzado estudio de imágenes cerebrales llamado SPECT para ayudarnos a entender y tratar a nuestros pacientes. SPECT significa *tomografía computarizada por emisión de fotón*, un estudio de medicina nuclear que examina el flujo sanguíneo y los patrones de actividad. Se centra en el funcionamiento del cerebro. Difiere de la tomografía axial computarizada (TAC) o la imagen por resonancia magnética (IRM), que son exploraciones anatómicas que muestran cómo se ve físicamente el cerebro. SPECT muestra el funcionamiento del mismo. En los últimos veintiún años las Clínicas Amen han creado la base de datos más grande del mundo de SPECT cerebral, que ya suma más de setenta mil exploraciones de pacientes de noventa países.

El estudio SPECT muestra básicamente tres cosas:

1. Las áreas del cerebro que funcionan bien.
2. Las áreas del cerebro que tienen bajo nivel de actividad.
3. Las áreas del cerebro que tienen alto nivel de actividad.

Un estudio de un cerebro sano muestra actividad plena, uniforme y simétrica.

Al observar todos estos estudios SPECT me queda muy claro que uno *puede acelerar el proceso de envejecimiento y hacer que su cerebro se sienta más viejo que su edad cronológica o desacelerar este proceso y tener un cerebro que se vea y se sienta mucho más joven que su edad cronológica.*

A pesar de que el envejecimiento no es opcional,
¡tener un cerebro que se vea y se sienta viejo sí lo es!

A continuación se presentan tres estudios SPECT de cerebros de sesenta años. Uno de ellos está sano, otro tiene la enfermedad de Alzheimer, y el tercero es de una persona con sobrepeso que tiene apnea del sueño.

Cerebro normal

Enfermedad de Alzheimer

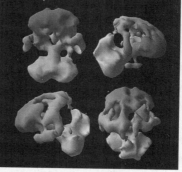

Actividad plena, uniforme y simétrica

Mitad posterior del cerebro agonizante

Sobrepeso y apnea del sueño

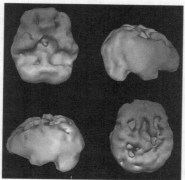

Múltiples áreas de disminución de actividad

El SPECT cerebral es un estudio de medicina nuclear que evalúa el flujo de sangre y los patrones de actividad. La imagen en la parte superior izquierda de cada exploración es una vista tomada desde abajo del cerebro. La imagen en la parte inferior derecha es una vista hacia abajo desde la parte superior. En la parte superior derecha e inferior izquierda, las imágenes se tomaron desde los lados del cerebro. Los agujeros que se observan en las imágenes no son huecos físicos, sino que indican áreas de un nivel considerablemente bajo de flujo sanguíneo y patrones de actividad.

De estos tres cerebros, ¿cuál es el que desea? ¿Quién va a vivir más tiempo y tiene el cerebro más joven y más eficaz? La elección es obvia.

Es muy evidente, por nuestro trabajo de imágenes, que a medida que envejecemos la actividad cerebral disminuye en toda la superficie del cerebro. Si no reflexionamos en la manera en que vivimos, la miríada de malas decisiones que una persona toma en su vida influye en el envejecimiento de una manera negativa. La mala alimentación, el estrés crónico, los problemas de salud, la falta de sueño, el exceso de alcohol, las drogas, el comportamiento de alto riesgo, el estar expuesto a las toxinas del medio ambiente y muchos otros factores contribuyen a la muerte prematura de nuestro cerebro. Desafortunadamente, la mayoría de la gente acepta la disminución de las funciones cognitivas como una parte normal del envejecimiento.

En fechas recientes grabé una entrevista con Todd, un ejecutivo de negocios de alto nivel. Me contó que, a los cincuenta y tres años, su memoria era terrible.

—Estoy seguro de que es mi edad. Lo que pasa es que estoy envejeciendo —comentó—. A menudo no tengo ni idea de dónde dejé mis llaves y a veces las encuentro en el refrigerador, al lado de los huevos.

—Definitivamente eso no es normal —respondí—. Tengo cincuenta y siete años y mi memoria es tan buena como lo ha sido siempre. Es una de esas mentiras que las personas se dicen a sí mismas para justificar sus problemas de memoria y malos hábitos. La negación les impide obtener la ayuda que necesitan. Háblame de tu dieta y ejercicio.

Cuando Todd oyó que mencioné el ejercicio, se animó:

—Hago ejercicio cinco veces a la semana. Corro largas distancias y estoy en muy buena forma.

Había algo que no cuadraba.

—¿Y tu dieta? —insistí.

Bajó la mirada.

—No es muy saludable. Cada mañana, de camino al trabajo, tomo una Diet Coke y Pop-Tarts en el auto. El resto del día no es mejor.

No hay duda de que si ponemos combustible tóxico en un auto disminuirá su rendimiento. Poner combustible tóxico en el cuerpo definitivamente provoca daños en el cerebro, no importa la cantidad de ejercicio que uno haga.

—Si tuvieras un caballo de carreras de un millón de dólares —pregunté—, ¿lo alimentarías con comida chatarra?

—Por supuesto que no —contestó.

—Tú eres mucho más valioso que un caballo de carreras. Es hora de que te trates con amor y respeto —lo alenté.

Tres meses después, Todd me dijo que su memoria había mejorado mucho. También me contó que pensaba en mí cada vez que comía. Espero lograr lo mismo con usted.

Bill, de ochenta y cinco años, tuvo un estudio cerebral típico para alguien de su edad. Es ejecutivo de negocios jubilado y se quejaba de sentirse cansando. Tenía problemas de memoria y tomaba cuatro medicamentos para la hipertensión, problemas de colesterol y dolor de pecho.

—Odio envejecer —comentó. (El lenguaje que utilizamos cuando hablamos de envejecer, como veremos, es muy importante.) Su SPECT cerebral, como es lógico, mostró un cerebro viejo, con actividad general baja.

Estudio de Bill: típico de una persona de 85 años

Múltiples áreas con disminución de actividad

A través de nuestro trabajo con imágenes cerebrales, también hemos descubierto un grupo de hombres y mujeres mayores que tienen un cerebro de deslumbrante belleza y excelente funcionamiento, y todos ellos llevan vidas que reflejan el funcionamiento sano del cerebro. Sus vidas son mucho más vibrantes, energéticas y reflexivas que las de otros cuyos cerebros no funcionan bien. Además, todos ellos tienen muchos de los hábitos saludables del cerebro que usted aprenderá en este libro. Curiosamente, nunca se les oye decir que detestan envejecer. Estas personas aprecian sus experiencias y relaciones, y miran hacia adelante y no hacia atrás.

La doctora Doris Rapp es un excelente ejemplo. Ella es médico pionero de ochenta y dos años y ha dedicado su vida a ayudar a los demás. Ha sido llamada la "Madre de la medicina ambiental y las alergias". Mantiene un peso saludable, hace ejercicio vigoroso, tiene una dieta nutritiva, y ha pasado su vida en búsqueda de oportunidades de aprendizaje. Tiene una mente aguda y muchos amigos, y todavía asesora a pacientes y profesionales. A menudo la llamo cuando estoy confundido con un paciente, en especial si sospecho de un problema con las toxinas ambientales o alergias alimentarias. Tanto su estudio SPECT como su vida reflejan el aspecto saludable del cerebro. Si uno toma decisiones inteligentes para el cerebro, definitivamente puede disminuir y, como veremos en muchos casos, revertir el proceso de envejecimiento.

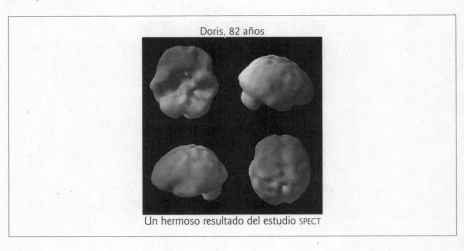

Doris, 82 años

Un hermoso resultado del estudio SPECT

En este libro voy a enseñarle cómo lograr que el cerebro y el cuerpo adquieran un aspecto más joven. Se basa en las lecciones que hemos aprendido en las Clínicas Amen. Si usted sigue los pasos del programa aumentará espectacularmente sus posibilidades de vivir más, verse más joven, reducirá el riesgo de demencia y estimulará la memoria, estado de ánimo, atención y energía. Sé que es una gran promesa, pero he visto que cuando las personas participan con interés en este proceso, todo en su vida cambia de manera positiva. Sólo tiene que dedicar tiempo para "asimilar" el programa y hacerlo parte de su rutina diaria, pero cuando lo consiga, los beneficios serán para toda la vida.

Carlos

Cuando vimos por primera vez a Carlos, él tenía cuarenta y ocho años y se encontraba lleno de preocupaciones, pensamientos negativos, depresión e ira y tenía problemas para concentrarse. De niño tuvo dislexia sin diagnosticar y en el pasado tuvo dificultades con el consumo excesivo de alcohol. Sus hábitos de salud eran terribles: pesaba 120 kg y su cerebro estaba en dificultades, lo que no ayudaba mucho a resolver sus problemas emocionales. Más adelante se muestra el estudio SPECT inicial del cerebro de Carlos.

Carlos aceptó el programa que establecimos para él. Es un hombre analítico, por lo que la lógica del programa tuvo sentido para él. Es el mismo programa que voy a presentar en este libro. Después de diez semanas, bajó 11 kg y después de treinta semanas, logró bajar poco más de 22 kg. Más importante aún, su estado de ánimo, energía y memoria mejoraron también. Se veía y se sentía diez años más joven.

Al aprender y poner en práctica las técnicas del programa, dejó de abusar de la comida para atenuar su tristeza e irritabilidad. Y gracias al consumo de alimentos saludables para el cerebro a intervalos frecuentes, ya no sufría la falta de energía que lo hacía tan vulnerable al estrés.

Se ve como una persona diferente en el exterior, pero también observamos las mismas diferencias radicales en el interior. Su estudio SPECT de seguimiento mostró una mayor actividad en general. Siguió este programa y cambió su cerebro, ¡y en el proceso cambió su vida!

Ésta es la parte que más me gusta de la historia de Carlos. Después de ver el éxito de su marido, la esposa, que no tenía exceso de peso, comenzó nuestro programa para aprender a criar una familia de cerebro saludable y terminó bajando 4.5 kg ella misma. Entonces, su hija de catorce años también comenzó nuestro programa. El éxito de Carlos influyó en todos los seres

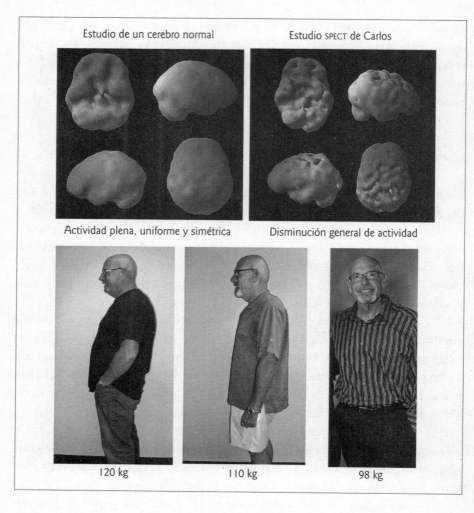

Estudio de un cerebro normal

Estudio SPECT de Carlos

Actividad plena, uniforme y simétrica

Disminución general de actividad

120 kg

110 kg

98 kg

que amaba. Cuando escribía este libro, vi a Carlos en la sala de espera. Dos años después de conocerlo aún se veía sensacional. Le pregunté cómo había seguido con el programa.

–No es difícil —respondió—. Ya lo asimilé.

Usted puede hacerlo también. Nada de lo que voy a pedirle que haga es difícil. Sólo se necesita un esfuerzo constante.

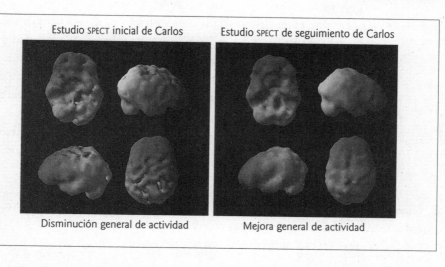

Estudio SPECT inicial de Carlos | Estudio SPECT de seguimiento de Carlos

Disminución general de actividad | Mejora general de actividad

El trabajo de imágenes cerebrales que hacemos en la Clínica Amen ha guiado nuestra práctica desde hace más de dos décadas. A través de los años he materializado nuestro trabajo en siete principios muy simples. Estos principios guían todo el trabajo que hacemos y constituyen la base de este programa.

Siete principios para cambiar su cerebro y mejorar todo en su vida

1. *Su cerebro interviene en todo lo que hace, incluida la forma en que piensa, siente, actúa e interacciona con otras personas.* El cerebro es el órgano de la personalidad, el carácter, la inteligencia y de cada decisión que usted toma. Como veremos, *es la calidad de las decisiones lo que le ayuda a vivir mucho tiempo o a morir antes de tiempo.*

- Es su cerebro el que le dice que deje de comer cuando ya ha sido suficiente… o el que le permite devorar ese segundo plato de helado para que termine con una sensación de pesadez, aturdimiento y depresión.
- Es su cerebro el que le recuerda que debe conducir con cuidado… o el que le insta a correr por la autopista a velocidades que provocan multas, accidentes, o muertes.

- Es su cerebro el que lo mantiene concentrado, motivado y exitoso… o el que lo frena con falta de atención o problemas de ansiedad.
- Es su cerebro el que lo mantiene tranquilo, feliz y lleno de amor… o el que altera su estado de ánimo y crea conflictos en su relación.
- Es su cerebro el que funciona como "centro de control" de todo su sistema físico.
- ¡Y es su cerebro el que merece reconocimiento, atención y cuidado por todo lo que hace para que su cuerpo, mente y vida funcionen!

2. *Cuando el cerebro funciona bien, usted funciona bien; cuando el cerebro está agitado, usted es más propenso a tener problemas en la vida.*
Con un cerebro saludable usted se encontrará:

- Más feliz
- Más saludable
- Más rico
- Más sabio
- Más eficaz
- Capaz de tomar mejores decisiones, lo que le ayudará a vivir más tiempo

Cuando el cerebro no está sano, por el motivo que sea, usted se siente:

- Más triste
- Más enfermo
- Más pobre
- Menos sabio
- Menos eficaz
- Más propenso a tomar malas decisiones

3. *El cerebro es el órgano más complejo del universo y, por lo tanto, es el más vulnerable a los daños y el envejecimiento.* No hay nada tan complejo como el cerebro humano. Nada. Se estima que el cerebro tiene unos cien mil millones

de células. Cada neurona está conectada a otras células del cerebro por miles de conexiones individuales entre las células, ¡lo que significa que usted tiene más conexiones en el cerebro que estrellas hay en el universo! Un fragmento de tejido cerebral del tamaño de un grano de arena contiene cien mil neuronas y millones de conexiones comunicándose entre sí.

El cerebro está constituido, en 80 por ciento, de agua. La hidratación es crucial para la salud del cerebro. El peso sólido del cerebro es 60 por ciento de grasa, por lo que cualquier anomalía en el contenido de grasa del cuerpo puede causar estragos en él. A pesar de que el cerebro representa sólo 2 por ciento del peso corporal, utiliza entre 20 y 30 por ciento de las calorías que usted consume. Del desayuno que tomó esta mañana o la cena de anoche, aproximadamente una cuarta parte se destina a alimentar a su cerebro. El cerebro también consume 20 por ciento del oxígeno y el flujo sanguíneo del cuerpo, y jamás descansa (ni siquiera durante el sueño profundo). Debido a su alta tasa metabólica, produce un alto nivel de radicales libres que pueden dañarlo si la capacidad antioxidante del cerebro es baja. *El cerebro es el bien más hambriento de energía y costoso del organismo.* Y es por una buena razón: se trata del centro de mando y control que dirige su vida.

4. *El cerebro es muy blando, tiene más o menos la consistencia de la mantequilla suave, el tofu o la natilla y está alojado dentro del cráneo que es duro y tiene múltiples crestas óseas afiladas.* Las lesiones cerebrales son importantes. Pueden arruinar la vida entera de la gente. Muy pocas personas entienden lo mucho que importan dichas lesiones, ya que las imágenes cerebrales apenas empiezan a tener un uso más amplio. En un artículo de 2008 en la primera plana del *Wall Street Journal*, el escritor Thomas Burton cita a investigadores que descubrieron que las lesiones cerebrales no diagnosticadas son una de las principales causas de los siguientes males:

- Indigencia
- Enfermedades psiquiátricas
- Depresión y ataques de ansiedad
- Alcoholismo y drogadicción

- Suicidio
- Problemas de aprendizaje

Si desea mantenerse sano, cuidar su cerebro es lo primero que debe hacer.

5. *Nuestro trabajo con imágenes cerebrales ha demostrado fehacientemente que hay muchas cosas que uno hace para acelerar el proceso de envejecimiento; esto provoca que el cerebro se vea y se sienta más viejo. Además, hay muchas cosas que usted puede hacer para desacelerar el proceso que le ayudarán a usted y a su cerebro a verse y sentirse más jóvenes.* Este hecho, basado en decenas de miles de análisis que hemos visto en las Clínicas Amen, es la principal razón por la que escribí este libro. La gente debe saber que todos los días, por medio de su comportamiento, beneficia o perjudica la salud de su cerebro.

La mayoría de las personas tienen mucho más influencia de lo que imagina en su salud a largo plazo. Desde luego, tener la combinación correcta de genes puede ser útil, pero la mayoría de ellos se activa o desactiva según el comportamiento. Según un estudio reciente, sólo 30 por ciento de la longevidad está determinada por la genética. El otro 70 por ciento le corresponde a usted. Sus hábitos determinan la edad de su cerebro y, en consecuencia, el tiempo que va a vivir y también su calidad de vida.

La esencia de la salud cerebral se resume en ocho palabras:

Evite lo dañino, haga lo que le beneficia.

Por supuesto, los principios en los que se basan estas ocho palabras requieren un poco más de detalle.

A continuación se presenta una lista de problemas y comportamientos que aceleran el proceso de envejecimiento del cerebro y pueden restarle años a su vida. Si quiere vivir mucho tiempo con el cerebro intacto, evite tanto como sea posible:

- Comportamiento y decisiones incongruentes e irreflexivas que afectan negativamente la salud
- Amistades nocivas o falta de un sistema de apoyo positivo. Es

importante la gente con la que pasa tiempo. La gente es contagiosa, y si usted pasa tiempo con personas nocivas, se hará más
propenso a adoptar hábitos que dañan el cerebro. Esto no quiere
decir que deba deshacerse de todos sus amigos y familiares si tienen
hábitos poco saludables, pero sí debe limitar el tiempo que pasa
con ellos y encontrar un nuevo grupo de amistades más sanas si
quiere vivir mucho tiempo.

- Lesiones cerebrales
- Toxinas

  - Las drogas ilegales y muchas drogas legales, como las benzodia-
    zepinas y analgésicos.
  - Más de unas cuantas copas de alcohol a la semana.
  - Fumar.
  - Tomar cafeína en exceso; más de 300 mg al día (tres tazas de café
    de tamaño normal).
  - Toxinas ambientales como pesticidas, solventes orgánicos, fta-
    latos y moho.
  - La quimioterapia para combatir el cáncer y lo que se ha dado en
    llamar "quimiocerebro". La quimioterapia mata las células cance-
    rosas, pero también es tóxica para las células normales. Si usted ha
    recibido o tiene que recibir quimioterapia (por favor, hable con su
    médico), asegúrese de adoptar una vida cerebral saludable.

- La inflamación. Cuando ésta se convierte en una afección crónica
  se considera una de las causas principales de muchas enfermedades
  del envejecimiento, como el cáncer, la diabetes, las enfermedades
  del corazón y la enfermedad de Alzheimer. La formación de radicales libres, los bajos niveles de vitamina D, o de omega 3, los altos
  niveles de ácidos grasos omega 6, las dietas con alto consumo de
  carne y/o alto contenido de azúcar, la diabetes, las infecciones a
  largo plazo, las enfermedades de las encías y el estrés propician la
  inflamación.
- La exposición a los radicales libres o a moléculas que pueden causar daños en el cuerpo. De modo muy parecido a la forma en que

el óxido ataca un auto, los radicales libres atacan nuestras células, dañan nuestro ADN y aceleran el envejecimiento. Cosas que se deben evitar: cigarrillos, grasas trans, exposición excesiva al sol, carnes carbonizadas, pesticidas, exceso de ejercicio, hipertiroidismo e inflamación. Aunque las frutas y verduras son una excelente fuente de antioxidantes que combaten los radicales libres, evite comprar *The dirty dozen* o "los doce del patíbulo" (frutas y verduras con muchos residuos químicos: duraznos, manzanas, moras azules, pimientos, apio, nectarinas, fresas, cerezas, uvas importadas, espinaca, col rizada y papas) y compre sus contrapartes orgánicas en su lugar.

- ADN y telómeros dañados. Al final de cada hebra larga de ADN se encuentra una tapa llamada telómero, que es semejante al sello de plástico que tiene el extremo de un cordón de zapato. El propósito de la tapa del ADN es evitar su desintegración. Cada vez que una célula se divide, se deteriora un fragmento del telómero. Después de casi sesenta divisiones desaparece por completo, permitiendo que el ADN se desintegre. La inflamación, los radicales libres, la deficiencia de vitaminas y la falta de ácidos grasos omega 3 erosionan el telómero y acortan la vida útil de la célula. El genetista Richard Cawthon y sus colegas de la Universidad de Utah descubrieron que los telómeros más cortos se asocian con vidas más cortas. Entre las personas mayores de sesenta años, las que tenían telómeros más cortos eran tres veces más propensas a morir de enfermedades del corazón y tenían ocho veces más probabilidades de morir a causa de enfermedades infecciosas.

- Problemas médicos

  - Gingivitis
  - Enfermedades del corazón
  - Diabetes
  - Hipertensión
  - Enfermedades periodontales
  - Enfermedades estomacales o intestinales
  - Niveles altos o bajos de testosterona
  - Niveles altos o bajos de hormonas tiroideas

- ◆ Nivel bajo de omega 3
- ◆ Nivel bajo de vitamina D
- ◆ Nivel alto de hierro, que provoca estrés oxidativo
- ◆ Alergias
- ◆ Insomnio crónico o apnea del sueño

- El aumento de peso no saludable o la obesidad. A medida que el peso aumenta, el tamaño del cerebro disminuye. (¡Esto debería asustar a todo el mundo!)
- La dieta habitual estadunidense

  - ◆ Azúcar. Cuando el exceso de azúcar se mezcla con proteínas y grasas forma moléculas conocidas como productos finales de la glicación avanzada, que promueven el envejecimiento. La American Heart Association recomienda ahora que las mujeres no consuman más de 100 calorías por día de azúcares añadidos y que los hombres no consuman más de 150 calorías por día.
  - ◆ Grasas trans
  - ◆ Calorías excesivas

- Falta de ejercicio, resistencia o fortaleza
- Falta de nuevo aprendizaje
- Problemas de salud mental o estrés crónico

  - ◆ Depresión
  - ◆ Patrones de pensamiento negativo
  - ◆ Nivel excesivamente alto o bajo de ansiedad
  - ◆ Búsqueda de emociones extremas o comportamiento impulsivo
  - ◆ Mensajes negativos sobre el envejecimiento

- Falta de estrategias de rehabilitación del cerebro cuando son necesarias
- Falta de suplementos apropiados o uso indiscriminado de suplementos
- Falta de significado y propósito en la vida
- Falta de conocimiento del funcionamiento del cerebro

Entonces, ¿cómo voy a divertirme?

Tenemos un curso a nivel de preparatoria llamado Making a Good Brain Great (Hacer de un buen cerebro algo genial) que está en cuarenta y dos estados de la Unión Americana y siete países, que enseña a los adolescentes a cuidar su cerebro. Después de que enseñamos la parte del curso sobre las cosas que hay que evitar con el fin de obtener y mantener un gran cerebro, invariablemente, un adolescente objeta en plena clase: "Entonces, ¿cómo voy a divertirme?". En ese momento hacemos un ejercicio en clase llamado "¿Quién se divierte más: la persona con un buen cerebro o la persona con un mal cerebro?".

¿Quién logra salir con la muchacha guapa y se queda con ella porque no se comporta como idiota? ¿El tipo con el buen cerebro o el tipo con el mal cerebro? ¡El tipo con el buen cerebro!

¿Quién tiene más libertad por tener un comportamiento más congruente y sus padres confían más en él? ¿El adolescente con buen cerebro o el adolescente con el mal cerebro? ¡El adolescente con buen cerebro!

¿Quién entra en la universidad a la que quiere asistir porque tiene buenas calificaciones y comportamiento coherente? ¿La persona con el buen cerebro o la persona con el mal cerebro? ¡La persona con el buen cerebro!

¿Quién obtiene el trabajo deseado, tiene más dinero, tiene relaciones más duraderas y una vida más larga debido a las mejores decisiones que tomó durante su existencia? ¿La persona con el buen cerebro o la persona con el mal cerebro? ¡La persona con el buen cerebro!

Este tipo de ejercicio le quita la arrogancia al adolescente que quiere justificar el comportamiento que es dañino para el cerebro.

A continuación se presenta una lista de estrategias y comportamientos que desaceleran el envejecimiento del cerebro. Si usted quiere vivir mucho tiempo con el cerebro intacto, debe practicar estos comportamientos:

- Tomar buenas decisiones. ¡El comportamiento coherente, reflexivo, concienzudo es el predictor número uno de la longevidad!
- Rodearse de un sistema de apoyo positivo y saludable compuesto de amigos y familiares.
- Proteger el cerebro de lesiones.

- Mantener un ambiente libre de toxinas.

  - Limitar el consumo de alcohol a no más de cuatro copas a la semana.
  - Protegerse de la formación excesiva de radicales libres.

- Buscar mecanismos saludables de reparación del ADN y maneras de aumentar la longitud del telómero. El aceite de pescado, tomar un multivitamínico y beber té verde se han asociado con una mayor longitud del telómero.
- Conservar la salud física.

  - Procurar tener bajos niveles de inflamación.
  - Evitar enfermedades de las encías y problemas intestinales.
  - Mantener niveles saludables de hormonas tiroideas, testosterona y otras hormonas esenciales.
  - Mantener niveles saludables de nutrientes, como la vitamina D y omega 3.
  - Hacer ejercicio que incluya entrenamiento de resistencia y de fuerza.
  - Dormir bien, de siete a ocho horas todas las noches.
  - Mantener un peso saludable y quemar calorías responsablemente.

- Concentrarse en una buena nutrición que beneficie al cuerpo y al cerebro.

  - Ingerir calorías que aporten energía pero no en demasía.
  - Tomar mucha agua y evitar las bebidas con muchas calorías.
  - Comer proteínas magras de alta calidad.
  - Una alimentación de carbohidratos "inteligente" (de bajo índice glucémico, alta en fibra).
  - Limitar el consumo de grasas, sólo las saludables, como las que contienen omega 3.
  - Comer alimentos naturales de muchos colores diferentes para aumentar los antioxidantes.

◆ Cocinar con hierbas y especias saludables para el cerebro.
◆ Evitar el azúcar.

- Hacer ejercicio físico para aumentar la resistencia y fortaleza.
- Seguir aprendiendo toda la vida.
- Practicar técnicas eficaces de control del estrés, como la respiración profunda y la meditación.
- Promover una buena salud mental y evitar la ansiedad o la depresión intensas.

◆ Mantener un nivel saludable de ansiedad para estabilizar el comportamiento.
◆ Mantener un estado de ánimo optimista.
◆ Promover mensajes positivos alrededor del tema del envejecimiento.

- Dar seguimiento a las estrategias de rehabilitación cerebral cuando sean necesarias, como la neurorretroalimentación (*neurofeedback*) y la terapia de oxigenación hiperbárica.
- Obtener suplementos nutricionales adecuados.

◆ Tomar un multivitamínico.
◆ Tomar un suplemento de omega 3.
◆ Tomar un suplemento de vitamina D.

- Considerar la posibilidad de tomar suplementos individualizados adecuados a su tipo de cerebro.
- Proteger y reparar el ADN: controlar la oxidación y la inflamación y evitar las toxinas forman parte de la protección del ADN, además de que los nutrientes como el té verde, omega 3, multivitamínicos y los superalimentos, por ejemplo, los granos como la chía y la quinoa, algas marinas y muchas especias, pueden ayudar.
- Dar sentido y propósito en la vida.
- Conocer el estado de salud del cerebro.

6. *¿Cómo saber si no lo ve? El estudio* SPECT *cerebral es una herramienta esencial en las Clínicas Amen para ayudarnos a entender el estado actual de la función del cerebro de nuestros pacientes y determinar las intervenciones más apropiadas.*

Desde el momento en que ordené mi primer estudio cerebral SPECT en 1991, entendí que era una herramienta de gran alcance, porque cuando los pacientes veían los resultados del estudio cambiaban su comportamiento.

UNA SEÑAL DE VIDA INTELIGENTE ES CAMBIAR SU COMPORTAMIENTO
DESPUÉS DE RECIBIR NUEVA INFORMACIÓN.

Los estudios SPECT son extraordinariamente útiles para darnos más información que nos permite ayudar a los pacientes que sufren de demencia, problemas de memoria, lesiones cerebrales, depresión, obsesión, drogadicción, trastorno de déficit de atención con hiperactividad (TDAH), problemas de ira, y más. Cuando se utiliza en combinación con historias clínicas detalladas, los estudios nos ayudan a enfocar el tratamiento según las pautas específicas del cerebro de nuestros pacientes. Además, los estudios nos ayudan a usar y diseñar tratamientos más naturales para optimizar el cerebro, en parte, porque algunas de las intervenciones farmacéuticas típicas aparecen como sustancias tóxicas en las imágenes. Uno de los usos más importantes de los estudios es que ayudan a los pacientes a establecer su propia relación íntima con su cerebro y a estar más dispuestos a cuidar mejor de ellos.

No todos mis colegas han adoptado el uso del SPECT cerebral en el ejercicio clínico, pero cada vez más lo están haciendo. Rutinariamente, recibimos consultas de médicos de todo el mundo que quieren incorporar el SPECT cerebral y estos conceptos en su práctica profesional. Sin herramientas de imágenes cerebrales que nos guíen, los médicos deambulan en la oscuridad sin saber qué hacer realmente para ayudar a sus pacientes y a sí mismos, a vivir mucho tiempo y mantenerse jóvenes. En el capítulo 10 habrá más información sobre cómo el estudio de imágenes SPECT puede ser útil para usted, incluso si nunca se lo hacen.

7. *Usted no tiene que conformarse con el cerebro que tiene. Puede mejorarlo, aunque haya sido malo con él. Usted puede cambiar su cerebro y cambiar su vida.*

Éste es uno de los avances más interesantes de la medicina. Este mensaje de esperanza ha guiado nuestro trabajo desde 1991. En las Clínicas Amen hemos hecho miles de estudios iniciales y de seguimiento, y al igual que con Carlos, hemos demostrado que con las intervenciones dirigidas "inteligentes" *es posible aumentar el funcionamiento físico de su cerebro y disminuir su edad de funcionamiento, ¡incluso aunque la persona haya tratado mal su cerebro con anterioridad!*

Intuitivamente la mayoría de las personas saben que los malos comportamientos nos hacen envejecer más pronto. Lo vemos en la piel de los fumadores, o en el aspecto demacrado de un adicto a la metanfetamina, o en la disminución del funcionamiento cognitivo de las personas que sufren de alcoholismo. Por desgracia, en mi experiencia, la mayoría de la gente no tiene ni idea del efecto que su salud física tiene en su salud cognitiva y mental.

Por ejemplo, hice un proyecto fascinante con un grupo de mujeres empresarias. ¡Cuando el cerebro funciona bien, el negocio funciona bien! Una de nuestras directoras, Tina, estaba luchando contra la depresión, la obesidad y la diabetes no controlada. El SPECT de su cerebro se veía horrible.

Tina me confesó que le habían diagnosticado diabetes varios años antes, pero no había encontrado el tiempo para sanar. Pensó que finalmente se decidiría a hacerlo. Pensé: "Esto es una locura". (Mi corteza prefrontal, o CPF, en el tercio frontal de mi cerebro me impidió decirlo en voz alta.) Tina, como la mayoría de la gente, no tenía idea de que la diabetes causa daño cerebral. Daña los vasos sanguíneos, incluidos los del cerebro, y duplica el riesgo de Alzheimer. La obesidad, por sí misma, es también un factor de riesgo de treinta enfermedades, entre ellas, la enfermedad de Alzheimer y, como veremos, daña el cerebro. La depresión puede ser causada por la diabetes no controlada y la obesidad, y es, en sí, otro factor de riesgo independiente de la enfermedad de Alzheimer.

Miré a Tina y le advertí:

—Nada en su vida va a funcionar bien, sobre todo, su negocio, si su cerebro no está bien. Sus problemas de salud física son una "emergencia cerebral". Es muy importante que controle su peso y la diabetes, y cuando lo haga, su estado de ánimo mejorará.

Desde que empezamos a trabajar juntos Tina bajó 18 kg, su diabetes está bajo control, su estado de ánimo mejoró y se ve y se siente mucho más joven. Por otra parte, su negocio ha mejorado de forma espectacular porque ella tiene mejor concentración, energía y juicio.

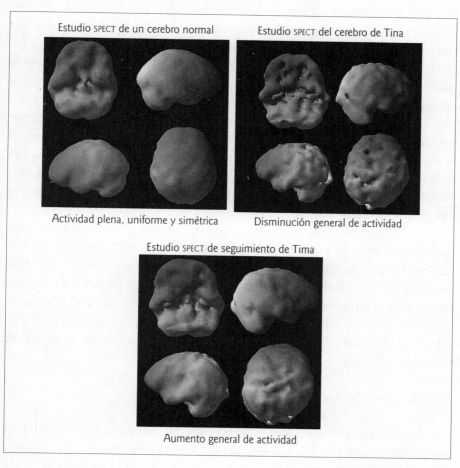

Estudio SPECT de un cerebro normal

Estudio SPECT del cerebro de Tina

Actividad plena, uniforme y simétrica

Disminución general de actividad

Estudio SPECT de seguimiento de Tima

Aumento general de actividad

¡Nada de esto es difícil ni tiene que ver con privaciones! Tiene que ver con elecciones buenas e inteligentes

Se convencerá de que en este libro ninguna de las estrategias son difíciles de seguir ni exigen privación alguna. El programa consiste en elegir bien y de manera inteligente. El estado mental aquí es fundamental. Si usted cree que le están quitando algo, opondrá resistencia. Si usted piensa que le están dando el regalo de una vida próspera y más larga para la mente y el cuerpo, le será fácil seguir adelante con este programa. De hecho, con la actitud correcta, usted empezará a proteger cuidadosamente su salud de aquellas personas que tratan activamente de robarle vitalidad.

En esta etapa de mi vida, me intereso sólo en los hábitos y alimentos que me benefician y no en los que esclavizan y me roban. Por ejemplo, me encantaba el helado Rocky Road, hasta que me enteré de que no sólo está lleno de azúcar y calorías que propician la obesidad, la inflamación y disparo errático de las células del cerebro, sino que también tiene un tipo de grasa, el ácido palmítico, que engaña al cerebro haciéndole creer que no ha comido nada en absoluto. No es de extrañar que a la mitad del primer helado, ya estuviera pensando en el segundo. Esto no ocurre con el yogurt sin grasa con arándanos, que también me encanta.

El éxito de este programa requerirá que usted utilice la CPF para planear y pensar en el futuro. El fortalecimiento de esta parte del cerebro mejorará drásticamente su concentración, previsión, juicio y el control de impulsos. A lo largo del libro se le brindarán cientos de maneras de mejorar su CPF y también para mejorar cada decisión que tome en su vida para no desviarse del camino hacia sus metas. El éxito también requerirá un poderoso cerebro emocional o límbico para seguir motivado y avanzar en la dirección de la salud.

Por qué quiere adoptar este programa *ahora*

Con la adopción de las estrategias saludables para el cerebro que se detallan en este libro, usted puede ser más astuto que sus genes, frenar el envejecimiento e incluso invertir el proceso para verse y sentirse más joven en un periodo muy corto. Los investigadores indican que en menos de tres meses de la adopción de un nuevo hábito saludable, usted puede comenzar a notar una diferencia cuantificable en la esperanza de vida. Siga el plan que se explica en este libro y el cerebro empezará a verse más joven en tan sólo ocho semanas.

En mis conferencias suelo preguntar al público: "¿Cuántos de ustedes quieren vivir hasta los ochenta y cinco o más?". La mayoría de las personas levantan la mano. Continúo: ¿Saben que a 50 por ciento de las personas de ochenta y cinco años o más se les diagnosticará o tendrán síntomas significativos de la enfermedad de Alzheimer u otras formas de demencia?". Esa estadística les llama la atención y también a usted debería alarmarlo.

¿En qué difiere la demencia de la enfermedad de Alzheimer? La demencia es la categoría genérica, la enfermedad de Alzheimer es uno de los tipos más comunes de demencia. Otros tipos de demencia incluyen: demencia alcohólica, demencia por trauma cerebral, demencia vascular (a menudo asociada con pequeños o grandes accidentes cerebrovasculares), pseudodemencia (depresión que imita la demencia) y la demencia del lóbulo temporal frontal, por mencionar algunos tipos.

Con el envejecimiento de la población estadunidense, se espera que la enfermedad de Alzheimer se triplique: habrá de cinco a quince millones de estadunidenses con la enfermedad en las próximas décadas, y no se vislumbra cura en el futuro cercano. Si eso no es suficiente motivación para que usted tome el camino de la salud, entonces le sugiero que trabaje dos semanas como voluntario en un centro de cuidado de ancianos para conocer algunas personas que tienen Alzheimer y otras formas de demencia. Es una enfermedad espantosa que lo priva de la capacidad de formar nuevos recuerdos. Cuando avanza, se pierden también los viejos recuerdos. Y representa una enorme carga para las familias de los enfermos.

Una de las razones por las que no es probable que se descubra la cura de la enfermedad de Alzheimer y otras formas de demencia es que empiezan treinta años o más antes de que las personas comiencen a presentar síntomas. Según un estudio de la UCLA, a 95 por ciento de las personas con Alzheimer se le diagnostica cuando se encuentra en la etapa moderada a grave de la enfermedad, cuando ya no se puede hacer mucho. La detección e intervención temprana es absolutamente esencial.

En fechas recientes el National Institute of Aging revisó sus lineamientos de estadificación de la enfermedad de Alzheimer. Las anteriores directrices tenían tres etapas:

1. Normal, estado en el que las personas no tenían síntomas.
2. Deterioro cognitivo leve, en el cual las personas o familiares comienzan a notar un problema.

3. Enfermedad de Alzheimer, en la que está presente un problema significativo.

Con base en los nuevos datos de imágenes del cerebro, el National Institute of Aging añadió una nueva etapa:

1. Normal.
2. Fase preclínica, en la que no hay síntomas externos evidentes, pero en la cual los cambios negativos ya se están gestando en el cerebro.
3. Deterioro cognitivo leve.
4. Enfermedad de Alzheimer.

¿Se da cuenta del problema? No tiene síntoma alguno, pero su cerebro ya empezó a deteriorarse drásticamente, ¡treinta o cincuenta años antes de tener los síntomas! El tiempo para empezar a prevenir la enfermedad de Alzheimer y otras afecciones del envejecimiento es ahora, no mañana, sin importar cuál sea su edad. Una persona a la que le diagnostican Alzheimer a los cincuenta y nueve años, es probable que haya empezado a sufrir cambios nocivos en el cerebro alrededor de los treinta años. A una persona a la que le diagnostican Alzheimer poco después de los setenta años, ya tenía indicios de deterioro del cerebro a los cuarenta.

La pérdida de la memoria o el desarrollo de la niebla del cerebro en los cuarenta, cincuenta, sesenta, setenta, o incluso a los ochenta años no es normal. Es una señal de problemas. Sea inteligente y deje de esperar a que un problema lo ataque antes de decidir lo que tiene que hacer para recuperar la salud.

Marianne tenía cincuenta y nueve años cuando estuvo a punto de renunciar a su trabajo. Trabajaba como ejecutiva empresarial de alto nivel, pero se sentía como si su mente comenzara a deteriorarse. En el aspecto físico, le dolía todo el cuerpo y sentía la cabeza nebulosa todo el día. Al principio pensó que era "sólo" el envejecimiento; algo que les sucedía a todos. Pero a medida que empeoraba, pensó que era injusto para sus compañeros de trabajo que ella no estuviera en su mejor momento y contempló la idea de dejar el trabajo que amaba. Creía que sus mejores días habían pasado. Su hija le dio un ejemplar de uno de mis libros y de inmediato comenzó el programa. Para su sorpresa, en cuestión de dos meses comenzó a sentirse mucho mejor, el dolor había desaparecido y la niebla del cerebro se había levantado. Después de un año, había bajado 13 kg y su cerebro se sentía más joven, más agudo y con más energía que la que había sentido en décadas. "Tengo un cerebro ágil, con la sabiduría de la experiencia", me comentó. "Me siento como si estuviera en el apogeo de la vida y creo que mi mejor momento no ha quedado atrás."

¿Los tratamientos actuales para la enfermedad de Alzheimer tienen más probabilidades de producir un efecto temprano o tardío en la enfermedad? Temprano. Cuanto más tejido cerebral pueda salvarse, es mucho mejor. La mejor táctica para disminuir el riesgo de Alzheimer, o incluso prevenirlo, es disminuir las enfermedades y los problemas asociados, como lesiones cerebrales, drogadicción y alcoholismo, cardiopatías, enfermedades vasculares, accidentes cerebrovasculares, cáncer, obesidad, apnea del sueño, diabetes, hipertensión, depresión, exposición a sustancias tóxicas, niveles bajos de testosterona y niveles bajos de hormonas tiroideas.

Este libro va a ser su guía para reducir el riesgo de Alzheimer y otras formas de demencia y, durante el proceso, se verá y se sentirá mejor; tendrá memoria más aguda y habrán mejorado sus habilidades para tomar decisiones. En virtud de que los problemas del envejecimiento, como la demencia, comienzan mucho antes de que los síntomas se manifiesten, *ahora* es el momento de tomar en serio su salud cerebral, sin importar cuál sea su edad. En realidad, muchas de las enfermedades del envejecimiento comienzan en la niñez, o en la adolescencia, e incluyen obesidad, lesiones cerebrales, depresión y un sistema de apoyo no saludable. Mantener a sus hijos y nietos saludables es uno de los mejores regalos que les puede dar. Sabiendo lo que sabemos ahora, si usted es el abuelo que alegremente reparte dulces y helados cada vez que los nietos lo visitan, tenga por seguro que no les hace ningún favor.

Este libro está organizado en torno a diez historias que ponen de relieve los principales conceptos de la utilización del cerebro para cambiar su edad.

1. La historia de Nana, Lisa y Ruth le mostrará la relevancia de conocer las cifras importantes para la salud. No se puede cambiar lo que no se mide. Permitir que estas cifras se salgan de control puede provocar su muerte prematura. *Esto también le dará un plan*

para disminuir su riesgo de sufrir Alzheimer y tener problemas de memoria relacionados con la edad.

2. La historia de Tamara le mostrará que los alimentos que usted ingiere literalmente envenenan su cuerpo, agotan el cerebro y, a la larga, provocan que parta de este mundo a temprana edad; o bien, le enseñará que los alimentos pueden ser su mejor medicina. Si usted es inteligente, sólo querrá comer los alimentos que le beneficien.

3. La historia de Andy le mostrará la importancia de fortalecerse para vivir mucho tiempo. Sus estudios de imágenes cerebrales antes y después le mostrarán cómo puede verse y sentirse radicalmente más joven siguiendo los pasos del programa, en especial si agrega el ejercicio físico constante.

4. La historia de José demuestra directamente la forma en que la salud física de su cerebro aumenta las habilidades para tomar buenas decisiones que lo ayudarán a vivir más tiempo.

5. La historia de Jim pone de relieve la importancia del aprendizaje permanente para mantener el cerebro joven.

6. La historia de Joni ilustra la conexión entre la salud del cerebro, una piel hermosa y una vida sexual sana. La salud de su piel es un reflejo exterior de la salud de su cerebro. Dado que el cerebro es 50 por ciento visual, la piel sana atrae a otros hacia usted.

7. La desgarradora historia de Chris y Sammie demostrará la necesidad de tratar el duelo, la depresión, los trastornos de ansiedad y otros problemas emocionales para querer vivir mucho tiempo y sentirse más joven.

8. Anthony, Patrick, Nancy y otros demostrarán que el daño cerebral es, a menudo, reversible con un intenso programa inteligente y dirigido.

9. "La historia de los dos Rick" mostrará la importancia de las conexiones con su "gente" para estar sano y mantenerse así.

10. Daniel, que soy yo, y el estudio de imágenes SPECT le contarán cómo las imágenes cerebrales que se presentan en este libro han cambiado todo en mi vida y cómo pueden cambiar la suya también, aunque no se haga nunca uno de estos estudios.

Además, encontrará información detallada sobre las formas de proteger activamente el cerebro contra el envejecimiento, así como sobre el uso inteligente de suplementos naturales. Estoy muy emocionado de ser su guía en este viaje. Juntos podemos transformar su vida y la de sus seres queridos, incluso para tres o cuatro generaciones.

La sorprendente transformación de Steve

Dieciocho meses antes de escribir este libro, Steve tenía cuarenta años y pesaba 286 kg. Estaba deprimido y luchaba con una adicción de veinticinco años al alcohol y la nicotina. Sufría de apnea del sueño, hipertensión, diabetes y dolor crónico intenso en los pies, que lo torturaba de día y de noche. Era tan obeso que cada vez que se caía debían llamar al 911 para que un equipo de personas le ayudara. En ese momento, estaba pensando en el suicidio y, al final, decidió que sólo tenía dos opciones: vivir o morir. Eligió la vida.

Su hermana le compró un ejemplar de mi libro *Change Your Brain, Change Your Body*, que siguió religiosamente y, junto con la ayuda de muchas personas solidarias, bajó 70 kg en los siguientes cuatro meses y hasta el momento ha bajado más de 172 kg. Además, ha pasado de diez medicamentos a dos, y se libró del dolor, la diabetes, los cigarrillos y la depresión; todo ello sin ninguna intervención quirúrgica. No sólo Steve se ve y se siente espectacularmente más joven, sino que su cerebro también es más joven. Tiene mejor concentración, más energía y mejor memoria. En última instancia, Steve utilizó su cerebro para cambiar su edad y en el proceso salvó la vida. Si Steve pudo usar estos principios para mejorar su salud, estoy seguro de que usted también podrá.

1 Nana, Lisa y Ruth

Conozca sus cifras para mantener la mente sana y prevenir la enfermedad de Alzheimer y otros padecimientos de la vejez

Nunca encuentro mis llaves. A veces aparecen junto a los huevos en el refrigerador. Tengo cincuenta y dos años. Es lo normal, ¿no?
¡Piénselo dos veces!

Cuando **Lisa era pequeña** adoraba a su Nana, su abuela materna. Nana y Lisa horneaban galletas juntas, jugaban a las cartas durante horas, contaban chistes tontos y recogían ciruelas en el jardín de Nana, quien le enseñó a Lisa a envasar la fruta para hacer mermelada de ciruela, la cual les encantaba compartir. Nana tenía mucho sobrepeso, por lo que sostenía la escalera mientras su nieta subía a recoger las ciruelas. Las noches que Lisa se quedaba a dormir, Nana siempre le leía. Lisa recuerda que se reía tan fuerte que a veces hasta resoplaba por las voces chistosas que Nana hacía cuando le leía los cuentos. Por las noches, en la oscuridad, se prometían una a la otra ser mejores amigas para siempre. A Lisa le encantaba acurrucarse en el cuerpo de Nana, que siempre era tan suave. Sentía un amor incondicional en presencia de Nana, uno de los mejores sentimientos que recuerda de su infancia.

Entonces, cuando Lisa tenía unos doce años, algo comenzó a cambiar. Al principio, era apenas perceptible. Nana parecía menos interesada en pasar tiempo con ella. No había más bromas, los cuentos eran menos y Nana decía que estaba demasiado cansada para jugar o recoger ciruelas. Estaba más irritable con Lisa, a veces incluso llegó a gritarle sin razón alguna. Lisa estaba

43

desconsolada, pero Nana parecía no comprender las señales sociales que deberían haberle indicado que su nieta necesitaba que la consolara. Lisa recuerda esto como uno de los momentos más tristes y más confusos de su vida. Se preguntó si había hecho algo para que Nana se enojara.

—¿Qué le pasa a Nana? —preguntaba Lisa a su madre.

—No te preocupes —respondía su madre una y otra vez—. Nana está bien.

Esto sólo profundizó el dolor y la confusión de Lisa. Tal vez ella era el problema y Nana había dejado de amarla.

Su abuela tenía sesenta y cinco años cuando Lisa se dio cuenta de los cambios. Más o menos por este tiempo, a Nana le habían diagnosticado diabetes y presión arterial alta. Lisa recuerda que la veía tomar pastillas y ponerse inyecciones para sentirse mejor, pero nadie parecía estar demasiado preocupado por su salud.

Cuando Lisa tenía catorce años, Nana empeoró de manera drástica. Una vez que llevaba a Lisa en el automóvil, Nana se perdió de camino a casa desde una tienda cercana. Nana entró en pánico y detuvo a un hombre que caminaba por la calle para pedir ayuda, pero no pudo decirle dónde vivía. Parecía asustada y confundida como un niño. Lisa le pidió al hombre que llamara a su abuelo para que pasara a recogerlas.

Una vez que llegaron a casa, Lisa arrinconó a su madre.

—Mira, mamá, sé que algo muy malo le está pasando a Nana. El cerebro no le funciona bien. Necesita ayuda.

Sin embargo, la familia siguió poniendo pretextos y "normalizando" lo que obviamente no era un comportamiento normal. En retrospectiva, ahora como adulta, Lisa recuerda que estaba furiosa y sentía que ella, a pesar de ser sólo una adolescente, era la única voz de la razón que gritaba a oídos sordos. Después de que Nana se perdió varias veces más, la familia al fin empezó a preocuparse lo suficiente para llevarla a un médico que le diagnosticó demencia senil. Recomendó que Nana viviera en una casa de cuidados para personas con problemas de memoria.

Atrás quedaron los sentimientos de calidez y felicidad que alguna vez disfrutó, cuando visitaba a su abuela. El hogar de ancianos donde vivía ahora olía a "medicamentos" y se sentía frío; Lisa se sentía extraña y atemorizada ahí. Nunca sabía a qué Nana encontraría en estas visitas: a veces, sonreía cuando veía a Lisa, a veces no la reconocía en absoluto. En ocasiones, cuando Lisa le leía, parecía entretenida y feliz; otras veces, su abuela sólo quería que la dejaran sola. Después de unos años, Nana murió en el asilo de ancianos. Sin embargo, Lisa creía que en realidad había muerto años antes, cuando su personalidad empezó a desvanecerse poco a poco. En el funeral de Nana, todos los momentos especiales le daban vuelta en la cabeza a Lisa. No podía evitar preguntarse cómo una persona podía desaparecer mientras su cuerpo continuaba viviendo y no podía dejar de sentir la tristeza ante toda esa situación. Lisa se preguntó si ella o su madre tendrían el mismo problema que Nana. Rogó a Dios por que no fuera así.

La madre de Lisa, Ruth, también era muy divertida. Ellas también vivieron muchos momentos especiales cuando cocinaban, leían y jugaban juntas. Al igual que Nana, Ruth era una fabulosa repostera que también tenía problemas de peso, diabetes precoz e hipertensión. La madre de Lisa era también la maravillosa abuela de sus tres hijas, lo que le recordaba la cercanía que había compartido con su propia nana. De hecho, sus hijas también llamaban a su madre "Nana". En el fondo, Lisa velaba por la salud del cerebro de su madre. No quería que sus nietas perdieran esa relación vibrante y maravillosa que disfrutaban con su mamá, como ella había perdido la suya con Nana. Esta preocupación fue lo que llevó a Lisa, ahora de cuarenta y tantos años, a conseguir mi libro *Change Your Brain, Change Your Life*.

Cuando Ruth cumplió sesenta y ocho años, los peores miedos de Lisa empezaron a hacerse realidad. Al principio, a Ruth le costaba trabajo encontrar las palabras adecuadas. Si quería decir *perro*, decía sin intención *ladrido*; si quería decir *leche*, a veces decía *vaca*. Una vez que quería pedirle un abrazo a su nieta, dijo "Dale una bofetada a Nana".

La memoria de Ruth también se estaba convirtiendo en un problema. Lisa la veía levantar el teléfono para llamar a su hermana, cuando le había llamado cinco minutos antes. La hermana comentó que este tipo de cosas comenzaba a suceder cada vez con mayor frecuencia. El padre de Lisa mencionó que había momentos en que encontraba a Ruth de pie, mirando fijamente a la nada y sin saber por qué estaba en una habitación. También hubo dos ocasiones en que ella se perdió conduciendo en un pueblo donde había vivido treinta años, lo cual la obligó a llamar a su marido para pedirle que la orientara. El padre de Lisa instaló un sistema GPS en el auto de Ruth para ayudarla. (A veces me pregunto si tener sistemas GPS retrasa el diagnóstico precoz de la enfermedad de Alzheimer, pues la gente no tiene que depender tanto de la memoria para ir del punto A al punto B; así, quienes podrían instar a la persona a buscar ayuda no pueden detectar los déficits en una etapa temprana.)

Al principio, el padre de Lisa sólo se reía de las cosas con las que batallaba la madre. Él lo justificaba diciendo: "Está envejeciendo. Está muy presionada". O "Ya sabes que tu madre nunca ha tenido buena memoria ni buen sentido de orientación. Ya pasará. Todo está bien."

Como las primeras señales de demencia pueden alternarse con periodos de lucidez, las familias tienden a negar lo que está pasando. Esto es trágico, porque entre más pronto se busque ayuda, mejor será el pronóstico. Lisa recordaba lo que le había pasado a su Nana, y no estaba dispuesta a pasar por alto sus preocupaciones, o a dejar que otros les restaran importancia. Ansiosa y enfática, le dijo a su padre:

—Mamá necesita ayuda, y la necesita ya.

Juntos hablaron con la ella acerca de lo que habían notado y de sus preocupaciones y la instaron a ir a las Clínicas Amen. Al principio Ruth se resistió.

—Estaré bien —decía; lo que asustó a Lisa aún más. Entonces Lisa le recordó a Nana y le dijo que la intervención temprana la ayudaría a evitar el destino de Nana. Ante esto, Ruth aceptó ir a las Clínicas Amen para que le hicieran una evaluación y un estudio de imágenes del cerebro SPECT.

Saludé a Lisa y a Ruth cuando entraron en mi oficina y escuché su historia. De acuerdo con sus descripciones, sospeché que Ruth estaba en la etapa inicial de la enfermedad de Alzheimer. Sin embargo, después de treinta años de ser neuropsiquiatra, sabía que no podía dar un diagnóstico basado sólo en mis sospechas. Tenía que buscar, probar, analizar y obtener la mayor cantidad de información posible.

El estudio de imágenes cerebrales SPECT de Ruth mostró tres resultados compatibles con Alzheimer:

1. Disminución de actividad en los lóbulos parietales, en la parte superior y posterior del cerebro. Los lóbulos parietales ayudan con el sentido de orientación.

2. Disminución de actividad en los lóbulos temporales, que ayudan a almacenar recuerdos a largo plazo. Los lóbulos temporales también intervienen en la búsqueda y recuperación de palabras.
3. Disminución de actividad en un área llamada circunvolución cingulada posterior, en lo profundo de la parte posterior del cerebro. Ésta es una de las primeras zonas del cerebro que muere con la enfermedad de Alzheimer y se relaciona con la memoria visual.

La prueba estructurada de memoria que hacemos en las Clínicas Amen también mostró problemas importantes en la memoria inmediata y retardada.

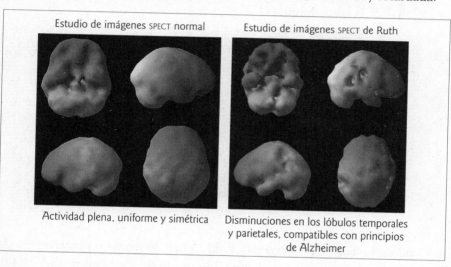

Estudio de imágenes SPECT normal

Estudio de imágenes SPECT de Ruth

Actividad plena, uniforme y simétrica

Disminuciones en los lóbulos temporales y parietales, compatibles con principios de Alzheimer

Conoce tus cifras: no se puede cambiar lo que no se mide

El siguiente paso en el proceso fue examinar las cifras importantes de Ruth. Éstas son también medidas vitales que usted debe conocer y optimizar; se trata de un paso crítico para ayudarle a vivir más tiempo y verse más joven.

La siguiente es una lista de análisis que utilizamos en las Clínicas Amen:

1. IMC (índice de masa corporal)
2. Razón cintura a estatura
3. Calorías necesarias / calorías utilizadas
4. Número de frutas y verduras que come al día
5. Promedio de horas de sueño cada noche (después de descartar apnea del sueño)
6. Presión arterial
7. Biometría hemática completa
8. Perfil metabólico completo con azúcar en sangre en ayunas
9. Prueba de HgA1C (hemoglobina glucosilada) para la diabetes
10. Nivel de vitamina D
11. Niveles tiroideos
12. Proteína C reactiva
13. Homocisteína
14. Ferritina
15. Testosterona
16. Perfil de lípidos
17. Ácido fólico y niveles de B_{12}
18. Pruebas de detección de sífilis y VIH
19. Prueba del genotipo apolipoproteína E
20. Doce factores de riesgo modificables de la salud

1. *Conozca su índice de masa corporal.* El índice de masa corporal, o IMC, de Ruth era de 32, que es demasiado alto. Un IMC normal está entre 18.5 y 24.9; el sobrepeso está entre 25 y 29.9, y la obesidad es cuando supera los 30. Encontrará una sencilla calculadora del IMC en nuestro sitio web www.amenclinics.com. Ruth era obesa, lo cual no ayudaba a su cerebro a mantenerse sano. Como se ha mencionado, la obesidad se asocia con menos tejido cerebral y disminución de actividad neuronal. La obesidad duplica el riesgo de Alzheimer. Probablemente hay varios mecanismos que subyacen a este descubrimiento, entre ellos, el hecho de que las células grasas producen sustancias químicas inflamatorias y materiales tóxicos que se almacenan en el cuerpo.

Una de las razones por las que quiero que mis pacientes conozcan su IMC es porque les impide mentirse a sí mismos acerca de su peso. Hace poco estaba cenando con un amigo que parecía totalmente indiferente a su peso, a pesar de que en ese momento se estaba inyectando insulina para la diabetes. Mientras charlábamos, calculé su índice de masa corporal. Créanme, puedo ser un amigo muy irritante si pienso que usted no se cuida. El índice de masa corporal de mi amigo fue de poco más de 30, en el rango de obesidad. Eso sí que le llamó la atención. Desde entonces, ha bajado 9 kg y está más comprometido con su salud. La verdad os hará libres. Conozca su imc.

Coloqué a Ruth en un programa estructurado de reducción de peso.

2. *Conozca su razón cintura-estatura (RCE)*. Otra forma de medir la salud de su peso es la razón cintura-estatura. Algunos investigadores creen que esta medida es incluso más precisa que el imc. Este último no tiene en cuenta la constitución del individuo, su sexo o cantidad de masa muscular en comparación con masa de grasa. Por ejemplo, dos personas pueden tener el mismo índice de masa corporal, incluso si una es mucho más musculosa y tiene mucho menos grasa abdominal que la otra; esto se debe a que el imc no tiene en cuenta las diferencias en la distribución de la grasa. La RCE se calcula dividiendo la medida de la cintura por la altura. Por ejemplo, un hombre que mide 81 cm de cintura y 1.77 m (177 cm) de altura tendría que dividir 81 entre 177; el resultado es una RCE de 45.7 por ciento. Se cree que la RCE proporciona una evaluación más precisa de la salud, ya que el lugar más peligroso de sobrepeso es el abdomen. La grasa en el abdomen, que se asocia con una cintura más grande, es metabólicamente activa y produce varias hormonas que pueden tener efectos perjudiciales, como la diabetes, la presión arterial elevada, y niveles alterados de lípidos (grasa en la sangre). Muchos atletas, tanto hombres como mujeres, que a menudo tienen un mayor porcentaje de músculo y un menor porcentaje de grasa corporal, tienen imc relativamente altos, pero sus RCE están dentro de un rango saludable. Esto también es cierto para las mujeres que tienen forma de "pera" en lugar de "manzana".

El tamaño de la cintura, en centímetros, tiene que ser menor que la mitad de su estatura. Así que si usted mide 168 cm de altura, la cintura no debe medir más de 84 cm. Si usted mide 183 cm de altura, la cintura no debe medir más de 92 cm.

Nota: ¡hay que medir el tamaño de la cintura con una cinta métrica! Juzgar por el tamaño de los pantalones no cuenta, ya que muchos fabricantes de ropa hacen sus tallas más grandes de lo que indica la etiqueta para no perder clientes. Recuerdo que prefería comprar pantalones largos o cortos que tuvieran la etiqueta "holgado", porque así me quedaba la talla 34 (en pulgadas) de cintura. No había manera de que pudiera entrar en un pantalón talla 34 ceñido, que, en retrospectiva, medía en realidad 34 pulgadas de cintura. Desde que me dedico a este trabajo, he advertido que la mayoría de la gente no conoce la medida de su cintura y está en la negación total. La mayoría de los jugadores de la NFL y los pacientes subestiman, en gran medida, el tamaño de su cintura. Uno de los pastores con quienes trabajamos aseguró que usaba la talla 42 de cintura, pero cuando medimos (en el ombligo) su talla era realmente de 48 pulgadas. Ruth medía 1.63 m de altura. Me dijo que su cintura era de 84 cm. Se midió y resultó que era de 94 cm.

Ésta fue otra confirmación de que Ruth necesitaba un programa estructurado para bajar de peso.

3. *Conozca el número de calorías que necesita y gasta en un día.* Pienso en calorías como en el dinero: si como más de lo que necesito, mi cuerpo se declarará en quiebra. El gasto calórico inteligente es un componente fundamental para estar sano. No deje que nadie le diga que las calorías no cuentan. Por supuesto que sí. Las personas que dicen que las calorías no importan sólo se están engañando. Usted necesita saber la cantidad de calorías que necesita comer al día para mantener su peso actual. La mujer típica de cincuenta años necesita alrededor de 1,800 calorías, mientras el hombre típico de cincuenta años necesita alrededor de 2,200 calorías al día. Esta cifra puede aumentar o disminuir según el nivel de ejercicio y la estatura. Encontrará una calculadora personalizada gratuita de "necesidad calórica" en www.amenclinics.com.

Establezca una meta realista para su peso deseado y adecue su comportamiento para alcanzarla. Si usted desea bajar medio kilo por semana, normalmente necesitaría comer al día 500 calorías *menos* de las que quema. No soy partidario de bajar de peso rápidamente. Eso no enseña a vivir en el largo plazo. Una de mis pacientes siguió la dieta HCG (que consiste en combinar un régimen alimentario de 500 calorías diarias con inyecciones o suplementos de la hormona gonadotropina coriónica humana) y bajó 18 kg en tres ciclos de veintiséis días, pero a un costo muy alto. En los siguientes seis meses recuperó todo su peso, más otros 4.536 kg. Disciplinarse y actuar de forma lenta pero constante le enseñará nuevos hábitos. Me agrada que la gente baje medio kilo por semana; esto le enseña una nueva forma de vida a largo plazo.

Conozca cuántas calorías diarias consume. ¡Erradique la amnesia calórica! Para cualquier persona que tenga problemas de peso, ésta es una estrategia muy eficaz para volver al camino correcto. Deje de mentirse acerca de lo que en realidad consume. Como veremos en el próximo capítulo, piense en CROND: calorías restringidas, óptimamente nutritivas y deliciosas. Además de familiarizarse con la cantidad de calorías, consiga una libreta pequeña que pueda llevar a todas partes. Será su nueva mejor amiga. Anote las calorías que consume a medida que come durante el día. Si lleva este registro, junto con las otras partes del programa, dará un gran paso adelante para conseguir el control de su cerebro y su cuerpo por el resto de su vida. Si no sabe cuántas calorías tiene algo, no lo coma. ¿Por qué va a dejar que otros saboteen su salud? *La ignorancia no es la felicidad. Aumenta las posibilidades de una muerte prematura.*

Hasta que realmente entienda las calorías, necesita aprender a pesar y medir los alimentos y a leer las etiquetas de la comida para comprobar el tamaño de la porción. Lo que las compañías de cereales suponen que es el tamaño de una porción puede no acercarse, ni remotamente, a lo que usted cree. Cuando en verdad haga esto, puedo asegurarle que será un duro despertar. Sé que lo fue para mí. Después de registrar las calorías que consumía, uno de nuestros jugadores de la NFL, escribió: "¡No tenía ni idea de cómo estaba abusando de mi cuerpo!".

Ruth no tenía ni idea de la cantidad de calorías que necesitaba al día, ni de cuántas calorías ingería en realidad. Esto tenía que ser parte de su programa de rehabilitación cerebral.

4. *Conozca la cifra de frutas y verduras que come al día.* ¡Cuéntelas! Coma más verduras que frutas y trate de llevar esa cifra a entre cinco y diez raciones para mejorar su cerebro y reducir el riesgo de cáncer. Ruth comentó que su consumo de verduras era irregular y no tenía idea de cuál era la cifra real de porciones que comía cada día. Otra de las ventajas de comer entre cinco y

diez porciones al día de frutas y verduras es que lo dejan satisfecho de manera muy natural, lo que hace mucho más fácil mantenerse dentro de sus límites de calorías. La dieta de Ruth necesitaba una reestructuración.

5. *Conozca cuántas horas duerme cada noche*. Normalmente, Ruth dormía cinco horas por noche. Su esposo dijo que Ruth no roncaba, ni dejaba de respirar durante la noche. La evaluación del sueño en relación con los problemas de memoria y envejecimiento es fundamental. Una de las maneras más rápidas de envejecer es dormir menos de siete u ocho horas por la noche. Las personas que normalmente duermen seis horas, o menos, tienen menor irrigación sanguínea general en el cerebro, lo que perjudica su funcionamiento. Investigadores del Walter Reed Army Institute of Research y la Universidad de Pennsylvania descubrieron que dormir crónicamente menos de ocho horas se asocia con el deterioro cognitivo.

EL INSOMNIO CRÓNICO TRIPLICA EL RIESGO
DE MUERTE POR CUALQUIER CAUSA.

Era evidente que ésta era un área en la que Ruth necesitaba ayuda. Recomendé estrategias para dormir, como un baño caliente antes de acostarse, nada de televisión una hora antes de acostarse, un CD de hipnosis para inducir el sueño y un suplemento basado en melatonina.

Si bien estamos hablando del sueño, es importante saber que la apnea del sueño duplica el riesgo de desarrollar Alzheimer. En nuestros estudios SPECT del cerebro, la apnea del sueño a menudo se parece a las primeras etapas de la enfermedad de Alzheimer, con baja actividad en los lóbulos parietales y temporales. La apnea del sueño se caracteriza por ronquidos, periodos de apnea (cese temporal de la respiración) y cansancio crónico durante el día. La falta crónica de oxígeno durante los periodos de apnea se asocia con daño cerebral y envejecimiento prematuro. La apnea del sueño también se ha asociado con la obesidad, la hipertensión, los accidentes cerebrovasculares y las enfermedades del corazón. Si hay alguna posibilidad de que usted tenga apnea del sueño, consulte a su médico para que pueda enviarlo a una clínica del sueño.

6. *Conozca su presión arterial*. Ruth tenía 145/92 mm/Hg (milímetros de mercurio) a pesar de que tomaba un medicamento antihipertensivo. Esta cifra era demasiado alta. La hipertensión arterial se asocia con una reducción general de la función cerebral, lo que significa más malas decisiones. Controle su presión arterial, o vaya con su médico para que se la tome con regularidad. Si su presión arterial es alta, asegúrese de tomar la situación con seriedad. Algunos comportamientos que pueden ayudarle a reducir la presión arterial incluyen pérdida de peso, ejercicio diario, aceite de pescado y, si es necesario, medicamentos.

> Óptima: por debajo de 120/80 mm/Hg
> Prehipertensión: 120/80 a 130/80-130/89 mm/Hg
> Hipertensión: 140/90 mm/Hg o más alta

Añadí ejercicio y altas dosis de aceite de pescado al régimen de Ruth.

Análisis de laboratorio

La siguiente serie de mediciones importantes proviene de los análisis de laboratorio que habitualmente ordenan los médicos. Es esencial que usted conozca estas cifras.

7. *Conozca su biometría hemática completa*. Es necesario comprobar la salud de la sangre, incluidos los glóbulos rojos y blancos. Las personas que tienen una biometría hemática baja pueden sentirse ansiosas, cansadas y tener problemas de memoria. Como parte de un examen físico regular en uno de nuestros pacientes descubrimos que tenía leucemia, a pesar de que no tenía síntomas físicos. El tratamiento precoz para la mayoría de las enfermedades, incluso la leucemia, o la enfermedad de Alzheimer, es mejor. La biometría hemática de Ruth era normal.

8. *Conozca su perfil metabólico general*. Esto es para controlar la salud del hígado, los riñones, el nivel de azúcar en la sangre y el colesterol. El nivel de

azúcar en la sangre de Ruth en ayunas salió alto en 135. Lo normal es de 70 a 99 mg/dl (miligramos por decilitro), la prediabetes es de 100-125 mg/dl, y la diabetes es de 126 mg/dl o superior. A pesar de que Ruth estaba en tratamiento, su nivel de azúcar era demasiado alto.

¿Por qué es el nivel alto de azúcar en la sangre en ayunas un problema? Un nivel alto de azúcar en la sangre causa problemas vasculares en todo el cuerpo. Provoca que, con el tiempo, los vasos sanguíneos se vuelvan frágiles y propensos a romperse. Esto conduce no sólo a la diabetes, sino también a las enfermedades del corazón, accidentes cerebrovasculares, deficiencia visual, mala cicatrización de las heridas, piel arrugada y problemas cognitivos.

Si el objetivo era revertir el deterioro cognitivo de Ruth, resultaba fundamental tener bajo control el nivel de azúcar en la sangre con una dieta sana y algunos suplementos simples, como el ácido alfa lipoico.

9. *Conozca su cifra de hemoglobina glucosilada* (HgA1C). Esta prueba muestra el nivel promedio de azúcar en la sangre en los últimos dos o tres meses y se utiliza para el diagnóstico de la diabetes y la prediabetes. Los resultados normales para una persona no diabética están dentro del rango de 4-6 por ciento. Los niveles dentro del rango de 5.7 a 6.4 por ciento indican prediabetes. Las cifras más altas pueden indicar diabetes.

La HgA1C de Ruth salió alta en 7.4 por ciento. Para optimizarla, recomendé bajar de peso, eliminar todo el azúcar y los carbohidratos refinados, hacer varias comidas ligeras al día con un poco de proteína en cada comida, ejercicio y empezar a tomar aceite de pescado y un suplemento de ácido alfa lipoico.

10. *Conozca su nivel de vitamina D.* Los bajos niveles de vitamina D se asocian con obesidad, depresión, deterioro cognitivo, enfermedades del corazón, reducción de la inmunidad, cáncer, psicosis y todas las causas de mortalidad. Pídale a su médico que revise su nivel de 25 hidroxivitamina D, y si es bajo, tome más sol, o un suplemento de vitamina D_3. Un nivel saludable de vitamina D es de 30 a 100 ng/dl (nanogramos por decilitro). El nivel óptimo es de 50-100 ng/dl. Dos terceras partes de la población de Estados Unidos

tienen un nivel bajo de vitamina D, que es la misma cifra de estadunidenses que tienen sobrepeso o son obesos. Una de las razones del drástico aumento de la deficiencia de vitamina D es que la gente usa más protector solar y pasa más tiempo en interiores trabajando, o frente al televisor, o la computadora.

El nivel de vitamina D de Ruth fue de 8 ng/dl, que es muy bajo. Optimizar su nivel de vitamina D es otro componente crítico para optimizar su salud cognitiva.

11. *Conozca sus niveles de hormonas tiroideas.* Los niveles de hormonas tiroideas anormales son una causa común de falta de memoria, confusión, letargo y otros síntomas de demencia en las mujeres y los hombres. Tener niveles bajos de hormonas tiroideas disminuye la actividad general del cerebro, lo que puede perjudicar su pensamiento, juicio y autocontrol y hacer que sea muy difícil que se sienta bien. El funcionamiento bajo de la tiroides puede hacer que sea casi imposible controlar el peso con eficacia. Debe conocer sus niveles de:

- TSH (hormona estimulante de la tiroides); lo normal es entre 0.350-3.0 µUI/ml
- T3 libre (300-400 pg/dl [picogramos por decilitro])
- T4 libre (1.0-1.80 ng / dl)
- Peroxidasa tiroidea (TPO) (0-34 UI/ml)

No hay una manera perfecta, un único síntoma o resultado de un análisis que sirva para diagnosticar correctamente la función tiroidea baja o hipotiroidismo. La clave es observar los síntomas y los análisis de sangre para luego decidir. Los síntomas de la función tiroidea baja incluyen: fatiga, depresión, confusión mental, piel seca, pérdida de cabello, especialmente en el tercio exterior de las cejas, sensación de frío cuando otros se sienten normales, estreñimiento, voz ronca y aumento de peso.

La mayoría de los médicos no revisan la TPO a menos que la TSH esté alta. Éste es un grave error. Muchas personas tienen autoinmunidad contra su tiroides, lo que hace que esta glándula funcione mal y aun así tenga registro de TSH "normal". Es por eso que creo que esta prueba debe ser parte de los exámenes de rutina.

Si existe algún problema de la tiroides los medicamentos pueden mejorar los síntomas fácilmente. Pídale a su médico que le revise las hormonas tiroideas para detectar hipotiroidismo o hipertiroidismo y, si es necesario, le prescriba el tratamiento para normalizarlo.

Los análisis de función tiroidea de Ruth salieron normales.

12. *Conozca su rango de proteína C reactiva.* Ésta es una medida de la inflamación. La inflamación elevada se relaciona con diversos padecimientos asociados con el envejecimiento y el deterioro cognitivo. Las células de grasa producen sustancias químicas que aumentan la inflamación. Un nivel saludable es entre 0.0 y 1.0 mg/dl. Ésta es una prueba muy buena para la inflamación. Mide el nivel general de la inflamación, pero no indica de dónde proviene. La causa más común de un nivel de proteína C reactiva elevado es el síndrome metabólico o la resistencia a la insulina. La segunda causa más común es algún tipo de reacción a los alimentos, ya sea una sensibilidad, una verdadera alergia, o una reacción autoinmune, como ocurre con el gluten. También puede indicar infecciones ocultas.

La prueba de la proteína C reactiva de Ruth fue de 7.3 mg/dl, que era demasiado alta y había que resolver el problema de inmediato con una dosis alta de aceite de pescado (6 gramos al día) y la misma dieta antiinflamatoria saludable recomendada en este libro.

13. *Conozca su cifra de homocisteína.* Los niveles elevados (>10 µmol/l [micromoles/litro]) en la sangre se asocian con daños en el revestimiento de las arterias y la aterosclerosis (endurecimiento y estrechamiento de las arterias), así como con un mayor riesgo de ataques al corazón, accidentes cerebrovasculares, formación de coágulos de sangre, y posiblemente también la enfermedad de Alzheimer. Éste es un marcador sensible de deficiencia de vitamina B, que incluye también deficiencia de ácido fólico. Remplazar estas vitaminas con frecuencia ayuda a devolver el nivel de homocisteína a la normalidad. Otras posibles causas de un nivel elevado de homocisteína incluyen niveles bajos de hormonas tiroideas, enfermedad renal, psoriasis, algunos medicamentos, o también por causas genéticas. El nivel ideal es de 6-10 µmol/l

(micromoles/litro). Comer más frutas y verduras (en especial verduras de hoja verde) puede ayudar a reducir el nivel de homocisteína porque aumenta la cantidad de folato que obtiene de su dieta. Son una excelente fuente de folato las lentejas, espárragos, espinacas y la mayoría de los frijoles. Si el ajuste de la dieta no es suficiente para disminuir el nivel de homocisteína, tome ácido fólico (1 mg), vitamina B_6 (10 mg), B_{12} (500 µg [microgramos]).

El nivel de homocisteína de Ruth salió alto en 16 µmol/l. Le recomendé un multivitamínico completo con alto nivel de vitaminas B y una dieta saludable.

15. *Conozca su nivel de ferritina.* Ésta es una medida de los depósitos de hierro que aumenta con la inflamación y la resistencia a la insulina. Un nivel menor de 200 ng/ml es ideal. Las mujeres tienden a tener reservas de hierro más bajas que los hombres debido a la pérdida de sangre (los glóbulos contienen hierro) durante los años de la menstruación. Los niveles bajos de ferritina se asocian con anemia, piernas inquietas y TDA. Las reservas de hierro más elevadas se asocian con vasos sanguíneos más rígidos y enfermedades vasculares. Algunas investigaciones indican que la donación de sangre, para reducir los niveles elevados de ferritina, puede aumentar la flexibilidad de los vasos sanguíneos y ayudar a disminuir el riesgo de enfermedades del corazón. Por otra parte, cada vez que uno dona sangre hace algo altruista, lo que también le ayudará a vivir más tiempo.

El nivel de ferritina de Ruth era normal.

16. *Conozca sus niveles de testosterona en suero libre y total.* Los niveles bajos de la hormona testosterona tanto en los hombres como en las mujeres se asocia con poca energía, enfermedades cardiovasculares, obesidad, disminución de la libido, depresión y Alzheimer.

Los niveles normales de los hombres adultos son:

• Testosterona total, hombres (280-800 ng/dl)
• Testosterona masculina libre (7.2-24 pg/ml)

Los niveles normales de las mujeres adultas son:

- Testosterona total, mujeres (6-82 ng/dl)
- Testosterona femenina libre (0.0-2.2 pg/ml)

El nivel de testosterona libre y total de Ruth fue muy bajo. A veces, el remplazo hormonal es necesario, pero mi primera intervención es una dieta saludable que elimine el azúcar. El exceso de azúcar se asocia con niveles bajos de testosterona.

16. *Conozca su perfil de lípidos.* Sesenta por ciento del peso del cerebro es grasa. El colesterol alto es evidentemente malo para el cerebro, pero tener demasiado poco también es malo, ya que un poco de colesterol es esencial para la producción de hormonas sexuales y para ayudar al funcionamiento adecuado del cerebro. Es importante revisar regularmente el perfil de lípidos. Esta prueba incluye HDL (lipoproteína de alta densidad, o colesterol "bueno"), LDL (lipoproteína de baja densidad, o colesterol "malo") y triglicéridos (un tipo de grasa). Según la American Heart Association, los niveles óptimos son los siguientes:

- Colesterol total (<200 mg/dl)
- HDL (≥60 mg/dl)
- LDL (<100 mg/dl)
- Triglicéridos (<100 mg/dl)

Si los niveles de lípidos no son los recomendados, asegúrese de controlar la dieta, así como de tomar aceite de pescado y hacer ejercicio. Por supuesto, debe consultar a su médico. Además, conocer el tamaño de las partículas de colesterol LDL es muy importante. Las partículas grandes son menos tóxicas que las más pequeñas.

Los niveles de colesterol total y LDL de Ruth eran altos, mientras que su HDL era bajo.

17. *Conozca sus niveles de ácido fólico y vitamina B$_{12}$.* En la evaluación de problemas de la memoria es importante descartar deficiencias de estos nutrientes. Los niveles de Ruth eran normales. Una vez tuve un paciente que tenía una deficiencia grave de vitamina B$_{12}$, cuyo estudio de imágenes cerebrales SPECT mostró disminución grave de irrigación sanguínea en general.

18. *Conozca los resultados de sus pruebas de detección de sífilis y VIH.* La demencia se asocia con la sífilis en etapa avanzada y las infecciones provocadas por el VIH. Si la persona tiene sífilis o una infección por VIH desde hace muchos años y nunca se trató adecuadamente, estas enfermedades pueden haber progresado hasta el punto de afectar el comportamiento y la inteligencia. A pesar de que no era probable en el caso de Ruth, siempre es importante comprobar. Sus pruebas fueron negativas.

19. *Conozca su genotipo de apolipoproteína E (APOE).* Esta prueba examina el riesgo genético. La presencia del gen APOE e4 aumenta considerablemente el riesgo de desarrollar Alzheimer y se asocia con síntomas que aparecen cinco a diez años antes que en la población general. Muchos hijos de padres afectados desean conocer el genotipo APOE de sus padres para determinar las probabilidades de heredar un mayor riesgo de Alzheimer, aterosclerosis, enfermedades del corazón y accidente cerebrovascular.

Todo el mundo tiene dos genes APOE, y si uno de ellos, o peor, los dos son APOE e4, las probabilidades de tener problemas de memoria de esa persona son más altas. Por sí solos, los genes APOE no son peligrosos; es necesario que funcionen. Ayudan en el desarrollo, la maduración y la reparación de las membranas celulares de las neuronas, y contribuyen a regular la cantidad de colesterol y triglicéridos en las membranas de las células nerviosas. Hay tres versiones del gen APOE: e2, e3 y e4, y el último es el culpable. Al igual que ocurre con todos los genes, heredamos una copia de cada uno de nuestros padres, y cualquiera podría tener la siguiente combinación: e2/e2, e2/e3, e2/e4, e3/e3, e3/e4 o e4/e4.

Si una persona tiene dos genes e4 significa que recibió uno de cada uno de sus padres. Debido a que se sabe que el gen APOE e4 aumenta la deposición de beta-amiloide y la formación de placa que se encuentra en las personas que tienen Alzheimer, aumenta la probabilidad de desarrollar la enfermedad en su forma más común (enfermedad de Alzheimer de aparición tardía) 2.5 (por un e4) o cinco veces (para dos e4). El gen APOE e4 también ocasiona que los síntomas aparezcan entre dos y cinco años antes de lo que tardan en personas que no lo tienen, pero tienen alguna otra causa de la enfermedad de Alzheimer.

En aproximadamente 15 por ciento de la población en general, al menos uno de sus dos genes APOE es e4. Las personas que no tienen el gen APOE e4 sólo tienen 5-10 por ciento de probabilidades de desarrollar la enfermedad de Alzheimer, después de los sesenta y cinco años, mientras que las personas con un solo gen APOE e4 tienen 25 por ciento de probabilidades. Es un salto enorme, pero la buena noticia que se puede deducir aquí es que no todas las personas con el gen desarrollarán Alzheimer; de hecho, 75 por ciento no. Otra cosa que debe considerarse es que incluso si una persona tiene un gen APOE e4 y desarrolla demencia, la enfermedad de Alzheimer puede no ser la causa. Existe la posibilidad de que la causa de la demencia sea otra. Por otra parte, si la persona tiene dos genes APOE e4 y llega a padecer demencia, son muy altas las probabilidades de que se trate de Alzheimer. De hecho, las probabilidades son de 99 por ciento.

Ruth tenía el gen e3/e4.

20. *Conozca cuántos de los doce factores de riesgo para la salud más importantes y modificables tiene y luego trabaje para disminuirlos.* La siguiente es una lista elaborada por los investigadores de la Escuela de Salud Pública de Harvard. Encierre en un círculo los factores de riesgo que se aplican en su caso.

- Fumar
- *Presión arterial alta*
- *IMC que indica sobrepeso u obesidad*
- *Inactividad física*
- *Nivel alto de glucosa en sangre en ayunas*
- *Colesterol LDL alto*
- Abuso del alcohol (accidentes, lesiones, violencia, cirrosis, enfermedades hepáticas, cáncer, accidente cerebrovascular, padecimientos cardiacos, hipertensión)

- *Bajo nivel de ácidos grasos omega 3*
- *Alto consumo de grasas saturadas*
- *Bajo consumo de grasas poliinsaturadas*
- *Dieta alta en sal*
- *Bajo consumo de frutas y verduras*

Ruth tenía diez de los doce factores de riesgo prevenibles (los que aparecen en cursiva) de muerte prematura. Abordar estas cuestiones resultaba fundamental para tener alguna esperanza de revertir la tendencia negativa.

En resumen, la evaluación de Ruth demostró un cuadro clínico compatible con la etapa "temprana" de la enfermedad de Alzheimer, resultado de los estudios y las pruebas de memoria. Tenía uno de los genes APOE e4 que la ponían en riesgo, y de los doce factores de riesgo prevenibles de muerte prematura solamente estaba exenta de dos. En un caso como el de Ruth, la buena noticia era que había tantas cifras importantes que todavía podían alterarse u optimizarse que podría cambiar de manera significativa su estado mental.

Afortunadamente, Ruth todavía era cognitivamente consciente y aún tenía amplia función de la corteza prefrontal como para comprender que la gravedad de sus problemas empeoraría sin un esfuerzo serio por mejorar. El plan para Ruth incluyó estos elementos:

- Cambiar inmediatamente a una dieta CROND; eliminar el azúcar, los carbohidratos simples y los edulcorantes artificiales, además de comer más verduras (al menos cinco porciones) junto con proteínas magras y grasas saludables. Debía pesarse todos los días y su marido llevaría el registro.
- Empezar a tomar suplementos multivitamínicos con vitaminas B adicionales, ácido alfa lipoico para la regulación del azúcar en la sangre, vitamina D y aceite de pescado.
- Comenzar a tomar suplementos para mejorar la memoria, como la vinpocetina y el ginkgo para mejorar la irrigación sanguínea, la huperzina A y acetil-L-carnitina para mejorar el neurotransmisor acetilcolina, y N-acetilcisteína (NAC), que es un superantioxidante.
- Procurar dormir de siete a ocho horas todas las noches, valiéndose

de mejores hábitos de sueño, autohipnosis y melatonina, según fuera necesario.

- Implementar estrategias para disminuir la presión arterial que incluyan ejercicio, reducción de peso y aceite de pescado. Su medicamento se ajustaría si los cambios en el estilo de vida no surtían efecto en los primeros tres meses.
- Volver a realizarse los análisis de sangre en tres meses para asegurarse de que el nivel de azúcar en la sangre en ayuno, HgA1C, vitamina D, proteína C reactiva, homocisteína, testosterona y colesterol mejoraba con los suplementos y la dieta.
- Si después de tres meses no había mejoría, se aplicarían otros tratamientos que incluirían medicamentos para mejorar la memoria. (Mi inclinación, después de treinta años de ser psiquiatra, es comenzar con tratamientos naturales, incluso en casos graves, como el de Ruth.)

Al hablar con Lisa, ella me dijo que ver a su madre en ese estado era una seria llamada de atención para ella misma. El estudio spect de Lisa mostró una ligera disminución de actividad en los lóbulos temporales y los lóbulos parietales (dos de las tres zonas que se sabe están asociadas con Alzheimer). Su análisis de laboratorio reveló que tenía uno de los genes apoe e4 y que su nivel de azúcar en sangre ya era alto, al igual que su índice de masa corporal y razón rce. Para ayudar a su madre, y a ella misma, a mantenerse en el camino, también iba a seguir el nuevo plan de alimentación y se aseguraría de que su padre lo siguiera con ellas. El apoyo es fundamental para el éxito.

Al cabo de tres meses, Ruth estaba mucho mejor. Los resultados de las pruebas de memoria habían mejorado, y también mejoró su peso (bajó 8 kg y casi 8 cm de cintura) y todas sus cifras importantes, sin necesidad de medicamento adicional. En un primer momento, seguir adelante con los cambios en la dieta fue difícil para Ruth, porque ella nunca cocinó de una manera saludable para su cerebro. Todo había sido pan y mantequilla, hot cakes y muffins, pasteles y galletas. Lisa y ella compraron uno de los dos libros de cocina de mi esposa y lo utilizaron como guía. Asimilaron por completo el programa en unas dos semanas cuando se dieron cuenta de que la comida sana no sólo era buena para ellas, sino que también era deliciosa.

Aprendieron que el programa *no* consistía en privarse de nada, sino más bien se trataba de aprender a preparar una gran cantidad de alimentos saludables. Incluso con una dieta baja en calorías, los antojos desaparecieron y su energía aumentó. También les encantaba pasar tiempo juntas, lo que era más importante que nunca. Dada la gravedad del diagnóstico y al ver los resultados de los estudios y análisis de Ruth, el padre de Lisa también se unió al esfuerzo y abandonó su negación.

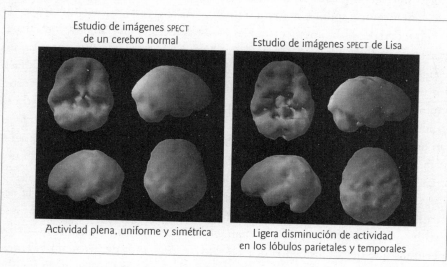

Estudio de imágenes SPECT de un cerebro normal

Estudio de imágenes SPECT de Lisa

Actividad plena, uniforme y simétrica

Ligera disminución de actividad en los lóbulos parietales y temporales

Para vivir más tiempo, sentirse lo mejor posible y verse y pensar más joven, es importante hacerlo de acuerdo con las cifras. Conocer sus cifras importantes es un paso crucial para tomar el control de su cerebro y su cuerpo por el resto de su vida. Cuando alguna o todas estas medidas están fuera de control evitan que usted logre bajar de peso, influyen en que se sienta deprimido y reducen el funcionamiento del cerebro. ¿Recuerda los dibujos que coloreábamos por números cuando éramos pequeños? ¿Cómo se iba llenando cada sección, una por una, hasta que se formaba una imagen bella? Regresar a la salud puede ser algo similar. Cuantas más cifras consiga equilibrar, más se convertirá en la viva y hermosa imagen de la salud. Con frecuencia mis pacientes se sorprenden cuando descubren lo divertido, satisfactorio y motivador que es ver pruebas de mejoría gradual en blanco y negro en los resultados de sus análisis de laboratorio o, en el caso de los estudios SPECT, a todo color.

Disminuya el riesgo de sufrir de la enfermedad de Alzheimer y otras formas de demencia

Le di a Ruth un plan para el tratamiento de la enfermedad de Alzheimer en sus "primeras etapas" que ya estaba causando estragos en su cerebro, y el tratamiento tuvo un efecto positivo para ella. Escribo las palabras *primeras etapas* entre comillas porque en realidad la enfermedad en su cerebro definitivamente *no* estaba empezando apenas. Los investigadores creen que la enfermedad de Alzheimer y otras formas de demencia en realidad comienzan décadas antes de que las personas manifiesten los primeros síntomas. En un estudio realizado en la Universidad de California en Los Ángeles (UCLA), los investigadores especializados en imágenes del cerebro indican que éstas empiezan a cambiar hasta cincuenta años antes de la manifestación de la enfermedad. La única manera en que alguna vez seremos capaces de producir un efecto eficaz en la reducción del riesgo de la enfermedad de Alzheimer y otras formas de demencia es empezar temprano. El cerebro de Lisa, de unos cuarenta años, ya mostraba indicios de problemas.

La enfermedad de Alzheimer no es un problema menor. En la actualidad afecta a más de cinco millones de personas en Estados Unidos y se estima que esta cifra se triplicará para el año 2030. Casi 50 por ciento de las personas que llegan a la edad de ochenta y cinco años desarrollará la enfermedad de Alzheimer. Una de las tristes verdades es que todos en la familia se ven afectados por esta enfermedad. El nivel de estrés emocional, físico y financiero que padecen estas familias es constante y enorme. Una de las estadísticas más alarmantes es que se estima que 15 por ciento de los cuidadores de personas con Alzheimer tienen la enfermedad ellos mismos.

Para disminuir el riesgo de sufrir Alzheimer y otras causas de pérdida de la memoria, se requiere previsión, un plan científico bien documentado (algo que realmente funcione), y una buena corteza prefrontal para que usted pueda seguir el plan y llevarlo a buen término. Mi plan para disminuir el riesgo de la enfermedad de Alzheimer y mantener el cerebro sano a medida que uno envejece es el programa completo que se presenta en este libro. Lo que sigue son algunos pasos de sentido común para disminuir las posibilidades de que su cerebro envejezca prematuramente.

Primer paso: conozca el riesgo de presentar problemas

Es muy importante que conozca su riesgo específico de la enfermedad de Alzheimer. A continuación se presenta una lista de los factores de riesgo más comunes de esta enfermedad y el envejecimiento prematuro del cerebro. El número entre paréntesis indica la gravedad del riesgo; cuanto mayor sea el número, más grave es el factor de riesgo. Haga un esfuerzo por eliminar la mayor cantidad de estos factores de riesgo que sea posible:

Un miembro de la familia con Alzheimer o demencia (3.5)

Más de un miembro de la familia con Alzheimer o demencia (7.5)

Antecedentes familiares de síndrome de Down (2.7)

Una sola lesión en la cabeza con pérdida de conciencia (2.0)

Varias lesiones en la cabeza sin pérdida de conciencia (2.0)

Dependencia del alcohol o drogas, en el pasado o presente (4.4)

Depresión grave diagnosticada por un médico en el pasado o presente, ya sea tratada o no (2.0)

Accidente cerebrovascular (10)

Enfermedades cardiacas o ataque al corazón (2.5)

Colesterol alto (2.1)

Presión arterial alta (2.3)

Diabetes (3.4)

Historial o tratamiento de cáncer (3.0)

Convulsiones en el pasado o presente (1.5)

Ejercicio limitado, menos de dos veces a la semana (2.0)

Nivel de educación inferior a preparatoria (2.0)

Trabajos que no requieren aprender información nueva de forma periódica (2.0)

Dentro del rango de edad de 65-74 (2.0)

Dentro del rango de edad de 75-84 (7.0)

Más de 85 años (38.0)

Fumar cigarrillos durante diez años o más (2.3)

Tener un gen APOE e4, conocido (2.5)

Tener dos genes APOE e4, conocidos (5.0)

Paso 2: *considere el practicarse un estudio* SPECT

Practicarse un SPECT cerebral también puede ayudarle a conocer la salud de su cerebro y su riesgo de contraer la enfermedad de Alzheimer. Cuando cumplí cincuenta años, mi doctor quería que me hiciera una colonoscopia. Le pregunté por qué no quería mirar mi cerebro: "¿El otro extremo de mi cuerpo no es igualmente importante?". ¿Cómo saber realmente lo que está pasando en el cerebro a menos que lo observe? En algún momento en el futuro cercano creo que estas herramientas de evaluación serán tan normales como las mamografías o colonoscopias. Pueden ser especialmente útiles para las personas en situación de riesgo, o para aquellos que tienen síntomas "tempranos". Debido a que la mayoría de los médicos no están acostumbrados a examinar el funcionamiento del cerebro, muchas personas sufren innecesariamente y no se enteran de que tienen cerebros vulnerables hasta que es demasiado tarde. No saben que tienen una enfermedad tratable en potencia.

He aquí un ejemplo.

Ed

Ed, de setenta y dos años, llegó a vernos desde Vancouver, Columbia Británica, gracias a su hija, Candace, quien estaba preocupada porque su padre era cada vez más olvidadizo. Su estado de ánimo parecía menos animado de lo habitual y su juicio no era tan bueno. Cuando examinó las finanzas de su padre se dio cuenta de que había facturas que había pagado dos veces y se había olvidado de otras. Cuando lo llevó a ver a un neurólogo de su ciudad, el médico le diagnosticó Alzheimer, sin siquiera examinar su cerebro. Candace había leído mi libro *Change Your Brain, Change Your Life* y estaba molesta porque el médico no había ordenado una tomografía. El médico afirmó que estaba seguro de su diagnóstico y no necesitaba examinar el cerebro. Ésta es una actitud que siempre me sorprende. Descontenta con la falta de rigor, Candace llevó a Ed a vernos.

Al examinar el estudio de Ed vimos que tenía ventrículos muy grandes (cavidades llenas de líquido en el cerebro). Es una pauta que llamo "signo de langosta", porque en las secciones de cerebro se ven como una langosta al revés. Ed también tenía cerebelo pequeño en la parte posterior e inferior del cerebro. Definitivamente no tenía el patrón típico de Alzheimer (baja actividad de los lóbulos temporales y parietales).

Estudio de imágenes SPECT del cerebro de Ed
(se muestran secciones de la parte superior del cerebro a la parte inferior)

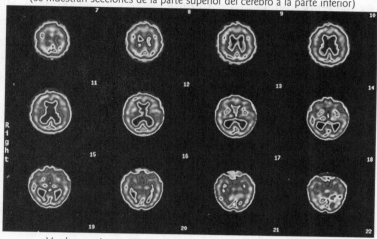

Vea las secciones 15 y 16 para identificar el "signo de langosta"

Estudio de imágenes SPECT de un cerebro normal

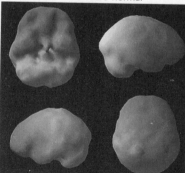

Actividad plena, uniforme y simétrica

Estudio de imágenes SPECT de Ed

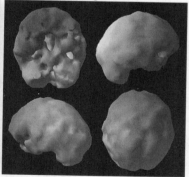

No es un patrón típico de Alzheimer, pero se observan ventrículos grandes (cavidad en el centro) y cerebelo pequeño (parte inferior)

La razón por la que este resultado es tan importante es que se ve con frecuencia en una enfermedad llamada hidrocefalia de presión normal, o HPN. El drenaje del líquido cefalorraquídeo se bloquea poco a poco y el exceso de líquido se acumula lentamente con el tiempo. A menudo se asocia con la incontinencia urinaria y la dificultad para caminar, aunque no siempre. Debido a que Ed no tenía esos otros síntomas, su neurólogo nunca pensó en la HPN. Posteriormente, el cerebro de Ed siguió deteriorándose. Al examinar su estudio, le dije que necesitaba una consulta neuroquirúrgica de inmediato. El neurocirujano estuvo de acuerdo conmigo y colocó una derivación en el cerebro de Ed. Después de tres semanas, la memoria de Ed volvió. ¿Cómo vas a saber si no miras?

Paso 3: concéntrese en reducir sus factores de riesgo específicos

Bueno, ya tiene una idea de cuáles son los factores de riesgo que tiene. Ahora, ¿qué se puede hacer al respecto? Aquí está una lista de formas de reducir esos factores:

> Riesgo: un miembro de la familia con la enfermedad de Alzheimer o un trastorno relacionado, o que tienen el gen APOE e4.
> Reducción: buscar detección temprana y tomar muy en serio las medidas de prevención y ponerlas en práctica lo más pronto posible. Implementar todas las estrategias descritas en este libro.
>
> Riesgo: lesión en la cabeza simple o varias lesiones en la cabeza.
> Reducción: evitar más lesiones en la cabeza e implementar las estrategias de prevención tan pronto como sea posible.
>
> Riesgo: dependencia del alcohol, dependencia de las drogas o el tabaco en el pasado o presente.
> Reducción: recibir tratamiento para detener y buscar las causas subyacentes; iniciar estrategias de prevención temprana.

Riesgo: depresión grave o trastorno de hiperactividad con déficit de atención (THDA) diagnosticado por un médico en el pasado o presente.

Reducción: recibir tratamiento e iniciar estrategias de prevención temprana.

Riesgo: accidente cerebrovascular, enfermedades del corazón, colesterol alto, hipertensión, diabetes, antecedentes de tratamiento contra el cáncer, convulsiones en el pasado o presente.

Reducción: recibir tratamiento e iniciar estrategias de prevención temprana.

Riesgo: ejercicio limitado (menos de dos veces a la semana o menos de treinta minutos por sesión).

Reducción: hacer ejercicio tres veces a la semana o más.

Riesgo: educación inferior al nivel de preparatoria, o un trabajo que no requiere aprender periódicamente nueva información

Reducción: participar en actividades que propicien el aprendizaje toda la vida.

Riesgo: apnea del sueño.

Reducción: buscar evaluación y tratamiento para la apnea del sueño.

Riesgo: deficiencia de estrógenos o testosterona.

Reducción: considerar la posibilidad de remplazo hormonal, si es apropiado en su caso.

Creo que ya entiende. Elimine todos los factores de riesgo que pueda y haga un esfuerzo por mantener su cerebro sano con el paso del tiempo.

Paso 4: *mantenga su cuerpo y su cerebro activos*

Como veremos en los próximos capítulos, el ejercicio físico y mental es la mejor manera de conservar joven el cerebro. El ejercicio mental ayuda al cerebro a mantener y hacer nuevas conexiones. Para más información sobre el ejercicio mental, consulte el capítulo 5. El ejercicio físico aumenta el flujo de sangre al cerebro, mejora el suministro de oxígeno, ayuda al cerebro a usar la glucosa con mayor eficacia y ayuda a proteger el cerebro contra las moléculas que lo dañan, como los radicales libres. Para más información sobre el ejercicio físico consulte el capítulo 3.

Paso 5: *suplementos que apoyan el funcionamiento saludable del cerebro*

Hay una gran cantidad de información y desinformación acerca de los suplementos. Saber qué hacer es fundamental debido a que algunas vitaminas y suplementos sí funcionan. Tome un multivitamínico y aceite de pescado todos los días. Revise su nivel de vitamina D y optimícelo. A continuación se presentan otros suplementos que han demostrado ser útiles:

- Aceite de pescado y curcumina para disminuir la inflamación.
- N acetilcisteína y ácido alfa lipoico para aumentar la capacidad del organismo de hacer frente a los radicales libres y la oxidación.
- Ginkgo biloba y vinpocetina para aumentar el flujo de sangre.
- Huperzina A y acetil-L-carnitina para aumentar la acetilcolina, el neurotransmisor relacionado con el aprendizaje.
- Acetil-L-carnitina y CoQ10 (coenzima Q10) para impulsar la función mitocondrial (central energética de las células, que disminuye con la edad y el envejecimiento)
- Brain and Memory Power Boost®, una combinación de ginkgo, vinpocetina, ácido alfa lipoico, N acetilcisteína, acetil-L-carnitina y huperzina A para impulsar el flujo sanguíneo y obtener mejores resultados en pruebas cognitivas cuando se combina con un complejo vitamínico, aceite de pescado y un programa de salud para el cerebro.

Paso 6: *aliméntese para vivir largo tiempo*

Usted es lo que come. Muchas personas no están conscientes del hecho de que todas las células se renuevan cada cinco meses. La comida es una droga; a nivel intuitivo, todos lo sabemos. Si desayuna tres donas, ¿cómo se siente treinta minutos después? ¡Pesado! Si come un plato enorme de pasta en el almuerzo, ¿cómo se siente a las 2 de la tarde? ¡Pesado! La dieta adecuada le ayuda a sentirse bien. La dieta incorrecta lo hace sentir mal. La dieta es una estrategia muy importante para mantener la salud del cerebro con la edad.

La mejor dieta es aquella que tiene alto contenido de nutrientes, pocas calorías (la restricción calórica se asocia con la longevidad), rica en ácidos grasos omega 3 (pescado, aceite de pescado, nueces y aguacates) y antioxidantes (verduras). Las mejores frutas y verduras antioxidantes, según el Departamento de Agricultura de Estados Unidos, incluyen ciruelas pasas, moras azules, zarzamoras, arándanos, fresas, frambuesas, espinacas, colecitas de Bruselas, ciruelas, brócoli, betabeles, aguacates, naranjas, uvas rojas, pimientos rojos, cerezas y kiwis. ¡Coma frutas y verduras! Su madre tenía razón. Encontrará mucha más información sobre nutrición en el capítulo 2.

Si usted sigue estas pautas disminuirá el riesgo de Alzheimer en 50 por ciento o más. En un nuevo estudio realizado por investigadores de San Francisco se descubrió que si las personas se ejercitaran y eliminaran el tabaquismo, la hipertensión, la depresión y la obesidad, podrían reducir drásticamente las posibilidades de contraer la enfermedad de Alzheimer y otros problemas de envejecimiento. Depende de usted. ¿Quiere una mente saludable en el futuro o no? Si es así, ahora es el momento de tomar en serio la situación, no en algún momento indeterminado en el futuro.

Pasos simples para disminuir drásticamente su riesgo de Alzheimer

Por supuesto, como ocurre con cualquier recomendación, en especial una que promete reducir su riesgo de sufrir de Alzheimer, es importante hacer la pregunta: "¿Y cómo lo sabe?". La estrategia de reducir sus factores de riesgo para disminuir las probabilidades de contraer la enfermedad de Alzheimer la estudió la doctora Deborah Barnes, investigadora de salud mental del VA

Medical Center de San Francisco. Su investigación descubrió que *más de la mitad de todos los casos de la enfermedad de Alzheimer podrían prevenirse con cambios de estilo de vida y tratamiento o prevención de enfermedades crónicas.* Ella revisó la investigación realizada con cientos de miles de pacientes con Alzheimer de todo el mundo y llegó a la conclusión de que muchos factores de riesgo de la enfermedad pueden reducirse.

A nivel mundial, los factores de riesgo de la enfermedad de Alzheimer incluyen bajo nivel de escolaridad, tabaquismo, inactividad física, depresión, hipertensión en la edad madura, diabetes y obesidad en la edad madura. La doctora Barnes descubrió que, en Estados Unidos, los principales factores de riesgo modificables son la inactividad física, la depresión, el tabaquismo, la hipertensión y la obesidad en la edad madura, baja escolaridad y la diabetes. Su investigación llegó a la conclusión de que se cree que este grupo de factores de riesgo representan hasta 51 por ciento de todos los pacientes de Alzheimer en el mundo (17.2 millones de casos) y hasta 54 por ciento de los casos de Alzheimer en Estados Unidos (2.9 millones de casos). Su estudio indica que algunos cambios de estilo de vida muy sencillos pueden tener un efecto espectacular en la prevención de la enfermedad de Alzheimer y otros tipos de demencia en Estados Unidos y en todo el mundo. Los resultados de la investigación se presentaron en la reunión de 2011 de la Conferencia Internacional de la Alzheimer's Association sobre la enfermedad de Alzheimer celebrada en París y se publicaron en internet en la revista *Lancet Neurology.*

La verdadera prevención comienza con nuestros hijos

Muchos de los riesgos de la enfermedad de Alzheimer se presentan en la infancia. Si somos sinceros respecto a la prevención de esta enfermedad y otros problemas conexos debemos empezar con nuestros hijos. El gen APOE e4 aumenta el riesgo de la enfermedad. Tener este gen, aunado a una lesión en la cabeza aumenta el riesgo aún más. Muchas lesiones en la cabeza se producen en la infancia, en especial cuando se practican deportes de contacto o se realizan otras actividades de alto riesgo. Si se permite a los niños participar en estas actividades es necesario realizar primero un estudio para detectar si tienen el gen APOE e4. Si lo tienen, hay que prestar más atención a la protección de la cabeza. Los niños con THDA y problemas de aprendizaje suelen abandonar la escuela, lo que los deja en mayor riesgo de demencia. Asegurarse de establecer el diagnóstico correcto y ayudar a estos niños es esencial para que lleguen a ser aprendices de por vida. Las semillas de la depresión se siembran en la infancia. La depresión es, a menudo, el resultado de patrones de pensamiento negativos persistentes. Deben crearse programas escolares para enseñar a los niños a corregir estos patrones, lo que podría ayudar a disminuir la depresión. La obesidad infantil conduce a la obesidad en el adulto. Educar a los niños sobre la nutrición y el ejercicio redunda en beneficios para toda la vida.

Recupere la salud por beneficio propio, pero también hágalo por sus hijos y bisnietos que lo quieren lúcido, dinámico y sonriente, para disfrutar de la vida con ellos todo el tiempo que sea humanamente posible.

Rejuvenezca ahora: veinte consejos para la salud del cerebro y cifras que debe conocer para tener una vida larga y saludable

1. *Conozca las cifras que son importantes para la salud.* Examínese y anote los resultados, realice los cambios de estilo de vida necesarios para mejorar sus cifras y vuelva a examinarse cada tres meses hasta que las cifras estén fuera de las zonas de peligro. Algunas de las cifras que necesita conocer se indican a continuación.

2. *Conozca su* IMC. Baje de peso si tiene sobrepeso; para lograrlo, coma alimentos bajos en calorías, pero altamente nutritivos. Piense en CROND: calorías restringidas, óptimamente nutritivas y deliciosas. La obesidad se asocia con menos tejido cerebral y disminución de la actividad cerebral y duplica el riesgo de Alzheimer. Asegúrese de que la medida de la cintura sea la mitad de su estatura. Sí, tiene que medirse la cintura con una cinta métrica.

3. *Coma de cinco a nueve raciones de frutas y verduras al día.* ¡Cuéntelas! Coma más verduras que frutas y trate de que sean entre cinco y diez raciones para mejorar su cerebro y reducir el riesgo de cáncer.

4. *Dormir ocho horas cada noche*. Dormir menos de ocho horas se asocia con el deterioro cognitivo. El insomnio crónico triplica el riesgo de muerte por todas las causas. Pruebe con un baño caliente antes de acostarse, nada de televisión una hora antes de acostarse, un cd de hipnosis para inducir el sueño y un suplemento del sueño a base de melatonina. La apnea del sueño duplica el riesgo de una persona de contraer Alzheimer; por lo mismo, hágase un estudio del sueño si sospecha que puede tener un problema.

5. *Controle su presión arterial con frecuencia y asegúrese de mantenerla bajo control*. Si es alta, el aceite de pescado y el ejercicio, en combinación con la reducción de peso, pueden ayudar. Si este protocolo no funciona, asegúrese de consultar a su médico. La presión arterial alta es una urgencia y es la segunda causa principal prevenible de muerte en Estados Unidos, después de fumar.

6. *Si usted fuma, deje de hacerlo*. El cerebro y el cuerpo envejecen prematuramente.

7. *No soy partidario de la ingesta de alcohol debido a lo que veo en los estudios de imágenes cerebrales*. No se exceda.

8. *Hágase una biometría hemática completa*. Una biometría hemática baja puede hacer que se sienta ansioso, cansado y afectar la memoria. Uno de nuestros pacientes se hizo una prueba de rutina y descubrió que tenía leucemia. El tratamiento precoz es más eficaz que el tratamiento tardío.

9. *Hágase un perfil metabólico general*. Esta prueba analiza la salud de su hígado, riñones, el nivel de azúcar en sangre y el colesterol. Cada órgano del cuerpo se relaciona con la salud del cerebro y viceversa.

10. *Hágase una prueba de HgA1C*. Esta prueba muestra los niveles promedio de azúcar en la sangre en los últimos dos o tres meses y se utiliza para el diagnóstico de la diabetes y prediabetes. Se ha demostrado que el ácido alfa lipoico es útil para estabilizar el azúcar en la sangre.

11. *Compruebe su nivel de 25 hidroxivitamina D. Esto es muy importante y fácil de arreglar. Además, revise sus niveles de ácido fólico y de*

vitamina B$_{12}$. Una deficiencia de estas vitaminas puede aumentar el deterioro cognitivo.

12. *Conozca sus niveles tiroideos.* Los niveles anormales de hormonas tiroideas son causa frecuente de falta de memoria, confusión, letargo y otros síntomas de demencia en las mujeres y los hombres. Tener niveles bajos de hormonas tiroideas disminuye la actividad general del cerebro.

13. *Conozca cuál es su nivel de proteína C reactiva.* Ésta es una forma de medir la inflamación. La inflamación elevada se asocia con diversas enfermedades y padecimientos que se asocian con el envejecimiento y el deterioro cognitivo. El estilo de vida alimenticio que propongo en este libro es también una dieta antiinflamatoria. El aceite de pescado también ayuda a reducir la inflamación.

14. *Conozca sus niveles de homocisteína.* Los niveles elevados en sangre se han asociado con mala salud arterial, así como con un posible aumento del riesgo de ataques cardiacos, accidentes cerebrovasculares, formación de coágulos y posiblemente con la enfermedad de Alzheimer. Las lentejas, espárragos, espinacas y la mayoría de los cereales son buenos para reducir los niveles de homocisteína, junto con el ácido fólico (1 mg) y las vitaminas B$_6$ (10 mg) y B$_{12}$ (500µg).

15. *Hágase una prueba para detectar exceso de ferritina.* Ésta es una medida del exceso de hierro almacenado que aumenta con la inflamación y la resistencia a la insulina. Las reservas de hierro elevadas se asocian con vasos sanguíneos más rígidos y enfermedades vasculares.

16. *Conozca su nivel de testosterona total y libre en suero.* Los niveles bajos de la hormona testosterona, en hombres o mujeres, se asocia con poca energía, enfermedades cardiovasculares, obesidad, disminución de la libido, depresión y Alzheimer.

17. *No haga caso omiso o minimice la creciente falta de memoria, ni le reste importancia diciendo "Lo que pasa es que es distraída" o "Está envejeciendo".* La falta de memoria y la confusión podrían tener diversas causas (desde el trastorno de déficit de atención del

adulto [TDA], hasta la anemia o la demencia de inicio temprano), pero son señales, como mínimo, de que el cerebro puede
necesitar un reajuste.

18. *La tecnología, como los sistemas de GPS, pueden retrasar el diagnóstico de demencia, ya que ocultan la falta de memoria.* Asegúrese de
hacerse exámenes regulares de memoria a partir de los cincuenta
años. Puede hacerlo en www.theamensolution.com.

19. *Disminuya radicalmente su riesgo de enfermedad de Alzheimer al reducir todos los factores de riesgo que se asocian con la enfermedad.*
Estos incluyen diabetes, enfermedades del corazón, obesidad, depresión, traumatismos cerebrales y cáncer.

20. *La verdadera prevención empieza con mantener sanos a nuestros
hijos.*

2 Tamara
Concéntrese en los alimentos que lo benefician
y no en los que lo perjudican

> La principal causa de inflamación deriva de los alimentos procesados con alto contenido de azúcar y poca fibra, generalmente comida rápida, chatarra; una dieta industrial densa en calorías, pobre en nutrientes y nuestro estilo de vida adicto a la televisión y a las frituras. Una dieta de alimentos verdaderos a base de plantas y granos integrales sin azúcar y harina en dosis farmacológicas, además de ácidos grasos omega 3 antiinflamatorios y una buena dosis de ejercicio, puede reducir drásticamente el riesgo de sufrir enfermedades del corazón y es capaz hasta de revertir la diabetes. Por si fuera poco, cuesta mucho menos.
>
> DR. MARK HYMAN

> La comida es medicina o veneno. Usted decide.

La investigación indica que la dieta afecta a las generaciones venideras. En un estudio reciente, animales alimentados con la típica dieta occidental, a lo largo de varias generaciones, tenían hijos que nacían más obesos. La dieta cambió el funcionamiento de los genes del animal de manera que, con el tiempo, cada generación comía más y los animales se hacían cada vez más gordos. Esto es muy preocupante, pues significa que a menos que usted controle su salud, ésta puede afectar a sus hijos, sus nietos e incluso a sus bisnietos.

Lo contrario también es cierto: si usted se cuida, aumentará las probabilidades de que sus hijos y nietos tengan una mejor salud. Los científicos, investigadores y psiquiatras están descubriendo que todo lo que hacemos tiene un efecto dominó en la salud emocional y física de nuestras familias y más allá. Usted tiene la posibilidad de cambiar su vida y la de las generaciones venideras.

Una anciana de treinta y dos años

Para Tamara, la hermana de mi esposa, se trataba de un mal día que comenzó como los demás del año anterior. En ese momento, Tamara, de treinta y dos años, era madre de un niño de cinco años y un bebé. No podía dormir bien durante la noche y a intervalos despertaba con un ansia feroz de azúcar. En una de sus excursiones nocturnas a la cocina no pudo encontrar nada que satisficiera su apremiante necesidad de comer algo azucarado e ingirió las vitaminas dulces de los niños.

Sus numerosos viajes al baño comenzaban con urgencia cerca de las cuatro de la mañana todos los días. El contenido de su intestino era de consistencia acuosa y, en el último recuento, el día anterior a éste, había ido al baño trece veces. Pasaba entre tres y cinco horas al día en el inodoro. Cada articulación le dolía como si tuviera el cuerpo de una anciana artrítica, y con cada movimiento, los músculos le ardían como si estuvieran incendiándose. Tenía las manos tan hinchadas que, esa mañana, mientras le cambiaba el pañal a su bebé, vio que los nudillos empezaban a agrietarse y a sangrar; la piel no podía contener al monstruo tóxico dentro de ella que le hinchaba el cuerpo como un globo. La mayor parte del tiempo su estómago estaba tan dolorosamente inflamado que parecía estar todavía embarazada.

La falta total de energía le hacía imposible trabajar. Llevar a sus pequeños al parque, algo que anhelaba realizar cuando los días estaban bonitos, era impensable. Lo único que podía hacer era atender las necesidades básicas de los niños, y se la pasaba acostada en el sofá todo el día, sin una pizca de energía y con un dolor terrible provocado por cada movimiento. "No había una bebida energética o un café suficientemente fuerte que pudiera levantarme", decía Tamara. Su esposo, Héctor, era un hombre maravilloso, compasivo y trabajador. También estaba terriblemente preocupado por lo que le estaba sucediendo a su esposa. Muchas de las personas mayores de su familia, que Tamara amaba y cuidaba, habían muerto en fechas recientes y los estragos de esas múltiples pérdidas, además del deterioro de su salud, se cernían sobre ella como un oscuro nubarrón. Comenzó a tomar antidepresivos con la esperanza de que la ayudaran a disipar la oscuridad que envolvía sus días y sus noches.

Por alguna razón, ese día en particular, en noviembre de 2010, Tamara llegó al límite. Había tenido suficiente. Se dio cuenta de que si no hacía algo radical podía morir, su marido iba a perder al amor de su vida y sus hijos crecerían sin conocer a su madre. Mientras yacía en el sofá, las lágrimas le escurrieron por las mejillas y pensó en su hermana Tana, mi esposa. Tamara sabía que Tana era instructora de acondicionamiento físico y nutrición; la viva imagen de la salud. También recordó que Tana había luchado con graves problemas de salud en el pasado y había encontrado la manera de superarlos. Tana nunca había intentado imponer su filosofía de nutrición o ejercicio a su familia, pero, en el fondo, Tamara siempre supo que Tana estaría feliz de ayudarla cuando ella estuviera preparada para tomar en serio su salud. Tamara comprendió que había llegado el momento de pedir ayuda; tomó su teléfono e hizo la llamada que pronto cambiaría su vida.

Cansada de pastillas y etiquetas

Poco antes de esa llamada telefónica que cambiaría su vida, Tamara vio a un médico por sus innumerables problemas. Desde hacía años sufría de un trastorno autoinmune inexplicable. Por un tiempo los médicos sospecharon que tenía lupus. Cuando eso se descartó, le hicieron pruebas de artritis reumatoide y otras enfermedades. Por fin se le diagnóstico de fibromialgia. Sin embargo, ella no sabía que las personas con fibromialgia pasaban varias horas al día, todos los días, en el baño. Este doctor le hizo otra serie de pruebas para descartar artritis reumatoide (una vez más), enfermedad celiaca, la enfermedad de Crohn y el síndrome de colon irritable. Las pruebas de laboratorio mostraron que sus triglicéridos estaban en un nivel de 290 mg/dl (lo normal es menos de 150 mg/dl), el colesterol era de 250 mg/dl (menos de 200 mg/dl es lo óptimo), y su presión arterial era de 139/96 mm/Hg (por debajo de 120/80 mm/Hg es lo ideal). Medía 1.65 m de estatura y pesaba 93 kg. Su nivel de vitamina D era inferior a 20 ng/ml (lo óptimo es 50-90 ng/ml). Incluso con estas cifras en la mano, el médico no le dijo nada acerca de un cambio de vida, sino que se apresuró a sacar su bloc de recetas para ordenar medicamentos con los cuales combatir su gran variedad de síntomas.

Pese a sentirse tan enferma, Tamara salió del consultorio del médico con un presentimiento. Algo la hacía dudar de tomar los medicamentos que le habían recetado. En su experiencia, la mayor parte de los profesionales de la medicina le habían dado pastillas, o le habían puesto etiquetas, y el resultado de ambas cosas nunca había sido bueno. Recordaba muy bien la pesadilla que había sido dejar las pastillas para el dolor que le habían recetado en el pasado, y se daba cuenta de que no podía volver a caer en eso.

Quiero que comas como gorila

Tana estaba al otro lado de la línea telefónica y escuchó a Tamara mientras le hablaba de su desesperación. Tana entendía el dolor y la frustración de su hermana, ya que ella también había sufrido una multitud de problemas de salud antes de descubrir que tenía varias alergias alimentarias. Sospechaba que como ambas eran medias hermanas y compartían genes, Tamara también podría tener alergias alimentarias graves sin diagnosticar. A esas alturas, Tamara era toda oídos y estaba dispuesta a intentar cualquier cosa.

—Es una opción —afirmó Tana—. Si estás preparada para tomar la decisión de mejorar radicalmente tu salud, quiero que inicies una dieta de eliminación, junto con algunos suplementos. Y óyeme bien Tamara, quiero que empieces hoy —entonces, Tana le preguntó a su hermana qué tipo de alimentos comían ella y su familia.

—Ah, la dieta básica estadunidense —bromeó Tamara—. Lo que salga de una caja.

—¿Comes verduras?

—Para serte franca, Tana, no recuerdo la última vez que comí algo vegetal.

Tana respiró hondo.

–Está bien, prepárate para un gran cambio. Quiero que empieces a comer como gorila.

Tamara rio, pero Tana estaba apenas empezando. Si algo tienen estas hermanas parlanchinas es que nunca les faltan las palabras y cuando tienen algo que decir, lo dicen con pasión y con rapidez.

–Quiero que comas todas las verduras de hoja verde que puedas comer, ligeramente cocidas o en ensaladas —explicó Tana—. Quiero que comas tres porciones de proteína del tamaño de la palma de tu mano al día. También quiero que bebas de diez a doce vasos de agua al día. Dos vasos antes de desayunar. Lo necesitas para eliminar las toxinas de tu cuerpo. Tu cuerpo está muy inflamado y esta situación te está matando. Ésta es la manera más rápida de acabar con ellas. También puedes añadir algunas nueces, semillas y, a la larga, algunos frutos rojos cuando empieces a añadir fruta a tu rutina. Pero por ahora, evita todas las frutas hasta que ese antojo voraz de azúcar se encuentre bajo completo control. Además, nada de lácteos.

Tamara suspiró.

–Voy a tener que vaciar todos los muebles de la cocina. Están llenos de comida chatarra, y sé que si hay algo de azúcar en la casa, soy incapaz de evitarla en este momento.

Tana estuvo de acuerdo en que era una buena idea y alentó a su hermana a "hacer de su refrigerador un arco iris", por lo que Tamara tiró a la basura las papas fritas y compró hummus y una colorida variedad de pimientos. Debido a que el presupuesto de su familia era limitado, tardó un poco en encontrar comida sana a buen precio. Tamara no había comprado verduras en tanto tiempo que no se había dado cuenta de lo caras que eran. Sin embargo, encontró espinaca orgánica a granel en un almacén de descuento popular y la carne molida de pavo era magra, sabrosa y a precio asequible. En los dos primeros días luchó contra los antojos y se limitó a comer sus "alimentos para gorila de zoológico", compuestos por ensaladas verdes y frescas acompañadas de hamburguesas de pavo con una rebanada de aguacate cremoso a un lado. Le encantaba el queso, así que le fue difícil dejarlo, pero nunca le había gustado la leche y descubrió que el sabor de la leche de almendra y coco era una delicia. Por cada cosa que tuvo que dejar, descubrió un alimento nuevo y más nutritivo que de verdad le gustaba; un alimento que la satisfacía, la hacía sentirse mejor y no le dejaba el deseo voraz e irracional de comer más.

Tana también envió a Tamara algunas mezclas en polvo para preparar batidos nutritivos y algunos suplementos, como un aceite de pescado de alta calidad y vitamina D de la Clínica Amen. También le mandó nuestros suplementos, especialmente formulados para ayudar a reducir los antojos y agudizar su concentración y energía sin los efectos secundarios indeseables de la cafeína.

El milagro de los dos días

Dos días después sucedió un milagro. Por lo menos para Tamara lo fue. Después de ir al baño llamó a Tana; entre lágrimas le contó:

—¡Tana! ¡Tuve mi primera evacuación normal en meses! ¡No puedo creerlo! ¿Es resultado del cambio en la dieta? Sin duda es una casualidad. ¡Sé que es una locura estar tan contenta por haber defecado "normalmente", pero he vivido una pesadilla con esta diarrea crónica, vergonzosa y agotadora desde hace tanto tiempo que simplemente no puedo explicarte lo fantástico que es para mí!

Tana rio y animó a su hermana.

—No te preocupes, aún no hemos terminado. Esto es sólo el comienzo.

En menos de dos meses, Tamara bajó casi 8 kg. El objetivo no era bajar de peso en sí. En realidad se trataba de mejorar la salud de Tamara y, posiblemente, salvarle la vida. Sin embargo, el subproducto de la reducción de peso fue muy divertido para Tamara y su autoestima aumentó junto con su energía renovada.

—Ahora puedo meter el estómago —anunció jubilosa—. Antes, siempre me sentía tan inflamada que ni siquiera podía sentir o encontrar los músculos para contraerlos.

Tamara volvió con su doctor, impaciente por contarle sobre su progreso, pensando que el médico la felicitaría y le preguntaría qué había hecho para mejorar tanto. Para sorpresa de Tamara, fue como si el médico no hubiera escuchado nada de lo que dijo. De hecho, el doctor respondió:

—Usted es joven y necesita estos medicamentos. La dieta por sí sola no va a curar sus problemas. Probablemente tendrá que tomar medicamentos el resto de su vida.

Antes de salir del consultorio, Tamara pidió una copia de sus últimos análisis de sangre y se marchó, todavía asombrada por la respuesta de su médico. Llamó a Tana para contarle lo que había pasado y le explicó su renuencia a tomar medicamentos cuando los cambios de dieta por sí solos habían logrado tanto y tan pronto. Entonces Tana le pidió sus análisis de sangre. Tamara se los envió por fax y en pocos minutos Tana le habló por teléfono, su voz dejó traslucir felicidad y emoción:

—Tamara, te tengo una noticia increíblemente buena. Tus triglicéridos bajaron de 295 a 129. El colesterol bajó de 258 a 201. Tu presión arterial ahora es normal; se redujo de 136/94. ¡No puedo creer que tu médico no se haya regocijado contigo por tu mejoría!

En seguida añadió:

—No te estoy diciendo que no tomes las medicinas. Pero vamos a experimentar; te propongo que sigas con lo que estás haciendo, sin medicinas, un mes más. Después revisamos los resultados.

El futuro se ve tan brillante que vas a necesitar gafas oscuras

Después de un mes, Tamara había mejorado tanto que se sentía como nueva. Los medicamentos siguen sin abrir y sin usar. Con 9 kg menos, ahora tiene mucha más energía. Cuando hace poco despidieron a su esposo del trabajo, debido a la crisis económica, Tamara creyó que el estrés la haría caer de nuevo, pero para su sorpresa, no fue así. Sobrellevó bien la situación. De hecho, tan bien que fue capaz de conseguir un trabajo como mesera en un agradable restaurante familiar —un trabajo que requiere levantar bandejas pesadas y estar de pie mucho tiempo— para contribuir con ingresos de emergencia. Además, también camina con regularidad alrededor de un lago cerca de su casa con algunas de sus amigas del trabajo, muchas de las cuales también luchan con síntomas parecidos a los de la fibromialgia y problemas de peso.

—No soy nadie para predicar —explica Tamara—, porque todavía estoy aprendiendo, pero sé que la mejoría que he alcanzado en mi vida las ha inspirado a hacer cambios por su salud. Y cuando me preguntan, estoy preparada con las respuestas.

Héctor es un cocinero fabuloso y sus especialidades son platos mexicanos, sabrosos y picantes, debido a sus tradiciones. Ahora utiliza muchas de las mismas especias y sabores del suroeste de Estados Unidos, pero añade un montón de verduras a los platos y prepara grandes ensaladas frescas para acompañarlos. Los niños se adaptaron sin problema a esa forma más saludable de comer y, sobre todo, les gusta la fruta fresca. En el momento en que escribo estas líneas, Tamara se ve y se siente más joven que hace apenas siete meses. Y no sólo Tamara: su nuevo comportamiento ha contagiado a sus hijos, y si sigue poniendo el ejemplo de nutrición saludable para el cerebro, también tendrá un efecto positivo en sus futuros nietos.

Comida, longevidad, tiempos extraños y mentirillas

Si quiere vivir más, verse más joven y estar más sano, más feliz y más inteligente, es crucial que controle su alimentación. De hecho, puede ser *el* factor más importante para aumentar sus probabilidades de longevidad. La comida es la medicina, o como vimos en el caso de Tamara, puede ser el veneno. Los cambios en la dieta fueron fundamentales para su éxito y si los sigue fielmente a largo plazo es probable que salve y prolongue su vida.

Controlar la alimentación en la sociedad contemporánea no es poca cosa, ya que vivimos en tiempos muy extraños. Casi dondequiera que vamos nos bombardean con mensajes erróneos acerca de comida que nos hará gordos, deprimidos y débiles mentales. Mire con qué nos bombardean:

- Hot dogs de treinta centímetros en el estadio.
- Porciones de comida enormes en los restaurantes.
- Empleados que nos presionan para que pidamos el tamaño más grande por menos dinero en los restaurantes.
- Alimentos de tamaño gigante que se anuncian con bombo y platillo en vallas publicitarias.

Hace poco iba en mi auto por la autopista 405 en Los Ángeles cuando vi un anuncio espectacular de un enorme sándwich de comida rápida. Y, entonces, no miento, volví la mirada al otro lado de la autopista y vi otra valla que promovía la reducción de peso con una banda gástrica.

¡Todo lo que pueda COMER!
A la izquierda en la próxima salida

Dese gusto, tome malas decisiones continuamente y, muy pronto, usted o sus pacientes necesitarán cirugía para controlar a su niño interior. Es una locura. Necesitamos una mejor manera: empezar a pensar con inteligencia en nuestra alimentación y dejar las mentiras que perpetúan la enfermedad.

Hacer dieta es lo peor.
Obtenga la BANDA para bajar de peso
Financiamiento disponible
¡Llame hoy mismo!

Éstas son algunas de las mentiras más recientes que he oído pretextar a la gente respecto al porqué tienen que comer alimentos de mala calidad, y mi respuesta entre paréntesis:

- "No puedo comer sanamente porque viajo." (Siempre me divierte esta respuesta, pues yo viajo mucho debido a mis programas de televisión pública. Sólo se necesita un poco de previsión y buen juicio al ordenar).
- "Trabajo mucho y como mucho." (Probablemente no más que yo o muchas otras personas muy sanas).
- "Toda mi familia es gorda; está en mis genes." (Ésta es una de las mentiras más grandes. Es nuestra conducta la que desencadena la expresión de nuestros genes. Mis genes también dicen que debería ser gordo, pero no caigo en el comportamiento que me engordaría.)
- "Mi familia no quiere cooperar." (Si su familia empezara a consumir cocaína o a robar, ¿haría lo mismo que ellos? Es mejor si comen juntos sanamente, pero, en última instancia, usted es responsable de su persona.)
- "Es culpa de mi jefe." (Para la persona ineficaz, a menudo es culpa de alguien más. Cuando usted asume la responsabilidad de ser mejor, es mucho más probable que tenga éxito.)
- "Es Pascua, Día de los Caídos, Día de la Independencia, Día del Trabajo, aniversario de no sé qué, Navidad, Año Nuevo, mi cumpleaños, el cumpleaños de mi perro. Es lunes, martes, miércoles, jueves, viernes, sábado o domingo." (Siempre hay un motivo para hacer trampa, para celebrar o para compadecerse. La comida le dará salud cuando se dé cuenta de que es una medicina o un veneno.)
- "Voy a empezar mañana." (Yo solía decir esto año tras año hasta que me di cuenta de que el mañana nunca llega.)
- "Mi hijo sólo come Cap'n Crunch en el desayuno." (Hace poco hice un ejercicio con mi esposa en el que juntos limpiamos la cocina de una mujer que asiste a nuestra iglesia. Nos había dicho que en su mayor parte era vegetariana y llevaba una dieta saludable. Su despensa estaba llena de comida mala. Cuando llegamos al Cap'n Crunch, nos dijo que era lo único que su hijo adolescente

desayunaba. "¿En serio?" pregunté. "Si no tiene Cap'n Crunch en casa, ¿el chico se moriría de hambre?" En ese momento, ella volvió la cabeza y respondió: "No, encontraría algo más sano que comer". Las mentirillas no sólo nos lastiman a nosotros, sino también a las personas que amamos.)

- "La buena comida es cara." (Estar enfermo es muy caro. De hecho, la comida más barata es la más cara en términos de enfermedad y pérdida de productividad.)
- "Prefiero tener Alzheimer, una enfermedad del corazón, cáncer o diabetes que renunciar al azúcar." (Esta afirmación siempre me sorprende, pero entiendo las adicciones. Ciertas combinaciones de grasa, azúcar y sal, en realidad hacen el trabajo de la heroína en los centros del cerebro y pueden ser totalmente adictivas.)

Usted, literalmente, es lo que come. A lo largo de la vida, el organismo continuamente produce y renueva las células, incluso las células cerebrales. ¡Las células de la piel se renuevan cada treinta días! Por lo mismo, comer bien puede tener un efecto espectacular y positivo en la piel en muy corto tiempo. El alimento incentiva el crecimiento y la regeneración celular, de esta manera lo que usted consume a diario afecta directamente la salud de su cerebro y su cuerpo.

Además, es probable que ya haya notado el efecto que tienen los alimentos en su estado de ánimo y nivel de energía. ¿Alguna vez se ha sentido eufórico toda una hora y, en seguida, listo para dormir una larga siesta invernal después de tomar un café americano tamaño grande? ¿Se ha sentido tembloroso, confuso o débil después de un desayuno de jugo de naranja con hot cakes ahogados en miel? ¿Y qué le parece la sensación de estar excesivamente lleno después de comer demasiado de cualquier cosa, al grado que sólo quiere acostarse y dormir? El exceso de pan blanco y proteínas y la falta de frutas y verduras frescas casi aseguran un fuerte estreñimiento; una de las razones por las que las personas tienen problemas de digestión lenta cuando viajan. (La falta de ejercicio es otra razón.) Comen hamburguesas en pan blanco o *nuggets* de pollo y lo acompañan con una bebida repleta de jarabe de maíz de alta fructosa (o una cerveza de levadura), después de haber ido a comprar la cena en un *drive-in* o en un kiosco del aeropuerto. En resumen, si quiere sentirse viejo, débil, hinchado, de mal humor, adormilado y estreñido, ¡ésta es la dieta para usted!

Los días de suspensión de la dieta no son necesarios ni se recomiendan

Si usted quiere verse y sentirse más feliz, más sano y más joven en el futuro, debe ser un guerrero de la nutrición adecuada. Los días de suspensión de la dieta no son necesarios ni se recomiendan. A menudo me sorprende la cantidad de programas de salud que promueven los días libres. Salta a la vista que la comida es adictiva. ¿Tendría sentido decirle a un adicto que está bien tener días de suspensión de la abstinencia? Imagine decirle a un adicto a la cocaína, a un fumador, o un alcohólico, que hay días que puede volver a su hábito. Eso podría provocar una recaída. ¿Qué hay de un adicto al sexo? ¿Estaría bien que se tomara un día libre y fuera con algunas prostitutas? ¿Esto ayudará a restablecer el metabolismo? Use su cerebro y el buen sentido común, para cambiar su edad.

Siete reglas a largo plazo para la alimentación saludable para el cerebro

A través de los años he podido sintetizar nuestro mensaje sobre la nutrición saludable para el cerebro en siete sencillas reglas. Si usted las sigue, la comida se convertirá en medicina para la longevidad.

1. Comer calorías de alta calidad y no demasiadas.
2. Beber agua en abundancia y evitar las calorías líquidas.
3. Comer proteínas magras de alta calidad.
4. Comer carbohidratos "inteligentes" (de bajo índice glucémico y alto contenido de fibra).
5. Limitar el consumo de grasas a las que son saludables, especialmente las que contienen omega 3.
6. Consumir alimentos de muchos colores diferentes para aumentar los antioxidantes.
7. Cocinar con hierbas y especias sanas para el cerebro.

Regla 1. *Comer calorías de alta calidad y no demasiadas*

Mi esposa le dirá que no soy tacaño, pero siempre quiero lo mejor entre calidad y el dinero que gasto. Pienso en las calorías de la misma manera. Siempre quiero nutrición de alta calidad que sirva para la mente y el cuerpo. Usted también debería hacerlo. Quiero que piense en comer y beber sólo calorías de alta calidad y no demasiadas. Hay una amplia investigación sobre este concepto para la longevidad. La restricción de calorías no sólo ayuda a controlar el peso, sino que también disminuye el riesgo de enfermedades del corazón, cáncer, diabetes y accidente cerebrovascular. Aún mejor, la restricción de calorías desencadena ciertos mecanismos en el cuerpo para aumentar la producción de factores de crecimiento nervioso, que son beneficiosos para el cerebro. Para sacar el máximo provecho de su comida, piense en CROND (calorías restringidas, óptimamente nutritivas y deliciosas). Esto significa que una vez que averigüe cuántas calorías son óptimas para que usted pueda mantener su peso (o bajar de peso si es necesario), cada una de esas calorías necesita estar repleta de nutrición. El otro beneficio de comer con moderación alimentos repletos de nutrientes es que son naturalmente más sustanciosos. Así pues, no deje que la restricción de calorías le haga pensar que estará "muerto de hambre" o "hambriento", porque si come bien, la fibra, las proteínas y el agua limpia y fresca lo mantendrán saciado, y también se sentirá ligero, delgado y lleno de energía.

Otra de las mentiras que le dirán los profesionales es que no es necesario contar las calorías. Por supuesto que sí, si quiere estar saludable. No contar calorías es como no saber cuánto dinero tiene en el banco mientras gasta y gasta, hasta que el cuerpo se declara en quiebra. Si conoce lo que introduce en su cuerpo y con el principio CROND, tendrá mayores posibilidades de estar sano y de vivir más tiempo.

La típica mujer de cincuenta años necesita alrededor de 1,800 calorías al día para mantener su peso y el hombre promedio de cincuenta años necesita 2,200 calorías al día. Por supuesto, esta cantidad varía dependiendo de la estatura y el nivel de actividad. Vaya a www.amenclinics.com para utilizar gratis una calculadora de calorías.

La actitud aquí es fundamental. Si usted cobra conciencia de las calorías que consume, puede comer comida sabrosa, sentirse satisfecho y evitar los alimentos que le hacen daño. La típica dieta occidental de grasa mala, sal y azúcar (piense en hamburguesas con queso, papas fritas y refrescos) promueve la inflamación y se ha asociado con depresión, TDA (Trastorno de Déficit de Atención), demencia, enfermedades del corazón, cáncer, diabetes y obesidad. Pero si empieza a tomar mejores decisiones hoy, se dará cuenta rápidamente de que tiene más energía, mejor concentración, mejor memoria, mejor estado de ánimo y una cintura más delgada y sexy. Una serie de estudios recientes indican que una dieta saludable se asocia a riesgos considerablemente más bajos de la enfermedad de Alzheimer y la depresión. Lo que en verdad me sorprendió cuando me decidí a recuperar la salud y aprendí realmente acerca de la comida fue que mis opciones de alimentos mejoraron.

Fue el comienzo de una relación maravillosa con la comida. Ya no era esclavo de los alimentos que me hacían daño. Yo solía ser como un yo-yo. Se me antojaba la comida mala... la comía... me sentía pésimo... entonces me odiaba en el proceso. Era demasiado drama. Desde que estoy en mi programa, nunca he comido mejor y esto afecta todo en mi vida de una manera positiva. Mi mujer, Tana, ha escrito varios libros de recetas increíbles para ayudar a la gente a estar más delgada, ser más inteligente y más feliz y, por supuesto, yo tengo la oportunidad de probarlo primero. Me encanta la sopa de lentejas y los pimientos rellenos; pienso en moras con nueces y quinoa como postre, y me siento más inteligente con salmón fresco. Ya no quiero más comida rápida porque me hace sentir cansado y estúpido. Ahora quiero los alimentos adecuados que me hacen más inteligente. Y, contrariamente a lo que mucha gente piensa, comer alimentos saludables para el cerebro no es más caro, es más barato. Mis gastos médicos son menores y mi productividad se incrementó. ¿Y qué precio se puede poner a sentirse increíble? Sea inteligente. Use los alimentos como medicina que cura.

Regla 2. *Beber agua en abundancia y evitar las calorías líquidas*

Nuestro cerebro es agua en 80 por ciento. Cualquier cosa que lo deshidrate, como el exceso de cafeína o alcohol, disminuye el pensamiento y deteriora el juicio. Asegúrese de tener agua filtrada en abundancia todos los días.

En un viaje que hice hace poco a la ciudad de Nueva York vi un cartel que decía: "¿Le llueven los kilos?... No beba hasta la gordura". Pensé que era genial. Un estudio reciente descubrió que, en promedio, los estadunidenses beben 450 calorías al día, dos veces más de lo hacíamos hace treinta años. Con sólo beber 225 calorías extras al día añadirá 10 kg de grasa al año a su cuerpo, y la mayoría de las personas tienden a *no* contar las calorías que beben. ¿Sabía usted que algunas bebidas de café o algunos cocteles, como las margaritas, le cuestan más de 700 calorías? Una estrategia muy sencilla para tener las calorías bajo control y vivir más tiempo consiste en eliminar la mayor parte de las calorías que usted toma. Mi bebida favorita es el agua mezclada con un poco de jugo de limón y un poco de edulcorante Stevia natural. Sabe a limonada, me hace sentir un poco mimado y no tiene prácticamente ninguna caloría.

La hidratación adecuada es una regla muy importante de la buena nutrición. Incluso la deshidratación leve aumenta las hormonas de estrés en el cuerpo. Cuando esto sucede, usted se siente irritable y no se concentra con facilidad. Con el tiempo, el aumento de los niveles de hormonas de estrés se asocia con problemas de memoria y obesidad. La deshidratación también hace que la piel se vea más vieja y arrugada. El agua también ayuda a limpiar el cuerpo de impurezas y toxinas.

Asegúrese de que el agua que bebe sea potable. Lo mejor es tener un filtro instalado en algún grifo de la casa y sólo beber agua de botellas sin ftalatos ni bisfenol A.

Tenga en cuenta que no todos los líquidos son iguales. Lo mejor es beber líquidos con bajo contenido calórico, o que no contienen calorías ni edulcorantes artificiales, azúcar, cafeína y alcohol. También recomiendo a mis pacientes beber té verde (sin azúcar o ligeramente endulzado con Stevia) dos o tres veces al día. El té verde con cafeína tiene la mitad de las calorías del café, por lo que es una buena opción. El té verde descafeinado es una buena alternativa si desea eliminar la cafeína de su dieta (una buena opción para muchas personas). Algunos investigadores de China descubrieron que cuando las personas tomaban dos a tres tazas de té verde al día, su ADN se veía en realidad más joven que el de quienes no lo tomaban.

Regla 3. Comer proteínas magras de alta calidad

Las proteínas ayudan a equilibrar el azúcar en la sangre y proporcionan los componentes básicos necesarios para la salud del cerebro. Las proteínas contienen L-tirosina, un importante aminoácido en la síntesis de los neurotransmisores cerebrales. Se encuentra en alimentos como carne, aves, pescado y tofu; es el precursor de la dopamina, epinefrina y norepinefrina, que son fundamentales para equilibrar el estado de ánimo y la energía. También es útil en el proceso de producción de las hormonas tiroideas, importantes en el metabolismo y la producción de energía. Se ha demostrado que los suplementos de tirosina mejoran el rendimiento cognitivo en periodos de estrés y fatiga. El estrés tiende a agotar el neurotransmisor norepinefrina, y la tirosina es el aminoácido clave para reponerla.

El L-triptófano se encuentra también en las proteínas; se trata de un aminoácido esencial para la serotonina. El L-triptófano se encuentra en la carne, los huevos y la leche. El aumento de la ingesta de L-triptófano es muy útil para algunas personas a fin de estabilizar el estado de ánimo, mejorar la claridad mental y el sueño, y reducir la agresividad.

Comer alimentos ricos en proteínas como pescado, pollo y carne de res también proporciona el aminoácido glutamina, que sirve como precursor del neurotransmisor GABA (ácido gamma-aminobutírico). En publicaciones herbolarias se afirma que el GABA funciona de la misma manera que los medicamentos ansiolíticos y anticonvulsivos. Ayuda a estabilizar las células nerviosas porque disminuye su tendencia a activarse de forma errática o excesiva. Esto significa que tiene un efecto tranquilizador en las personas que tienen problemas de temperamento, irritabilidad y ansiedad.

Son excelentes fuentes de proteínas magras: pescado, pavo sin piel, pollo y carne de res magra (sin hormonas, sin antibióticos, de animales que se crían libres y no en jaulas), frijoles, nueces crudas, granos y verduras como el brócoli y la espinaca. ¿Sabía usted que la espinaca es casi 50 por ciento pura proteína? Yo la uso en lugar de lechuga en mis sándwiches porque tiene un gran contenido nutritivo.

Es especialmente importante consumir proteínas en el desayuno ya que aumentan la atención y la concentración necesarias para el trabajo o la escuela. Comer carbohidratos estimula la serotonina en el cerebro, que induce a la relajación y, por ende, nos hace sentir somnolientos en las reuniones de la mañana. En Estados Unidos, hacemos las cosas al revés. Tendemos a comer cereales ricos en carbohidratos, hot cakes o panecillos para el desayuno y un filete enorme en la cena. Hacer lo contrario puede ser una decisión inteligente para su cerebro. Me encanta la idea de utilizar el alimento para impulsar la capacidad de concentrarse o relajarse. Si tengo que trabajar por la noche, debo aumentar la ingesta de proteína. Si ha sido un día agotador, es probable que coma una mayor concentración de carbohidratos para calmar mi cerebro.

Regla 4. Comer carbohidratos "inteligentes" (de bajo índice glucémico y ricos en fibra)

Debe comer carbohidratos que no aumenten demasiado el nivel de azúcar en la sangre y que tengan mucha fibra, como los cereales integrales, verduras y frutas, como las moras azules y las manzanas. Los carbohidratos no son el enemigo. Son esenciales para la vida. Los carbohidratos malos son el enemigo. Éstos son los que han sido despojados de su valor nutricional, como los azúcares simples y los carbohidratos refinados.

Conozca el índice glucémico (IG). El índice glucémico evalúa los carbohidratos según sus efectos en el nivel de azúcar en la sangre. Se clasifica en una escala de 1 a más de 100, donde los alimentos de bajo índice glucémico tienen una cifra baja (lo que significa que no aumentan demasiado el nivel de azúcar en la sangre, por lo que son, en general, más saludables) y los alimentos de alto índice glucémico tienen una cifra alta (lo que significa que elevan rápidamente el azúcar en la sangre, por lo que no son tan saludables).

Comer una dieta que esté llena de alimentos de bajo índice glucémico reducirá sus niveles de glucosa en la sangre y disminuirá los antojos. El concepto importante que debe recordar es que el nivel alto de azúcar es malo para su cerebro y, en última instancia, para su longevidad.

Tenga cuidado al utilizar el IG para elegir los alimentos. Algunos alimentos de bajo índice glucémico no son buenos para usted. Por ejemplo, en la siguiente lista, note que los chocolates M&M con cacahuate tienen un IG de 33, mientras que la avena cortada tiene un IG de alrededor de 52.

¿Significa esto que es mejor comer m&m con cacahuates? ¡No! Los m&m con cacahuate están repletos de azúcar, grasa saturada, colorantes artificiales y otras cosas que no son sanas para el cerebro. La avena cortada es un alimento alto en fibra que ayuda a regular el azúcar en la sangre durante horas. Utilice su cerebro al momento de elegir sus alimentos.

En general, las verduras, frutas, legumbres y nueces son las mejores opciones de IG bajo. Una dieta rica en alimentos de bajo IG no sólo ayuda a bajar de peso, sino que también se ha descubierto que contribuye a controlar la diabetes, según una revisión de la literatura científica publicada en el *British Journal of Nutrition* realizada en 2010. Sin embargo, tenga en cuenta que algunos de los alimentos que parecen ser muy saludables, tienen en realidad un IG alto. Por ejemplo, algunas frutas como la sandía y la piña tienen una graduación alta. Es aconsejable consumir más frutas en el extremo inferior del espectro. Del mismo modo, algunos almidones, como la papa y el arroz, y algunos productos ricos en fibra, como el pan de trigo integral, se encuentran en la parte alta de la lista. Comer porciones más pequeñas de estos alimentos y combinarlos con proteínas magras y grasas saludables puede reducir el efecto sobre los niveles de azúcar en la sangre.

La siguiente lista de alimentos y su IG se seleccionó a partir de numerosas fuentes, entre ellas, una revisión de cerca de dos mil quinientos alimentos realizada en 2008 por los investigadores del Instituto de Obesidad, Nutrición y Ejercicio de Sídney, Australia. Haga una copia de esta lista y llévela consigo cuando vaya de compras.

ÍNDICE GLUCÉMICO (IG)

IG Bajo	menos de 55
IG Medio	56-69
IG Alto	más de 70

CLASIFICACIONES DEL ÍNDICE GLUCÉMICO

Granos	Índice glucémico
Pan blanco	75 ± 2
Pan integral	74 ± 2
Arroz blanco	72 ± 8

Bagel, blanco	69
Arroz integral	66 ± 5
Cuscús	66 ± 5
Arroz basmati	57 ± 4
Quinoa	53
Pan integral de centeno	41
Cebada, perlada	25 ± 2

Alimentos para el desayuno	Índice glucémico
Bizcochos ingleses	92 ± 8
Avena instantánea	79 ± 3
Hojuelas de maíz	77
Waffles	76
Fruti Lupis	69 ± 9
Hot cakes	66 ± 9
Kashi® Seven Whole Grain Puffs	65 ± 10
Muffin de salvado	60
Muffin de moras azules	59
Avena cortada	52 ± 4
All-Bran de Kellogg's	38

Frutas	Índice glucémico
(crudas, a menos que se indique lo contrario)	
Dátiles, secos	103 ± 21
Sandía	80 ± 3
Piña	66 ± 7
Melón	65
Pasas	64 ± 11
Kiwi	58 ± 7
Mango	51 ± 5
Plátano, maduro	48
Uvas	43
Nectarinas	43 ± 6

Plátano, verde amarillo	42
Naranjas	45 ± 4
Moras azules	40
Fresas	40 ± 7
Ciruelas	39
Peras	38 ± 2
Manzanas	36 ± 5
Chabacano	34 ± 3
Durazno	28
Toronja	25
Cereza	22

Verduras	Índice glucémico
Papa al horno	86 ± 6
Camote	70 ± 6
Elote dulce	52 ± 5
Chícharos	51 ± 6
Zanahorias, cocidas	39 ± 4
Alcachofa	15
Espárragos	15
Brócoli	15
Coliflor	15
Apio	15
Pepino	15
Berenjena	15
Ejotes	15
Lechuga	15
Pimientos	15
Chícharos chinos	15
Espinacas	15
Calabaza	15
Tomates	15
Calabacitas	15

Leguminosas y nueces	Índice glucémico
Frijoles cocinados, enlatados	40 ± 3
Garbanzos	36 ± 5
Frijoles pintos	33
Alubias blancas	32 ± 3
Lentejas	29 ± 3
Nueces de la India	25 ± 1
Nueces mixtas	24 ± 10
Frijol rojo	22 ± 3

Bebidas	Índice glucémico
Gatorade de naranja	89 ± 12
Leche de arroz	79 ± 8
Coca-Cola	63
Jugo de arándano	59
Jugo de naranja	50 ± 2
Leche de soya	44 ± 5
Jugo de manzana, sin endulzante	41
Leche entera, sin endulzar	41 ± 2
Leche descremada	32
Jugo de tomate	31

Refrigerios	Índice glucémico
Postre helado de tofu	115 ± 14
Pretzels	83 ± 9
Pastelillos de arroz inflado	82 ± 10
Gomitas	80 ± 8
Regaliz	78 ± 11
Pirate's Booty	70 ± 5
Pastel de ángel	67
Palomitas de maíz	65 ± 5
Galletas saladas	63 ± 9

Helado	62 ± 9
Papas fritas	56 ± 3
Barra de chocolate Snickers	51
Chocolate de leche, Dove	45 ± 8
Frituras de maíz	42 ± 4
Yogurt bajo en grasa	33 ± 3
M&M de cacahuate	33 ± 3
Chocolate amargo, Dove	23 ± 3
Yogurt griego	12 ± 4
Hummus	6 ± 4

Elija carbohidratos ricos en fibra. Los alimentos ricos en fibra son una de las mejores armas para la longevidad. Años de investigación han descubierto que cuanta más fibra contenga la dieta, mejor será para la salud y el peso. ¿Cómo es que la fibra dietética combate la grasa? En primer lugar, ayuda a regular la grelina, hormona del apetito, que nos indica que tenemos hambre. A menudo, los niveles de grelina se encuentran fuera de control en las personas con un alto índice de masa corporal, por lo que siempre tienen hambre, sin importar la cantidad de alimento que ingieran. Una nueva investigación muestra que los niveles altos de grelina no sólo nos hacen sentir más hambre, sino que también aumentan el deseo de comer alimentos ricos en calorías en comparación con una dieta baja en calorías, por lo que es un doble golpe. Sin embargo, la fibra ayuda. Un estudio de 2009 demostró que el consumo de una dieta con alto contenido de fibra ayuda a equilibrar los niveles de grelina, lo que puede desactivar la constante sensación de hambre y reducir el atractivo de los alimentos ricos en calorías que nos matan antes de tiempo. En segundo lugar, no importa cuánto pesemos, el consumo de fibra nos ayuda a sentirnos satisfechos más tiempo para que no nos den ganas de picar algo una hora después de comer. En tercer lugar, la fibra retarda la absorción de los alimentos en el torrente sanguíneo, lo que ayuda a equilibrar el azúcar en la sangre y reduce el riesgo de diabetes. De hecho, la fibra necesita tanto tiempo para que el organismo la digiera que una persona que come entre 20 y 35 g de fibra al día quema 150 calorías extras al día o baja 7 kilos más al año.

Estas tres cosas por sí solas nos ayudan a vivir más tiempo. Los alimentos ricos en fibra tienen otros beneficios para la salud, por ejemplo:

• Reducen el colesterol.
• Mantienen el tracto digestivo en movimiento.
• Reducen la presión arterial alta.
• Reducen el riesgo de cáncer.

Los expertos recomiendan el consumo de 25-35 g de fibra al día, pero la investigación demuestra que la mayoría de los adultos dista mucho de llegar a esa cifra. Entonces, ¿cómo se puede aumentar la ingesta de fibra? Coma alimentos saludables para el cerebro ricos en fibra, como frutas, verduras, leguminosas y granos integrales. Los siguientes son los contenidos de fibra de algunos alimentos saludables para el cerebro. Trate de incluir algunos de los alimentos de esta lista en cada comida o colación.

Alimentos	Gramos de fibra
Frijoles (1 taza, enlatados)	16.4
Chícharos partidos (1 taza, cocidos)	16.4
Lentejas (1 taza, cocidas)	15.6
Frijoles negros (1 taza, enlatados)	15.0
Garbanzos (1 taza, enlatados)	10.6
Chícharos (1 taza, cocidos, congelados)	8.8
Frambuesas (1 taza)	8.0
Zarzamoras (1 taza)	7.6
Espinacas (1 taza, cocidas)	7.0
(1 taza, crudas)	0.7
Colecitas de Bruselas (1 taza, cocidas)	6.4
Brócoli (1 taza, cocido)	5.6
Pera (1 mediana con cáscara)	5.1
Camote (1 mediano, al horno)	4.8
Zanahorias (1 taza, cocidas)	4.6
(1 mediana cruda)	2.0

Moras azules (1 taza)	3.5
Fresas (1 taza)	3.3
Manzana (1 mediana con cáscara)	3.3
Plátano (1 mediano)	3.1
Naranja (1 mediana)	3.1
Espárragos (1 taza, cocidos)	3.0
Toronja (½ mediana)	2.0
Aguacate (30 g)	1.9
Pan integral (1 rebanada)	1.9
Nueces (7 enteras)	1.9
Ciruelas (2 medianas)	1.8
Durazno (1 mediano con piel)	1.5
Tomate (½ taza fresco)	1.5
Cerezas (10 grandes)	1.4
Avena (¾ taza cocida)	0.8
Almendras (6 enteras)	0.8

No se acerque a los carbohidratos malos. Éstos son carbohidratos que han sido despojados de cualquier valor nutricional, como los azúcares simples y los carbohidratos refinados, como muffins, bizcochos ingleses, pasteles, galletas dulces y otros productos horneados. Si quiere vivir sin ansiedad, debe eliminarlos por completo de su dieta. Me gusta el viejo dicho: "Cuanto más blanco sea el pan, más rápido te morirás".

El azúcar no es su amigo. Muchas veces hemos oído decir que el azúcar supone "calorías vacías". De hecho, es tan perjudicial para el cerebro y el cuerpo que yo le llamo antinutrición o calorías tóxicas. El azúcar aumenta la inflamación en el cuerpo, aumenta el disparo errático de las células cerebrales y hace que los niveles de azúcar en la sangre se muevan como en una montaña rusa. Por otra parte, las nuevas investigaciones muestran que el azúcar es adictiva, incluso más que la cocaína.

Esto ayuda a explicar por qué la consumimos tanto. Los estadunidenses consumen un promedio de 22.2 cucharaditas de azúcar al día, lo que equivale a 355 calorías al día. Esto representa un aumento de 19 por ciento desde 1970.

El azúcar de mesa no es el único culpable de que engordemos. Las investigaciones muestran que el jarabe de maíz de alta fructosa (JMAF), que se encuentra en muchos refrescos representa hasta 40 por ciento de los edulcorantes calóricos utilizados en Estados Unidos, y engorda aún más que el azúcar de mesa.

En un estudio de 2010 realizado por investigadores de la Universidad de Princeton se comparó el JMAF y el azúcar. En comparación con ratas que bebieron agua endulzada con azúcar de mesa, las ratas que bebieron agua endulzada con JMAF aumentaron significativamente más su peso corporal, lo cual incluye más grasa alrededor en el abdomen, a pesar de que habían consumido la misma cantidad de calorías. Cada una de las ratas que bebió el JMAF se volvió obesa. Después de seis meses, las ratas que consumían mucha fructosa mostraron síntomas de una enfermedad peligrosa conocida en los seres humanos como el síndrome metabólico, que incluye aumento de peso, grasa abdominal y niveles altos de triglicéridos.

¡Deje los refrescos y el JMAF, *ahora*!

Mucha gente me pregunta: "¿No es bueno comer dulces con moderación?". Personalmente, no estoy de acuerdo con la gente que dice "Todo con moderación". Consumir cocaína o arsénico con moderación no es buena idea. El azúcar con moderación activa los antojos. Cuanto menos azúcar consuma, mejor será su vida. Cómase un plátano o una manzana en su lugar.

Reducir el consumo de dulces es un buen comienzo, pero el azúcar se esconde en una gran cantidad de otros alimentos procesados, como en la salsa de tomate, la salsa para asados a la parrilla y los aderezos para ensaladas. Comience a leer las etiquetas de los alimentos. Al principio, le parecerá como si estuviera leyendo una lengua extranjera: sorbitol, maltosa, maltodextrina, galactosa; éstos son sólo algunos de los muchos nombres del azúcar que se utilizan en las etiquetas de los alimentos.

Regla 5. Limitar el consumo de grasa excepto las grasas saludables, en especial las que contienen omega 3

Las grasas saludables son importantes para una buena dieta, porque el peso sólido del cerebro es de ¡60 por ciento de grasa! Las cien mil millones de células nerviosas del cerebro necesitan ácidos grasos esenciales para su funcionamiento. Centre su dieta en grasas saludables, en especial en alimentos que contienen ácidos grasos omega 3, que se encuentran en el salmón, atún, macarela, aguacate, nueces y verduras de hojas verdes.

Cómo los ácidos grasos omega 3 le ayudan a ser más delgado, más inteligente y más feliz. Los dos ácidos grasos omega 3 más estudiados son el ácido eicosapentaenoico (EPA) y el ácido docosahexaenoico (DHA). El DHA constituye una gran parte de la sustancia gris del cerebro. La grasa del cerebro forma las membranas celulares y desempeña un papel vital en el funcionamiento de nuestras células. Las neuronas también son ricas en ácidos grasos omega 3. El EPA mejora la circulación de la sangre, lo que mejora el funcionamiento del cerebro en general.

Los bajos niveles de ácidos grasos omega 3 se asocian con la depresión, la ansiedad, la obesidad, el TDA, el suicidio y un mayor riesgo de desarrollar Alzheimer y demencia. También hay datos científicos que indican que los niveles bajos de ácidos grasos omega 3 influyen en las toxicomanías, y yo diría que *comer en exceso es una forma de toxicomanía.*

Aumentar los ácidos grasos omega 3 en la dieta es una de las mejores cosas que puede hacer por su peso, estado de ánimo, capacidad intelectual y longevidad. En un estudio fascinante de 2009, publicado en el *British Journal of Nutrition,* investigadores australianos analizaron muestras de sangre de 124 adultos (21 con peso saludable, 40 con sobrepeso y 63 obesos), calcularon su índice de masa corporal y midieron la circunferencia de la cintura y la cadera. Descubrieron que las personas obesas tenían niveles considerablemente más bajos de EPA y DHA comparados con las personas de peso saludable. Los sujetos con niveles más altos fueron más propensos a tener un índice de masa corporal y medidas de cintura y cadera más saludables.

La investigación en los últimos años ha puesto de manifiesto que las dietas ricas en ácidos grasos omega 3 pueden ayudar a fomentar un sano equilibrio emocional y buen estado de ánimo en la última etapa de la vida, posiblemente debido a que el DHA es un componente principal de las sinapsis cerebrales. Un creciente volumen de datos científicos indica que el aceite de pescado ayuda a aliviar los síntomas de la depresión. En un estudio de veinte años realizado con 3,317 hombres y mujeres se descubrió que las personas con mayor consumo de EPA y DHA eran menos propensas a tener síntomas de depresión. Los japoneses tienen los niveles más bajos de depresión y son los que comen más pescado. Los estadunidenses tienen altos niveles de depresión, y comen cantidades pequeñas de pescado.

Hay una enorme cantidad de estudios científicos que apuntan a una conexión entre el consumo de pescado, que es rico en ácidos grasos omega 3, y la función cognitiva. Un equipo danés de investigadores comparó la dieta de 5,386 personas sanas de edad avanzada y concluyeron que cuanto más pescado había en la dieta de una persona, más tiempo conservaba la memoria y reducía el riesgo de demencia. El doctor J. A. Conquer y sus colegas de la Universidad de Guelph en Ontario, Canadá, estudiaron el contenido de ácido graso de la sangre en las primeras y últimas etapas de la demencia y observaron niveles bajos en comparación con las personas sanas.

Comer pescado también beneficia el rendimiento cognitivo. En un estudio de unos investigadores suecos, los resultados mostraron que, después de examinar a casi 5,000 jóvenes de quince años, se encontró que quienes comían pescado más de una vez a la semana obtenían mayor puntuación en pruebas de inteligencia normalizadas que los adolescentes que no comían pescado. Un estudio de seguimiento concluyó que los adolescentes que comen pescado más de una vez a la semana también tenían mejores calificaciones en la escuela que los estudiantes que consumían menos pescado. Otros beneficios de los ácidos grasos omega 3 incluyen una mejoría de la atención en las personas con TDA y la reducción del riesgo de psicosis.

ALIMENTOS RICOS EN ÁCIDOS GRASOS OMEGA 3

- Anchoas
- Brócoli
- Colecitas de Bruselas
- Col
- Coliflor
- Bacalao
- Linaza
- Halibut
- Macarela
- Salmón natural

- Sardinas
- Ostiones
- Camarones
- Robalo
- Soya
- Espinacas
- Tofu
- Trucha
- Atún
- Nueces

Elimine las grasas malas. Mientras que las grasas saludables mejoran la capacidad intelectual y ayudan a bajar de peso, las grasas malas agotan su cerebro. Comer demasiadas grasas saturadas o grasas trans, también conocidas como "Frankengrasas", contribuye a la obesidad y el deterioro cognitivo. Las grasas trans se utilizan para que los alimentos se conserven más tiempo en los anaqueles de las tiendas y se encuentran en la margarina, pasteles, galletas saladas, dulces y papas fritas. ¡Disminuyen el tiempo de conservación de usted!

Regla 6. *Comer alimentos naturales de muchos colores para aumentar los antioxidantes*

Esto significa que debe comer todos los colores del arco iris. Coma alimentos azules (moras azules), rojos (granadas, fresas, frambuesas, cerezas, pimientos rojos y tomates), amarillos (calabaza, pimientos amarillos, pequeñas porciones de plátanos y duraznos), anaranjados (naranjas, mandarinas y ñames), verdes (espinacas, brócoli y chícharos), morados (ciruelas), y así sucesivamente.

Esto aumentará los niveles de antioxidantes en su organismo y ayudará a mantener su cerebro joven. Varios estudios han descubierto que el consumo de alimentos ricos en antioxidantes, que incluyen muchas frutas y verduras, reduce significativamente el riesgo de desarrollar deterioro cognitivo.

Las moras azules son muy ricas en antioxidantes, lo que les ha valido el apodo de "bayas del cerebro", entre los neurocientíficos. En estudios de laboratorio, las ratas que consumieron moras azules mostraron mayor capacidad para aprender nuevas habilidades motoras y obtuvieron mejor protección contra accidentes cerebrales vasculares. Eso no es todo. En un estudio, las ratas que consumieron una dieta rica en moras azules perdieron grasa abdominal, bajaron su nivel de colesterol y mejoraron los niveles de glucosa. Estudios similares mostraron que las ratas que consumieron fresas y espinacas también obtuvieron una protección significativa.

Comer frutas y verduras del arco iris, junto con pescado, legumbres y frutos secos es parte de lo que se conoce como "dieta mediterránea". Algunas investigaciones han descubierto que el consumo de esta dieta puede hacer no sólo que uno se sienta feliz, sino que también sea más inteligente. Una serie de estudios de investigadores españoles reveló que la adhesión a este tipo de plan de alimentación ayuda a prevenir la depresión. Un equipo de científicos de Burdeos, Francia, llegó a la conclusión de que la dieta mediterránea retrasa el deterioro cognitivo y reduce el riesgo de demencia.

Por supuesto, comer del arco iris *no* significa darse gusto comiendo Skittles o gomitas.

FRUTAS Y VERDURAS CON ALTOS NIVELES DE ANTIOXIDANTES

- Bayas de acai
- Aguacate
- Betabeles
- Zarzamoras
- Moras azules
- Brócoli
- Colecitas de Bruselas
- Cerezas
- Arándanos
- Kiwis
- Naranjas
- Ciruelas
- Granadas

- Frambuesas
- Pimientos rojos
- Uvas rojas
- Espinacas
- Fresas

Regla 7. Cocinar con hierbas y especias saludables para el cerebro

Reducir las calorías sin perder el sabor y el placer se facilita, en buena medida, con el uso creativo de las especias. Éstas no sólo aumentan el sabor de los alimentos sin añadir sal, sino que la mayoría de ellas tienen maravillosas propiedades antienvejecimiento que aumentan la salud. Sólo se necesita una cucharadita de especias para añadir un potente golpe antioxidante concentrado a su perfil de salud. Pruebe estas diez especias saludables para el cerebro, para que le ayuden a mantenerse joven:

Cúrcuma: la cúrcuma, que se encuentra en el curry, contiene una sustancia química que se ha demostrado que disminuye las placas en el cerebro que se cree son responsables del Alzheimer.

Azafrán: en tres estudios se encontró que el extracto de azafrán puede ser tan eficaz como los fármacos antidepresivos en el tratamiento de las personas con depresión grave.

Salvia: existen muy buenas pruebas científicas de que la salvia ayuda a mejorar la memoria.

Canela: se ha demostrado que la canela ayuda a aumentar la atención y a regular el azúcar en la sangre, lo que también reduce los antojos. Además, la canela es un afrodisiaco natural para los hombres; no es que la mayoría de los hombres necesiten mucha ayuda, desde luego.

Albahaca: este potente antioxidante mejora la irrigación sanguínea del corazón y el cerebro y tiene propiedades antiinflamatorias que protegen de la enfermedad de Alzheimer.

Tomillo: se ha demostrado que complementar la dieta con tomillo aumenta la cantidad de DHA, un ácido graso esencial, en el cerebro.

Orégano: el orégano seco tiene treinta veces el poder antioxidante curativo para el cerebro de las moras azules crudas, cuarenta y seis veces más que las manzanas, y cincuenta y seis veces más que las fresas, por lo que es uno de los protectores más potentes de las células cerebrales que existen en nuestro planeta.

Ajo: el ajo promueve una mejor irrigación sanguínea del cerebro, y mató células de cáncer en el cerebro en un estudio de 2007.

Jengibre: ¿puede el jengibre hacerlo más inteligente? Un estudio en el que se combinó jengibre con ginkgo biloba da a entender que sí. El extracto de raíz de jengibre también puede ser útil en el tratamiento de la enfermedad de Parkinson y de las migrañas.

Romero: un estudio de 2006 indica que el romero disminuye el deterioro cognitivo en personas con demencia.

Otras formas de ayudarle a que su cerebro viva más tiempo

Limite la cafeína

La mayoría de nosotros asociamos la cafeína con el café, pero también se encuentra en el té, las gaseosas oscuras, el chocolate, las bebidas energéticas y las pastillas estimulantes. Si su consumo de cafeína se limita a una o dos tazas de café de tamaño normal, o dos o tres tazas de té al día, probablemente no sea un problema, pero más que esa cantidad puede causar problemas.

¿Por qué?

La cafeína restringe la circulación de sangre en el cerebro. Cualquier cosa que comprometa el flujo sanguíneo conduce al envejecimiento prematuro.

La cafeína deshidrata el cerebro y el cuerpo. Esto hace que sea más difícil pensar con rapidez. Recuerde que su cerebro es agua en 80 por ciento y necesita hidratación adecuada.

La cafeína quita el sueño. El sueño es esencial para la buena salud del cerebro, el control del apetito y el rejuvenecimiento de la piel. La cafeína altera los patrones de sueño, ya que bloquea la adenosina, una sustancia química que nos indica cuándo es hora de irse a dormir. Cuando esta sustancia se bloquea, uno tiende a dormir menos, lo que conduce a la privación del sueño. Y cuando no dormimos lo suficiente, sentimos que es absolutamente necesario beber esa taza de café por la mañana para poder empezar el día.

La cafeína puede ser adictiva en grandes cantidades. Cuando intente dejar el hábito, es probable que experimente síntomas de abstinencia, como dolores de cabeza, fatiga e irritabilidad.

La cafeína puede acelerar la frecuencia cardiaca y aumentar la presión arterial. En algunas personas, el consumo excesivo de cafeína provoca un aumento temporal de la presión arterial y latidos acelerados del corazón.

La cafeína puede provocarle nerviosismo. La ingestión de más cafeína de la que usted normalmente ingiere puede hacer que se sienta nervioso y agitado.

La cafeína aumenta la tensión muscular. Los músculos tensos se han relacionado con el consumo de cafeína.

La cafeína puede causar malestar estomacal. Los problemas gastrointestinales son comunes con el uso excesivo de cafeína.

La cafeína puede elevar los marcadores de inflamación. Dos estudios mostraron que 200 mg de cafeína (equivalentes a dos tazas de café) aumentan los niveles de homocisteína, un marcador de la inflamación y las enfermedades del corazón.

La cafeína puede interferir con la fertilidad. Las mujeres embarazadas deben tener cuidado con la cafeína, ya que se ha relacionado con partos prematuros, defectos de nacimiento, incapacidad para concebir, nacimientos de bebés con bajo peso y abortos espontáneos.

Para ser justos, también hay una serie de estudios que indican que el café puede ser bueno. Se ha demostrado que disminuye las placas que causan la enfermedad de Alzheimer, reduce el riesgo de la enfermedad de Parkinson y también reduce el riesgo de cáncer de colon y diabetes. Hay otras sustancias en el café, no sólo la cafeína, que son útiles, y las variedades descafeinadas ofrecen los mismos beneficios sin los problemas mencionados. Un estudio de la Universidad de Harvard indica que las personas que toman café descafeinado también muestran una reducción del riesgo de diabetes, a pesar de que eran la mitad de quienes bebían café con cafeína. Sin embargo, otro estudio encontró que la cafeína reduce la sensibilidad a la insulina y aumenta el nivel de azúcar en la sangre; ambas son malas noticias para usted. Observe cómo responde su cuerpo a la cafeína y manténgala al mínimo.

Coma alimentos supersaludables para el cerebro

A menos que haya vivido en aislamiento en los últimos diez años, es probable que haya oído hablar de los antioxidantes, que neutralizan la producción de radicales libres en el cuerpo. Los radicales libres, si se les deja por su cuenta, pueden causar muchos trastornos en el cuerpo y jugarnos malas pasadas. El cáncer, el envejecimiento prematuro y la disminución de la inmunidad a todas las enfermedades son sólo algunas cosas que pueden suceder si no nos abastecemos de alimentos para superhéroes que están llenos de antioxidantes. Los alimentos ricos en antioxidantes incluyen una gran variedad de frutas y verduras.

En fechas recientes los científicos anunciaron las primeras pruebas de que comer moras azules, fresas y bayas del acai ayuda al cerebro a mantenerse sano de una manera crucial que hasta hoy desconocíamos. El estudio concluyó que las bayas rojas y, posiblemente las nueces también, activan un mecanismo natural de "limpieza" del cerebro, que limpia y recicla las proteínas tóxicas relacionadas con la pérdida de memoria y otros deterioros mentales asociados con la edad. Por diversos estudios anteriores, sabíamos que ratas de laboratorio viejas que se alimentaron dos meses con dietas que contenían 2 por ciento de un extracto alto en antioxidantes de fresa, moras azules o zarzamoras mostraron una reversión de los déficits atribuidos a la edad de la función nerviosa, la memoria y las conductas de aprendizaje. Pero en este nuevo estudio, los investigadores descubrieron que las bayas rojas ayudan a las microglías envejecidas (piense en escobas viejas cuyas cerdas se han ablandado y ya no barren bien) a cobrar nuevos bríos para limpiar los desechos del cerebro que producen el envejecimiento.

A final de cuentas es cierto lo que dice el viejo refrán: "A diario una manzana es cosa sana". Los científicos informan que el consumo de una sustancia antioxidante saludable que contienen las manzanas extiende 10 por ciento el promedio de vida de los animales de laboratorio. Los investigadores creen que los polifenoles de la manzana no sólo prolongan la vida útil promedio de las moscas de la fruta, sino que también ayudan a preservar su capacidad de caminar, trepar y moverse. Además, los polifenoles de la manzana invierten los marcadores biológicos de deterioro relacionado con la edad y la proximidad de la muerte. En otro estudio, las mujeres que a menudo comían manzanas tenían entre 13 y 22 por ciento de disminución en el riesgo de enfermedades del corazón.

He mencionado los estudios de sólo dos tipos de fruta: bayas rojas y manzanas. Hay cientos de estudios sobre el valor antioxidante y antienvejecimiento de cientos de frutas y verduras. Mamá tenía razón cuando insistía en que las comiéramos.

Cuando se trata de antioxidantes, tenga en cuenta los consejos de Tana a Tamara: "Convierte tu refrigerador en un arco iris". Comer frutas y verduras de diferentes colores asegura recibir una gran variedad de antioxidantes para nutrir y proteger su cerebro. (El libro de cocina de Tana *Eat Healthy with the Brain Doctor's Wife* tiene fabulosas recetas que hacen uso de los mejores alimentos para el cerebro.)

Reduzca la sal y aumente el potasio

La reducción de sal, en particular el tipo de sal que contienen los alimentos procesados, es otra medida importante para la salud. Es una buena idea usar sal de mar, ya que es rica en minerales y tiene más sabor que la sal de mesa, para condimentar la comida fresca. Las verduras en conserva, como el elote, tienden a tener mucha más sal de la que usted usaría si cocinara los granos de elote frescos o congelados y les pusiera una pizca de sal marina. La mayoría de la gente termina usando menos sal de mar que la sal común y corriente, ya que la primera tiene mucho más sabor. El simple hecho de comprar más verduras frescas o congeladas, en lugar de enlatadas, ayuda a reducir la ingesta de sodio de manera significativa. Lo mismo es cierto respecto a las carnes presazonadas o marinadas. Evítelas y prepare las carnes usted mismo. No tardará más que unos pocos minutos en preparar una carne marinada que sabe cien veces mejor y tiene considerablemente menos sal que las carnes marinadas preempacadas.

Además, piense en agregar potasio a su dieta. Un estudio reciente concluyó que comer el doble de potasio que de sodio reduce a la mitad el riesgo de morir por enfermedades del corazón. En un estudio de 1997 publicado en el *Journal of the American Medical Association* que revisó los resultados de treinta y tres ensayos clínicos se comprobó que las personas que tomaron suplementos de potasio lograron reducir su presión arterial. Los alimentos ricos en potasio son: plátanos, espinacas, melón, kiwi, frijoles de lima, naranjas, tomates y todas las carnes.

Coma colaciones

Si alguien le ha dicho alguna vez que debe evitar comer colaciones durante el día, ¡no lo escuche! Pasar mucho tiempo sin comer puede causar estragos en el funcionamiento del cerebro y hacer que sus niveles de azúcar en la sangre bajen demasiado. Los niveles bajos de azúcar en la sangre se asocian con un mal control de los impulsos y la irritabilidad. También puede causar estrés emocional en algunas personas.

Comer aproximadamente cada 2.5 a 3 horas durante el día ayuda a equilibrar el azúcar en la sangre. Esto no es una licencia para comer todo el día. Cuando coma refrigerios, debe optar por alimentos bajos en calorías e incluir un balance de proteínas, carbohidratos complejos y grasas buenas, si es posible. Personalmente, me encantan las colaciones. Como viajo con frecuencia, he aprendido a empacar bocadillos saludables para el cerebro. De lo contrario, me siento tentado a comprar barras de chocolate en la tienda de regalos del aeropuerto. Una de mis colaciones favoritas con pocas calorías son las frutas secas, sin azúcar ni conservadores, y las verduras frescas. Añado algunas nueces o un poco de queso bajo en grasa para equilibrar los carbohidratos de las frutas y verduras con un poco de proteína y grasa. Tenga cuidado cuando compre frutas secas y verduras, ya que muchas marcas agregan azúcar, conservadores u otros ingredientes que las hacen menos saludables. Lea las etiquetas de los alimentos. Busque las marcas que no agreguen nada.

Éstas son otras de mis colaciones preferidas para media mañana o media tarde:

- Verduras picadas y hummus
- Guacamole recién preparado y pimientos rojos
- Apio con mantequilla de almendras
- Rodajas de manzana o un plátano con mantequilla de almendras
- Yogurt sin azúcar y moras azules con un poco de Stevia

- Huevos rellenos de hummus (desechar la yema)
- Rebanadas de pavo y manzana con almendras
- Edamame al vapor (parecidas a las habas)
- Guacamole recién preparado en pan tostado de grano germinado
- Cecina de pavo hecha en casa

Reconozca las alergias alimentarias

Mucha gente sabe que las alergias alimentarias causan urticaria, picazón, eccema, náuseas, diarrea y, en casos graves, choque o constricción de las vías respiratorias, lo cual dificulta la respiración y puede llegar a ser fatal. Pero ¿pueden algunos alimentos y aditivos alimentarios causar problemas de conducta, emocionales o de aprendizaje? Ya lo creo. Este tipo de reacciones se llaman alergias "ocultas" a los alimentos y podrían estar obstaculizando sus esfuerzos por tener una mejor salud. Tana y su hermana Tamara son dos ejemplos clásicos de esto. Ambas reaccionan gravemente al gluten y a los productos lácteos. Tuve un paciente que descubrió que se sentía muy irritado después de comer glutamato monosódico. Siempre es una buena idea preguntarnos qué comimos antes de experimentar emociones negativas o síntomas físicos anormales.

En cuanto a las alergias alimentarias, los culpables más comunes son: cacahuates, leche, huevos, soya, pescado, crustáceos, frutos secos y trigo. Estos ocho alimentos son responsables de 90 por ciento de todas las reacciones alérgicas a los alimentos. Otros alimentos que comúnmente se asocian con alergias son: maíz, chocolate, té, café, azúcar, levadura, cítricos, carne de cerdo, centeno, carne de res, tomate y cebada.

Los síntomas físicos que pueden indicar que usted tiene una alergia o sensibilidad alimentaria incluyen ojeras, ojos hinchados, dolores de cabeza o migrañas, orejas rojas, fatiga, dolor en las articulaciones, problemas crónicos de sinusitis (congestión o secreción nasal) o problemas gastrointestinales. Los problemas de conducta que pueden ser causados por los alimentos incluyen agresión, problemas de sueño, falta de concentración y cambios en los patrones del habla (se convierte en una máquina de hablar o arrastra las palabras).

Cuando se sospecha de una alergia o sensibilidad a los alimentos, el médico puede recomendarle una dieta de eliminación, como la "dieta del gorila" que Tana le recomendó a Tamara. Esta dieta elimina todos los alimentos problemáticos comunes durante un periodo de una o más semanas. Estas dietas no son fáciles de seguir, porque son muy restrictivas. Sin embargo, si usted ha estado muy mal debido a posibles reacciones a los alimentos durante mucho tiempo, el hecho de empezar a sentirse mejor al poco tiempo (como en el caso de Tamara) ayuda con la motivación necesaria para seguir haciendo la dieta restrictiva durante un tiempo. Después del periodo de dieta inicial, los posibles alérgenos vuelven a introducirse uno por uno. Los alimentos que provocan comportamientos anormales o síntomas físicos deben eliminarse de manera permanente de la dieta. Trabajar con un nutricionista puede marcar una gran diferencia. Durante mucho tiempo, si Tamara comía apenas un pedazo de pan, sus desdichas regresaban. Pero ahora que se siente mucho mejor y está sanando bien, puede salirse con la suya de vez en cuando con una pequeña cantidad de un increíble arroz español que su esposo prepara. Pero se trata de un lujo: sólo come una pequeña porción y no lo come con frecuencia.

Hormonas, productos orgánicos y lista de alimentos seguros

Existe una creciente preocupación por los pesticidas utilizados con las plantas alimenticias, los cuales provocan alteraciones endocrinas; al parecer esto significa que los pesticidas residuales cambian los niveles de hormonas en nuestra población. Este problema se agrava por el uso de hormonas en la industria de productos lácteos y cárnicos con el fin de aumentar la producción de leche y carne de los bovinos. El problema más común es que los alimentos tienen ahora muchas propiedades "estrogénicas", que provocan cierta feminización en los hombres, una menor producción de espermatozoides, disminución del deseo sexual y problemas de próstata. En las mujeres, estamos viendo un aumento en la pubertad y la menopausia precoces. Por estas razones, es buena idea elegir alimentos orgánicos libres de hormonas siempre que esto sea posible. Además, comer alimentos ricos en omega 3, hacer ejercicio y comer muchas frutas y verduras ayuda a eliminar el exceso de estrógeno del organismo.

113

Las siguientes listas del Grupo de Trabajo Ambiental contienen los alimentos más contaminados o los "doce del patíbulo" (en su lugar debe comprar sus contrapartes orgánicas) y los que están menos contaminados. Tenga estas listas a la mano cuando vaya de compras para estirar el presupuesto y gastar el dinero con prudencia.

LAS DOCE FRUTAS Y VERDURAS MÁS CONTAMINADAS

1. Apio
2. Duraznos
3. Fresas
4. Manzanas
5. Moras azules
6. Nectarinas
7. Pimientos
8. Espinacas
9. Cerezas
10. Col verde y col rizada
11. Papas
12. Uvas

LAS DOCE FRUTAS Y VERDURAS MENOS CONTAMINADAS

1. Cebollas
2. Aguacate
3. Maíz dulce (congelado)
4. Piñas
5. Mango
6. Espárragos
7. Chícharos (congelados)
8. Kiwi
9. Plátanos
10. Col
11. Brócoli
12. Papaya

¿Qué pasa con el pescado? Por un lado, los nutricionistas nos recomiendan comer pescado, pero también nos advierten de los niveles de mercurio en algunos pescados, que si se comen con demasiada frecuencia, o en grandes cantidades, pueden ser motivo de preocupación. Para una guía de bolsillo descargable de los pescados más seguros por zona en Estados Unidos vaya a http://www.montereybayaquarium.org y haga clic en "Seafood Watch". Las siguientes son dos reglas generales útiles: 1) cuanto más grande sea el pescado, más mercurio puede contener, por lo que es recomendable buscar las variedades más pequeñas, y 2) de las opciones de pescado seguras, comer una variedad bastante amplia, de preferencia aquellos ricos en omega 3. Las siguientes listas le serán de utilidad.

LISTA DE PESCADOS QUE DEBEN "EVITARSE POR COMPLETO"

*(Los siguientes pescados se han anotado en varias listas
por tener las mayores cantidades de mercurio.)*

Atún de aleta azul
Atún patudo (también se vende como atún aleta amarilla)
Macarela rey
Tiburón
Pez espada
Blanquillo

OPCIONES MÁS SEGURAS DE MARISCOS Y OMEGA 3

*(A continuación se mencionan las especies de peces que tienen la menor cantidad
de mercurio según el National Resources Defense Council.
Están ordenadas de acuerdo con el nivel de omega 3, del más alto
al más bajo por porción razonable.)*

Pescado	Omega 3 (gramos)	Grasa (gramos)
Salmón natural (no cultivado), de Alaska, al horno o a la parrilla, 113g	2.5	9.2
Pescado blanco al horno o a la parrilla, 113 g	2.1	8.5
Macarela (del Atlántico) al horno o a la parrilla, 113 g	1.5	20
Trucha (de agua dulce) al horno o a la parrilla, 113 g	1.3	7
Sardinas, sin piel, en agua, 57 g	1.3	7
Anchoas envasadas en aceite y escurridas, 57 g	1.2	5.5
Arenque (Atlántico) al horno o a la parrilla, 57 g	1.2	6.5
Lubina rayada (cultivada) al horno o a la parrilla, 113 g	1.1	3.4
Caviar (cultivado en Estados Unidos) granular, 1 cucharadita	1.05	2.9
Salmón rosado en lata y escurrido, 85 g	1	4.1
Calamar al horno, 113 g	0.8	5.3
Halibut (Alaska) al horno o a la parrilla, 113 g	0.6	3.3
Esturión (cultivado en Estados Unidos) al horno o a la parrilla, 113 g	0.6	5.9
Lenguado (Pacífico) al horno o a la parrilla, 113 g	0.6	1.7
Cangrejo al vapor, 113 g	0.5	1.4
Pez gato (cultivado en Estados Unidos) al horno o a la parrilla, 113 g	0.4	3.2
Ostiones (cultivados en bahía) al vapor, 113 g	0.4	1.6
Camarones (cultivados en Estados Unidos) al vapor, 113 g	0.4	1.2
Ostras (cultivadas) al horno o a la parrilla, 57 g	0.3	1.2
Almejas (cultivadas) al vapor, 57 g	0.2	1.1
Tilapia (cultivada en Estados Unidos) al horno o a la parrilla, 113 g	0.2	3
Abulón (cultivado en Estados Unidos) cocido, 85 g	0.06	0.9

Fuente: ESHA Research Food Processor SQL, 2008.

Comida saludable para el cerebro a precios económicos

Después de la recesión de los últimos años, a muchas personas no les alcanza lo que ganan para satisfacer todas sus necesidades del mes. ¿Cómo se puede comer sano sin excederse del presupuesto? A continuación se presentan algunos consejos de nuestros participantes de la comunidad en línea:

- "Me he vuelto fanática de la congelación ahora que hemos tenido que reducir nuestros gastos de alimentos. Si veo que algo está a punto de echarse a perder, me las ingenio para congelarlo para reducir al mínimo el desperdicio. En esos momentos en que tengo que hacer rendir la comida, es posible que me quede sin verduras frescas, pero por lo general recurro al congelador donde tengo algún guisado o dos que tienen un montón de verduras, en lugar de vivir de alimentos enlatados y productos básicos de despensa hasta que nos vuelvan a pagar."
- "Cuando escojo comida orgánica, gasto \$\$ en 'los doce del patíbulo' y compro alimentos no orgánicos de la lista de los menos contaminados."
- "Compro moras azules orgánicas congeladas al por mayor."
- "Trato de comprar productos de temporada en los mercados de productores agrícolas y luego congelo los vegetales frescos, si en ese momento es más barato que comprarlos congelados."
- "Yo compro en la sección especial para aprovechar buenas ofertas de frutas y verduras para jugos, para usarlas en licuados o para utilizarlas en la cena."
- "A pesar de que no comemos mucha carne, tengo amigos que compran todo o la mitad de una res o un cerdo en una granja cercana donde no utilizan antibióticos ni hormonas. Hay que hacer una inversión inicial para comprar el congelador, más la carne al mayoreo, pero al final vale la pena."
- "Cada vez más personas crían sus propios pollos, por los huevos. Me gusta comprar huevos de gallinas criadas en el campo en el mercado de productores agrícolas o en una granja de la zona."

- "Dedique tiempo a aprender a almacenar frutas y verduras adecuadamente para conservar la frescura óptima."
- "Congele la fruta para licuados antes de que se eche a perder. Los plátanos suelen madurar todos a la vez; por eso es necesario pelarlos, guardarlos en una bolsa de plástico y disfrutarlos después ya sea en licuados o como golosina."
- "Congelar nueces es una buena sugerencia, ya que son más baratas al por mayor y se mantienen frescas en el congelador."
- "Se pueden conseguir los mejores precios en muchos productos saludables si uno compra en internet, en especial al mayoreo. Las semillas de chía, nueces y aceite de coco son buenas opciones para esto. Las tiendas de alimentos naturistas a menudo también tienen descuentos por compras al mayoreo."
- "Prepare una olla de cocción lenta llena de frijoles sazonados (pintos o negros son maravillosos) y condimente con especias, ajo y cebolla, y luego sírvalos con salsa verde o pico de gallo sobre arroz integral. Puede ponerles encima jalapeños, yogurt griego (sabe a crema agria, pero tiene más proteínas, menos calorías) y aguacate. Machaque los frijoles sobrantes para usarlos en burritos saludables con tortillas de trigo integral para los almuerzos. Para una delicia del suroeste, sirva frijoles con huevos rancheros."
- "Únase a la cooperativa local."
- "Únase a una cooperativa de cultivo de hortalizas."
- "La carne de pavo molida y las bolsas grandes de muslos y piernas de pollo sin hormonas son baratas, ¡y muy saludables!"
- "El pescado tilapia orgánico congelado, comprado al por mayor, es un pescado fabuloso que se cocina en muy poco tiempo y, por lo general, es muy barato. Simplemente sazone con un poco de su condimento favorito por un lado, y salteé en un poco de aceite de oliva o de coco. Exprima una rodaja de limón encima y ya está la cena. Ideal para tacos de pescado."

Guías de nutrición y etiquetas de alimentos

Cuando salga a comer siempre pida la guía nutricional que le ayudará a tomar mejores decisiones. La mayoría de los restaurantes tienen ahora estas guías, y lo van a horrorizar peor que la película *Piraña 3D*. Algunos entremeses, como los aros de cebolla o las pieles de papa, pueden tener más de 1,200 calorías, es decir, más de la mitad de la cantidad diaria de calorías. El otro día estaba en una cafetería con una amiga que tiene problemas de peso, y le ayudé a descubrir que el café con leche que estaba a punto de ordenar tenía 600 calorías, una tercera parte de la cantidad de calorías diarias en una sola bebida. Sorprendida, pidió mejor un té verde, que prácticamente no tiene calorías. Me encanta ahorrar dinero... y me encanta aprovechar las mejores ofertas de comida.

Asimismo, siempre lea las etiquetas de los alimentos. Hace poco salí de vacaciones con mi hijo Antony, fuimos al supermercado y él puso una barra de proteína "saludable" en nuestra cesta. Entonces leímos la etiqueta ¡y tenía catorce tipos diferentes de azúcar, además de colorantes y edulcorantes artificiales! Le comenté a mi hijo que la barra debía de estar mal etiquetada, porque en realidad se trataba de una barra *de muerte prematura*. Lea las etiquetas. Si desconoce lo que contiene algún alimento, no lo coma. ¿Compraría algo sin saber cuánto cuesta? Sea inteligente con su comida y será más inteligente y más joven durante mucho más tiempo.

Historia de Riz

Comenzamos este capítulo con la historia de cómo unos cambios sencillos en la alimentación provocaron cambios radicales en la vida de mi cuñada. Esto ocurrió también con el doctor Riz Malik, uno de los médicos que trabaja en nuestra clínica de Reston, Virginia. Riz es un destacado psiquiatra infantil que trabaja muy duro y tiene muchos pacientes agradecidos. Un día me envió un correo electrónico que anunciaba: "Una persona diferente". En el correo, Riz me envió las dos fotos que se muestran más adelante con una nota que decía: "Hola chicos, he bajado 12.7 kg en los últimos tres meses. Las imágenes muestran la diferencia. Sólo quería compartirlo con ustedes".

Yo estaba tan emocionado de ver el cambio en Riz que tenía que averiguar cómo lo logró. Me contó que sucedió al mismo tiempo que salió mi libro *Change Your Brain, Change Your Body*. Cuando a un amigo suyo le diagnosticaron colesterol alto y presión arterial alta, empezó a reflexionar en su propia salud y bienestar.

Después de que Riz llegó a Estados Unidos, hace quince años, a la edad de veinticinco, adoptó los hábitos occidentales de comer mucha comida llena de grasas saturadas y tomar bebidas azucaradas. A diario ingería, en promedio, cuatro refrescos (alrededor de 400 calorías) y dos comidas rápidas (alrededor de 700 calorías cada una) durante la jornada de trabajo, lo que lo llevaba a cerca de 1,800 calorías *antes* de la cena. En el almuerzo, era adicto a comer una hamburguesa con champiñones y queso suizo. Se le antojaba todos los días. También se le antojaba la comida india con salsas de curry pesadas y un montón de pan para acompañar. (El pan no era de trigo integral, sino de harina blanca.) Además, también comenzó a comer pan de papa y comía tres o cuatro rebanadas al día con mantequilla.

Antes

Después de cuatro meses bajó seis tallas de pantalón, 16.3 kg y se ve diez años más joven

Riz narró: "Parecía que el consumo de toda esta comida era una forma de premiarme por el trabajo duro, las llamadas a mitad de la noche y el hecho de que a veces me siento abrumado por los pacientes psiquiátricos con problemas complejos, pues tengo que 'absorber' toda la negatividad, la tristeza y la confusión mental que sufren. Por lo mismo, comer era un buen escape, pero ahora siento que, de hecho, me estaba castigando cuando ingería todas esas comidas repletas de carbohidratos y grasa".

Éste es un recordatorio fundamental: a menudo, las personas creen que se están "consintiendo" cuando comen alimentos con mucha grasa o azúcar, pero lo que hacen en realidad es castigarse y tratar mal a sus cuerpos. Esas comidas con alto contenido de grasas no le estaban haciendo ningún favor a Riz. Además de que ya pesaba 83 kilos y su índice de masa corporal era 27, le provocaron la enfermedad de reflujo gastroesofágico (ERGE), también conocida como reflujo ácido. A los cuarenta años, pensó que si seguía por ese camino, pesaría alrededor de 113 kg cuando cumpliera cincuenta y cinco años.

Riz continuó relatando su historia: "Cuando empecé a examinar lo que me había hecho a mí mismo, pensé, 'Ay, Dios mío, esto no está nada bien'. Soy médico y psiquiatra infantil, y aquí me tienen diciendo a mis pacientes y a los niños que deben eliminar el azúcar y comer sanamente, pero, ¿qué estaba haciendo yo?".

Riz se dio cuenta de que no comía verduras ni incluía fibra en su dieta. Gracias a los consejos de nuestros libros, así como de otras fuentes de nutrición de buena reputación, empezó a hacer cambios en sus hábitos alimenticios. Dejó de tomar refrescos y los cambió por agua con un poco de limón. Empezó a comer manzanas y moras orgánicas, yogurt con fibra, pollo sin piel y pechuga de pavo, pan integral con pocas calorías, lentejas ricas en fibra y un montón de verduras. También comenzó a tomar aceite de pescado y un suplemento llamado Attention Support, que aumenta la atención y la concentración, y empezó a hacer de diez a quince minutos de ejercicio leve todos los días.

Al principio, la idea de renunciar a las hamburguesas y a sus comidas consentidas le parecía casi imposible. "Pero después de un tiempo, uno se acostumbra a la comida sana y empieza a tomarle el gusto". Ahora come con agrado las moras azules, yogurt y otros alimentos saludables para el cerebro.

Después de cuatro meses, Riz bajó 18 kg, redujo su índice de masa corporal a 22.7, y la talla de su cintura bajó de 36 a 30 pulgadas. Ahora pesa 67 kilos; sin embargo, la pérdida de peso no es la única ventaja de los cambios que ha hecho. "Una de las cosas más sorprendentes es que ahora duermo mejor", dijo. "Tenía reflujo y ha desaparecido. Además, estoy mucho más alerta y soy más eficiente en el trabajo."

En fechas recientes Riz envió este correo electrónico de seguimiento, que me hizo esbozar una enorme sonrisa y espero que a usted lo inspire para elegir hoy los alimentos que lo convertirán en una persona más joven, más saludable y "diferente" el día de mañana.

Daniel:

No tengo palabras para decirte cuánto te agradezco que me hayas guiado en la dirección correcta para llevar un estilo de vida saludable y tener un cuerpo en forma y una mente igualmente "en forma".

En los últimos cuatro meses me he mantenido en 67 kg, que es el peso ideal para mí (en comparación con los 84 kg que pesaba en marzo de 2009). He aprendido a controlar mis antojos, a premiarme con "alimentos deliciosos" de vez en cuando y a regular mi metabolismo. Por supuesto, ya sabes que mi talla de cintura se redujo de 36" a 30", cosa que me encanta.

Duermo mucho mejor, mis niveles de energía son buenos durante todo el día y me siento con más confianza cuando hablo con mis pacientes sobre la necesidad de tener un peso óptimo, mantener el cuerpo en buena forma y, lo más importante, tengo la autoestima alta y la confianza en mí mismo que genera verse y sentirse bien y ser capaz de controlar los pensamientos negativos, el estilo de vida poco saludable y las tentaciones negativas que ofrecen los alimentos malos para la salud.

Sabía que había bajado de peso, me veía bien y podía disfrutar del hecho de que la ropa y los pantalones de mezclilla me quedaran mejor, pero en los últimos dos meses no me podía quitar una duda de la cabeza: "Mi aspecto exterior es bueno y estoy en forma y delgado, pero ¿qué pasa con los diferentes parámetros en términos de análisis clínicos y otros estudios? ¿Estoy realmente sano por dentro?".

Por este motivo fui a ver a mi médico la semana pasada, en el Washington Hospital Center, y le dije: "Doctor R, ¿podría mandarme hacer algunos análisis de sangre? He bajado de peso y me siento muy bien al respecto, pero quiero ver una prueba fehaciente de que he hecho las cosas bien y todo esto no ha sido una simple obsesión con mis problemas de peso". Me hicieron un montón de pruebas y los resultados llegaron hace tres días.

Los comparto contigo y no me importaría compartirlos también con otras personas.

En diciembre de 2009, me hice un examen médico general y análisis de sangre y los comparé con los exámenes que me hicieron la semana pasada.

Colesterol sérico: antes 209 (llegando al límite de riesgo), ahora 156 (fantástico).

LDL en suero: antes 109 (alto), ahora 82.

HDL en suero: antes 24 (bajo), ahora 49.

Triglicéridos: antes 302, ahora 137. (Fantástico. Es consecuencia de haberle dicho adiós a las Big Macs y las hamburguesas Whoppers).

Glucosa sérica aleatoria: antes 109, ahora 70.

Hemoglobina glucosilada. A pesar de que no tengo diabetes, tengo antecedentes familiares en parientes lejanos, por eso quería que me hicieran la prueba: estoy en 5.0 (genial).

Los niveles de hemoglobina, vitamina D, biometría hemática completa y electrolitos están perfectamente bien. Y como soy mayor de 40 años me hicieron una prueba del antígeno prostático específico, y salió súper normal y muy bien también.

La otra área de preocupación era mi presión arterial diastólica anormalmente alta. Siempre estaba entre 88 y 92 (que se considera en el límite de la hipertensión).

Desde que tengo memoria, en los últimos 10-12 años, mi presión arterial siempre ha estado alta en el rango diastólico. Como tengo antecedentes familiares de hipertensión y ataques al corazón, siempre me he sentido "nervioso" por esto. ¿Sabes una cosa? En los últimos tres encuentros (dos con mi médico de cabecera y otro con una enfermera del servicio de urgencias) en las últimas ocho semanas, mi presión arterial ha estado constantemente en 115/75, 118/80 y 110/79, que es ideal.

Bajar de peso y volver a un estilo de vida saludable ha sido una bendición para mí y me ha ayudado a relacionarme mejor con mis pacientes y ofrecerles algo más que una píldora para ayudarlos a que se sientan mejor.

He estado comiendo sanamente, haciendo entre 15 y 20 minutos de ejercicio 4-5 días a la semana, me acuesto temprano y tomo aceite de pescado y un multivitamínico en forma regular. Me han ayudado mucho.

¡No dudes en compartir mi historia con cualquiera que creas que pueda ayudarle!

Saludos,

Riz

Cuando escribía este libro visité nuestra clínica de Reston y con sólo mirar a Riz, me convencí de que se veía diez años más joven que antes de bajar de peso.

Quiero ser un rudo pimiento rojo

Quiero cerrar este capítulo con una de mis historias favoritas: hace poco salí a caminar con mi esposa e hija cerca de nuestra casa. En ese momento Chloe tenía siete años. Es pelirroja como su madre y, por lo general, dice sin tapujos todo lo que piensa. Aunque era un paseo vigoroso, Chloe lo hizo muy bien. Cuando estábamos llegando al final, su madre le pasó el brazo por el hombro y le dijo:

—Eres un hueso duro de roer —de inmediato, Chloe miró a su madre con cierta petulancia y repuso:

—Yo no quiero ser un hueso duro de roer. Quiero ser un rudo pimiento rojo.

Como consecuencia de vivir en nuestra casa, Chloe sabe de nutrición. Una de sus colaciones favoritas son los pimientos rojos cortados con aguacates frescos machacados. También sabe que las galletas y el azúcar la hacen sentir mal, y que con ellos aumenta la probabilidad de meterse en problemas. Mi deseo para usted es que sea como Chloe y sólo quiera alimentos que le sirvan y no aquellos que lo meten en problemas.

Rejuvenezca ahora: veinte consejos para la salud del cerebro que hacen de la comida su fuente de la juventud

1. Coma sólo alimentos que le beneficien.
2. Cuando coma fuera, pida al mesero que adapte su orden a sus necesidades de salud. Casi todos están dispuestos a ayudar.
3. Si tiene varios síntomas y problemas digestivos, puede tener alergias a algunos alimentos. Pruebe la "dieta del gorila" un par de semanas: coma sólo alimentos verdes, proteínas y agua, y añada nuevos alimentos, poco a poco, para encontrar a los culpables de sus problemas. Los culpables más comunes de las alergias alimentarias son: cacahuates, leche, huevos, soya, pescado, mariscos, frutos secos y trigo, que representan 90 por ciento de todas las reacciones alérgicas a los alimentos.
4. Convierta su refrigerador en un arco iris. Llénelo de todas las frutas y verduras de todos los colores en las tonalidades más intensas. Imagínese unas magníficas espinacas oscuras, tomates rojos maduros, pimientos amarillos frescos, moras dulces y un melón fresco alineados como arco iris en el cajón. ¡Los fitonutrientes y antioxidantes son a la vez algo bello y sabroso!
5. Comer aproximadamente cada tres a cuatro horas durante todo el día le ayudará a equilibrar el azúcar en la sangre. Dejar pasar mucho tiempo sin comer causa estragos en el funcionamiento del cerebro y hace que los niveles de azúcar en la sangre bajen demasiado. Los niveles bajos de azúcar en la sangre se asocian con un control deficiente de los impulsos y la irritabilidad.
6. Cuando salga a comer pida siempre la guía nutricional que le ayudará a tomar mejores decisiones. Además, lea las etiquetas, incluso las de los "alimentos saludables" o "barras de salud", ya que los empaques pueden ser engañosos.

7. Coma tomando en cuenta CROND: alimentos con calorías restringidas, óptimamente nutritivos y deliciosos. Para empezar, prepare una lista de alimentos muy nutritivos, que son deliciosos y tienen pocas calorías. Estos alimentos serán sus nuevos mejores amigos.

8. La comida chatarra aumenta los antojos. Tenga cuidado con los polvos blancos: azúcar, harina blanca y sal.

9. No beba sus calorías, pero *sí* beba mucha agua y té blanco o verde. (Puede "arreglar" el agua con una rodaja de limón y una pizca de Stevia.)

10. ¡Alimente su cerebro con grasas buenas! Las grasas omega 3 que se encuentran en alimentos como el pescado, la linaza o las semillas de chía son excelentes para el cerebro. El aceite de oliva es bueno para ensaladas y para cocinar ligero; el aceite de coco, de semillas de uva y de aguacate son buenos para cocinar a fuego alto.

11. Reconsidere la idea de la "comida engordadora" como premio por un día de trabajo duro o por haber realizado una tarea pesada. Si el alimento grasoso o azucarado hace que engorde, lo pone de mal humor o le provoca ardor en el estómago, ¿de verdad es un gran "premio"? Busque una colación con la que salga ganando por todos lados: algo nutritivo y delicioso que lo haga sentir mejor en una hora en lugar de sentirse peor.

12. Aprenda a ser creativo con su presupuesto de comida. Las mejores frutas y verduras son las que están en temporada y, por lo general, las más baratas. Reduzca el desperdicio (y su cintura): congele las frutas y verduras antes de que se echen a perder y utilícelas en licuados o sopas. Infórmese sobre las cooperativas y otros recursos de la comunidad que le ayuden a tener una alimentación sana con poco dinero. Revise la lista de los "doce del patíbulo" de los alimentos más contaminados y reserve parte de su presupuesto para comprar éstos en su versión orgánica.

13. Existe preocupación creciente por las hormonas y toxinas en los alimentos que pueden cambiar el sano equilibrio del cerebro y el cuerpo. Cuando sea posible, compre carnes y productos lácteos sin hormonas, sin antibióticos, de animales que se crían en el campo y no en jaulas y se alimentan de pasto.

14. Comience el día con un buen desayuno. Una de las mejores maneras de empezar el día es con un licuado bien cargado: pruebe con un polvo proteínico de buena calidad, un poco de polvo de "alimentos verdes" y verduras frescas con un poco de fruta. Se volverá adicto al buen estado de ánimo y energía que produce esta poderosa bebida para empezar el día.

15. ¡Tenga cuidado con el exceso de sal! Úsela con moderación y utilice sal de mar en casa. Evite los alimentos premarinados y enlatados que tienen mucho más sodio del necesario, ya que aumentan la presión arterial, lo cual es malo para el cerebro, el corazón y la longevidad.

16. Limite el consumo de cafeína. Un poco de café puede ser beneficioso para la salud, pero muchas personas son sensibles a sus efectos secundarios. La moderación es la clave. El té verde aumenta la energía sin provocar el nerviosismo relacionado con el consumo excesivo de la cafeína.

17. Póngale sazón a la vida. Cada vez más estudios demuestran que las especias son de hecho "la sal de la vida", y que muchas de ellas contienen propiedades antioxidantes y antiinflamatorias. Disfrute de la sazón beneficiosa de una buena variedad de especias.

18. Coma tres porciones al día (del tamaño de la palma de su mano) de proteína magra de alta calidad. Los frijoles, pescado, pavo y pollo son especialmente buenas opciones. La proteína es un precursor de la dopamina, epinefrina y norepinefrina, que son esenciales para equilibrar el estado de ánimo y la energía, el metabolismo y la producción de energía, y mejoran el rendimiento cognitivo.

19. Comer una dieta que esté llena de alimentos de bajo índice glucémico estabilizará sus niveles de glucosa en la sangre y reducirá los antojos. La mayoría de los alimentos de IG bajo son reducidos en azúcar y/o altos en fibra o proteína. El concepto importante que debe recordar es que un nivel alto de azúcar es nocivo para el cerebro y, en última instancia, para la longevidad.

20. El aceite de pescado, la vitamina D y otros suplementos especializados ayudan a controlar la ansiedad y los antojos o mejoran el estado de ánimo y la concentración.

3 Andy
Fortalézcase para vivir más

Según un estudio, el principal predictor de la longevidad es la cantidad de masa muscular sin grasa en el cuerpo.

Alto, delgado, sonriente y saludable a los sesenta y cuatro años, exuda un dinamismo imparable, tanto que incluso el conejito de Energizer se moriría de envidia; es difícil creer que el doctor Andrew McGill empezó su vida prematuramente en 1947. Las expectativas de que lograra sobrevivir eran tan bajas que no tuvo nombre hasta que tenía cuatro o cinco días de nacido. Pero tal es la fuerza de voluntad de Andy McGill.

Sin embargo, en 1999, cuando Andy estaba a punto de cumplir cincuenta y dos años, tuvo una experiencia que pondría a prueba su voluntad de vivir de una manera completamente nueva. Todo comenzó cuando asistió a un seminario que impartí en la Universidad de Michigan sobre el Trastorno de Hiperactividad con Déficit de Atención (THDA) y nuestro trabajo con el estudio de imágenes cerebrales SPECT. En ese momento, Katy, la hija de Andy, una joven de preparatoria luchaba contra el THDA. El estudio SPECT despertó la curiosidad de Andy y, como quería asegurarse de que Katy tuviera el mejor diagnóstico y tratamiento, decidió volar con toda la familia a California para pasar un día divertido y "hacerse examinar la cabeza" en una de nuestras clínicas. Andy me oyó decir en una de mis presentaciones que: "Si su hijo tiene THDA, hay que observar a los padres. Lo más probable es que lo haya heredado de alguno de los dos".

En ese momento, Andy lanzó una mirada suspicaz a su esposa Kathe, y pensó: "Bueno, es obvio. Katy lo heredó de su mamá". En el mismo momento, la esposa de Andy lo miró mientras pensaba: "¡Ajá! ¡Mi marido es el culpable!".

En un principio, la motivación de Andy y su esposa para hacerse la tomografía del cerebro junto con Katy fue ayudar a su hija a sentirse menos sola y más cómoda con el proceso. Al final resultó que Katy, quien había estado todo el verano sin tomar medicamentos para prepararse para el examen, logró una mejoría tan notable que pudo dejar de tomarlos unos años después. Sin embargo, el estudio del doctor McGill contó una historia muy diferente y alarmante.

Los estudios cerebrales SPECT pueden contar una historia preocupante

Cuando estudié la primera tomografía de Andy me pregunté qué le diría. No es fácil decirle a un hombre amable y educado, que había recorrido más de la mitad del país para verme, que su cerebro estaba dañado y parecía mucho más viejo de lo que era. Su tomografía se veía terrible. Registraba una disminución general de actividad, en un patrón tóxico con aspecto de queso suizo. Yo había visto ese patrón cientos de veces. Podía atribuirse a diversas causas: alcohol, drogas, toxinas del medio ambiente como el moho, solventes orgánicos, infecciones, falta de oxígeno o un problema médico importante como anemia grave o hipotiroidismo.

Cuando le pregunté a Andy si bebía alcohol, describió lo que él consideraba que era una rutina normal de bebedor social: un par de copas para relajarse después de un día ajetreado de dar clases de administración a estudiantes universitarios; a continuación, una copa de vino durante la cena y, por último, una copa antes de acostarse. Como la mayoría de los "bebedores sociales" tienden a falsificar el número de copas que toman en realidad, o el tamaño de las bebidas, sospeché que cuatro bebidas al día era probablemente la cuota mínima de consumo diario de alcohol.

–¿Desde hace cuánto tiempo bebes? —le pregunté.

–Bueno, de joven fui editor de la sección de negocios de los periódicos *Miami Herald* y *Detroit News*; por lo tanto, me desenvolvía en una cultura donde fumar y beber iban de la mano con el trabajo. Dejé de fumar en los setenta. Pero, en total, llevo cerca de cuarenta años de buen beber.

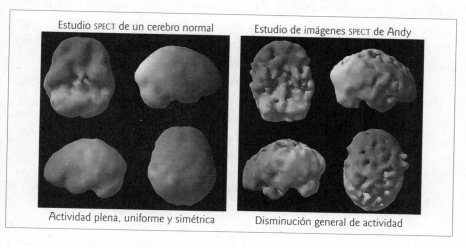

Estudio SPECT de un cerebro normal — Estudio de imágenes SPECT de Andy

Actividad plena, uniforme y simétrica — Disminución general de actividad

Me dejé de rodeos y le hablé con firmeza y claridad sobre lo que le deparaba el futuro si continuaba bebiendo: demencia, enfermedad y muerte prematura; en esencia, le dije que podía perder su mente. Además, tenía bastante sobrepeso y necesitaba readecuar su dieta y comenzar a hacer ejercicio. Sin embargo, lo más importante era que debía dejar de envenenar su cerebro a diario con alcohol. Por si fuera poco, aunque era frustrante, tuve que decirle que era probable que el THDA de Katy fuera herencia paterna.

Andy me dio las gracias y regresó a Ann Arbor con su familia. No tenía idea de si tomaría mi consejo de corazón (¿o debería decir "de cerebro"?).

Casi un año y medio después, recibí una llamada del doctor McGill en mi oficina; quería ir de nuevo a la clínica, esta vez solo (sin siquiera mencionar ese viaje a su esposa), para que volviéramos a examinarle el cerebro. Cuando vi su tomografía, moví la cabeza con tristeza. Su estudio salió aún peor que el año anterior.

Esta vez, por alguna razón, Andy, muy deprimido, asimiló la verdad en un nivel profundo.

Año nuevo, vida nueva

Andy nunca olvidará la víspera de año nuevo del nuevo milenio que marcaba el comienzo de 2001. Estaba bebiendo una copa de vino con unos amigos en una fiesta. Con las copas en la mano, todos empezaron a hablar de que querían dejar de beber. Andy aseguró:

–Voy a hacerlo. Cuando termine esta copa de vino, nunca volveré a beber. Ésta es la última.

Sorprendentemente, la "fuerza de voluntad" de McGill se apoderó de él y nunca volvió a tomar otro trago. (Todos sus amigos comenzaron a beber de nuevo después de unos meses.) Preparado a nivel emocional e intelectual, después de ver su SPECT y oír mi preocupación, Andy asumió ese compromiso solemne, y él sabía que iba a cumplir esa promesa hecha a sí mismo. Quería un cerebro nuevo para la nueva década.

Además de dejar el alcohol, Andy también dejó la cafeína, pues sabía, gracias a nuestras conversaciones, que el exceso de cafeína constriñe el flujo de sangre al cerebro. Una vez que controló estas dos cuestiones previas, comenzó a sentirse mejor y decidió hacer frente a los 45 kg que tenía de sobrepeso.

La primera vez que fue a ver a su médico de cabecera, pesaba 126.5 kg. Hacía ejercicio de vez en cuando. En 2002, consiguió bajar de peso a 94 kg, pero aumentó hasta 131.3 kg en 2006. En ese momento, Andy estaba estudiando en la facultad de medicina ¡a la edad de cincuenta y nueve años! Estaba tomando clases y examinaba pacientes como parte de su programa clínico. Un día estaba sermoneando a uno de sus pacientes diabéticos sobre la importancia de la buena nutrición, la pérdida de peso y el ejercicio. De camino a casa, pensó: "Andy, ¡qué hipócrita eres! ¿Cuándo vas a dejar de jugar con tu salud?".

Andy llegó a su límite el primero de noviembre de 2006 y al igual que aquel día en el cual dejó de beber, se hizo la promesa solemne de no volver a dejar pasar un solo día sin hacer ejercicio. Ha mantenido esa promesa en los últimos cinco años sin faltar un solo día. En la enfermedad, en las épocas difíciles ("a pesar de la lluvia y el granizo, en la negrura de la noche"), el viejo McGill sigue corriendo. Una vez, Andy se cayó en el hielo y sintió dolor, pero después de haber estudiado medicina, sabía que no tenía nada roto ni un esguince. Sólo estaba un poco magullado y adolorido. Y por eso fue directamente a la caminadora.

"De hecho, me parece que cuando no me siento bien, lo cual es raro, si hago un poco de ejercicio en la caminadora, después de un rato casi siempre me siento mejor."

¡No romper la racha!

"Lo que he aprendido acerca de mí mismo, con base en mi historia, es que una vez que rompes una racha, es más fácil romperla de nuevo y entonces puede que ya no sigas el programa, o ya no lo tomes tan en serio, o no regreses nunca más a un programa", explica Andy. "Lo que sucede cuando uno se permite tomar descansos o empieza a inventar excusas para tomar días de descanso es que se establece un precedente cognitivo." Siendo un hombre de palabra, incluso consigo mismo, el secreto de Andy para dejar un mal hábito y comenzar (y apegarse a) uno nuevo es simple: hágalo y ya. Y no deje de hacerlo. *No rompa la racha.*

"El secreto para hacer ejercicio es que ocurra a primera hora de la mañana, sin excusas ni pretextos", dice Andy. "El día se pasa volando y uno racionaliza el no hacer ejercicio en todo el día si no lo hace tan pronto como se levanta."

Andy también incorporó una de las perspectivas más positivas que he observado sobre el ejercicio. "Te diré lo que me encanta de hacer ejercicio por las mañanas", comenta con una amplia sonrisa. "Sé que sin importar lo que pase en mi día, puedo tener la certeza de que una parte de mi día será fabulosa. Cuando hago ejercicio, me siento bien. Incluso si se presentan problemas o frustraciones conforme avanza el día, ya me aseguré de tener al menos una hora sensacional; por eso el ejercicio es una de mis principales prioridades permanentes." Es verdad, porque sabemos que el ejercicio mejora el estado de ánimo y mantiene la energía a lo largo del día, con esto Andy también consigue que su estado de ánimo se mantenga lo más alto posible durante todo el día, pase lo que pase.

Un cerebro joven, una mente más aguda y una vida más feliz

A finales de 2010, curioso por ver si todos los cambios que había hecho en los últimos años habían afectado su cerebro, Andy llamó a la clínica para hacer otra cita. Hablando con franqueza, y como le diría a Andy después, me preocupaba que su estudio pudiera salir mal, o incluso peor que el anterior. Yo desconocía en ese momento la magnitud de los cambios de estilo de vida que Andy había realizado y, por supuesto, él era ya casi una década mayor desde aquella primera tomografía.

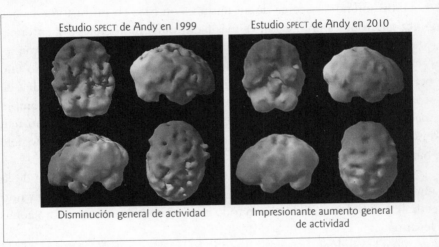

Estudio SPECT de Andy en 1999   Estudio SPECT de Andy en 2010

Disminución general de actividad   Impresionante aumento general de actividad

Lo que vi en el nuevo análisis de Andy me alegró toda la semana. Normalmente, a medida que envejecemos, nuestro cerebro se ve más viejo, menos activo. ¡El cerebro de este hombre había revertido el proceso de envejecimiento! Ahora era el orgulloso propietario de un cerebro mucho más joven y sano del que tenía diez años antes. Estaba eufórico cuando le mostré el estudio a Andy y compartí con él las buenas noticias, el feliz resultado de muchos años de dejar atrás los malos hábitos y sustituirlos de manera sistemática por otros mejores.

Cuando le pregunté a Andy sobre su motivo de inspiración, habló de su esposa Kathe, que había estado haciendo su propia rutina de ejercicio de natación tres veces a la semana, desde hacía más de veinte años, después de que le diagnosticaron fibromialgia, hasta lograr un funcionamiento de 95 por ciento de su movilidad normal. Ella nada tres días a la semana en un corto traje de neopreno después de verter agua caliente en el interior para calentar los músculos y luego hace una rutina de fisioterapia de dos docenas de ejercicios en el agua. Kathe descubrió que para los pacientes con fibromialgia era importante mantener los músculos calientes, y de esta manera disfruta de los beneficios de los ejercicios acuáticos sin que se le enfríen los músculos.

En la actualidad, el nivel de energía de Andy es excelente y se mantiene constante durante todo el día. No se siente agotado ni exhausto como muchas personas de su edad. También se ve muy bien y se siente intelectualmente tan activo como cuando era joven, pero ahora tiene una mente más sabia, más madura. Le encanta el jazz y la cocina, además de escribir, dar algunas clases como profesor adjunto y realizar algunas actividades gratuitas de servicio a la comunidad. En verdad se siente mucho más cómodo cuando está rodeado de estudiantes y personas más jóvenes que él, a diferencia de cómo se siente en los programas universitarios para jubilados. Se siente décadas más joven que su edad biológica. Su hija, Katy, que alguna vez tuvo problemas en la escuela, es ahora maestra de jardín de niños en San Diego y tiene un hijo de seis años, que corre feliz con su abuelo por Disneylandia y Sea World cuando va de visita. Andy McGill nunca da por sentados esos momentos, pues sabe muy bien que si hace diez años no hubiera hecho la solemne promesa de cambiar sus hábitos de salud, tal vez no estaría aquí para ver a su nieto.

Hace poco recibí por correo electrónico un mensaje alentador y reconfortante de Andy que decía: "Además de la exploración del cerebro en 2000, fue su advertencia, doctor Amen, cuando me dijo que iba a estar en un estado deplorable cuando llegara a los sesenta años si no tomaba con seriedad la reparación de los daños y recuperaba la salud de mi cerebro. Me asustó lo suficiente como para iniciar una acción. Fue entonces cuando me convencí a un nivel intelectual. A pesar de que tardé algunos meses más en sentirme emocionalmente listo para dejar de beber, usted en realidad me salvó la vida y es el responsable de que esté tan sano como lo estoy ahora. Nunca subestime esto. Yo hago el ejercicio, pero usted fue el factor estimulante".

Huelga decirlo, pero las cartas como ésta y las vidas que cambian para mejorar, como la de Andy McGill, son la razón por la que me encanta lo que hago.

Las impresionantes estadísticas de salud de Andy

Andy no sólo consiguió un nuevo cerebro más joven, sino que también tiene un nuevo cuerpo. Cuando Andy comenzó a ejercitarse estaba tan fuera de forma y pesaba tanto que incluso caminar a paso lento le resultaba difícil. Hoy en día Andy está en un nivel extremo de aptitud física. En su rutina de la mañana corre en la caminadora una hora, comenzando a casi 5 kph con una inclinación ascendente de 6 por ciento durante los primeros 7.5 minutos y va aumentando gradualmente hasta 7.2 kilómetros por hora y 9 por ciento de inclinación. Esta rutina aumenta la frecuencia cardiaca hasta 125 pulsaciones por minuto (ppm) a partir de una tasa en reposo de alrededor de 50 ppm. Los lunes, miércoles y viernes hace cuarenta y cinco minutos de ejercicio en la caminadora y luego levanta pesas de diez a quince minutos.

Andy informa: "He alcanzado un nivel muy, muy alto de salud cardio-vascular: el 99° percentil para los hombres de mi edad, y comparativamente, también estoy en el 99° percentil para el grupo de hombres de cincuenta años y en el 99° percentil para el grupo de hombres de cuarenta años. Mi médico de cabecera tuvo que llegar hasta el grupo de hombres de 30 años para encontrar un nivel comparativo adecuado para mí: ¡ahí estoy sólo en el 75° percentil!".

Además, en la última prueba de aptitud de Andy, su VO_2 (volumen de oxígeno consumido durante el ejercicio) fue de 63 ml/kg/min (miligramos por kilogramo por minuto). "Por lo general, se espera que el VO_2 baje con la edad", escribió Andy. "El mío pasó de 49, cuando comencé mi racha de ejercicio en 2006, a 63. Me han dicho que esto es algo que se considera un logro extraordinario de condición física para mi edad. Logros como éste también me ayudan a seguir motivado."

La historia de Andy tiene cuatro moralejas principales.

1. Ver el propio cerebro, a menudo produce envidia y motiva a la gente a empezar a cuidar mejor de éste.
2. El alcohol no es su amigo, sobre todo en exceso. Cuanto más pronto deje de beber o disminuya sensiblemente su consumo, mejor será para su cerebro y su cuerpo.
3. El ejercicio regular marca una gran diferencia en la forma en la que uno se ve y se siente.

4. Dedíquese a los hábitos saludables para el cerebro y siga practicándolos para tener una vida larga y saludable.

Andy

Antes

Después de once años, ¡con 45.3 kg menos y un mejor cerebro y sistema cardiovascular!

Solía hacer ejercicio por mi trasero, ahora lo hago por mi cerebro.

DR. DAVID SMITH, fundador de las Haight-
Ashbury Free Clinics y mi coautor
de *Unchain Your Brain*

Ésta es una de mis citas favoritas. David es pionero en el campo del tratamiento de las adicciones, y juntos escribimos: *Unchain Your Brain: 10 Steps to Breaking the Addictions That Steal Your Life*, sobre el uso de los últimos avances de la ciencia del cerebro para ayudar a personas con problemas de adicción. A medida que David aprendía cada vez más acerca de cómo llevar una vida sana para el cerebro, su rutina diaria de ejercicios se dirigió cada vez más al cerebro que al cuerpo. El ejercicio físico es otra fuente de la juventud para la salud del cerebro. El ejercicio regular le ayudará a verse más joven, estar en mejor forma, sentirse más despierto y mejorar su estado de ánimo, todo al mismo tiempo.

Por cierto, no es ningún secreto que nuestra sociedad ha cambiado a un estilo de vida sedentario, donde la mayoría de nosotros pasamos nuestros días sentados, trabajando frente a la computadora, viendo la televisión y yendo y viniendo en el auto. El problema es que la falta de actividad física le roba al cerebro la posibilidad de funcionamiento óptimo y causa obesidad, mayores tasas de depresión, mayor riesgo de deterioro cognitivo... y problemas peores.

La inactividad física es la cuarta causa de muerte prevenible más común, después del tabaquismo, la hipertensión y la obesidad.

Ejercicio y longevidad

Nuevas investigaciones que surgen todos los días demuestran que el ejercicio no sólo aumenta el tiempo de la vida, sino también su calidad. He aquí una muestra de algunos de los resultados.

1. *Los que caminan con brío se mantienen jóvenes*

Un estudio reciente muestra que después de los sesenta y cinco años, un fuerte predictor de longevidad es la velocidad para caminar. Aquellos que todavía pueden caminar a buen paso después de los setenta y cinco tienen una mejor oportunidad de vivir más tiempo. Un hombre de ochenta años que camina a 1.6 kph tiene 10 por ciento de probabilidades de llegar a los noventa años, mientras que una mujer de la misma edad, que camina a ritmo vigoroso, tiene una oportunidad de 23 por ciento. Ahora supongamos que esta pareja camina un poco más rápido, a una velocidad de 5.6 kph. Ahora, el hombre de ochenta años tiene 84 por ciento de probabilidades de llegar a los noventa, mientras que la mujer tendría 86 por ciento de probabilidades.

2. ¡Haga sus aerobics y conserve más tejido cerebral!

Si usted es como yo, entonces desea mantener cada ápice de tejido cerebral que sea posible a medida que envejece. Los investigadores han descubierto que el ejercicio, en especial el aeróbico, reduce la pérdida de tejido cerebral en adultos mayores.

3. Los ejercicios de equilibrio ayudan a envejecer con gracia

El ejercicio suave, como el yoga o el tai chi, aumenta el equilibrio, lo que disminuye el riesgo de caídas, lo cual a su vez reduce las lesiones y las complicaciones que conducen a la muerte.

4. Los ancianos activos se ven muchos años más jóvenes que sus amigos sedentarios

El ejercicio de treinta minutos al día, cinco veces a la semana, puede hacerle lucir mucho más joven que su edad biológica. Investigadores de la Universidad de St. Andrews en Escocia descubrieron que el envejecimiento manifestado en la piel floja del cuello y la papada es el efecto más marcado de no hacer ejercicio. La frente y la zona de los ojos también tienden a engordar más en las personas inactivas.

5. Los ejercicios de resistencia lo fortalecen para vivir más tiempo

Investigadores de la Universidad de Michigan publicaron un estudio que muestra que después de un promedio de dieciocho a veinte semanas de entrenamiento de resistencia progresiva, un adulto puede añadir 1.1 kilos de músculo magro a su masa corporal y aumentar su fuerza en general de 25 a 30 por ciento. Esto es importante porque sin un entrenamiento proactivo, los adultos mayores tienden a perder masa muscular y fuerza. El estudio recomienda que las personas mayores de cincuenta años comiencen utilizando su propio peso corporal para hacer sentadillas, lagartijas modificadas, ejercicios de medio arco acostados, o levantarse de una silla (también en el tai chi, pilates y yoga se utilizan muchos ejercicios de resistencia con el peso del propio cuerpo). Luego podrá agregar pesas en un programa de entrenamiento progresivo específicamente diseñado para su edad y condición física, de preferencia comenzando con un entrenador personal que le enseñe una buena forma de hacer ejercicio con pesas, el número de repeticiones que debe hacer y cuándo es el momento de aumentar las pesas.

6. A mayor fuerza muscular, menos riesgo de Alzheimer

Según una investigación realizada en el Rush University Medical Center en Chicago, los individuos con músculos más débiles parecen tener un mayor riesgo de enfermedad de Alzheimer y de disminución de la función cognitiva con el tiempo. Los que están en el 90° percentil de fuerza muscular tienen alrededor de 61 por ciento menos riesgo de desarrollar la enfermedad de Alzheimer en comparación con aquellos en el 10° percentil. En general, los datos muestran que una mayor fuerza muscular se asocia con una disminución del riesgo de desarrollar Alzheimer y sufrir deterioro cognitivo leve. También indica que un factor común, que aún no se determina, puede estar detrás de la pérdida de la fuerza muscular y la cognición con el envejecimiento.

7. Los que hacen ejercicio retrasan su reloj biológico

El ejercicio mejora el mantenimiento de los telómeros mediante el aumento de la actividad de la enzima telomerasa que construye y repara los telómeros. Éstos son la parte de los cromosomas que controlan el envejecimiento. Representan su reloj biológico. Cuando uno es joven los telómeros son más largos y se acortan progresivamente con la edad. Sin embargo, el estilo de vida tiene influencia directa en la velocidad a la que se produce el acortamiento. Así que a cualquier edad, las personas sanas tienen telómeros más largos que sus coetáneos no saludables.

Hay muchas otras ventajas de ejercitarse de forma regular. A continuación se explican algunos otros beneficios.

Controlar mejor el estrés. Hacer ejercicio ayuda a controlar esta condición porque reduce, de inmediato, las hormonas del estrés y con el tiempo lo hace más resistente contra el mismo. El aumento de la frecuencia cardiaca debido al ejercicio también influye en un mejor control del estrés, ya que aumenta las betaendorfinas, la morfina natural del cerebro. Aumentar la capacidad de manejar el estrés puede impedir que se coma una bolsa entera de papas fritas cuando se encuentre bajo mucha presión.

Comer alimentos saludables. Un estudio de 2008 descubrió que la actividad física nos hace más propensos a elegir los alimentos que son buenos para nuestra salud, buscar más apoyo social y controlar el estrés con mayor eficacia. Como es lógico, la elección de alimentos saludables para el cerebro, por encima de la comida chatarra, es la base de una salud duradera. La creación de una red de apoyo sólida que lo estimule a seguir sus nuevos hábitos saludables para el cerebro le ayudará a mantener el rumbo.

Tener un sueño más reparador. Hacer ejercicio en forma rutinaria normaliza la producción de melatonina en el cerebro y mejora los hábitos de sueño. Dormir mejor fortalece la función cerebral, ayuda a tomar mejores decisiones acerca de los alimentos que consumimos y mejora el estado de ánimo. La falta crónica de sueño casi duplica el riesgo de obesidad y está vinculada con la depresión y un cerebro lento.

Aumentar la circulación. La actividad física mejora la capacidad del corazón para bombear la sangre por todo el cuerpo, lo que aumenta el flujo sanguíneo al cerebro. Una mejor irrigación sanguínea es igual a un mejor funcionamiento general del cerebro.

Crecimiento de más células cerebrales nuevas. El ejercicio aumenta el factor neurotrófico derivado del cerebro (FNDC). El FNDC es como una poción maravillosa antienvejecimiento que fomenta el crecimiento de nuevas células cerebrales. Piense en el FNDC como una especie de Miracle-Gro® para el cerebro. El FNDC promueve el aprendizaje y la memoria, y fortalece el cerebro. En concreto, el ejercicio genera nuevas células cerebrales en los lóbulos temporales (relacionados con la memoria) y la corteza prefrontal, o CPF (que participa en la planeación y el juicio). Tener una CPF y lóbulos temporales fuertes es fundamental para lograr bajar de peso.

Una mejor memoria le ayuda a recordar las cosas importantes que le ayudarán a mantenerse sano, por ejemplo, hacer una cita con su médico para comprobar sus cifras importantes para la salud, comprar los alimentos que son mejores para el cerebro y tomar a diario los suplementos que benefician su cerebro. La planeación y el juicio son vitales porque es necesario que planee las comidas y colaciones, y tome las mejores decisiones a lo largo del día para mantener el rumbo.

El aumento de la producción de FNDC que se obtiene del ejercicio es sólo temporal. Las nuevas células cerebrales sobreviven unas cuatro semanas y luego mueren, a menos que las estimule con el ejercicio mental o la interacción social. Esto significa que usted tiene que hacer ejercicio de forma regular con el fin de beneficiarse de un suministro continuo de nuevas células cerebrales. Esto también explica por qué las personas que se ejercitan en el gimnasio y luego van a la biblioteca son más inteligentes que las personas que sólo se ejercitan en el gimnasio.

Mejorar la capacidad intelectual. No importa la edad que tenga, el ejercicio aumenta la memoria, la capacidad de pensar con claridad y la capacidad de planear. Décadas de investigación han descubierto que la actividad física produce mejores calificaciones y resultados de exámenes más altos entre los estudiantes de todos los niveles. También aumenta la memoria en adultos jóvenes y mejora la función del lóbulo frontal en los adultos mayores. El ejercicio también protege las estructuras de memoria a corto plazo en los lóbulos temporales (hipocampo) de las condiciones de mucho estrés. Éste hace que las glándulas suprarrenales produzcan cantidades excesivas de la hormona cortisol que, según se ha descubierto, mata las células del hipocampo y afecta la memoria. De hecho, las personas con Alzheimer tienen niveles más altos de cortisol que las personas que envejecen con normalidad.

Protegerse de la pérdida de memoria y la demencia. El ejercicio ayuda a prevenir, retrasar y reducir el deterioro cognitivo que viene con el envejecimiento, la demencia, y la enfermedad de Alzheimer. Sólo en 2010, más de una docena de estudios informaron que el ejercicio físico reduce la disfunción cognitiva en personas mayores. Uno de los estudios provenía de un grupo de investigadores canadienses que revisaron la actividad física a lo largo de la vida de 9,344 mujeres. En concreto, analizaron los niveles de actividad de las mujeres en la adolescencia, a los treinta años, a los cincuenta años y en la vejez. La actividad física en la adolescencia se asoció con una menor incidencia de deterioro cognitivo posteriormente en la vida, pero la actividad física a *cualquier* edad se correlaciona con el riesgo reducido. Este estudio me indica que nunca es demasiado tarde para comenzar un programa de ejercicio.

Protegerse de las lesiones cerebrales. El ejercicio fortalece el cerebro y mejora su capacidad para combatir los efectos dañinos de las lesiones cerebrales. Esto es crucial, porque las lesiones cerebrales, incluso las más leves, pueden desactivar la CPF, lo que reduce el autocontrol, debilita la capacidad de rechazar los antojos y aumenta la necesidad de satisfacción inmediata, como cuando decimos: "¡Tengo que comerme esa hamburguesa con queso y tocino *en este mismo momento*!".

No se necesita perder la conciencia para sufrir un traumatismo cerebral. Las lesiones en la cabeza, incluso las más leves, que normalmente no aparecen en los estudios de imágenes cerebrales estructurales, como la resonancia magnética o la tomografía computarizada, pueden afectar seriamente su vida y aumentar el riesgo de conductas no saludables. Esto se debe a que un traumatismo afecta no sólo el hardware del cerebro, o la salud física, sino también el software, es decir, el funcionamiento. Las lesiones en la cabeza pueden interrumpir y alterar el funcionamiento neuroquímico, dando lugar a problemas emocionales y de comportamiento, que incluyen un mayor riesgo de problemas de alimentación y toxicomanías.

Cada año se reportan dos millones de nuevas lesiones cerebrales y millones más no se registran. Los traumatismos cerebrales son muy comunes entre las personas con adicciones de todo tipo, incluso la adicción a la comida. En Sierra Tucson, un centro de tratamiento de renombre mundial para las adicciones y trastornos de la conducta, se ha utilizado nuestra tecnología de imágenes cerebrales desde 2009. Una de las cosas más sorprendentes que estos estudios han demostrado, de acuerdo con el doctor Robert Johnson, director médico de la institución, es una incidencia mucho mayor de lo esperado de lesiones cerebrales traumáticas entre sus pacientes.

Moverse para ser más feliz. ¿Alguna vez ha oído hablar de la *euforia del corredor*? ¿Es realmente posible sentirse bien con sólo hacer ejercicio? Por supuesto que sí. El ejercicio activa las mismas vías en el cerebro que la morfina y aumenta la liberación de endorfinas, que son los neurotransmisores naturales del bienestar. Eso hace que el ejercicio sea lo más parecido a una píldora de la felicidad.

Mejorar el estado de ánimo. El ejercicio físico estimula la actividad de los neurotransmisores, en concreto la norepinefrina, la dopamina y la serotonina, lo que mejora el estado de ánimo.

Combatir la depresión. En algunas personas el ejercicio puede ser tan eficaz como el medicamento recetado para tratar la depresión. Una de las razones por las que el ejercicio puede ser tan útil es porque el FNDC no sólo propicia el crecimiento de nuevas células cerebrales, sino que también es fundamental para poner freno a la depresión. Las ventajas antidepresivas del ejercicio están documentadas en publicaciones médicas. Un estudio comparó los beneficios del ejercicio con las del fármaco antidepresivo Zoloft. Después de doce semanas, el ejercicio demostró ser tan eficaz para la reducción de la depresión como el medicamento. Después de diez meses, el ejercicio superó los efectos del fármaco. La reducción de los síntomas de la depresión no es la única forma en la que el ejercicio físico superó con creces al Zoloft.

Al igual que todos los medicamentos para la depresión, Zoloft se asocia con efectos secundarios negativos, como disfunción sexual y falta de libido. Por otra parte, tomar Zoloft puede arruinar sus posibilidades de calificar para el seguro médico. Por último, tomar una píldora no le ayuda a aprender nuevas habilidades. Por el contrario, el ejercicio mejora su condición física, complexión y salud, lo que también aumenta su autoestima. No afecta su posibilidad de aseguramiento y le permite aprender nuevas habilidades. Si alguien en su familia tiene sentimientos de depresión, el ejercicio le ayudará a sentirse mejor.

Imparto un curso para las personas que sufren de depresión, y una de las cosas principales que cubrimos es la importancia del ejercicio para protegernos de este padecimiento. Recomiendo a todos estos pacientes que empiecen a hacer ejercicio y, sobre todo, participen en actividades aeróbicas las cuales obligan al corazón a bombear con mayor fuerza. Los resultados son verdaderamente sorprendentes. Con el tiempo, muchos de estos pacientes que han tomado medicamentos antidepresivos durante años se sienten mucho mejor y dejan de depender de la medicina.

Aliviar la ansiedad. Aunque la investigación sobre los efectos del ejercicio en la ansiedad no es tan voluminosa como la que estudia la relación entre el ejercicio y la depresión, demuestra que la actividad física, casi de cualquier tipo y en cualquier nivel de intensidad, calma la ansiedad. En particular, se ha demostrado que la actividad de alta intensidad reduce la incidencia de ataques de pánico.

Estimular la sexualidad. El ejercicio ayuda a aumentar los niveles de testosterona y lo hace sentir más sexy. Además, se verá mejor, lo que también lo hará sentir y actuar de manera más atractiva. Incluso unos pocos kilos o centímetros de cintura perdidos pueden marcar una gran diferencia en nuestra libido.

CONSULTE A SU MÉDICO ANTES DE COMENZAR
CUALQUIER PROGRAMA DE ENTRENAMIENTO FÍSICO.

Los mejores ejercicios para el cerebro

Se ha descubierto que el ejercicio aeróbico, las actividades de coordinación y el entrenamiento de resistencia son muy beneficiosos para el cerebro.

Obtenga el máximo provecho de su ejercicio aeróbico con el entrenamiento por ráfagas. Si quiere quemar más calorías, quemar grasa más rápido, un mayor reforzador del humor y un mejor estimulante cerebral, pruebe el entrenamiento por ráfagas. También conocido como "entrenamiento a intervalos", consiste en periodos de sesenta segundos a intensidad máxima seguidos de algunos minutos de ejercicio de baja intensidad. Éste es el tipo de actividad que yo practico, y sí funciona. Hay pruebas científicas que lo avalan. En un estudio realizado en 2006 por investigadores de la Universidad de Guelph, en Canadá, se descubrió que el entrenamiento por ráfagas de alta intensidad quema la grasa más rápido que las actividades moderadamente intensas y continuas.

Si quiere quemar calorías por ráfagas, haga ejercicio intenso, como caminar a paso rápido (caminar como si fuera a llegar tarde a una cita) durante treinta minutos, por lo menos cuatro a cinco veces por semana. Además, en cada una de estas sesiones, va a hacer cuatro ráfagas de un minuto de ejercicio intenso. Las ráfagas cortas son esenciales para obtener el máximo provecho de su entrenamiento. Este entrenamiento ayuda a aumentar las endorfinas, levantar el ánimo y hacerlo sentir con más energía. También quemará más calorías y grasa que con el ejercicio moderado continuo. Éste es un ejemplo de una sesión de media hora de ejercicio por ráfagas para fortalecer el bombeo del corazón:

MUESTRA DEL ENTRENAMIENTO POR RÁFAGAS

3 minutos	Calentamiento
4 minutos	Caminar de prisa (como si se le hiciera tarde para llegar a una cita)
1 minuto	Ráfaga (corra o camine lo más rápido que pueda)
4 minutos	Caminar de prisa
1 minuto	Ráfaga
4 minutos	Caminar de prisa
1 minuto	Ráfaga
4 minutos	Caminar de prisa
1 minuto	Ráfaga
4 minutos	Caminar de prisa
3 minutos	Enfriamiento

Si no puede dedicar los treinta minutos completos a una rutina de ráfagas aeróbicas, no tire la toalla. Una investigación del Hospital General de Massachusetts, en Boston, muestra que tan sólo diez minutos de ejercicio vigoroso pueden dar origen a cambios metabólicos que promuevan la quema de grasa y calorías, y un mejor control de azúcar en la sangre durante al menos una hora. Para el ensayo clínico de 2010, los investigadores estudiaron los cambios metabólicos inducidos por el ejercicio en personas de diferentes niveles de condición física: personas que se quedaron sin aliento durante el ejercicio, personas sanas de mediana edad y corredores de maratón.

Los tres grupos se beneficiaron de diez minutos en una caminadora, pero los individuos más aptos obtuvieron el mayor impulso metabólico. Esto indica que a medida que mejora la condición física, el cuerpo es más eficaz para quemar grasa y calorías con el ejercicio.

Estimule su cerebro con actividades de coordinación. Hacer actividades de coordinación, como baile, tenis, ping-pong (el mejor deporte para el cerebro del mundo), que incorporan el ejercicio aeróbico y la coordinación de movimientos, son los mejores estimulantes cerebrales para todo tipo de personas que comen en exceso. La actividad aeróbica genera nuevas células cerebrales, mientras que la coordinación fortalece las conexiones entre las células nuevas, para que el cerebro pueda utilizarlas para otros fines, como el análisis, el aprendizaje y los recuerdos.

Lo que realmente me gusta de las actividades aeróbicas y de coordinación es que muchas también funcionan como sesiones de entrenamiento por ráfagas. Por ejemplo, en el tenis y el ping-pong, hay que dar todo para conseguir el punto, y luego hay un breve periodo de descanso antes de que comience el siguiente punto. Es lo mismo con el baile, donde se baila una melodía y luego se toma un breve descanso.

En general, recomiendo que todos practiquemos algún tipo de actividad aeróbica de coordinación, por lo menos cuatro o cinco veces a la semana durante treinta minutos.

¿Suele evitar las actividades de coordinación porque tiene dos pies izquierdos? Esto podría ser parte de la razón por la que se le dificulta controlarse con la comida. Esto es así porque el cerebelo, que es el centro de coordinación del cerebro, está vinculado con la CPF, donde ocurren el juicio y la toma de decisiones. Si no es muy coordinado, esto puede indicar que tampoco es muy bueno para tomar decisiones. El aumento de los ejercicios de coordinación puede activar el cerebelo y mejorar su criterio para que pueda tomar mejores decisiones.

Fortalezca su cerebro con ejercicios de fuerza. También recomiendo añadir ejercicios de resistencia a sus entrenamientos. Unos investigadores canadienses descubrieron que el entrenamiento de resistencia influye en la prevención del deterioro cognitivo. Además, desarrolla los músculos, lo que puede acelerar el metabolismo para ayudar a quemar más calorías durante el día. Numerosas investigaciones demuestran que agregar entrenamiento de resistencia a un programa de nutrición con control de calorías da por resultado una mayor reducción de grasa corporal y centímetros de cintura, más que con la dieta por sí sola.

Tranquilice y concentre su mente con actividades de conciencia. Se ha descubierto que el yoga, el tai chi y otros ejercicios de conciencia ayudan a reducir la ansiedad y la depresión y aumentan la concentración. A pesar de que no ofrecen los mismos beneficios generadores de FNDC que la actividad aeróbica, este tipo de ejercicio estimula el cerebro para que pueda mejorar su autocontrol y evitar comer en exceso por el estrés emocional o por ansiedad.

"¡Ven a bailar conmigo!"

Eddie Deems ha dado clases de baile de salón durante setenta de sus noventa y dos años, lo que lo convierte en uno de los bailarines más viejos y consumados del área metropolitana de Dallas-Fort Worth. Delgado y grácil a sus noventa años, Eddie se viste con un atractivo traje oscuro, con pañuelo de seda al cuello, y luce como el instructor profesional de baile que todavía es. Eddie es testimonio vivo de uno de los mejores ejercicios del mundo para la longevidad: ¡el baile!

Imagine que va al médico, quejándose de depresión, y el doctor, en lugar de darle una receta de Zoloft o Prozac, le da una que dice: "Tome diez clases de tango y me llama en dos meses". Por descabellado que parezca, ésta podría ser una respuesta mejor que la medicación para muchas personas que padecen de problemas de estado de ánimo depresivo.

"Nos hemos convertido en una nación de bailarines de sillón, hipnotizados por *Dancing with the Stars* y *So You Think You Can Dance*", afirma Lane Anderson, autor de un artículo publicado en *Psychology Today*. Pero la investigación demuestra que encontrar su estilo personal de baile es muy beneficioso para mejorar las habilidades sociales, levantar el ánimo e incluso aliviar la depresión.

"En un estudio reciente de la Universidad de Derby", escribió Anderson, "el estado de ánimo de los pacientes deprimidos que tomaban lecciones de salsa mejoró de manera considerable al término de nueve semanas de terapia de mover las caderas." Los investigadores descubrieron que la combinación del estímulo que da la endorfina con el ejercicio, y la interacción social y la concentración forzada, levanta el estado de ánimo. Creo que puedo afirmar, sin temor a equivocarme, que el estímulo emocional de la música, que calma y da energía al cerebro, también ayuda, además del orgullo de aprender una nueva habilidad.

En un estudio realizado en Alemania, veintidós bailarines de tango tuvieron menores niveles de hormonas de estrés y niveles más altos de testosterona. También comentaron que se sentían más sexys y más relajados. Otro estudio de la Universidad de Nueva Inglaterra concluyó que después de seis semanas de clases de tango, los participantes mostraron niveles de depresión significativamente más bajos que un grupo de control que no tomó clases, y obtuvieron resultados similares de un tercer grupo que tomó clases de meditación. El baile requiere concentración extrema o "atención plena", y cuando el cerebro está profundamente absorto en este nivel, se interrumpen los patrones de pensamiento negativos que provocan ansiedad y depresión.

Los movimientos corporales rítmicos también desempeñan un papel importante en la apertura de la gente en varios niveles. "Los pacientes con depresión tienden a tener la espalda curvada, esto lleva la cabeza hacia abajo, viendo el suelo", señala Donna Newman-Bluestein, terapeuta de baile de la American Dance Therapy Association. "Bailar levanta el cuerpo y lo coloca en una postura abierta, optimista."

Entonces, tome a su pareja y bailen un vals alrededor de la cocina, o anímese y ponga "Dancing Queen" a todo volumen (nadie lo ve, ¿no?) y encuentre su ritmo. ¿Qué tiene que perder, además del mal humor y unos kilitos de más?

Dr. Joe Dispenza: cómo enfrentar a su cerebro en una decisión definitiva "de una vez por todas"

Además de mantener su racha, otro aspecto único en la historia de Andy fue su planteamiento radical de las dos decisiones que cambiaron su vida, en las que no había vuelta atrás. Ni siquiera un desliz era posible. Me recuerda a la famosa escena de *El Imperio contraataca* en la que Yoda le dice a Luke: "Hazlo o no lo hagas, pero no sólo lo intentes".

¿Qué es lo que permite a la gente hacerse estas promesas que simplemente son inquebrantables? ¿En las que no hay "intentos" y lo único que cuenta es "hacerlo"?

El doctor Joe Dispenza, autor del libro *Evolve the Brain: The Science of Changing Your Mind*, escribió: "Espero que en su vida hayan tenido la experiencia donde su intención, su concentración y su voluntad se alinean a la perfección". El doctor Dispenza se ha convertido en un amigo y envía a muchas personas a nuestras clínicas. Creo que lo que dice es muy importante.

Reflexione un momento en las promesas que se ha hecho en el pasado y piense en lo que ocurrió cuando cumplió una promesa y nunca se desvió de su propósito. Para algunos de ustedes, tal vez hubo un momento en el que se dijeron: "No volveré a ser víctima de abusos" y se liberaron de un abusador para no volver jamás. O tal vez fue el momento en el que eligió su carrera, consciente de todos los años de estudios y formación que le esperaban, pero sabiendo también que ése era el camino correcto y por eso se inscribió, se esforzó y obtuvo el título. Éstos fueron momentos en que "su intención, su concentración y su voluntad" armonizaron para facilitar un cambio importante. Creo que la intención, la concentración y la voluntad surgen de la CPF (el supervisor del cerebro) y el sistema límbico (cerebro emocional), que trabajan en conjunto. Juntos le ayudan a hacer el tipo de votos profundos, intrínsecos y duraderos consigo mismo que lo llevan a actuar pensando en lo mejor para su cerebro nuevo y mejorado.

En una conversación reciente que sostuve con el doctor Joe Dispenza me contó más sobre el porqué y el cómo llegar a una decisión "definitiva" por su bienestar, que podría cambiar positivamente el curso de su vida.

1. *Observe sus pensamientos*

Para empezar el proceso de cambio, el doctor Dispenza enseña a otros a ser "metacognitivos". Esto implica distanciarnos de nuestros patrones de pensamiento y observarlos. "Pensamos en nuestros patrones de pensamiento."

"Las preguntas hipotéticas, cuando empezamos a especular acerca de nuevas formas de pensar y de ser, abren un mundo de posibilidades", asegura el doctor Dispenza. A la CPF le fascinan este tipo de preguntas; le resultan estimulantes. "¿Por qué no despertar cada mañana y empezar el día recordándonos lo que queremos ser y sentir?", se pregunta. "Y también recordar cada día quién no queremos ser."

El doctor Dispenza señala que la manera en que pensamos crea lo que sentimos (las emociones). Lo que sentimos (nuestro estado emocional) crea un estado de ánimo que, si no se controla, con el tiempo crea nuestro temperamento y, en última instancia, nuestra personalidad. Ésta, sin duda, a la larga afecta nuestro sentido de la realidad. Todo comienza con un solo pensamiento. Como dice el antiguo proverbio: "Porque como el hombre piensa en su corazón, así es él". Pero ¿cómo podemos abrir nuestra mente para cambiar? El doctor Dispenza dice que tiene que ver con la creación de una intención firme (con nuestra CPF) que sea lo suficientemente fuerte como para romper los viejos hábitos.

2. Visualice sus nuevos hábitos en detalle

Una manera de crear nuevos hábitos es practicar mentalmente. En un experimento, el doctor Dispenza señala que a unas personas que no sabían tocar el piano se les enseñó una serie de movimientos en el piano dos horas al día durante cinco días. A otro grupo de participantes, que tampoco tocaban el piano, se le pidió que "practicaran" tocar el piano mentalmente (sin mover los dedos), durante el mismo tiempo. Los estudios de imágenes cerebrales mostraron que ambos grupos tenían el mismo patrón de un nuevo aprendizaje que tuvo lugar en el cerebro. El ensayo mental, por sí solo, cambió el cerebro de la misma manera que la práctica real. Pasar algún tiempo visualizando exactamente cómo va a pasar el día con el fin de ser más saludable y vivir más tiempo es una herramienta mental valiosa que lo preparará para la decisión definitiva de cambiar de una vez por todas.

3. Alimente el cerebro con nuevas experiencias para crear redes neuronales nuevas

El trabajo del doctor Dispenza hace hincapié en la verdad científica sobre el cerebro de que "las neuronas que disparan juntas, se conectan entre sí". Cuanto más alimente usted su cerebro con nuevas experiencias y nuevos aprendizajes, más dispararán las neuronas, y cuanto más *repita* experiencias similares que crean capas de conocimientos similares, más neuronas dispararán y conectarán entre sí. En los microscopios de alta resistencia, las neuronas se parecen mucho a hilos que se unen para crear una red de pesca. De hecho, esto es lo que se "llama red neuronal". Entonces, otra forma de tomar una decisión definitiva de una vez por todas es alimentar al cerebro de nuevas experiencias y nuevos aprendizajes hasta que las neuronas "disparen y se conecten entre sí" para crear nuevas redes neuronales, o nuevos pensamientos y acciones automáticas. Por ejemplo, cuanto más lea y estudie libros como éste, sobre salud del cerebro, más conexiones de información se crearán y enlazarán entre sí y empezarán a cambiar su cerebro. Cuanto más se aventure en busca de nuevas experiencias a través del tiempo, como comer más frutas y verduras todos los días o caminar treinta minutos al día, más se convertirá en un buen hábito.

4. Estudie modelos de conducta

Otra manera de ayudar a su cerebro a cambiar es leer y estudiar a quienes desea emular. Al doctor Dispenza le gustó mucho la biografía de Nelson Mandela porque le enseñó que un hombre noble puede sufrir injustamente durante años en una prisión y luego perdonar y hacer grandes cosas en su vida. La biografía de los hermanos Wright es una gran inspiración para alguien que quiere correr el riesgo de realizar un sueño que a muchos les parece poco realista. Abraham Lincoln es un ejemplo de honor, integridad, fe y humor en una época de crisis terrible. Comparto historias de personas reales en este libro que han cambiado su cerebro, su vida y su edad biológica, que le ayudarán a inspirarse para creer que usted también puede cambiar.

5. Intención firme

"El problema con la forma en que la mayoría de las personas toman la decisión de cambiar es que se dicen a sí mismas, mientras están acostados en el sofá con el control remoto del televisor en la mano, comiendo comida chatarra y bebiendo cerveza: 'Voy a ponerme a punto y cambiaré a partir de mañana' ", explica el doctor Dispenza. "Pero lo que el cuerpo le está diciendo a la mente es: 'Vamos, relájate. No lo dice en serio. Lo dice una y otra vez, pero nunca cambia. Anda, toma otra papa frita y un buen trago de cerveza'.

"Pero cuando uno realmente se decide y se encuentra en un estado de intención firme, esto quiere decir que usted *sabe* con plena certeza que va a emprender una nueva forma de pensar o actuar y casi puede sentir cómo se le eriza el pelo en la nuca. En esos momentos se está diciendo a sí mismo, con profunda convicción: 'No me importa lo que diga o haga alguien. No me importa lo que pase o qué desafíos tenga que enfrentar. No me importa lo difícil que sea. Voy a hacer esto. Voy a cambiar'. Cuando usted se encuentra en este momento de profunda y firme atención, el cuerpo se endereza y presta atención. Sabe que el cerebro habla en serio. Y el cuerpo seguirá ahora la dirección que le indica la corteza prefrontal firmemente convencida."

Actividad física y enfermedad de Alzheimer: el encogimiento tiene lugar

El doctor Cyrus Raji (médico y doctor en filosofía) es un profesional brillante, elocuente y de buen corazón del Departamento de Radiología de la Universidad de Pittsburgh, que supervisó y publicó algunos estudios fascinantes sobre la correlación entre la enfermedad de Alzheimer, la demencia y la actividad física. Además, es un buen amigo, ya que ambos compartimos un gran interés por el cerebro y la longevidad.

El doctor Raji se interesó en ayudar al cerebro a mantenerse sano por más tiempo debido a una experiencia personal. La abuela de Cyrus era maestra, una mujer brillante que hablaba cinco idiomas. Pero era fumadora, sufrió un par de accidentes cerebrovasculares y al fin sucumbió a la demencia y la enfermedad de Alzheimer. En sus últimos años de vida, su cerebro se redujo al de un niño perdido y confundido. Al ver cómo se apagaba esta luz brillante en su vida, Cyrus dedicó gran parte de su carrera a hacer lo posible para detener la terrible ola de demencia y Alzheimer en el mundo. Como mencioné en el capítulo 1, más de cinco millones de estadunidenses sufren de esta enfermedad, y debido a que no sólo afecta a la persona que tiene el padecimiento, sino también a las personas que los aman, el efecto dominó del dolor es tremendo.

El doctor Raji ha trabajado en estudios de imágenes del cerebro y en la investigación de la enfermedad de Alzheimer desde hace siete años, pero en los últimos cinco ha concentrado su investigación en cómo pueden afectar nuestro cerebro, de manera positiva o negativa, los factores del estilo de vida. Con el uso de un tipo especial de aparato para explorar el cerebro, los investigadores pueden medir el volumen del cerebro, así como el de cada una de sus partes. Cuanto mayor sea el volumen de un cerebro, más saludable es. Cuando el cerebro no está sano o se hace viejo, se encoge y las neuronas también se hacen más pequeñas. Pero cuando una persona tiene Alzheimer, las neuronas no sólo se reducen, sino que comienzan a morir en las partes del cerebro que son responsables de la memoria, la organización y la personalidad.

El doctor Raji participó en un estudio que se inició en la década de 1980, en el cual se dio seguimiento a 450 personas, durante un periodo de veinte años, con el propósito específico de observar cómo los factores del estilo de vida afectaban el cerebro a medida que las personas envejecían. Una cierta contracción del cerebro es normal en el envejecimiento. Los científicos llaman a este proceso "atrofia"; el cerebro se encoge en la misma forma en que un músculo se contrae cuando no se utiliza. Al atrofiarse el cerebro, los fallos de memoria ocurren con mayor frecuencia.

Sin embargo, en la enfermedad de Alzheimer, como las neuronas están muriendo, hay una menor cantidad en las partes del cerebro que ayudan a la persona a organizar su día, recordar cosas, gente y lugares, además de conformar una gran parte de su personalidad.

Uno de los primeros estudios en el que el doctor Raji trabajó consistió en examinar los efectos de la obesidad en el volumen del cerebro de un grupo de personas normales (sin indicios de problemas de deterioro cerebral). Mencioné este estudio en el capítulo 1, pero vale la pena repetirlo. Midió la obesidad mediante el índice de masa corporal (IMC), que es el peso dividido entre la estatura al cuadrado. Un IMC normal está entre 18.5 y 24.9, el sobrepeso está entre 25 y 29.5 (cien millones de estadunidenses se encuentran en esta categoría), y más de 30 se considera obesidad (setenta y dos millones de personas en Estados Unidos se clasifican dentro de esta categoría). Lo que el doctor Raji y su equipo de investigación descubrieron fue que a mayor obesidad, menor volumen del cerebro y mayor riesgo de sufrir Alzheimer. Los que tenían sobrepeso registraban cierto encogimiento del cerebro. Quienes no tenían sobrepeso no tenían ningún indicio de encogimiento. Éste es el estudio en el que baso lo que yo denomino el síndrome de dinosaurio, en mis programas especiales de PBS: cuanto más grande es el cuerpo, más pequeño es el cerebro. Esto no es bueno. El grupo del doctor Raji repitió el estudio con setecientos individuos en etapa temprana de Alzheimer y descubrió que la obesidad empeora las cosas. (No estudiaron a personas en etapas avanzadas de la enfermedad porque los pacientes son delgados, debido a que se olvidan de comer por sí mismos y, en este punto, la reducción de peso ya no ayuda al cerebro. Es demasiado tarde.)

Cuando el doctor Raji publicó este estudio, recibió mucha atención de los medios. Fue un "resultado deprimente", comentó el doctor Raji en una conversación reciente. Éste era el estímulo para encontrar algo positivo que pudiera ayudar a cambiar una mala tendencia del cerebro. Por ello, empezó a observar cómo el estilo de vida y la actividad física en particular podrían ayudar al cerebro. Él y su equipo analizaron el tipo más básico de actividad física que cualquier persona, a cualquier edad, puede hacer: caminar. Entendía que si podían probar que caminar ayuda al cerebro, de ahí se desprendería que más ejercicio haría lo mismo, o incluso beneficiaría aún más el volumen del cerebro.

"Estudiamos el efecto de caminar en 299 sujetos cognitivamente normales", relató Cyrus. "Hemos descubierto que en las personas que caminan 1.6 kilómetros al día o unas doce cuadras en la ciudad, seis veces a la semana, el volumen cerebral aumenta con el tiempo en las áreas de la memoria y el aprendizaje". Al llevar la investigación un paso más allá, descubrió que habría una reducción de 50 por ciento en la posibilidad de padecer Alzheimer en un periodo de prueba de trece años. (Dicho de otra forma, la probabilidad de la enfermedad se redujo por un factor de dos.)

En noviembre de 2010, el doctor Raji observó a 127 personas que tenían lo que se denomina "deterioro cognitivo leve" (muchos fallos de memoria) y corrían un alto riesgo de Alzheimer, o de entrar en la etapa temprana del padecimiento. "Estudiamos el efecto que tenía caminar en esos cerebros vulnerables. En este estudio, se pidió a las personas que caminaran sólo unos 8 kilómetros a la semana, o 1.2 kilómetros por día. La buena noticia fue que caminar conservaba el volumen cerebral. No aumentó el volumen, pero ayudó a preservar lo que tenían, sin más encogimiento cerebral". Este beneficio se extendió incluso a la categoría de obesos. Para cualquier persona de cualquier peso, caminar evita la atrofia cerebral.

A menudo se le pregunta al doctor Raji acerca de otros tipos de ejercicio para las personas que no les gusta caminar. Su respuesta siempre es:

"Haz lo que quieras hacer, porque es más probable que lo practiques más a menudo. La actividad física mejora el flujo de sangre al cerebro. Proporciona oxígeno y otros nutrientes a las neuronas".

Hágalo y ya: mantenga la racha de ejercicio

Cuando el desarrollador de software Brad Isaac le preguntó a Jerry Seinfeld, quien en aquellos días era todavía un comediante que hacía giras, cuál era su secreto, Seinfeld le dijo a Isaac que comprara uno de esos calendarios de pared que tienen todo el año en una sola página. Para Seinfeld, convertirse en un mejor comediante significaba escribir todos los días; por lo mismo, por cada día que Jerry trabajaba en sus textos, ponía una gran X roja en ese día. Muy pronto creó una cadena de equis rojas y no romper la cadena se convirtió en su motivación. Algunas personas podrían pensar que la dedicación de Andy McGill es extrema, pero a menudo es el sello distintivo de una persona de éxito. Mantenga una buena racha sin interrupciones.

Hay momentos en que, atrapados en la resistencia mental que nos impide empezar, olvidamos qué agradable es en realidad el acto de hacer. Cuando usted finalmente comienza y está absorto en su trabajo, piensa: "Hey, me gusta esto". Lo que me encanta de la idea del calendario de Seinfeld es que permite desviar la terquedad de los "No me da la gana" y redirigirla a no querer echar a perder una buena racha de victorias.

Hace poco fui a Sacramento a grabar un programa de televisión y el gerente de la estación aplicaba la misma técnica para hacer ejercicio. Se subía a la caminadora treinta minutos al día y marcaba con una X el calendario. Era tan satisfactoria la serie de equis que pensó que no podía interrumpir su racha de actividad. Luego se convirtió en un hábito. Lo exhorto a que pruebe el "sistema del calendario de pared y la X" al comenzar su hábito de ejercicio diario. Este simple elemento visual atrae al cerebro de una manera tal que motiva al cuerpo a seguir con el programa. Un gráfico llama la atención de la CPF lógica, pero la serie de X, que significa los logros conseguidos, le da al sistema límbico la emoción que producen los buenos sentimientos. ¡Y listo! ¡El cerebro queda convencido!

¿La conclusión? Encuentre un ejercicio que le guste, ya sea caminar alrededor de la cuadra, o ir al gimnasio, o a bailar con las estrellas (en la sala de su casa) y decídase con la intención firme de hacerlo y ya. ¡Su cuerpo y su cerebro se lo agradecerán por décadas y décadas por venir!

Rejuvenezca ahora: veinte hábitos de ejercicios buenos para el cerebro para una vida larga y saludable

1. Nunca es demasiado tarde para ser la persona que siempre quiso. Acabar con un mal hábito, como beber en exceso, y adoptar uno nuevo, al igual que hacer ejercicio todos los días, es algo que cualquiera puede hacer cuando verdaderamente se decide cambiar. Considere la posibilidad de "ser como Andy McGill", es decir, deje un mal hábito hoy y sustitúyalo por uno nuevo de inmediato.

2. La mayoría de los "bebedores sociales" subestiman la cantidad que beben y el daño que le hacen a su cerebro. Observe de nuevo el estudio SPECT de "antes", de Andy. Si sabe que está bebiendo demasiado, recuerde que el exceso de alcohol es tóxico para el cerebro. Los "baches" en una tomografía del cerebro empapado en alcohol representan áreas en las que su cerebro no recibe suficiente sangre para funcionar bien. ¡Decídase a que su cerebro sea una "zona libre de toxinas" y consiga que la sangre circule de nuevo por todas partes!

3. Adopte la actitud de Andy respecto a que el ejercicio diario garantiza que una parte de su día será fabulosa. No importa lo que suceda, usted disfruta y se siente con energía en ese momento especial que apartó para amarse a sí mismo mediante la inversión en su salud. ¡Las endorfinas del buen humor son su premio inmediato! La buena salud es la rentabilidad a largo plazo.

4. Empiece una racha y no se detenga. Trate de conseguir un calendario que use solamente para dar seguimiento a su ejercicio. Marque con una x todos los días que haga ejercicio y fíjese la meta de tener de cinco a siete x cada semana del mes. ¡Prémiese cuando alcance esa meta! Entonces hágalo otra vez, y otra y otra...

5. Su cerebro sabe si usted habla en serio cuando toma una decisión. Dedique un tiempo a informar a su cerebro y su cuerpo que su compromiso con el cambio no es una broma, diciéndose a sí mismo, con profunda convicción: "No me importa lo que alguien diga o haga. No me importa lo que pase o qué desafíos tenga que enfrentar. No me importa lo difícil que sea. Voy a hacer esto. Voy a cambiar". Escriba y relea su promesa constantemente.

6. Comience cada mañana recordándose qué quiere ser y cómo quiere sentirse. Ayude a crearse un gran día haciendo esto. También recuerde cómo no quiere sentirse y las medidas que debe tomar para asegurarse de tener un día fabuloso, comenzando con tomarse un tiempo para hacer ejercicio.

7. Piense que se necesita tiempo para dejar atrás la molestia de añadir una nueva rutina a su vida, como la actividad física diaria. Al cerebro le gusta el *statu quo*, pero puede entrenarse para cambiar y mejorarse a sí mismo. ¡Asuma la custodia de su cerebro y cuerpo! Siga adelante a pesar de la incomodidad, hasta que el ejercicio se convierta en un hábito familiar y rutinario, como lavarse los dientes.

8. En lugar de recurrir a los dulces, las colaciones grasosas o el alcohol cuando esté estresado, haga algo que realmente funcione para reducir la ansiedad y el malestar: ¡haga ejercicio! Hacer ejercicio ayuda a controlar el estrés de inmediato porque reduce las hormonas del mismo y con el tiempo lo vuelve más resistente a él.

9. Si usted sufre de depresión leve, o incluso un estado de ánimo decaído temporal y moderado, recuerde que el ejercicio es tan eficaz como un antidepresivo, sin los efectos secundarios negativos. De hecho, los efectos secundarios son positivos: se va a ver mejor, tendrá mejor cuerpo y aumentará la libido. Incluso si usted toma antidepresivos para aliviar la depresión grave, el ejercicio aumenta los efectos de los fármacos.

10. Además de la longevidad, lucir bien y sentirse con más energía, recuerde que el ejercicio es uno de los principales factores de prevención de la demencia, el deterioro cognitivo y la enfermedad

de Alzheimer. Si los científicos pudieran patentar una píldora con este tipo de resultados, serían muy ricos.

11. Todo el mundo está motivado a estar sano por diferentes razones, pero me he dado cuenta de que compartir el descubrimiento de numerosas investigaciones de que "a medida que el peso aumenta, el tamaño del cerebro disminuye" es un motivador de gran alcance para que muchas personas empiecen a hacer ejercicio y a controlar su peso.

12. La mayoría de las personas que no hace ejercicio a primera hora de la mañana, ya no lo hacen. El día y todas nuestras obligaciones nos ocupan y proporcionan pretextos para dejar de lado el acondicionamiento. Haga su actividad física por la mañana como parte de su rutina regular, y el hábito será más fácil de mantener.

13. Caminar 1.6 kilómetros seis días a la semana es generalmente una actividad fácil y factible para la mayoría de la gente, además de que se ha comprobado que ayuda a proteger el cerebro. Sin embargo, ¡el mejor ejercicio para usted es el que va a hacer! Si la natación es lo suyo, ¡practíquela y disfrute de ella! Si le gusta el tenis, incorpórelo en su rutina semanal. Haga cualquier ejercicio que le agrade. Lo más importante es hacerlo casi todos los días, para ser congruente.

14. Considere la posibilidad de bailar si le gusta la música y el ritmo. El baile lo mantendrá joven de corazón, le ayudará a salir de la depresión y a mantener conexiones sociales, además de mejorar el cerebro y el cuerpo.

15. ¿Ha notado que duerme mejor los días que hizo alguna actividad física? ¿Y que puede tener problemas para conciliar el sueño y mantenerse dormido cuando ha estado acostado en el sillón todo el día sin hacer nada? Hacer ejercicio en forma rutinaria normaliza la producción de melatonina en el cerebro y lo ayuda a conciliar el sueño. Dormir bien mejora su estado de ánimo y la toma de decisiones, además, también reduce el riesgo de obesidad y depresión.

16. ¿Quiere verse más joven? Quienes no hacen ejercicio se ven mayores de lo que son, ya que tienen más floja la piel de la cara y el

cuello. Los que se ejercitan tienden a verse años más jóvenes que los que no lo hacen.

17. El levantamiento de pesas o alzar su propio peso aumenta su fuerza muscular y resistencia, y endurece los músculos debajo de la piel, dándole un "levantón" de cuerpo entero. Mientras ve la televisión puede hacer abdominales, lagartijas, levantamiento de piernas o sentadillas. Tenga un par de mancuernas cerca del sofá y ejercítese con ellas mientras ve la televisión.

18. ¡Apriete el paso! La velocidad de desplazamiento es un predictor de la longevidad, así que trate de imprimir un poco de vigor a su paso. Yo le digo a la gente que camine como si fuera a llegar tarde a una reunión.

19. Los ejercicios de estiramiento y flexión, como yoga, pilates y tai chi ayudan a fortalecer el tronco, promueven la flexibilidad, reducen el estrés y ayudan con el equilibrio, lo que puede reducir el riesgo de caídas.

20. Para quemar calorías en serio, intente el entrenamiento por ráfagas, que consiste en dar el máximo durante unos minutos, seguidos de ejercicio más moderado. Corra tan rápido como pueda durante un minuto y, a continuación, camine rápido durante cuatro minutos y repita hasta llegar a treinta minutos o más.

4 José

¿Y luego qué? Optimice su corteza prefrontal para estimular la conciencia y tomar decisiones mejores y más sanas

Yo no digo mentiras porque puedo ver el futuro y me doy cuenta de que causan tantos líos que no vale la pena decirlas.

CHLOE, 7 años

En gran parte, el funcionamiento físico del cerebro guía nuestro comportamiento. Cuando el cerebro funciona bien, somos más propensos a actuar de manera reflexiva y consciente que nos ayuda a vivir más tiempo. Cuando nuestro cerebro está atribulado, somos mucho más propensos a actuar de forma irreflexiva, impulsiva y descuidada lo cual nos pone en riesgo de enfermedad y muerte prematura. Una de las cosas más inteligentes que puede hacer para aumentar la duración y la calidad de su vida es optimizar el funcionamiento físico del cerebro. La historia de José es un ejemplo perfecto.

José

A principios de 2010, un productor del programa de televisión *Dr. Phil* llamó y me preguntó si me gustaría asistir a un programa sobre infidelidad. Querían que evaluara y le hiciera un estudio SPECT a José, un hombre con problemas de infidelidad compulsiva. Cuando conocí a José, él y su esposa Ángela tenían problemas. Él era infiel, mentía y también era adicto a la pornografía.

161

Hasta donde ella sabía, en su relación de cuatro años, José la había engañado ocho veces. En el programa, el doctor Phil respondió a los ocho casos de infidelidad, diciendo: "Mi padre solía decir que por cada rata que vemos, hay cincuenta que no vemos".

Tenían tres meses de casados cuando Ángela se enteró de que José la engañaba. Descubrió que él había estado con otra mujer cuando le propuso matrimonio, cuando estaban planeando la boda y dos días después de que tuvieran a Bella, su hija de tres años.

—Estaba desolada y furiosa —relató Ángela—. Le di mi pistola a mi mamá porque pensé que iba a dispararle. Después de aceptarlo de nuevo, me enteré que me engañó con muchas otras mujeres. Es un mentiroso crónico y miente muy bien. Una de mis amigas me contó que vio a José en un video porno dándole puñetazos a una chica en la cara. La chica perdió el conocimiento y estaba en muy mal estado. A él le gusta el sexo violento y había tratado de tener ese tipo de relaciones sexuales conmigo. Trata de presionar para ver hasta dónde puede llegar. Ama las emociones fuertes y necesita estimulación constante. Empecé a ir a las reuniones de Adictos Sexuales Anónimos porque creía que él tenía un problema, pero en vez de mejorar, empezó a utilizarlo como pretexto. Me decía: "Es una adicción, no puedo evitarlo". ¡Cuántas patrañas! No piensa, sino que hace las cosas y luego dice que ya encontrará la manera de solucionarlas.

—Siempre he sido un tipo que le gusta ligar cuando se presenta la oportunidad —repuso José—. Estuve fuera de la casa cinco semanas antes de que decidiéramos arreglar las cosas. Antes de que nos casáramos nunca me sentí culpable. Mi padre era infiel. Me preocupa tener una adicción sexual, porque tengo necesidad de algo estimulante, como amoríos, automóviles veloces, vivir al límite. Me quitaron mi permiso de conducir porque me pusieron cuatro multas por exceder el límite de velocidad. En el último año he sido fiel, pero tenía un problema con la pornografía.

En el programa, el doctor Phil le preguntó a José:

—Si ésta es su propensión, ¿por qué no se divorcia y se va a hacer lo que quiera?

José respondió que no era eso lo que quería. Quería estar casado, tener una familia y criar a su hija. Su padre era infiel, lo cual tuvo un efecto negativo sobre su familia. Él quería ser una influencia positiva para su hija.

Cuando vi a José, él tenía una serie de problemas, además de la infidelidad crónica. Era adicto a la adrenalina y sentía una gran necesidad de velocidad, y siempre buscaba el peligro. Su estudio de imágenes cerebrales SPECT mostró tres anomalías muy significativas.

1. Aumento de actividad en una sección de la parte frontal del cerebro llamada circunvolución cingulada anterior, que es la palanca de cambios del cerebro. Un aumento de actividad en esta parte del cerebro se asocia a menudo con conducta compulsiva, donde la palanca de cambios se queda atascada en los pensamientos o comportamientos negativos. Además de ser infiel, José se tatuaba compulsivamente. Estaba tatuado de pies a cabeza. A pesar de que era un hombre inteligente, los tatuajes le habían impedido conseguir trabajo.
2. Disminución de actividad en otra zona de la parte frontal del cerebro, la corteza prefrontal (CPF). Ésta actúa como un policía en la cabeza y nos ayuda a mantenernos en el camino que nos llevará a cumplir nuestros objetivos, sin tener que pasar por el camino equivocado. La CPF también se considera el freno del cerebro pues impide que digamos o actuemos de acuerdo con lo primero que nos viene a la mente. De la tomografía y el comportamiento de José, se deducía que su CPF estaba en problemas.
3. Un patrón de lesiones en la cabeza. La tomografía de José mostró pruebas claras de trauma cerebral, ya que había áreas dañadas en la parte anterior y posterior del cerebro.

Al principio, le pregunté a José si alguna vez había sufrido una lesión cerebral. Me respondió que no.

Pero después de haber examinado el cerebro de decenas de miles de pacientes, yo sabía que el patrón del cerebro de José se debía, en parte, a una lesión en la cabeza; por eso insistí.

Una vez más dijo que no. He oído la misma historia tantas veces que es una broma en las Clínicas Amen. Al principio, la gente nos dice que no ha tenido lesiones importantes en la cabeza. Luego vemos el patrón evidente de una lesión cerebral en sus tomografías y seguimos sondeando. Finalmente nos dicen cosas como: "Me caí de una ventana del segundo piso", "Me caí por las escaleras" o "Rompí el parabrisas del auto con la cabeza" en algún accidente olvidado. O, como en el caso de uno de nuestros jugadores de la NFL, su automóvil se estrelló contra una valla de seguridad de montaña y cayó 150 metros a un río; los golpes lo dejaron inconsciente.

Estudio normal SPECT de la superficie del cerebro

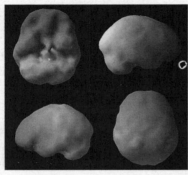

Actividad plena, uniforme y simétrica

Estudio SPECT de la superficie del cerebro de José

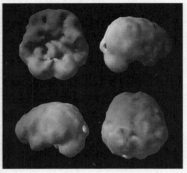

Disminución de actividad en el frente (corteza prefrontal) y en la parte posterior del cerebro, compatible con una o varias lesiones cerebrales en el pasado

Estudio SPECT de un cerebro normal activo

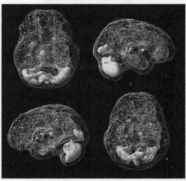

La mayor actividad se localiza en la parte posterior del cerebro

Estudio SPECT del cerebro activo de José

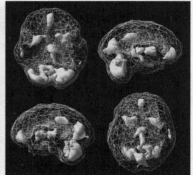

Aumento de actividad en la circunvolución cingulada anterior en la parte frontal del cerebro, compatible con problemas para cambiar la atención (flecha)

—Sí —admitió al fin José—. Jugué futbol en la preparatoria —luego me contó que había sufrido conmociones cerebrales en varias ocasiones. A continuación, me confesó que era jinete de toros de rodeo; practicaba artes marciales mixtas y había recibido golpes muy fuertes en la cabeza muchas veces. Después, casi en un susurro, dijo—: Y acostumbro golpear cosas con la cabeza.

—¿Perdón? —inquirí.

José sonrió, avergonzado.

—Solía romper cosas con la cabeza. Era como un truco de fiesta. Podía romper latas y botellas de cerveza con la frente.

Todos nosotros tenemos un diálogo que se desarrolla en nuestra mente siempre que hablamos con los demás. Los psiquiatras no somos la excepción. Cuando José me contó que usaba la cabeza para romper botellas, me dije: "Esto no es señal de vida inteligente". Pero no lo dije en voz alta, porque tengo una buena CPF y un freno interno bastante fuerte.

Pero entonces José añadió:

—Cuando me emborrachaba, me gustaba dejar abolladuras en las puertas y paredes con la cabeza. Muchas veces encuentro las marcas que hice en las paredes con la cabeza.

En esta ocasión, mi freno interno me traicionó y dije en voz alta:

—Eso no es señal de vida inteligente.

José estuvo de acuerdo.

El día de la grabación del programa del doctor Phil fue muy emotivo. Ángela estaba muy enojada y quería que José cambiara. Ella pensaba que bastaba que se lo propusiera.

—Si no veo un cambio completo, terminamos —advirtió Ángela.

Yo sabía muy bien que las cosas no funcionan así. Incluso las mejores intenciones se frustran cuando el cerebro no está sano.

En el programa José comentó que estaba emocionado de ver los resultados de las tomografías.

—Es extraño oír a alguien decir que le emociona tener daño cerebral —señaló el doctor Phil con su acento texano—. ¿Crees que esto te da una justificación? Es como decir: "Oigan, no es culpa mía, mi cerebro no está bien".

José respondió entonces algo muy profundo:

—No estoy pensando en esto como una excusa, pero espero que sea la clave que me ayude a cambiar mi comportamiento.

El programa entonces tomó un giro interesante. El doctor Phil preguntó al público si creían que la adicción sexual era un fenómeno biológico real, o sólo un pretexto para portarse mal. El público fue de la opinión de que sólo era un pretexto.

Entiendo por qué la gente lo cree así, pero por las imágenes cerebrales que he visto y mis años de experiencia en ayudar a la gente a desentrañar las adicciones, sé que están en juego cuestiones importantes que atañen al cerebro. He visto adicciones sexuales que arruinan la vida de las personas y llevan a muchos adictos al punto de la ruina financiera o, incluso, al suicidio. También creo que las adicciones, como la del sexo, empeorarán en nuestra sociedad, ya que se están desgastando los centros de placer del cerebro por la exposición constante a actividades altamente estimulantes, como los videojuegos, mensajes de texto, el *sexting* (envío de contenidos eróticos o pornográficos por teléfonos móviles), la pornografía en internet, las películas de terror y los alimentos muy adictivos, como los rollos de canela y las hamburguesas dobles con queso.

Hay una zona profunda del cerebro llamada núcleo accumbens que es sensible al placer y a la motivación de la dopamina química. Piense en el núcleo accumbens como una de las principales palancas de placer en el cerebro. Cada vez que sentimos placer, la palanca libera un poco de dopamina. Si se empuja la palanca demasiado fuerte, como sucede con las drogas, por ejemplo, la cocaína, sentimos una oleada de placer que nos hace perder el control sobre nuestro comportamiento, o si se presiona demasiado a menudo, se vuelve sensible o insensible y necesitamos cada vez más placer para sentir algo. Por otra parte, si hay poca actividad del freno de la CPF, el núcleo accumbens puede tomar el control de la vida, como en el caso de José. Para vivir mucho tiempo es importante proteger los centros del placer y la corteza prefrontal.

Aunque parezca extraño, tenga cuidado con experimentar demasiado el placer. Creo que una de las razones por la que actores y atletas de alto rendimiento tienen problemas de depresión y adicción se debe a que, en un momento dado, su éxito les da libre acceso a todo lo que quieran y, a menudo, esta situación desgasta sus centros de placer.

Después del programa, José y Ángela aceptaron ir a verme en busca de ayuda. José sentía tanto dolor que estaba dispuesto a seguir mis recomendaciones. Ésta fue la prescripción:

Dejar de beber alcohol. El alcohol disminuía la función de la CPF de José y la potencia del freno del cerebro, lo que lo hacía menos capaz de decir no a sus impulsos.

Dormir lo suficiente para mantener saludable la función del cerebro. Dormir menos de seis horas por la noche se asocia con un menor flujo sanguíneo general al cerebro, lo que conduce a tomar malas decisiones.

Limpiar la dieta. Comer sólo alimentos saludables que sirvan para el funcionamiento óptimo del cerebro. Comer varias veces al día para mantener estable el azúcar en la sangre. Los niveles bajos de azúcar provocan más malas decisiones.

Eliminar las bebidas con cafeína y energéticos que eran un elemento básico de su dieta. La cafeína restringe el flujo de sangre al cerebro. Cualquier cosa que reduce, o restringe, la irrigación sanguínea del cerebro empeora la capacidad de toma de decisiones.

Agregar los siguientes suplementos para mejorar el cerebro:

- Serotonin Mood Support® para reforzar los niveles saludables de serotonina y calmar la circunvolución cingulada anterior y los comportamientos compulsivos.
- Focus and Energy Optimizer® para regular los niveles sanos de dopamina y fortalecer la corteza prefrontal, la concentración y el control de impulsos.
- Brain & Memory Power Boost® para ayudar a restablecer el funcionamiento saludable del cerebro. Éste es el mismo suplemento que utilizamos en nuestro estudio de rehabilitación cerebral para la NFL.
- Aceite de pescado de alta calidad.

En los siguientes siete meses vi con regularidad a José, a Ángela y a su adorable hija Bella, para supervisar su progreso. En nuestras sesiones hablamos de nutrición, los suplementos y las estrategias para controlar sus impulsos, que fueron cada vez menos poderosos.

Logré que José se preguntara mentalmente "¿Y luego qué?" para que pensara en las consecuencias futuras de su comportamiento y así estimular su CPF. Lo entendió por fin cuando oyó el coro de la canción de Clay Walker

"Then What?". José se dio cuenta de que si no se preguntaba "¿Y luego qué?" y tomaba nuevas y mejores opciones, se convertiría en alguien "en quien nadie podría confiar".

Las cosas iban tan bien entre José y Ángela que empezaron a tratar de tener otro hijo. Se fueron a Hawái de vacaciones para hablar más sobre su futuro en pareja. Allá José vio a gente saltar desde un acantilado de 18 metros de altura al agua. Su reacción inmediata fue que también quería hacerlo. Ser amante de las emociones fuertes había sido parte de su vida durante mucho tiempo. Algunos dirían que era parte de su ADN. Mientras José subía por la ladera, Ángela puso los ojos en blanco y se dijo una vez más: "Es un fanfarrón". Lo había visto hacer muchas cosas estúpidas en el tiempo que llevaban juntos. ¿Alguna vez terminaría?

Sin embargo, esta vez las cosas fueron diferentes. Muy diferentes.

Cuando José llegó a la cima y miró hacia abajo, algo pasó en su mente. Empezó a sentirse incómodo, incluso angustiado. A pesar de que vio a otras personas saltar desde el acantilado, se dio cuenta de que como no podía ver con claridad las rocas que sobresalían del agua, sería difícil esquivarlas. Pensó: "¿Y luego qué? ¿Qué pasaría si caigo mal? ¿Y si me lastimo? ¿Qué hago si me quedo paralítico? Tengo una esposa y una hija y queremos otro hijo. Estar paralizado no nos ayudará a ninguno de nosotros. ¿Es realmente necesario hacer esto?".

Se salió de la fila para pensar lo que haría en seguida. Este nivel de pensamiento, en el que se detuvo a reflexionar en las consecuencias de un acto arriesgado, era nuevo para José. Después de aproximadamente un minuto, decidió no saltar. Sintiéndose libre, comenzó a bajar por la ladera. Ángela se quedó atónita. Nunca había visto a José hacer algo así. Tal vez había esperanza.

Poco después de su viaje a Hawái, le hicimos a José un estudio SPECT de seguimiento, que mostró una mejoría espectacular con respecto al estudio realizado siete meses antes.

Al trabajar en el plan de tratamiento, José cambió su cerebro y mejoró notablemente, por lo cual es probable que haya extendido su vida. Al momento de escribir esta historia ha pasado más de un año y medio desde que conocí a José, Ángela y Bella. Siguen juntos y felices, con la esperanza de seguir siendo una familia intacta en el futuro. Ángela ya no siente necesidad de darle la pistola a su madre, José ha sido fiel y está tomando decisiones que tal vez extenderán su vida gracias a que ahora tiene una mejor previsión.

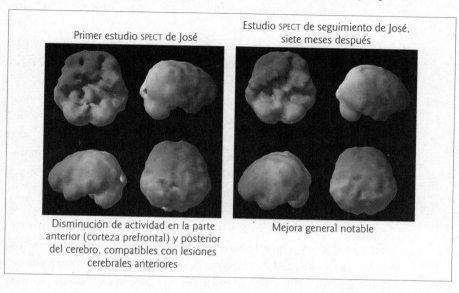

Primer estudio SPECT de José

Estudio SPECT de seguimiento de José, siete meses después

Disminución de actividad en la parte anterior (corteza prefrontal) y posterior del cerebro, compatibles con lesiones cerebrales anteriores

Mejora general notable

Conciencia y longevidad

Sé que muchos investigadores están buscando la fuente de la juventud con la esperanza de encontrarla en un nuevo medicamento o suplemento natural. Mi deseo ferviente es que estos investigadores puedan ayudarnos. Pero nada será más importante para la longevidad que la calidad de las decisiones que tome a lo largo de su vida, en lo que respecta a su salud y sus relaciones. La calidad de estas decisiones será un reflejo directo de la salud física del cerebro.

De acuerdo con un extraordinario estudio longitudinal, uno de los principales predictores de la longevidad es la conciencia. El estudio fue iniciado en 1921 por el doctor Lewis Terman, de la Universidad de Stanford. Él y su equipo evaluaron a 1,548 niños inteligentes nacidos alrededor de 1910. Ahora, después de noventa años de estudio, los investigadores han descubierto muchas cosas interesantes que apuntan claramente al funcionamiento saludable del cerebro y la longevidad. Éstos son algunos de sus principales resultados:

- El trabajo duro y los logros (por lo general asociados con el buen funcionamiento del cerebro) son fuertes predictores de la longevidad.
- Los que estaban decepcionados con sus logros murieron más jóvenes.
- Ser poco confiable y no tener éxito en su carrera (generalmente una señal de mal funcionamiento del cerebro) se relacionó con un aumento impresionante en la mortalidad.
- La reacción ante una pérdida con alcoholismo, depresión, ansiedad o catastrofismo se asoció con la muerte prematura (estos factores afectan mucho el funcionamiento cerebral). Por otro lado, los que tras un periodo de duelo y adaptación (utilizando las habilidades de recuperación de un cerebro sano), prosperaron después de la pérdida, obtuvieron un "bono de resiliencia" y vivieron un promedio de cinco años más que la media.
- Una actitud despreocupada y optimista llevó a las personas a subestimar los riesgos y a mostrarse indiferentes respecto a su salud, lo que redujo la longevidad. Murieron con más frecuencia por accidentes y muertes evitables (comportamientos asociados con funcionamiento deficiente de la CPF y mala planeación posterior). Algunos medios de comunicación han interpretado erróneamente este estudio en el sentido de que "los pesimistas viven más que los optimistas". Esto no es cierto; los optimistas trabajadores y cuidadosos viven más que la persona típica. Son los optimistas "negligentes", los que nunca se preocupan, planean o piensan en las consecuencias futuras quienes no viven tanto tiempo.
- La planeación y perseverancia reflexivas (por lo general asociadas con un buen funcionamiento cerebral) se asociaron con la longevidad.
- Las personas exitosas, persistentes y prudentes con familias estables y apoyo social vivieron más tiempo (señales de un funcionamiento cerebral saludable).
- Las personas con hábitos, rutinas y redes sociales que favorecieron el ejercicio tuvieron los mejores resultados.
- Las relaciones sociales tienen un efecto trascendental en la salud. El grupo con el que uno se asocia a menudo determina el tipo de

persona que se llega a ser. Para las personas que quieren mejorar su salud, la asociación con otras personas sanas suele ser el camino más firme y más directo para cambiar.

- La preocupación moderada, que significa que uno se interesa y piensa en el futuro, es una parte importante de mantenerse sano.

Como es evidente, esta investigación y mi propia experiencia clínica han demostrado que un poco de ansiedad es bueno. Las personas como José, que disfrutan de correr riesgos y tienen bajos niveles de ansiedad, se arriesgan excesivamente, lo que puede conducir a una muerte prematura. Desde luego, demasiada ansiedad es mala. Pero la ansiedad insuficiente se asocia con más decisiones equivocadas sobre la salud y la seguridad.

Las personas que son concienzudas y "terminan lo que empiezan" parecen tener menor riesgo de desarrollar Alzheimer, según un estudio de doce años en el que participaron monjas y sacerdotes católicos. Se descubrió que los individuos más autodisciplinados tienen 89 por ciento menos probabilidades de desarrollar la enfermedad de Alzheimer que sus pares. Robert Wilson y sus colegas del Rush University Medical Center de Chicago observaron a 997 monjas y sacerdotes católicos y hermanos cristianos, todos ellos saludables, entre 1994 y 2006. Al inicio del estudio, los clérigos contestaron un test de personalidad para determinar su nivel de conciencia. Con base en las respuestas a doce aseveraciones, como "Soy una persona productiva que siempre hace el trabajo", recibían una puntuación de 0 a 48. En promedio, los voluntarios obtuvieron una puntuación de 34. Durante el estudio, 176 de los 997 participantes desarrollaron la enfermedad de Alzheimer. Sin embargo, los que obtuvieron la puntuación más alta en el test de personalidad (40 puntos o más) tuvieron 89 por ciento menos probabilidades de desarrollar la enfermedad que los participantes que recibieron 28 puntos o menos. La hipótesis del doctor Wilson es que los individuos más conscientes probablemente tienen más actividad en su CPF, y otros investigadores han confirmado este resultado.

Ame y cuide su CPF

La CPF es mayor, por mucho, en los seres humanos que en cualquier otro animal. Éste es el porcentaje correspondiente a la CPF en algunos seres vivos:

- 30 por ciento del cerebro humano.
- 11 por ciento del cerebro del chimpancé.
- 7 por ciento del cerebro de un perro (a menos que el suyo sea como mi perra Tinkerbell que no para de ladrar a los extraños; el de ella es tal vez de 4 por ciento).
- 3 por ciento del cerebro de un gato (razón por la que necesitan nueve vidas).
- 1 por ciento del cerebro del ratón.

Los neurocientíficos llaman a la CPF la parte ejecutiva del cerebro, pues funciona como el jefe en el trabajo. Es el director general dentro de la cabeza. El comediante Dudley Moore dijo una vez: "El mejor dispositivo de seguridad de un automóvil es un espejo retrovisor con un policía ahí mismo". La CPF se comporta como el policía que ayuda a evitar que se tomen malas decisiones.

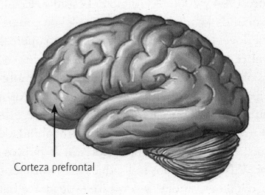

Corteza prefrontal

Es como nuestro Pepe Grillo personal. Si no está en buen estado, las decisiones irreflexivas pueden ponerlo en riesgo de vivir muy infeliz, e incluso llevarlo a una muerte prematura.

La CPF interviene en:

- Previsión
- Juicio
- Control de impulsos
- Atención
- Organización
- Planeación
- Empatía
- Perspicacia
- Aprendizaje de los errores

Una CPF sana ayuda a pensar y planear metas (por ejemplo, "quiero tener una vida larga y saludable"), y evita que se desvíe de su propósito al paso del tiempo. Un nivel bajo de actividad en la CPF se asocia con:

- Falta de previsión
- Poca capacidad de concentración
- Impulsividad
- Dilación
- Desorganización
- Criterio deficiente
- Falta de empatía
- Falta de perspicacia
- No aprender de los errores

La CPF no se desarrolla por completo sino hasta después de los veinte años. Aunque pensamos que los jóvenes de dieciocho años ya son adultos, el desarrollo de su cerebro dista mucho de haber terminado. Los científicos están enterándose ahora de lo que las compañías de seguros han sabido desde hace mucho tiempo. ¿Cuándo cambian las tarifas de los seguros de auto? A la edad de veinticinco años. ¿Por qué? Porque es cuando la gente muestra mejor criterio para conducir y es menos propensa a tener accidentes y costarle más dinero a las compañías de seguros.

A continuación se presenta una gráfica de la actividad de la corteza prefrontal a lo largo de la vida. Se basa en más de seis mil tomografías que hemos hecho en nuestras clínicas. Se observa que la CPF de un niño es muy activa, pero con el tiempo la actividad comienza a estabilizarse porque se están podando las conexiones no utilizadas y una sustancia grasa blanca llamada mielina envuelve las células del cerebro.

La mielina actúa como el aislante de los cables de cobre y ayuda a nuestras células cerebrales a funcionar de manera más eficiente. De hecho, las células envueltas en mielina trabajan de diez a cien veces más rápido que las que carecen de esta envoltura. La corteza prefrontal no está completamente mielinizada, ni es totalmente eficiente, sino hasta que tenemos cerca de veinticinco años. Cualquier cosa que interrumpa la formación de mielina retrasa o daña el desarrollo del cerebro. Todo lo siguiente interrumpe la formación de mielina:

- Fumar
- Consumo de alcohol
- Consumo de drogas
- Traumatismo cerebral
- Mala alimentación
- Demasiado estrés
- No dormir lo suficiente

Si queremos que nuestros hijos tomen mejores decisiones en su vida, tenemos que cuidar mejor sus cerebros, pues la CPF ofrece la potencia que impulsará sus habilidades de toma de decisión para el resto de sus vidas.

Nuestra investigación también indica una nueva explosión de mayor actividad en la CPF después de los cincuenta años.

Mientras examinaba esta parte de la curva, me puse a pensar en la sabiduría de la edad. ¿Alguna vez ha notado que muchas cosas "tontas" se vuelven menos importantes a medida que envejecemos? Conocemos la diferencia entre las "cosas grandes" y las "cosas pequeñas", y la mayor parte son realmente "cosas pequeñas". Nos volvemos más reflexivos y más capaces de concentrarnos en lo que realmente importa en la vida, razón por la que algunas personas son mejores abuelos que padres.

Bill Cosby tiene una estupenda rutina en la que dice que sus hijos piensan que su abuela es la persona más maravillosa sobre la faz de la Tierra. "Les digo a mis hijos", explica, "que no es la misma mujer con la que yo crecí. La persona que ustedes conocen es una anciana que está tratando de irse al cielo." Tal vez sea cierto, pero lo más probable es que se deba a la sabiduría de la edad. Si usted cuida su cerebro, con el tiempo tendrá más probabilidades de ser más sabio, porque la sabiduría es una función del cerebro basada en la inteligencia nacida de muchas experiencias de vida. La sabiduría también nos ayuda a mantener al ángel de la muerte lejos de nuestra puerta.

Otra forma de pensar en el desarrollo de la CPF es pensar en la madurez. Creo que ésta es no cometer los mismos errores una y otra vez. Las personas maduras tienen un enfoque más reflexivo en sus vidas. A medida que la CPF se mieliniza, la gente actúa con más previsión y quizá cometa menos errores.

El síndrome de dinosaurio revisado: cuerpo grande, cerebro pequeño, se extinguen

Mis colegas, la doctora Kristen Willeumier (directora de investigación) y Derek Taylor (analista de datos), y yo publicamos un estudio importante en la prestigiosa revisa *Nature Publishing Group Journal*, titulado "Obesidad", que demostró que cuando aumenta el peso en un grupo de personas sanas, el funcionamiento de la CPF disminuye de forma significativa.

En la última década se han obtenido pruebas crecientes de los efectos nocivos del exceso de grasa en el cuerpo. En un estudio de 1,428 hombres japoneses, los investigadores descubrieron una disminución importante del tamaño del cerebro en la CPF y los lóbulos temporales (aprendizaje y memoria). Nora Volkow, directora del National Institute on Drug Abuse, y sus colegas descubrieron que en los adultos sanos un Índice de Masa Corporal

(IMC) alto está inversamente correlacionado con la actividad de la corteza prefrontal. El IMC elevado también se asocia con anormalidades de la mielina en la CPF de los adultos normales sanos y ancianos.

El objetivo de nuestro estudio era probar que un IMC elevado se asocia con un menor flujo de sangre a la CPF en un grupo de personas sanas utilizando los estudios SPECT. Para ello comparamos el grupo de sujetos "sanos" que tenían un alto índice de masa corporal con las personas "sanas" de nuestro grupo que tenían peso normal. Los resultados son muy claros. El grupo de índice de masa corporal alto registró menor actividad estadísticamente significativa en la corteza prefrontal en comparación con el grupo normal.

La obesidad se está convirtiendo en una epidemia en todo el mundo y es un factor de riesgo de muchas enfermedades crónicas, como las enfermedades cardiovasculares, la depresión y las enfermedades neurodegenerativas como el Parkinson y el Alzheimer. Se ha descubierto en fechas recientes que es peor para el hígado que el alcoholismo.

No fue posible determinar si los problemas de la CPF provocaron un aumento de la impulsividad y obesidad posterior o si tener sobrepeso u obesidad provoca cambios directamente en el cerebro. Ambos escenarios pueden ser verdad. El hecho de que utilizáramos un grupo de personas con cerebro sano y el excluir específicamente el THDA y otros trastornos del comportamiento brinda argumentos en contra de la hipótesis de premorbilidad; sin embargo, en otros estudios se ha mostrado una asociación entre el THDA y la obesidad. Sin embargo, otros autores señalan que el tejido graso aumenta directamente las sustancias químicas inflamatorias, que probablemente tienen un efecto negativo en la estructura y el funcionamiento del cerebro.

Uno de los principales problemas del sobrepeso es que existen pruebas de que daña la CPF la cual, como hemos visto, es la parte del cerebro donde se toman decisiones. En consecuencia, si usted no controla su peso, será cada vez más difícil que utilice el buen juicio para estar y mantenerse saludable a través del tiempo. *Ahora* es el momento de empezar a mejorar su salud y longevidad; no en algún momento arbitrario en el futuro, que muy probablemente nunca llegará.

THDA, problemas de la CPF y muerte prematura

El THDA se asocia con poca actividad en la CPF. En un principio se pensaba que era un trastorno de la infancia que la mayoría de los niños superaban cuando cumplían doce o trece años. Los síntomas característicos del THDA son periodos de atención cortos, distracción, desorganización, hiperactividad (dificultad para quedarse quieto), y escaso control de los impulsos. Las personas con THDA, como José, a menudo exhiben un comportamiento de búsqueda de emociones o conflictos; también tienden a tener problemas con el tiempo (con frecuencia llegan tarde y entregan las tareas en el último minuto). En las últimas tres décadas se ha hecho evidente que muchos niños con THDA siguen teniendo síntomas debilitantes el resto de sus vidas. Tienden a superar la hiperactividad física, pero no los problemas de desorganización, falta de atención, distracción y control de la impulsividad. El THDA sin tratar se ha asociado con una mayor incidencia de:

- Consumo de drogas y alcohol (impulsividad y para calmar las sensaciones de hiperactividad).
- Problemas de pareja (impulsividad y búsqueda de conflicto).
- Fracaso escolar (problemas de atención e impulsividad).
- Problemas relacionados con el trabajo (problemas con el tiempo, la atención y control de impulsos).
- Problemas médicos (relacionados con el estrés crónico, además de más traumatismos en la cabeza debido al comportamiento de búsqueda de emociones fuertes).
- Obesidad (falta de control de impulsos).
- Depresión (sensación de fracaso crónica).
- Falta de conciencia (todo lo anterior).

En el libro que escribí con el conocido neurólogo Rod Shankle, *Preventing Alzheimer's*, argumentamos que el THDA se asocia probablemente con la enfermedad de Alzheimer, debido a su conexión con muchas de las enfermedades que ponen a las personas en riesgo de padecerla, como el abuso de alcohol, la obesidad, la depresión y los traumatismos craneales. Esto es muy importante, ya que cuando no se trata el THDA, la persona no es capaz de controlar sus impulsos, lo que la pone en riesgo de tener problemas importantes de salud, malas decisiones y muerte temprana. Si usted o un ser querido tiene síntomas de THDA, es importante tratarlos. En mi experiencia, algunas formas naturales de tratar el THDA son el ejercicio aeróbico intenso, una dieta muy saludable, un complejo multivitamínico, aceite de pescado y otros suplementos (como el té verde, rhodiola, L-tirosina) o medicamentos (como Ritalin o Adderall) para mejorar el funcionamiento de la CPF.

Una vez que se dé cuenta del papel crucial que desempeña la CPF en la longevidad, tendrá que hacer todo lo posible para protegerla y rehabilitarla, en caso necesario.

Estimule su CPF para controlar a su niño interior y aumentar la conciencia

Toda la información de este libro tiene el propósito de ayudarle a ganar la guerra que se desarrolla en su cabeza entre el adulto, la parte reflexiva del cerebro (la corteza prefrontal), que sabe lo que debe hacer, y sus centros de placer, los cuales están a cargo de un exigente niño mimado interior, que siempre quiere lo que quiere, en el instante en que lo quiere.

Los centros de placer del cerebro están siempre en busca de pasarla bien.

- Quieren saltar de un acantilado.
- Les encanta ir a toda velocidad en una motocicleta en la lluvia.
- Anhelan el helado.
- Quieren hamburguesas dobles con queso.
- Hacen cola para comprar unos rollos de canela recién horneados.
- Se concentran para obtener una segunda rebanada de pastel.

Si no lo controla, su niño interior a menudo le susurra al oído, como un pequeño amigo travieso:

"Hazlo ahora…"
"Está bien si…"
"Nos lo merecemos…"

"Anda, vamos a divertirnos un poco..."
"Estás tan tenso..."
"Vive un poco..."
"Ya comimos un tazón de helado. Uno más no hará daño..."
"Vamos a comportarnos mejor mañana. Te lo prometo..."

Sin la supervisión de un adulto, el niño interior vive en el momento y puede arruinarle la vida. Una amiga nos contó que su nuera enfermó de gripe y debió guardar cama. Su hijo de cuatro años decidió "hacerse cargo" de la casa, mientras su madre se ocupaba del dolor de cabeza punzante, fiebre y vómito que la aquejaban. Cuando el padre llegó a casa, había helado derritiéndose en la cocina, las ollas y sartenes estaban organizadas como una pirámide en el centro de la sala; las caricaturas se oían a todo volumen en la televisión, y había ropa, juguetes y mantas esparcidos por todas partes (en forma de tiendas de campaña y fuertes). Era la anarquía y el caos absoluto. Ésta es una excelente imagen de lo que sucede cuando la CPF no está funcionando: el niño interior se hace cargo, mientras que el adulto interior está durmiendo la siesta. El caos resultante es algo digno de contemplar.

Para equilibrar sus centros de placer y domesticar a su niño interior, la CPF ayuda a pensar en lo que uno hace antes de llevarlo a cabo. La CPF piensa en su futuro, no sólo en lo que quiere en el momento. En lugar de pensar en el pastel de chocolate, es la voz racional en la cabeza que le ayuda a:

- Evitar tener una gran barriga.
- Recordar que "la comida es la medicina" y que estará en un estado de ánimo irritable y somnoliento debido al azúcar una hora después de comer ese pastel.
- Recordarle a su niño interior las alternativas deliciosas, pero más saludables que tienen buen sabor y nutren su cuerpo.
- Preocuparse por sus elevadas cuentas médicas.
- Decir que no y decirlo con seriedad.

Cuando la CPF es fuerte, tiene las riendas del niño interior, de modo que usted puede tener una vida apasionada, divertida y significativa, pero de una manera reflexiva, mesurada y consciente. Para tener una vida larga y saludable, es fundamental fortalecer la CPF y poner a su niño interior en pausa cada vez que haga de las suyas.

También es fundamental observar su diálogo interno y ser buen padre consigo mismo. He impartido clases de crianza de los hijos durante muchos años y las dos palabras que mejor describen una buena crianza, incluso para el niño interior, son *firmeza* y *amabilidad*. Cuando cometa un error con la comida o con su estado de salud, busque maneras de aprender de sus errores, pero de una manera amorosa.

¿Puede cambiar su nivel de conciencia?

Los cambios de los rasgos de personalidad nunca son fáciles. Se cree que son los patrones perdurables que, en última instancia, se derivan, a su vez, de patrones estables del funcionamiento cerebral. Pero en el estudio de Terman, los investigadores descubrieron que las personas sí pueden aumentar o disminuir su conciencia a través del tiempo. José fue capaz de hacerlo, y lo he visto en mi propia persona. Como he aprendido más y más acerca del funcionamiento del cerebro y desarrollé envidia del cerebro, he adquirido mejores hábitos personales y mi comportamiento es más coherente. Me siento mucho más en control de mi comportamiento que incluso hace cuatro o cinco años. He visto cómo se deteriora la conciencia de otras personas después de una lesión en la cabeza, por el consumo excesivo de alcohol o drogas, la exposición a una toxina ambiental, o al inicio de la demencia.

Antes de hablar de cómo aumentar el nivel de conciencia, definiremos primero lo que es. En este caso, conciencia se refiere a la manera en que manejamos nuestros impulsos. Éstos no son intrínsecamente buenos o malos. Es lo que hacemos con ellos lo que los hace así. A veces tenemos que tomar una decisión rápida y no podemos pensar en ella una y otra vez. Otras veces queremos ser espontáneos y divertidos, sobre todo cuando estamos relajados. Sin embargo, cuando esto se convierte en una forma de vida, causa estragos terribles en la salud. Ceder a los deseos, como unas donas, a menudo produce gratificación inmediata, pero con consecuencias indeseables a largo plazo. El comportamiento impulsivo puede provocar que lo despidan del trabajo, o llevar a un divorcio, la drogadicción o el alcoholismo, la cárcel o la obesidad, todo lo cual tiene efecto negativo en su salud. Actuar por impulso a menudo produce arrepentimiento, ya que no se analizan todas las opciones. Los logros de una persona impulsiva suelen ser menores, más difusos y menos consistentes.

Una característica distintiva de la inteligencia que nos separa de otros animales es nuestra capacidad de pensar en las consecuencias de nuestro comportamiento antes de actuar por impulso. Es el diálogo interno que acompaña a la pregunta "¿Y luego qué?". Las decisiones eficaces suelen incluir previsión en relación con los objetivos, la organización y planeación que le ayudan no sólo a vivir en el momento, sino a continuar diez o hasta cincuenta años más a partir de ahora. "Ser prudente" es otra designación de la conciencia. Significa ser sabio y cauto. Si usted es prudente, es más probable que evite situaciones conflictivas y que otras personas lo perciban como un ser inteligente y fiable. Por supuesto, si exagera, otros pensarán que es un perfeccionista compulsivo, o un adicto al trabajo.

Seis facetas de la conciencia

1. *Verdadera confianza.* Usted tiene un verdadero sentimiento de eficacia. Sabe que puede hacer las cosas.
2. *Organizado, pero no compulsivo.* Mantiene en orden su casa y oficina, hace listas y elabora planes.
3. *Alto sentido del deber.* Tiene un fuerte sentido de obligación moral.
4. *Orientación hacia los logros.* Trabaja para tener éxito en cualquier cosa que haga y tiene un fuerte sentido de la orientación.
5. *Persistencia.* Tiene la posibilidad de mantenerse en el camino a pesar de los obstáculos que se le presenten.
6. *Reflexión.* Está dispuesto a pensar en las posibilidades y las consecuencias de su comportamiento antes de actuar.

Éstos son los pasos que debe seguir para optimizar tanto la CPF como el nivel de conciencia para mejorar el control sobre su vida.

1. *"¿Y luego qué?"* Siempre piense en esta pregunta. Medite las consecuencias de su comportamiento antes de actuar.

2. *Proteger su cerebro de una lesión o toxinas.* Esto debería ser obvio a estas alturas.

3. *Dormir ocho horas.* Dormir menos es igual a una menor irrigación sanguínea general de la cpf y a más malas decisiones.

4. *Mantener el equilibrio del nivel de azúcar en la sangre a lo largo del día.* Los estudios de investigación afirman que los niveles bajos de azúcar en la sangre se asocian con un menor flujo total de sangre al cerebro, control deficiente de los impulsos, irritabilidad y decisiones desafortunadas. Durante el día tomar frecuentemente comidas pequeñas que tengan un poco de proteína.

5. *Para optimizar los niveles de ácidos grasos omega 3, coma más pescado o tome aceite de pescado.* Los bajos niveles de ácidos grasos omega 3 también se han asociado con el THDA, la depresión, la enfermedad de Alzheimer y la obesidad.

6. *Elabore una "página de milagros".* En una hoja de papel escriba los objetivos específicos que tiene en su vida, e incluya sus relaciones, trabajo, dinero y salud. Luego pregúntese todos los días: "¿Mi comportamiento me ayuda a conseguir lo que quiero?" Llamo a este ejercicio "la página de milagros", porque marca una diferencia enorme en las vidas de quienes lo practican. Su mente es poderosa y convierte en realidad lo que ve. Concéntrese y medite en lo que quiere.

7. *Practique el uso de su cpf.* El autocontrol es como un músculo. Cuanto más lo use, más fuerte se vuelve. Ésta es la razón por la que es esencial que seamos buenos padres y ayudemos a los niños a adquirir autocontrol. Si cedemos a las exigencias de nuestro hijo de ocho años, cada vez que quiere algo o hace un berrinche, estamos educando a un niño malcriado y voluntarioso. Si decimos que no y no cedemos ante las rabietas, le enseñamos a ser capaz de decir no a sí mismo. Para desarrollar la cpf tiene que hacer lo mismo; practique decir que no a las cosas que no son buenas para usted, y con el tiempo le resultará más fácil hacerlo.

8. *Mantenga en equilibrio la química del cerebro.* Las enfermedades como el THDA, la ansiedad y la depresión disminuyen el autocontrol. Es esencial obtener ayuda para resolver estos problemas y recuperar el control de su vida.

Es casi imposible intentar valerse de la fuerza de voluntad para controlar el comportamiento cuando el sueño alterado o la química del cerebro están desequilibrados, o cuando los niveles de ácidos grasos omega 3 o los niveles de azúcar en la sangre se encuentren bajos.

Sea el jefe de su vida y su longevidad

Cuando camino por la calle y veo a personas que se ven poco saludables, a menudo me digo: "Esa persona ha tomado muchas, pero muchas malas decisiones". Me frustra porque sé que con la educación y el entorno adecuado sería una persona más sana y más feliz. Cuando veo a una persona sana pienso: "Esa persona ha tomado muchas, pero muchas buenas decisiones". Es la calidad de las decisiones que los seres humanos tomamos lo que nos ayuda a vivir sanos mucho tiempo, o nos mata antes de tiempo. Si aplica los principios de este libro, podrá aumentar su CPF y tener un mejor control de su salud y su destino. Usted puede ser el jefe de su vida, en lugar de permitir que sus antojos, o la comida rápida terminen con su vida antes de tiempo. Un poco de previsión y un nivel adecuado de control de la ansiedad es todo lo que se requiere. Cuando se enfrente a la elección entre una ensalada de espinacas o una hamburguesa doble con queso, entre ir a una fiesta nocturna o una noche de sueño reparador; entre ir a caminar o saltar al agua desde lo alto de un acantilado, deténgase un momento y pregúntese cuál de las opciones es la que más le conviene en realidad. ¿La elección que usted prefiere lo hace mejor, más fuerte, más sano, más apasionado por su vida, o se la roba? Opte por asumir el control. Elija ser el jefe de una vida larga, saludable, vibrante y significativa.

Rejuvenezca ahora: veinte consejos para ayudarle a tomar decisiones saludables para su cerebro hoy mismo

1. Cuando su cerebro está agobiado es mucho más probable que actúe en forma descuidada e impulsiva, lo que lo pone en riesgo de enfermedad y muerte prematura. Cuando su cerebro funciona

bien, es más probable que actúe de forma racional y consciente, lo que ayuda a vivir más tiempo. Dé prioridad a la salud del cerebro y de inmediato mejorará su comportamiento.

2. Nada es más importante para su longevidad que la calidad de las decisiones que tome en la vida. Y la calidad de sus decisiones es un reflejo directo de la salud física de su cerebro. Tómese el tiempo para evaluar y mejorar la salud del cerebro; ésta puede ser la decisión más importante que tome para tener una vida fuerte y larga.

3. La disminución de la actividad en la corteza prefrontal se asocia con la falta de previsión y el discernimiento deficiente. Cuando no recibe suficiente flujo de sangre, el freno para controlar sus impulsos no funciona bien. El aumento del flujo sanguíneo en esta zona, además de hábitos saludables para cerebro y algunos suplementos, como el té verde y rhodiola, le ayudarán a tomar mejores decisiones, lo que conduce a una vida más larga y más feliz.

4. Las lesiones en la cabeza, incluso los traumatismos cerebrales leves del pasado, aparecen en las imágenes SPECT y pueden afectar su comportamiento y sentimientos años después. A menudo tenemos que preguntarle muchas veces a los pacientes: "¿Alguna vez ha sufrido algún tipo de lesión en la cabeza?", para que recuerden el incidente en el que se lesionaron el cerebro. El reconocimiento y la rehabilitación de estas lesiones incrementará radicalmente la calidad de todas sus decisiones.

5. Las adicciones, incluidas las sexuales, se agravan cuando literalmente "desgastamos" los centros de placer del cerebro por la exposición constante a actividades altamente estimulantes, como los videojuegos, mensajes de texto, *sexting*, la pornografía en internet, y las películas de terror. Haga un inventario de las actividades que producen adrenalina en su vida: elimine las que no sean sanas y descanse un tiempo de las actividades (incluso las buenas) que se estén volviendo compulsivas.

6. Una actitud demasiado optimista o despreocupada (sin previsión ni planeación, que son actividades de la CPF) lleva a las personas

a subestimar los riesgos, por lo que los enfrentan con actitud indiferente, lo cual afecta la longevidad. Sea optimista, ya que esto es bueno para la longevidad, pero debe equilibrar este rasgo con un buen nivel de ansiedad y pensamiento precavido.

7. Las personas que persisten hasta alcanzar sus metas y tienen familias, hábitos y rutinas estables tuvieron mejores resultados en estudios de longevidad. Reflexione en sus rutinas diarias y semanales: ¿pueden ser más propicias para el cerebro? Por ejemplo, ¿puede ir a pie a algún lugar al que siempre va en auto? ¿Puede intercambiar una hora de televisión por una hora de juegos mentales?

8. Para tomar mejores decisiones, asegúrese de optimizar la irrigación sanguínea del cerebro mediante la estabilización del azúcar en la sangre (coma sanamente y con frecuencia), dormir bien, limitar el alcohol y la cafeína, y eliminar la nicotina.

9. Si queremos que nuestros hijos tomen mejores decisiones en su vida, tenemos que cuidar mejor sus cerebros. El cerebro no es totalmente eficaz sino hasta que tenemos veinticinco años. Para no alterar el desarrollo temprano del cerebro, ayude a los jóvenes a evitar el tabaquismo, la drogadicción, los traumatismos cerebrales, la mala alimentación, el estrés y la falta de sueño.

10. Nuestras investigaciones muestran que una explosión de mayor actividad tiene lugar en la CPF después de los cincuenta años. Nos volvemos más reflexivos y más capaces de centrarnos en lo que realmente importa en la vida. Tenga algunos amigos sabios de más de cincuenta años que le pueden dar información valiosa para tomar decisiones.

11. Cuando luche contra las adicciones y tentaciones cotidianas de cualquier tipo, tenga siempre esta pregunta en mente: "¿Y luego qué?". Cuando piense en hacer o decir algo, pregúntese cuáles serán las consecuencias de su comportamiento. Esta pregunta puede servir como advertencia o señal de alto para el cerebro que está a punto de llevarlo por el mal camino.

12. Una característica distintiva de la inteligencia y que nos separa de los otros animales es nuestra capacidad de pensar en las

consecuencias de nuestro comportamiento, antes de actuar por impulso. Es el diálogo interno que acompaña a la pregunta "¿Y luego qué?".

13. Un alto porcentaje de las personas que luchan contra las adicciones también tienen THDA. Si este trastorno no se trata, la persona tendrá menos capacidad para controlar sus impulsos, lo que abre la puerta a importantes problemas de salud, malas decisiones y muerte prematura. Algunas de las formas naturales para tratar el THDA incluyen: ejercicio aeróbico intenso, una dieta muy saludable, un complejo multivitamínico, aceite de pescado y suplementos (como el té verde, rhodiola, L-tirosina) o medicamentos (como Ritalin o Adderall) para mejorar el funcionamiento de la CPF.

14. El exceso de peso es perjudicial para la CPF y tiene efectos negativos en la parte del cerebro responsable de tomar decisiones. Controlar su peso a partir de ahora le ayudará a mejorar su salud y longevidad.

15. Practicar el autocontrol es un buen ejercicio para fortalecer la CPF. Cuanto más la use, más fuerte será. Para desarrollar la CPF debe practicar el rechazo de las cosas que no son buenas para usted y con el tiempo le será más fácil decir no.

16. Los bajos niveles de ácidos grasos omega 3 también se asocian con el THDA, la depresión, la enfermedad de Alzheimer y la obesidad, es decir, con todos los problemas cerebrales que conducen a una mala toma de decisiones. Usted puede optimizar sus niveles de ácido grasos omega 3 si come más pescado, o toma aceite de pescado.

17. Lleve una "página de milagros". En una hoja de papel escriba las metas específicas que tiene para las áreas principales de su vida. Luego pregúntese todos los días: "¿Mi comportamiento me ayuda a conseguir lo que quiero?". Esta actividad es muy sencilla, pero profunda y puede ser de gran ayuda para fomentar mejores decisiones diarias que se suman a una vida mejor.

18. De vez en cuando, todos necesitamos ponerle un freno a nuestro niño interior que quiere comer basura, evitar el sueño o "jugar

con fuego". Sin embargo, es importante ser un buen padre consigo mismo, lo que significa que tiene que ser firme y amable. Cuando cometa un error con la comida, o con su estado de salud, busque maneras de aprender de sus errores, pero de manera amorosa. Las personas emocionalmente sanas enfrentan sus errores y los admiten para aprender de ellos y superarlos tan pronto como sea posible.

19. El trabajo duro y los logros (que por lo general se asocian con el buen funcionamiento del cerebro) son fuertes predictores de la longevidad.

20. La calidad y la duración de su vida reflejan de manera directa la calidad de las decisiones que ha tomado.

5 Jim
Aumente la esperanza de vida, velocidad y memoria del cerebro

Sabes que debes ejercitar el cerebro igual que los músculos.

WILL ROGERS

Una vez que optimice el funcionamiento físico del cerebro, es fundamental mantenerlo fuerte. Los ejercicios mentales y las estrategias de aprendizaje mental son herramientas esenciales para mantener un cerebro joven, ágil y adaptable. Uno de mis amigos pasa la vida enseñando a la gente la forma de hacerlo. El verdadero apellido de Jim es Kwik [se pronuncia *quick*, rápido, inmediato], lo que resulta curioso, porque hoy ayuda a los demás a "acelerar" la capacidad de procesamiento de su cerebro. Su lista de clientes es impresionante, y vuela por todo el mundo enseñando a corporaciones, ejecutivos, médicos, abogados y estudiantes los secretos de cómo mejorar el funcionamiento cerebral, los cuales descubrió mientras pasaba por uno de sus peores momentos.

"Mi inspiración fue mi desesperación"

"Mi inspiración fue mi desesperación", me confesó Jim. "Yo era un joven, estudiante de primer año, que asistía a la universidad en Nueva York, y tenía problemas. El salto de la preparatoria a la universidad fue especialmente difícil para mí." Jim no estaba preparado para la cantidad de material que se esperaba que leyera, asimilara y regurgitara en sus cursos. "Me costaba más trabajo que a la mayoría de mis amigos, y esto fue duro para mi autoestima, como lo es para cualquier persona que tiene problemas en la escuela." En la facultad, al igual que muchos estudiantes universitarios de primer año que he tratado, Jim se hallaba en un estado de estrés tan abrumador como nunca había sentido. Estaba haciendo malabares con los exámenes de mitad de semestre, laboratorios y ensayos, además de tratar de mantenerse al día. Se la pasaba sin dormir y sin comer, y estudiaba y leía día y noche. Un día, simplemente se desmayó. "Dos días más tarde me desperté aturdido y confuso en un hospital. Había estado tratando con todas mis fuerzas de aprender y leer todo, hasta que, literalmente, llevé al cerebro y el cuerpo a un estado de agotamiento total. Era como intentar beber agua de una manguera para apagar incendios y apenas podía sobrevivir."

Jim pensó: "Tiene que haber una mejor manera". Su respuesta entró por la puerta, en ese preciso momento, de la mano de una enfermera. Llevaba una taza de té caliente y se la entregó a Jim. En la taza había una cita de Einstein: "No podemos resolver problemas pensando de la misma manera que cuando los creamos". En cuanto vio esa cita, Jim sintió que los pelos se le ponían de punta.

Jim estaba contemplando el problema —su necesidad de absorber información— y trataba de resolverlo de la misma manera en que lo había creado: presionándose para absorber cada vez más. Había estado trabajando con mucho ahínco. Ahora había llegado el momento de trabajar de forma más inteligente. En ese momento trascendental, cuando estaba vulnerable y abierto a otras alternativas, se dio cuenta de que *la escuela es buena para enseñarnos qué aprender. Lo que no hace es enseñarnos cómo aprender.*

Jim comenzó a hacerse preguntas: "¿Cómo podemos aprender a recordar las cosas con más facilidad? ¿Cómo podemos usar el cerebro para mejorar nuestra concentración? ¿Cómo puedo entrenar mi cerebro para manejar mejor las hordas de información que me llegan? ¿Hay una manera más fácil de aprender cosas de memoria?".

La sobrecarga de información y los secretos para convertirse en estudiante de por vida

Nuestras mentes modernas tienen que manejar más información que nunca antes en la historia. Por ejemplo, la información aumenta a tal velocidad que se duplica cada dos años. Tenemos medio millón de palabras en el idioma inglés, cinco veces más que en la época de Shakespeare. Alguien que va a la universidad a estudiar una carrera de cuatro años, a veces descubre, en su tercer año de estudios, que gran parte de lo que aprendió ya se volvió obsoleto. *Hay más información en un número del* New York Times *de lo que una persona del siglo* XVIII *habría tenido que digerir en toda su vida.* Si nos fijamos en los puestos con mayor demanda del año 2011, la mayoría de ellos ni siquiera existían en 2004. Esto representa un gran cambio, una gran cantidad de información.

El dolor de Jim formuló preguntas que, a su vez, condujeron a respuestas que transformaron su vida. Comenzó a estudiar todos los libros que pudo encontrar sobre cómo acelerar la capacidad de aprendizaje del cerebro. Lo que Jim aprendió cambió radicalmente su rendimiento en la escuela. Ya no tenía que trabajar tan duro como antes y obtenía mejores calificaciones con menos esfuerzo. Empezó a darse cuenta de que si él podía hacerlo, cualquier persona podría. "No existen personas que tengan mejor memoria que otras", dice ahora a sus alumnos. "Existe la memoria entrenada y la memoria no entrenada."

La ciencia confirma lo que Jim enseña. Con un plan sencillo usted puede mejorar, en gran medida, su capacidad de pensar y recordar. Pero para lograrlo, tiene que usar el cerebro de forma regular. Éstos son algunos consejos para que los ponga en práctica de inmediato en su vida.

Dedique treinta minutos al día a leer algo que le interesa. El cerebro es como un músculo: hay que usarlo si no quiere perder su capacidad de uso. Las peores caídas de la capacidad mental ocurren al término de nuestra educación formal y después de la jubilación. ¿Por qué? Porque no nos presionamos para seguir aprendiendo, creciendo y haciendo que las neuronas se esfuercen. La lectura ayuda a continuar con el aprendizaje. Las personas que trabajan en algo que no requiere aprendizaje continuo corren mayor riesgo de desarrollar Alzheimer.

Convierta su auto en una "universidad sobre ruedas". Escuchar audiolibros es otra manera de mantener su mente activa y fuerte. Cuando camino, me encanta oír el último audiolibro que descargué a mi smartphone, lo que en realidad me hace a mí más inteligente.

Escriba en un diario todos los días. Le sorprendería saber cuántos de los grandes hombres y mujeres de la historia llevaban un diario. Éste puede adoptar muchas formas, desde los clásicos que requieren un cuaderno y un bolígrafo, hasta escribir en un blog o, simplemente, publicar citas, pensamientos y experiencias significativos en los sitios de redes sociales.

Adopte una actitud infantil cuando se trata de aprender. Jim dice: "Mi abuela de noventa y cinco años es una de las personas más jóvenes que conozco". Es porque ha sabido conservar intacta su curiosidad infantil. ¿Sabía usted que los niños de preescolar hacen entre trescientas y cuatrocientas preguntas al día? No sólo nunca debemos dejar de hacer preguntas, sino que debemos ser curiosos de forma activa. Hágase preguntas hipotéticas: "¿Qué pasaría si…?". Y luego busque las respuestas.

Mantenga su estado emocional preparado para aprender. Todo aprendizaje depende de su estado emocional. Un cerebro equilibrado, en este aspecto, está preparado y dispuesto a aprender. Cuando estamos aburridos, malhumorados y cansados, no importa si lo que dice la maestra es muy interesante, de todos modos no vamos a aprender nada. Si estamos deprimidos, estresados y obsesionados, toda la energía del cerebro se invierte en tratar de apuntalar nuestras emociones para sobrevivir; queda muy poco para nuevos aprendizajes.

Use el cuerpo para entrenar su mente. Las investigaciones son concluyentes: el ejercicio ayuda al cerebro a aprender mejor. Todos estamos muy familiarizados con la conexión mente-cuerpo, pero en realidad pocas personas la entienden, o se dan cuenta de cómo ayuda el cuerpo a estimular las diferentes partes del cerebro. Por ejemplo, Jim enseña a la gente a usar un dedo, o un lápiz, para seguir las líneas en una página. Este simple acto de usar el cuerpo para ayudar al cerebro a leer le dará 25 por ciento de aumento en la velocidad y la concentración.

Cree un ambiente de aprendizaje positivo. Todo aprendizaje es "dependiente del estado". "Aprendemos mejor", señala Jim, "cuando alcanzamos ese estado conocido como *fluido*, cuando estamos alertas y relajados al mismo tiempo". Otros científicos llaman a esto un "estado de concierto": una mente en calma, pero concentrada, como cuando escuchamos una sinfonía. El estrés es enemigo del aprendizaje. Tenemos la tendencia a paralizarnos cuando estamos estresados y no podemos disfrutar de la nueva información que recibimos, ni la procesamos bien. Las investigaciones han demostrado que los estudiantes obtienen mejores calificaciones en las pruebas de memoria después de que se les muestra un fragmento de una película divertida. La risa relaja y optimiza el cerebro el cual se abre para asimilar nueva información.

Vale la pena crear un ambiente positivo para el aprendizaje. Las habitaciones que son demasiado aburridas, o en las que hay demasiada actividad, distraen del aprendizaje. Una buena iluminación es esencial. Algunas personas aprenden mejor cuando hay hermosas obras de arte o música alrededor. Se ha demostrado que la música barroca que se toca a sesenta tiempos por minuto ayuda a aprender. Los olores anclan el aprendizaje. Jim hace que sus estudiantes aprendan algo nuevo, mientras se ponen un perfume específico, o huelen un aceite esencial. Posteriormente, cuando presentan el examen, o necesitan recordar la información, les pide que se pongan el mismo perfume, o huelan de nuevo el aceite esencial, para recordar mejor la información. El sentido del olfato está muy ligado a la memoria. Todos hemos tenido experiencias relacionadas con la percepción de un cierto aroma, como el del pan horneado que evoca un cálido recuerdo.

Consejos para la memoria

La práctica mental es a la mente lo que el ejercicio físico es al cuerpo. Una forma de mejorar su cerebro consiste en potenciar sus habilidades de memoria. Las células cerebrales en el área de los lóbulos temporales denominada "hipocampo" son sensibles al entrenamiento. Éstas son algunas de las células que mueren primero con la enfermedad de Alzheimer, por lo que es fundamental hacerlas trabajar para mantenerlas jóvenes toda la vida.

Jim enseña a sus clientes a aumentar sus habilidades de memoria. Todos estamos emocionalmente conectados con nuestros nombres, por lo que cuando alguien recuerda cómo nos llamamos y se dirige a nosotros por nuestro nombre, nos hace sentir especiales. Éstos son algunos de los consejos que Jim comparte para ayudarle a recordar los nombres de las personas. También puede aplicar estas estrategias para recordar otras cosas. El acrónimo DUHVE representa los principales pasos.

D: *diga el nombre de la persona*. Cuando alguien le diga su nombre, repítalo de manera natural. Por ejemplo, si alguien le dice: "Soy Joshua". Repita su nombre en una frase: "Encantado de conocerte, Joshua".

U: *use el nombre de la persona*. De manera natural, utilice el nombre de esta persona otra vez al continuar la conversación: "Oye, Joshua, ¿quieres una taza de café?". (Recuerde que debe usarlo, pero no abusar. Si utiliza el nombre de la persona en cada frase empezará a parecerse a un vendedor).

H: *haga preguntas*. Esto es especialmente bueno con los nombres fuera de lo común. Pregúntele a la persona: "¿Cómo lo escribes?". O comente: "Qué nombre tan bonito y poco común. ¿Conoces su origen?", o también: "¿Qué quiere decir?".

V: *visualice el nombre de la persona*. Cree una imagen divertida, única o alocada en su mente. Por ejemplo, si una persona se llama Mark, imagine que le pone una marca en la frente. Si se llama Michael, piense en él con un "*micrófono*" en la mano y saltando sobre una mesa para cantar karaoke. Para Alexis, imagine una mujer que conduce un Lexus. Cuanto más extravagante sea la imagen, más se grabará en el cerebro. A veces le preguntan a Jim cómo tiene tan buena memoria y él responde: "¿Cómo podría olvidarlo? ¡Deberían ver la imagen estrambótica que cree en mi mente!".

E: *acabe todas las conversaciones diciendo el nombre antes de despedirse*: "La pasamos muy bien, Bob", podría decir mientras visualiza mentalmente a un "bobo".

Céntrese en recordar nombres de personas durante veintiún días para crear el hábito. "Incluso inventaba los nombres de las personas cuando entraba en una tienda", dice Jim, "sólo para ver si lograba recordar sus nombres 'inventados' cuando saliera de la tienda".

Lectura veloz

Dado que la lectura ayuda a ejercitar su cerebro, aumentemos el ejercicio con la lectura veloz. Jim es experto en enseñar a la gente esta habilidad, razón por la que le pedí que compartiera algunos secretos con usted. Dice: "La lectura veloz es una destreza que cualquiera puede aprender. Pero para convertirse en un lector veloz se requiere dejar de lado o 'desaprender' lo que ha sido un hábito cómodo y familiar, aunque lento. Y la parte más difícil es que, a veces, hay que reducir la velocidad durante el reaprendizaje, para al final lograr acelerar". Jim me contó que cuando era niño llegó a dominar el arte de escribir a máquina con dos dedos cuando se quedaba en casa de sus abuelos. "Eran personas maravillosas y cariñosas, pero no tenían juguetes", explica. Por eso se entretenía con una vieja máquina de escribir, enseñándose a sí mismo a teclear como loco con dos dedos.

Luego tomó una clase obligatoria de mecanografía en la escuela.

La maestra le pidió que se olvidara de su método de mecanografía con dos dedos y que en su lugar usara los diez dedos. ¿Qué cree que le pasó a su velocidad de mecanografiado en un principio? Así es, se desaceleró por completo, pero con el tiempo, cuando llegó a dominar el arte de mecanografiar con los diez dedos, o hacerlo al tacto, fue capaz de escribir más rápido que nunca. "La lectura veloz funciona de la misma manera", explica Jim. "La mayoría de la gente lee con dos dedos, por así decirlo."

Las siguientes son algunas ideas y consejos que le ayudarán a aumentar su velocidad de lectura.

• Aunque piense que la gente que lee más rápido comprende menos, ocurre todo lo contrario. He aquí por qué. La gente que lee despacio lee Una. Palabra. A. La. Vez. Lee tan despacio que se aburre. La mente comienza a distraerse y busca en el entorno algo más interesante que le llame la atención. Estas personas no pueden concentrarse en el contenido de lo que leen. Los lectores más veloces en realidad tienen mejor comprensión, porque pueden concentrarse más fácilmente: en esencia, la información entra en su cerebro a una velocidad más interesante.

• Otro problema común que frena la lectura es la "subvocalización", lo que significa que algunas personas dicen en voz alta cada palabra que leen mentalmente. Con este método, sólo se puede leer tan rápido como se puede hablar, es decir, de 200 a 500 palabras por minuto. Pensamos mucho más rápido de lo que hablamos; por lo mismo, si nos libramos del hábito de subvocalizar, con un entrenamiento especializado, podemos empezar a leer a una velocidad más cercana a la del pensamiento que a la del habla.

- La regresión o la relectura disminuye la velocidad de la lectura. Este hábito es como si una persona, que tiene el control de un DVD, rebobinara un poco cada treinta segundos. Romper este hábito de dos dedos ayuda a leer más rápido.

- El uso de un dedo, un lápiz o el cursor de un ratón de computadora para seguir las palabras, como si estuviera subrayando invisiblemente las oraciones, aumenta la velocidad de lectura de 25 a 50 por ciento en todos los ámbitos. ¿La razón? El movimiento atrae la mirada, y esto aumenta la concentración. Asimismo, así como los sentidos del gusto y el olfato están vinculados, lo mismo pasa con el tacto y la vista. Hay una conexión entre tacto y vista en el cerebro y cuando ésta se activa aumenta la velocidad y la comprensión.

- Si usted es diestro, trate de usar la mano izquierda para seguir las palabras a medida que lee. Esto activa más el cerebro en su totalidad. La mayoría de las personas "leen con el lado izquierdo del cerebro", y consideran que cuando utilizan este método, incorporan el lado derecho del cerebro. Uno de los clientes de Jim le contó que estaba releyendo el clásico El viejo y el mar de Ernest Hemingway con este método, "sólo que esta vez, fue como si pudiera sentir realmente la arena en mis pies y oír las olas del mar. Lo único que no me gustó fue el olor del pescado".

- Tome notas mientras lee. Si toma notas mientras lee, aumentará su comprensión. Si comparte o relaciona lo que lee, o incluso hace como si se lo "enseñara" a otra persona, la retención será aún mayor.

Ejercicios mentales para todos: gimnasia cerebral 24/7 para estimular el cerebro

El elefante y el jinete: sincronización de dos fuerzas

En The Happiness Hypothesis, el autor y filósofo Jonathan Haidt utiliza la metáfora de un elefante y un jinete para ayudarnos a visualizar dos grandes fuerzas en el cerebro. La corteza prefrontal (CPF), que es muy parecida al jinete, consiste en el centro de pensamiento lógico que suponemos (o quisiéramos suponer) que tiene el control de nuestra vida. El elefante es lo que yo llamaría el sistema límbico y representa nuestras emociones; respuestas automáticas a los estímulos externos basados en recuerdos almacenados. Siempre que el elefante quiera ir a donde el jinete lo dirige, las cosas funcionarán bien. Pero cuando el elefante "verdadera, profunda y locamente" quiere ir a algún otro sitio que el jinete, ¿quién va a ganar ese estira y afloja? La mayoría de las apuestas están con el elefante.

¿Cómo integramos, entonces, a nuestro jinete y elefante para que la CPF y el cerebro límbico, nuestras metas y nuestros deseos, nuestros pensamientos y comportamientos, estén en sincronía? Una forma de hacerlo es aplicar técnicas continuas de entrenamiento cerebral, dirigidas a objetivos. Ésta es una de las razones por las que hemos desarrollado los módulos de entrenamiento cerebral en nuestro sitio web en www.theamensolution.com. Me gusta llamarlo nuestro Gimnasio cerebral 24/7, ya que usted puede conectarse y ejercitar su cerebro a la hora que quiera y cuando lo desee.

El proceso inicia con una larga evaluación para individualizar su programa. Con base en su puntuación, se le ofrece un conjunto personalizado de ejercicios para aumentar sus áreas débiles y fortalecer las que funcionan bien. El desarrollo de esta parte de nuestro sitio se logró gracias a años de recopilación de información de miles de personas y el uso de las investigaciones más avanzadas sobre la optimización del funcionamiento del cerebro. Esto nos permitió crear un programa que ayuda a su cerebro a funcionar mejor, como un sistema completo y que, en última instancia, contribuye a que el comportamiento y las creencias trabajen juntos. En otras palabras, ayuda a que el jinete y el elefante dejen de forcejar y trabajen en colaboración.

Savannah DeVarney, una de las desarrolladoras del sitio, comenta: "Lo que hemos descubierto es que una de las funciones del cerebro precede a la otra. Nuestro estado interno guía nuestro estado externo, o cómo nos comportamos en el mundo. Cada quinta parte de un segundo tenemos una emoción que se convierte en un sentimiento, que puede convertirse en un pensamiento consciente y guiar un comportamiento". Por tanto, al examinar este proceso, puede parecer como si estuviéramos inermes, encadenados al elefante de nuestras emociones. Una parte de esto es verdad; sin embargo, el jinete puede llegar a influir de manera significativa en las respuestas emocionales automáticas del elefante. Cambie la forma en que percibe el entorno, además de los sentimientos y los pensamientos automáticos que alberga en su interior, y descubrirá aquello que elije atender una y otra vez y, con el tiempo, frenará y perfeccionará al elefante interno.

El modo predeterminado del cerebro humano es más sensible a la negatividad. Esto es parte del sistema de supervivencia instintivo de la raza humana. Estar hiperalertas a la negatividad en el ambiente (por ejemplo, un ruido que da la impresión de ser un oso en el bosque) fue una manera de asegurar la supervivencia en épocas más peligrosas. Ahora que los seres humanos viven en un mundo algo más seguro, el cerebro todavía tiene un enfoque residual en la negatividad, pero ya no nos sirve como antes.

He aquí un ejemplo: le duele la cabeza. Si deja que el cerebro siga su curso negativo natural, caerá en una espiral que llegará al peor de los casos más pronto de lo que pueda decir: "A lo mejor tengo un tumor". En pocos segundos el elefante interno lo lleva por un camino donde imagina que el dolor de cabeza es una masa cancerosa del tamaño de una pelota de beisbol, pasa directamente a visualizarse en su lecho de muerte y avanza con rapidez a imaginar su propio funeral a todo color (con todo y canciones, himnos y flores), y entonces se enoja con su cónyuge cuando anticipa que se casará de nuevo con alguien que a usted no le agrada. En este punto, su pareja entra cándidamente en la habitación, y usted, sin explicarse el porqué, se siente y actúa molesto. Esta espiral descendente se desencadena en segundos. Así de rápido es como una respuesta a un detonante (el dolor de cabeza) puede degenerar en una espiral negativa y termina instigando malas respuestas conductuales (usted está injustamente enojado con su cónyuge por un escenario futuro imaginario).

La buena noticia es que también puede, con la misma facilidad, girar la espiral hacia lo positivo.

Tome las riendas de las emociones

Todo lo que entra en nuestro cerebro, ya sea un sonido externo, señales visuales o recuerdos que surgen de pronto en nuestra mente, provoca una respuesta emocional automática. Nuestro cerebro comienza a procesar cosas como el lenguaje corporal, o el tono de la voz de alguien, y esto lleva a emociones que son reacciones subconscientes. Sin embargo, a medida que estas emociones se vuelven más conscientes, se convierten en sentimientos. El cosquilleo en el estómago es un ejemplo. En este punto podemos cambiar conscientemente lo que estamos atendiendo y optar por concentrarnos en otros pensamientos mejores y más positivos.

Un ejemplo podría ser que usted estuviera a punto de hablar en público. Se percataría de que tiene la boca seca y quizá un cosquilleo en el estómago. La respuesta automática de miedo es inmediata. Sin embargo, aquí es cuando puede optar por "atender" a pensamientos y acciones más positivas. Puede empezar a respirar lenta y profundamente. El cerebro sigue la señal y empieza a relajarse. Puede pensar en que el público necesita y quiere la información que tiene que compartir; entonces deja de prestar atención al miedo para enfocarse en la receptividad de su audiencia. Continúe de esta manera y después de un tiempo se sentirá relajado y positivo, con ganas de llegar al podio con energía, concentración y alegría.

El jinete domó al elefante.

Otro caso: su elefante interior tiene muchas ganas de una galleta azucarada y le gustaría seguir el camino que conduce a la euforia provocada por el azúcar. Pero también ha entrenado a su cerebro a reflexionar y recordar las emociones que vienen después de la galleta de azúcar: la fatiga, los escalofríos, el exceso de peso. Recuerda entonces que después de la euforia viene el desplome. Ha comenzado a entrenar a su cerebro para desear resultados más positivos, por lo que decide comer la mitad de un plátano congelado con nueces picadas, mismo que guardó con anticipación en el congelador para un momento como éste y así se encamina por la ruta de una colación verdaderamente satisfactoria y saludable. Esta golosina saludable satisface la necesidad apremiante de comer algo dulce y, además, le aporta fibra, proteínas, potasio y mucho más. Sabe que se sentirá mejor y no tendrá dolor de cabeza, o hambre de nuevo en treinta minutos. Le da a su cuerpo lo que *realmente* quiere y necesita y satisface tanto al elefante como al jinete.

Ahora imagine que practica la positividad en cada circunstancia en que se da cuenta que sus pensamientos se acercan a la espiral descendente. Usted puede detenerlos y reiniciar una espiral más positiva, cambiar su estado de ánimo y entonces, de forma automática, aparecerán mejores comportamientos. Si esto se hace a menudo se convertirá en un hábito. Incluso, con el tiempo, puede modificar su personalidad y dejar de ser una persona con miedo, con una respuesta automática dirigida hacia el peor escenario, y volverse una persona positiva, más feliz, relajada, productiva, agradable, y tomar mejores decisiones a corto o largo plazo. No importa su edad, usted puede hacerlo.

Además de ser consciente de aquello ante lo cual debe prestar atención y en qué concentrarse, hay otra manera de acelerar y ayudar a su cerebro a integrar y responder a la vida de mejor manera. Sólo se necesitan de diez a quince minutos, tres veces a la semana, sentado frente a la computadora jugando algunos "juegos" divertidos y relajantes en el gimnasio cerebral 24/7 del sitio web de la Solución Amen (www.theamensolution.com).

Ejercicios mentales

Piense en entrenar su cerebro para que responda de manera más centrada, positiva y tranquila igual a como piensa ejercitar su cuerpo. Me gusta llamarlos "ejercicios mentales". Así como hacemos ejercicio, comemos bien y nos lavamos los dientes como una forma de terapia preventiva, el entrenamiento regular del cerebro nos permite practicar salud mental preventiva. En caso de que se presente una crisis, su cerebro estará entrenado para enfrentar con mayor eficacia los factores de estrés y los problemas. Elaborar las mejores respuestas a todos los retos de la vida se habrá convertido en algo habitual, por lo que no caerá con tanta facilidad en un ciclo negativo de improductividad.

Todos caminamos constantemente en una línea muy delgada que nos puede llevar, por un lado, hacia una espiral negativa y, por el otro, a reacciones y comportamientos positivos y útiles. El cerebro es muy sugestionable y está abierto a las señales y pistas. Por ejemplo, si usted se siente inseguro, intente erguirse, levante la cabeza y sonría con confianza. La adopción de una postura corporal que irradie confianza envía un mensaje al cerebro: "Me siento confiado en que puedo hacer frente a este reto". Seguir modelos de conducta que irradien confianza, escuchar cintas de audio, rodearse de gente segura de sí misma y leer citas que fomenten un estado mental más seguro puede ayudarle a decidir de qué lado de la "delgada línea" se irá su cerebro, lo que a su vez afectará su comportamiento en el mundo real.

El gimnasio cerebral 24/7 proporciona ejercicios que mantienen sintonizado el cerebro y ayudan a que sus habituales respuestas automáticas a muchos factores de estrés de la vida sean más positivas, optimistas y tranquilas. Los ejercicios cubren las cuatro áreas siguientes:

- Estimular la memoria y la atención.
- Mejorar el coeficiente intelectual emocional.
- Aumentar la felicidad.
- Reducir el estrés.

Además, el sitio ofrece:

- Juegos de entrenamiento emocional para ayudarle a captar mejor las señales no verbales.
- Juegos de entrenamiento del pensamiento para ayudarle a aumentar la atención, la memoria y las habilidades de planeación.
- Juegos de entrenamiento de los sentimientos para ayudarle a reducir el estrés y mejorar su salud y bienestar.
- Juegos de entrenamiento de autorregulación para ayudarle a controlar sus emociones, pensamientos y sentimientos.

En conjunto, estas cuatro áreas ayudan a mantener el cerebro en buena forma para que tanto el elefante como el jinete trabajen en conjunto y le permitan manejar mejor su vida. Esto es especialmente importante cuando se trata de la longevidad. Aquellos que se visualizan cada vez mejor a medida que envejecen, esperan con ilusión la llegada de sus años dorados y responden a las adversidades de la vida con resiliencia y positividad viven más y son felices. El testimonio de una paciente, que utilizó el entrenamiento del gimnasio cerebral, refirió que cuando su padre murió, se sintió más capaz de sobrellevar el dolor y hacer frente a los cambios de lo que hubiera sido capaz antes de entrenar su cerebro. Consideró que el gimnasio la ayudó a ser más eficaz en la toma de decisiones difíciles y a consolar a otros que también sufrían; además, se sintió más fuerte después de la pérdida.

Los juegos del Gimnasio Cerebral de Amen Solution son increíbles y divertidos.
Incluso en la primera semana noté que mis capacidades mejoraban.
¡Qué manera tan innovadora de aumentar la inteligencia, el cociente
intelectual emocional y la autorregulación interna!
BILL HARRIS, creador de Holosync

Considere la posibilidad de agregar los ejercicios mentales al resto de sus hábitos de longevidad, y esto redundará en muchos beneficios para usted, como una mayor sensación de calma, felicidad, y concentración. Además, se sentirá orgulloso de la herencia vital que dejará a los demás porque su conducta externa se alineará cada vez más con sus convicciones internas.

Mejoramiento del cerebro "hágalo usted mismo"

Independientemente de su edad, ingresos, coeficiente intelectual o escolaridad, hay muchas maneras de ayudar a las neuronas a crecer, extenderse y ramificarse para tener un cerebro joven y hermoso cada día. Éstos son algunos ejemplos:

1. Aprenda un nuevo idioma. Aprender un nuevo idioma requiere que analice nuevos sonidos, lo que no sólo mejora las habilidades de procesamiento auditivo, sino también la memoria.
2. Juegue sudoku. Éste es un juego de números (no matemático) que es popular, adictivo y divertido para muchos que lo juegan. Ayuda a aumentar su lógica y habilidades de razonamiento, así como su memoria. Los crucigramas funcionan de la misma manera.
3. Olvídese de las listas. El uso de la mnemotecnia (reactivos para ayudar a la memoria utilizando imágenes visuales o sonidos, como rimas) es una excelente manera de estimular el cerebro y, al mismo tiempo, desarrollar un sistema para recordar las cosas. Hay varios cursos de memoria geniales, disponibles en grabaciones de audio o video, que se pueden conseguir en bibliotecas o en línea.

4. Éntrele al juego. Practique juegos de mesa como ajedrez o Scrabble. Los juegos de trivia estimulan la memoria, los rompecabezas mejoran las habilidades visuales y espaciales y el mah-jong ayuda a la función ejecutiva (la capacidad de controlar y aplicar sus habilidades mentales).

5. Los juegos en línea de entrenamiento cerebral, como nuestro gimnasio cerebral en www.theamensolution.com pueden ser muy útiles para mantener en forma su cerebro. Dedique unos diez minutos al día a practicar estos divertidos juegos, y observe cómo su cerebro empieza a procesar mejor y más rápido.

6. Sea curioso. No pierda la curiosidad por la vida y el aprendizaje. Lea y estudie o tome cursos sobre diversas materias, artes o actividades que le interesen. Sea un estudiante de por vida y tendrá más probabilidades de mantenerse joven de corazón y de cerebro.

7. ¡Nunca es demasiado tarde para volver a la universidad! "Las personas con menor formación académica pueden envejecer más rápido", según un estudio de ADN en el que se compararon grupos de personas que pasaron diferentes periodos en la escuela y se llegó a la conclusión de que quienes estudiaron menos años tenían telómeros más cortos, o "tapas", en la extremos de su ADN, una señal de envejecimiento prematuro de las células. ¿Cree que es "demasiado viejo" para obtener un título? Pregúntese: "¿Cuántos años tendré dentro de cuatro años si no obtengo un título?". La persona más anciana en graduarse de una universidad, en Estados Unidos, tenía ¡noventa y cinco años! ¿Ya tiene un título? ¿Qué le parece otro? O elija entre una gran variedad de cursos de educación continua y diseñe su carrera personal de "Lo que siempre he querido aprender".

8. Aprenda a tocar un instrumento musical o un instrumento diferente del que normalmente practica.

9. Pruebe con un deporte sano para el cerebro que nunca haya intentado.

10. Prepare una nueva receta saludable para el cerebro, tal vez de uno de los libros de cocina de mi esposa.

11. Rompa su rutina. Esto es especialmente importante para cualquiera que esté atado a malos hábitos que dañan el cerebro. Usted puede aumentar sus probabilidades de mantenerse saludable más tiempo si cambia sus hábitos diarios. La introducción de nuevas rutinas ayuda a programar el cerebro para que no vuelva a caer en los mismos patrones de actividad. Por ejemplo, si siempre toma la misma ruta de su casa al trabajo para pasar a su tienda favorita de donas en el camino, tome una ruta diferente al trabajo y lleve un saludable licuado casero para el cerebro, hecho de polvo de proteína y fruta, que pueda disfrutar durante el camino.

Ejercicios específicos para diferentes áreas del cerebro

Los siguientes son algunos ejercicios que recomiendo para ayudar a equilibrar seis diferentes áreas de su cerebro.

- CPF (previsión)
  - Juegos de estrategia, como el ajedrez y las damas.
  - Meditación para estimular el funcionamiento de la CPF.
  - Hipnosis, que puede ayudar a enfocar y mejorar el funcionamiento de la CPF.
- Lóbulos temporales (lenguaje y memoria)
  - Crucigramas y juegos de palabras.
  - Juegos de memoria.
- Ganglios basales (modular la ansiedad y la motivación)
  - Relajación profunda y/o meditación.
  - Técnicas de calentamiento de manos. Al calentar las manos envía una señal automática para que el resto de su cuerpo se relaje.
  - Respiración diafragmática.
- Sistema límbico profundo (emociones)
  - Eliminar los pensamientos negativos automáticos. Hay más información en el capítulo 7.
  - Practicar la gratitud.

- ◆ Crear bibliotecas de experiencias positivas para mejorar el estado de ánimo.
- • Lóbulos parietales (sentido de dirección y orientación espacial)
  - ◆ Malabares.
  - ◆ Diseño interior.
- • Cerebelo (coordinación)
  - ◆ Bailar.
  - ◆ Tenis de mesa (también ejercita la corteza prefrontal).
  - ◆ Artes marciales, sin riesgo de lesión cerebral (también funciona para la CPF y los lóbulos temporales).
  - ◆ Escritura a mano.
  - ◆ Caligrafía.

¿Qué edad tendría si no supiera cuántos años tiene? Mantenga su cerebro joven, curioso y en aprendizaje constante de cosas nuevas en este fascinante mundo nuestro y al pasar de los años se verá cada vez más joven, en lugar de más viejo.

Rejuvenezca ahora: veinte consejos para la salud del cerebro que le ayudarán a ser un estudiante toda la vida

1. A fin de encontrar su motivación para aprender algo nuevo, comience por preguntarse: "¿Qué talentos puedo aportar al mundo que están latentes entre mis orejas?". Luego pregunte: "¿Qué sueño con hacer de mi vida?". Adelante, empiece a escribir su lista de deseos ahora. A su cerebro le encantan las actividades prometedoras y emocionantes como éstas.

2. Piense en los libros como un curso universitario entre dos cubiertas. Los libros son una de las gangas educativas más grandes del mundo. Si se convierte en buen lector, aprenderá de las mentes más brillantes del mundo del pasado y el presente (y a bajo costo). ¡Usted puede convertirse en experto en casi cualquier cosa, a cualquier edad!

3. Convierta su auto en una "universidad sobre ruedas". Compre, descargue o pida prestados audiolibros, sobre una gran variedad

de temas que despierten su interés. Descargue podcasts de grandes maestros que usted admire. Convertirá los trayectos aburridos en los que pasa mucho tiempo en un aula fascinante de conocimiento.

4. Deje de decirse que tiene mala memoria, o que no es buen lector. En cambio, diga: "La memoria es un arte que puedo practicar. Puedo leer tan bien como cualquier persona mediante la aplicación de nuevos hábitos".

5. "No deje que su escolaridad se interponga en el camino de su educación". El aprendizaje formal es importante para muchos, pero sólo aquellos que van más allá del sistema educativo descubren la verdadera alegría del aprendizaje permanente.

6. Cuando memorice una lista, asóciela con la imagen más alocada que pueda imaginar para ayudar a su cerebro a recordarla después. Nadie ve la imagen que tiene en el interior de su mente, así que puede ser creativo y divertirse al mismo tiempo.

7. Para recordar cómo se llama una persona, repita el nombre; utilícelo una o dos veces en una conversación natural; visualice el nombre como una imagen (tal vez en la frente de la persona), y mencione el nombre al despedirse.

8. Intente aumentar la velocidad de lectura utilizando el sencillo método de seguir las oraciones con un dedo, un lápiz o con el cursor.

9. Reserve tres o cuatro sesiones de diez minutos a la semana para jugar una gran variedad de juegos que estimulan el cerebro en su computadora. Es como un entrenamiento de los circuitos de su mente. Ofrecemos una gran variedad de ejercicios para el cerebro en forma de juegos en el gimnasio cerebral 24/7 en www.theamensolution.com.

10. Agudice el cerebro disfrutando de actividades de ocio que también lo hagan pensar. En un estudio publicado en la revista *New England Journal of Medicine* se descubrió que leer, practicar juegos de mesa, tocar instrumentos musicales y bailar son las mejores actividades recreativas que se puede realizar para mantener un cerebro joven.

11. Trate de romper su rutina y haga algo diferente y original. Pruebe un nuevo deporte. Intente una nueva receta. Tome una nueva ruta a casa. Dele un giro a su vida. ¡La variedad no sólo es la sal de la vida, sino que, además, le ayudará a que crezcan nuevas neuronas en su cerebro!

12. Cuando realmente quiera aprender algo bien, asegúrese de enseñárselo a otra persona. Esto aumentará de manera espectacular su habilidad y conocimiento de un tema en un periodo corto.

13. Tome notas para aumentar la comprensión y la retención. Al leer, tome notas en el margen del libro. Si está leyendo un texto que no se puede marcar, tenga a la mano una libreta mientras lee. Tome notas y luego insértelas en las páginas en las que encontró la cita o punto que le agradó.

14. El aprendizaje permanente implica ser cada vez más curioso ante la vida. Por ejemplo, para evitar que su mente se distraiga en conversaciones, sea un escucha curioso. Fíjese no sólo en lo que otra persona está diciendo, sino también en su lenguaje corporal y tono de voz. Haga preguntas de seguimiento. Imagine que es un periodista o un terapeuta profundamente intrigado con lo que le están contando y con las historias detrás de la historia.

15. No se pregunte: "¿Qué tan inteligente soy?". En cambio, pregunte: "¿De qué manera o en qué soy inteligente?". Hay muchos tipos de inteligencia: social, matemática, lógica, artística, creativa, de percepción intuitiva. ¿En qué destaca?

16. Todo el mundo prefiere algún estilo de aprendizaje. Encuentre el suyo. ¿Aprende mejor si lee, escucha, habla, escribe, hace o alguna combinación de esto? Trate de aprender algo nuevo por medio de su mejor estilo de aprendizaje. Si es una persona que aprende mejor por medios auditivos, escuche un audiolibro. Si es una persona de aprendizaje cinestésico, tome una clase en la que tendrá experiencias prácticas.

17. Las habilidades cognitivas tienden a disminuir después de graduarnos de la universidad, o después de jubilarnos del trabajo. ¡No deje de desafiar a diario a su cerebro! Sea un estudiante perpetuo de la vida. Tome clases de educación continua u obtenga

un título universitario. ¡Aprenda a ser un cocinero gourmet, descubra la pesca con mosca, escriba un libro de sus memorias, o estudie el cerebro! El mundo es infinitamente fascinante para quienes nunca dejan de aprender, y ayuda al cerebro a prosperar y florecer.

18. Se ha demostrado que la meditación estimula la actividad en la corteza prefrontal y agudiza su mente. Unos pocos minutos de meditación al día pueden marcar una gran diferencia en sus capacidades mentales.

19. Aumente su corteza prefrontal estableciendo metas claras y revisándolas todos los días.

20. Para aumentar la flexibilidad de su cerebro y sus centros de creatividad, oblíguese a observar, de manera nueva y diferente, las actividades cotidianas, como el tiempo en familia, o cómo se hace una actividad en el trabajo.

6 Joni y el minilevantamiento facial

Estimule su flujo sanguíneo para tener mejor piel y mejor sexo

Buenos días, Daniel...

Sólo una nota rápida para contarte que mi marido y yo, junto con nuestra nieta, salimos a caminar a la orilla de Laguna Lake, donde me detuve a leer un letrero: "Por favor, no le dé de comer a los patos". El letrero continuaba advirtiendo a la gente que no les diera nada a los patos porque necesitaban alimentarse de lo que es natural para ellos, es decir, plantas e insectos. Si los patos se alimentaran con la comida que los seres humanos les damos podría ser mortal, ya que modifica su comportamiento. Se vuelven sedentarios y se quedan en el lago en lugar de emigrar.

Fue un momento de revelación para mí que me impresionó. Cuando no como los alimentos creados para mí, sino los que me "dan" (¡en la ventana de servicio en el auto!), esto es, comida rápida, cambia mi comportamiento. ¡No voy a "emigrar" a nuevos horizontes!

Tenía que contártelo porque realmente es una parábola de todo lo que les apasiona tanto a ti como a tu esposa. Ah, por cierto, el letrero decía que cuando alimentamos a los patos, otros patos vienen al lago y esto provoca que haya excrementos por todas partes. Creo que la moraleja de la historia es que cuando se sirve comida chatarra, uno se sienta, sin motivación alguna, ¡en su propia &% @!

¡Que tengas un gran día!

Joni

Joni ahora: belleza interior y exterior

Joni es una mujer a quien admiro por su entusiasmo, su manera única de ver la vida, su gran sentido del humor y su capacidad para motivar a otros. A través de los años me ha enviado una serie de correos electrónicos como el anterior. Últimamente Joni empezó a asistir a clases en la clínica en Newport Beach, sobre cómo tener un mejor cerebro y un mejor cuerpo.

–Comencé a aplicar lo que aprendí: a comer mejor, tomar suplementos y hacer ejercicio de forma más constante. Creo que la constancia es un reto para las mujeres cuando estamos criando a los hijos porque siempre nos decimos: "¡No tengo tiempo para hacer ejercicio! ¡Hay muchas cosas que tengo que atender!". Pero de lo que no nos damos cuenta es que dedicar tiempo a hacer ejercicio no sólo es una inversión en nosotras mismas, sino también en los miembros de la familia, que quieren que vivamos más tiempo y nos sintamos bien. En efecto, una esposa y madre, feliz y saludable, es uno de los mejores regalos que una mujer puede dar a su marido e hijos. En fechas recientes Joni, quien es abuela de tres pequeños, nos contó la siguiente anécdota: "Un día después de que bajé poco más de cuatro kilos y empecé a sentirme mucho mejor en todos los sentidos, fui a desayunar con mi hermana gemela. Me miró con suspicacia desde el otro lado de la mesa y dijo:

–A ver, Joni, dime la verdad. ¿Te hiciste un minilevantamiento facial?

Yo estaba muy sorprendida y halagada a la vez.

–¡No! —exclamé— ¡Te juro que no!

–¿En serio? —preguntó mi gemela—. ¡Hasta mis hijos pensaban que te lo habías hecho!".

Joni le contó a su hermana que lo único que había hecho era cambiar su dieta, añadir suplementos y ejercicio constante.

–Solamente bajé cuatro kilos y medio, pero es algo más que los kilos perdidos lo que me levantó la piel y la hizo resplandecer.

En realidad, el proceso inició hace quince años, cuando Joni era, como ella misma dijo, "un desastre".

–La transformación para mí se dio del interior al exterior. Al revés nunca me ha funcionado. Estoy segura de que, además de los cambios en la dieta y el ejercicio, la razón de que mi piel y cara se vean más jóvenes es que me siento más feliz, más tranquila y equilibrada por dentro.

Joni entonces: un desastre total

En 1996, cuando conocí a Joni, ella pensaba, como mucha gente, que sus problemas se debían a la falta de fuerza de voluntad. "Rezaba y rezaba y le pedía a Dios que me ayudara, pero no mejoraba, hasta que también empecé a ir a terapia, y ese sabio terapeuta me envió con el doctor Amen."

Joni se hizo un estudio SPECT en nuestra clínica y fue una revelación para ella, como lo es para muchos miles de pacientes que se enfrentan con la primera imagen de su cerebro. En ese momento estaba terriblemente angustiada y deprimida. Le habían diagnosticado síndrome premenstrual, pero ella sabía que debía ser algo más que eso. Vivía sumida en el dolor, la depresión y la vergüenza. Como a muchas mujeres, la hirieron emocionalmente cuando era niña. Creía que era tonta y le costaba mucho trabajo sentir que tenía un lugar en el mundo. Mientras estaba sentada en la sala de espera, un sentimiento de vergüenza se apoderó de ella por ser un desastre, a tal grado que, literalmente, debía hacerse un examen de la cabeza.

Descubrimiento de su belleza interior

Cuando vio la imagen de lo que estaba pasando en su cerebro fue como si se abriera desde el interior.

—Al mirar detenidamente las imágenes entendí que en realidad estaba sucediendo algo biológico —puntualiza Joni—. No era sólo un problema espiritual, o falta de fuerza de voluntad. El doctor señaló varias partes de mi cerebro y me explicó por qué me sentía tan angustiada. Los ganglios basales estaban hiperactivos. Cuando vi la escasa actividad que había en mi corteza prefrontal, se me llenaron los ojos de lágrimas de compasión por mi yo perdido. Me di cuenta de que sin el flujo sanguíneo suficiente en esta parte del cerebro, no era de extrañar que tuviera problemas en la escuela, con mi matrimonio, e incluso para sentirme amada y conectada con Dios.

Volver a ser hermosa

¡La única cirugía plástica que he tenido es cortar mis tarjetas de crédito!

Joni

Además de la terapia, recuperó el equilibrio mental con suplementos y un poco de medicamento (una pequeña cantidad de Adderall para tratar los problemas del TDA) y eso le dio un cerebro con el que, por fin, podía trabajar. La terapia continuó, pero de manera mucho más eficaz. Una vez que estuvo mejor por dentro, se sintió totalmente lista para tener también un cuerpo sano. Más o menos en esta época se publicó mi libro *Change Your Brain, Change Your Body*. La clínica ofrecía clases y un grupo de apoyo; Joni se inscribió y llevó a una amiga de mi hija, que bajó 13.6 kg.

Las clases le ayudaron a entender la conexión entre lo que comía y su estado de ánimo. La comida sana permite llevar una vida plena, en lugar de un vientre abultado. Además de mejorar su aporte nutricional, Joni sintió que los complementos específicos fueron muy útiles.

—Estoy pasando por la menopausia, lo que no es nada fácil, pero estoy muy agradecida por tener los suplementos, la nutrición y el ejercicio para ayudarme —manifestó.

Una nueva investigación indica que el aceite de pescado reduce la frecuencia de los bochornos. Joni hace ejercicio con un entrenador tres veces a la semana. Nos contó que antes de empezar a tomar los suplementos, solía ir al gimnasio y se le olvidaba lo que su entrenador le había dicho que hiciera. Su entrenador se burlaba de ella:

—¿Qué estás haciendo, Joni? ¿Esperas el autobús?

Concentrarse en la tarea era muy difícil para ella, pero con los suplementos y la buena nutrición tuvo la fuerza y la energía para prestar atención y terminar sus entrenamientos. En ocasiones también sale a caminar y a dar paseos en bicicleta.

Ahora, cuando va al supermercado, Joni lee las etiquetas con suma atención. Se dio cuenta de que la comida es una verdadera medicina. También se siente cómoda con porciones del tamaño preciso. Debido a que Joni tiene TDA, nota una gran mejoría en su nivel de atención cuando come proteínas en el desayuno. Por lo general, desayuna un licuado con proteínas o claras de huevo con aguacate en pico de gallo. Para el almuerzo, por lo general come una sopa y una ensalada, o un sándwich saludable. Cena casi siempre pescado, alguna verdura y ensalada.

El momento de mayor tentación es por la noche, cuando se queda despierta hasta tarde. Su perfil cerebral mostró que Joni tiene problemas con comer en exceso y de forma apremiante y ansiosa. Explica:

—Cada día tengo una opción. Lo interesante es que no sólo era impulsiva respecto a la comida. Además era compradora compulsiva y me metía en problemas cuando iba al centro comercial y terminaba con las tarjetas de crédito fuera de control. ¡Ahora no tengo deudas! Al equilibrar mi TDA, tuve un mejor control sobre la comida y sobre muchas otras áreas de mi vida.

Joni añade:

—En respuesta al minilevantamiento facial y la reducción de mis deudas, le digo a la gente: "En serio, ¡la única cirugía plástica que he tenido es cortar mis tarjetas de crédito!".

Joni dice que su comunidad de apoyo fue fundamental para que pudiera mantenerse firme en sus decisiones saludables para el cerebro.

—Hay personas en mi vida que apoyan mi curación y también tengo personas a las que puedo llamar cuando estoy estresada o nerviosa. Mi estudio de imágenes del cerebro también mostró un patrón compatible con un trauma emocional del pasado. Ahora entiendo lo que pasa cuando algo detona un dolor viejo, y mi cerebro quiere hacer algo para automedicarse, como comprar cosas por compulsión, comer un montón de dulces u otras conductas adictivas. Ahora sé cómo calmar mi mente, con suplementos, dieta y ejercicio, además de los cambios en los patrones de pensamiento.

"El otro día alguien fue al lugar donde trabajo y simplemente estalló en cólera. Éste fue un detonante de ansiedad para mí, y deseaba con todas mis fuerzas 'medicarme' con un montón de donas. La comida era para mí, como una madre amorosa, como Paula Deen de la Food Network."

Lo que Joni comprende ahora es que puede conseguir ese sentimiento reconfortante, apoyo y cuidado de las personas importantes en su vida, al estilo de Paula Deen, pero ¡sin todo el azúcar y la mantequilla que la acompañan!

—Me emociona ver mi imagen en el espejo —afirma Joni—. ¡Lo que está dentro de mí brilla ahora en el exterior! Con el cerebro equilibrado ya no me veo como antes, como la reina malvada de un cuento de hadas con un horrible final. ¡Lo que veo ahora en el espejo es una mujer joven, sana y vibrante!

El cuidado de la piel es importante

Todo es según el color del cristal con que se mira reza el viejo adagio el cual puede ser más cierto de lo que pensamos. El "que mira", o sea, el ojo humano, evalúa de forma automática la salud de una persona por la apariencia de la piel y la cara. Sorprendentemente, esta respuesta automática es muy precisa. Las primeras señales visibles de envejecimiento, como las arrugas, a menudo indican algún tipo de falla sistémica en el interior. Una creciente cantidad de investigaciones demuestra que las arrugas faciales son un indicador fiable de la salud interior. Por ejemplo, en un estudio en el que se usaron fotografías de gemelos mayores, los investigadores pidieron a veinte enfermeras que observaran las fotografías y trataran de adivinar la edad de cada gemelo por separado. En los años siguientes, el gemelo reconocido como "el que se veía más viejo" tuvo más probabilidades de morir a causa de problemas relacionados con la salud en 73 por ciento de los casos.

Uno de los conceptos más importantes que he aprendido con los años es que *la salud de la piel es un reflejo exterior de la salud del cerebro*. La conexión entre cerebro y piel es tan fuerte que algunas personas han comenzado a llamar a la piel "el cerebro exterior". Los mismos hábitos que hemos analizado en este libro para mejorar el aspecto, la salud y el funcionamiento del cerebro, se aplican también a la piel. Ésta abarca 1.85 metros cuadrados y constituye la sexta parte del peso corporal, por lo que es el órgano más grande del cuerpo. Nútrala bien, partiendo de dentro hacia fuera, y esto pagará grandes dividendos tanto en la cantidad como en la calidad de su vida.

¿Sabía usted que 50 por ciento del cerebro está dedicado a la vista? La piel sana es atractiva, no sólo para el sexo opuesto, sino para todos. Mucha gente piensa que es una actitud superficial preocuparse por la apariencia externa, pero es importante cuidarla si desea mantenerse en contacto con los demás y atraer a la gente hacia usted.

214

"¡Espere! ¡No tiene que hacerse el levantamiento facial todavía!"

Las transformaciones extremas son divertidas de ver en la televisión, pero, en el mejor de los casos, este tipo de belleza es sólo superficial y no beneficia la salud, ni la longevidad de una persona. Los resultados a largo plazo son fugaces.

Lo que no se ve en algunas de estas transformaciones radicales es el *dolor* extremo que implican algunos de estos procedimientos. Además, pocas cirugías estéticas están exentas de efectos secundarios. Muchas veces, los resultados son inferiores a lo que las personas esperan, o peor aún, se quedan con cara de "sorpresa permanente" o con una "sonrisa del Guasón". Busque en Google "cirugías de celebridades que salieron mal" y se dará una idea de lo que en verdad significa estrambótico. La cirugía de cualquier tipo, incluidos los implantes o inyección de sustancias extrañas en el cuerpo, siempre conlleva riesgos a corto y a largo plazo.

Claro, hay casos en los que la cirugía plástica es una opción legítima. Sin embargo, si usted ha estado jugando con la idea de pasar por el cuchillo de un cirujano para que le haga algún "trabajo", me gustaría proponerle una alternativa. Posponga la decisión de seis meses a un año, y durante ese tiempo haga un esfuerzo concertado por hacer cambios positivos para mejorar su salud, su felicidad y su cara al mismo tiempo. Hacer esto no sólo va a tensar y alisar la piel de su cara, sino también la del resto del cuerpo.

En las Clínica Amen a menudo vemos personas que se transforman en versiones más jóvenes de sí mismas, a medida que son capaces de equilibrar su cerebro, porque siguen una dieta inteligente para el cerebro y un programa de ejercicio. Incluso reducir 4.5 kg, si los baja con alimentos de alto valor nutricional, puede revertir profundamente el envejecimiento del rostro de una persona. Cuando las personas bajan de peso mediante un régimen saludable, se comenta con frecuencia sobre lo jóvenes que se ven (a diferencia de quienes bajan de peso mediante la reducción de calorías, pero comen alimentos artificiales bajos en nutrientes; estas personas tienden a verse demacradas, arrugadas y débiles).

Recuerdo que una vez intenté seguir una dieta extrema baja en carbohidratos: mi piel adquirió un tinte grisáceo y en cuestión de semanas parecía más viejo y enfermo. Era una técnica de reducción de peso inadecuada para mí.

Si elige una vida saludable para el cerebro y la adopta de todo corazón, hay muchas probabilidades de que verá un progreso significativo cuando se mire al espejo dentro de unos meses. Sin embargo, asegúrese de tomar una fotografía antes de empezar. A veces los cambios graduales son menos evidentes que otros. En el resto de este capítulo exploraremos algunas formas naturales para levantar, tensar y alisar la piel. También vamos a hablar de cómo aumentar el flujo de sangre al cerebro y la piel para mejorar su vida sexual.

Pues resulta que —¡sorpresa!—, lo que mantiene joven al cerebro también lo hace con la piel. Así obtiene una ganga de dos por uno cuando opta por una vida saludable para el cerebro. En realidad, obtiene una oferta cuádruple, pues lo que es bueno para el cerebro, lo es para la piel y también lo es para el corazón y los genitales. No hay ninguna desventaja, efectos secundarios, riesgos ni caras de payaso congeladas cuando se elige el camino de un levantamiento facial saludable para el cerebro.

> No hay concursos de belleza para un cerebro hermoso, pero la verdad es que sin un magnífico cerebro, usted no será tan atractivo como podría ser. La ira, la depresión y la ansiedad se manifiestan en nuestras caras. Tener el cerebro en calma relaja y embellece su rostro.

Piel sana de dentro hacia fuera

Incluso el mejor levantamiento facial logra muy poco, si no se atiende el envejecimiento que ocurre dentro del cuerpo. Para verse y sentirse realmente joven, hay que comenzar desde dentro y, sobre todo, con el cerebro.

Dr. Eric Braverman

Una de las cosas que me gustan mucho de la historia de Joni es que ella hace hincapié en que sus cambios exteriores comenzaron con cambios en el interior. Esto se aplica a muchas áreas de la vida, pero es quizá aún más cierto cuando se trata de la piel. El cuidado de nuestra piel es un poco como el cuidado de una planta. Una planta bien alimentada crece alta y hermosa, con hojas aterciopeladas y de color brillante. Esto lo sabemos acerca de las plantas, pero nos olvidamos de ello cuando se trata de nosotros mismos.

Imagine este escenario.

Digamos que una mujer llamada Sophia tiene una planta de flores hermosas que adora. Pero un día piensa: "Caramba, estoy cansada de regar y fertilizar esta planta. Prefiero llevarla a un rincón oscuro del sótano. Además, creo que voy a tratar de sembrarla en tierra arcillosa en lugar de tierra de hojas para macetas. Y también me olvidaré del fertilizante. Este año voy a ahorrarme tiempo y dinero mientras esta planta se cuida sola".

Así, Sophia deja de regar la planta, no le pone nutrientes a la tierra y la mantiene alejada de la luz solar y el aire fresco. En pocas palabras, la planta queda relegada a confinamiento solitario, sin alimento, ni luz, ni siquiera pan, o mejor dicho, fertilizante, ni agua.

Finalmente sucede lo inevitable. Las hojas empiezan a marchitarse, a arrugarse, y se tornan de color marrón. A Sophia no le gusta el aspecto de la planta y recorta las hojas muertas, o las pinta con un aerosol de un lindo tono "verde hierba".

Los tallos comienzan a doblarse y ella los apuntala con palos, cinta adhesiva y alambre. Pese a todo, la raíz y tallos del sistema vascular de la planta tienen muchas curvas y recovecos que impiden que el alimento tenga un flujo continuo hacia las flores y las hojas. La planta deja de florecer, por lo que Sophia compra flores artificiales y las "implanta" entre las hojas.

"¡Un momento, un momento!", le diría usted a cualquiera que tratara de hacer ese tipo de cambio de imagen extremo a una planta que alguna vez fue hermosa. "¡Estás matando a esa pobre planta! Tiene que nutrirse con tierra rica, riego diario y la cantidad precisa de aire fresco y luz solar. Entonces los tallos se enderezarán, las hojas volverán a ser flexibles y vibrantes, y le saldrán flores de verdad."

El paralelismo es evidente. No se puede cultivar una flor saludable y hermosa por estos medios extremos y artificiales; asimismo, no se puede cultivar una piel sana, suave y sin arrugas, vibrante, de un tono sonrosado en las mejillas, a menos que "crezca" de dentro hacia fuera.

Los cosméticos más caros del mundo no pueden hacer que usted se vea tan bella como puede lograrlo una vida saludable para el cerebro. Echemos un vistazo a cómo puede comenzar a nutrir la piel a partir de ahora.

217

Riegue su piel: hidratación

Así como las plantas necesitan agua, la piel y el cerebro también necesitan agua. Beber mucha agua filtrada es muy beneficioso para la piel debido a su capacidad para eliminar las toxinas del cuerpo, incluidas las que terminan en la piel. El té verde o blanco podría ser aún más beneficioso, ya que se ha demostrado que protege el colágeno.

Aceites saludables

Omega 3. Un estudio publicado en el *Journal of Dermatological Research* (2008) mostró una mejoría en la elasticidad de la piel en mujeres que tomaron más de 1 g de ácido eicosapentaenoico (EPA) con aceite de pescado durante tres meses. Los omega 3 también ayudan a la piel a recuperarse más pronto después de la exposición a la radiación ultravioleta y protegen el ADN dentro de las células de la piel y el colágeno que las sostiene. También aumentan la elasticidad de los vasos sanguíneos y con ello mejoran el flujo sanguíneo, dando a la piel un brillo saludable.

Ácido gamma-linolénico (AGL). Éste es un "buen" omega 6. Por lo general se deriva de los aceites de semilla de borraja, onagra (*Oenothera*) o grosella negra. (La borraja contiene la cantidad más alta.) Se observa mejoría en la suavidad y la hidratación de la piel después de uno a tres meses de consumir 500 mg de AGL de aceite de borraja; además, ayuda a aliviar la piel seca y la picazón. Al combinarlo con aceite de pescado, reducirá la cantidad de agua perdida en la epidermis. Pruebe esta combinación durante al menos un mes, pues se necesita este tiempo para que los efectos comiencen a notarse en la piel.

Acetilcolina. Es un nutriente muy importante que actúa como un neurotransmisor en el cerebro para el aprendizaje y la memoria, pero también sirve para la piel. La acetilcolina proporciona humectación al cuerpo, y cuando se agota, nos secamos por dentro (empezando por el cerebro). La piel arrugada y seca puede ser un indicio de pérdida de memoria. La pérdida de acetilcolina es un marcador de la demencia.

A continuación se presenta una lista de algunos alimentos que ayudan a aumentar la acetilcolina:

- Huevo entero
- Hígado de pavo
- Bacalao, salmón o tilapia
- Camarones
- Proteína de soya
- Crema de cacahuate
- Salvado de avena
- Piñones (asegúrese de que sean cultivados en Estados Unidos, ya que en los últimos años el síndrome de la boca de pino, un padecimiento temporal que afecta las papilas gustativas, proviene de muchos lotes de piñones importados)
- Almendras
- Avellanas
- Nueces de macadamia
- Brócoli
- Colecitas de Bruselas
- Pepino, calabacitas, lechuga
- Leche descremada
- Queso bajo en grasa
- Yogurt bajo en grasa

Los suplementos son también una gran manera de aumentar la acetilcolina. Estos incluyen fosfatidilcolina, acetil-L-carnitina, ácido alfa lipoico, manganeso y huperzina A.

Hora del té. Para tener una piel sana que brille del interior al exterior, beba té: blanco, verde o negro. Los estudios muestran que los polifenoles en el té tienen propiedades antiinflamatorias beneficiosas para la piel. Un estudio publicado en la revista *Archives of Dermatology* concluyó que tomar tres tazas de té *oolong* al día redujo 54 por ciento los síntomas de eccema en las personas que lo probaron. Las investigaciones también descubrieron que beber de dos a seis tazas de té verde al día no sólo ayuda a prevenir el cáncer de la piel, también puede revertir los efectos de daño solar porque neutraliza los cambios que aparecen en la piel expuesta al sol.

También hay nuevos estudios que muestran que el té blanco es un poderoso agente antienvejecimiento de la piel, además de ayudar a reducir el riesgo de cáncer y artritis reumatoide. En un estudio en el que los científicos pusieron a prueba las propiedades saludables de 21 plantas y extractos de hierbas, quedaron sorprendidos al ver que el té blanco superó a todos los demás. El té blanco tiene potencial antienvejecimiento y altos niveles de antioxidantes, además de proteger las proteínas estructurales de la piel; en concreto la elastina y el colágeno, que ayudan a la fuerza y la elasticidad de la piel y disminuyen las arrugas y la flacidez. Con sólo una taza de té blanco al día se obtiene un efecto notable.

Alimento para el rostro

Quizá haya notado que las japonesas tienen la piel más bella del mundo. A menudo parecen casi intemporales. Muchas de las personas más longevas del mundo son de Japón y tiene muy pocas señales de envejecimiento visible en la piel. Los investigadores creen que esto se relaciona con su dieta, rica en mariscos y verduras, y baja en azúcares y aceites perjudiciales. Así como una planta tiene su mejor aspecto cuando se "alimenta" de tierra rica en nutrientes, lo mismo ocurre con un rostro que se "alimenta" de comida sana.

En un estudio, los investigadores concluyeron que los adultos mayores que comen grandes cantidades de aceite de oliva, pescado y mariscos, frutos secos, leguminosas, yogurt, té, cereales integrales, verduras de color verde oscuro, frutas oscuras y bayas rojas tienen la menor cantidad de señales visibles de envejecimiento. Por otra parte, un mayor riesgo de arrugamiento de la piel se asocia con el consumo de carnes grasas procesadas, grasas saturadas, papas blancas, bebidas azucaradas y postres. Nuestra piel es lo que comemos; por eso, es necesario alimentarla con ingredientes bellos.

El doctor Lawrence E. Gibson, dermatólogo de la Clínica Mayo, asegura que los siguientes alimentos son lo mejor para tener una piel sana:

- Zanahorias, albaricoques y otras frutas y verduras de color amarillo y anaranjado
- Moras azules
- Espinacas y otras verduras de hoja verde
- Tomates

- Frijoles, chícharos y lentejas
- Pescado, especialmente el salmón
- Frutos secos

Asegúrese de comer en abundancia alimentos ricos en fibra, ya que disminuyen los aumentos de azúcar y reducen la glicación, un proceso que envejece el cuerpo y la piel.

Suplementos

Cada vez más se formulan productos multivitamínicos con ingredientes que nutren la piel. Busque los siguientes ingredientes en su multivitamínico habitual:

Vitamina C y lisina. Se sabe que estos antioxidantes inhiben las enzimas producidas por las células que atacan el colágeno.

Vitamina D. Esta vitamina es importante para mejorar la salud de la piel porque disminuye la inflamación y fortalece el sistema inmunológico. A medida que la piel envejece es menos eficaz para sintetizar la vitamina D proveniente de la luz solar. Si la piel no sana tan rápido como antes, después de una cortadura pequeña, la vitamina D por vía oral puede ayudar.

Zinc. Este mineral favorece la cicatrización de las heridas y es beneficioso para la salud del cabello y la piel, en especial si usted sufre de dermatitis o caspa.

Vitaminas A y E. Estas vitaminas son beneficiosas para la disminución de la inflamación.

Omega 3. Los ácidos grasos omega 3 mejoran la elasticidad de la piel, ayudan a proteger y restaurar el cuerpo después de la exposición a la radiación ultravioleta y protegen el ADN y el colágeno. Como se mencionó anteriormente, el ácido gamma-linolénico ayuda también y si se toma en combinación con un suplemento de omega 3, con el tiempo puede mejorar la humedad y la apariencia de la piel.

Dimetilaminoetanol (DMAE). También conocido como deanol, el DMAE es un análogo de la vitamina B colina. El DMAE es precursor del neurotransmisor acetilcolina, y tiene potentes efectos sobre el sistema nervioso central. El DMAE se utiliza comúnmente para aumentar la capacidad de las neuronas en el cerebro y también se cree que tiene propiedades antienvejecimiento que disminuyen la aparición de arrugas y mejoran la apariencia de la piel.

Fenilalanina. Este aminoácido es útil para contrarrestar la depresión y el dolor. También existen datos científicos que indican que puede ser útil para tratar el vitiligo, una enfermedad crónica de la piel, relativamente común, que causa despigmentación en algunas áreas. Se produce cuando las células responsables de la pigmentación de la piel mueren o dejan de funcionar.

Ácido alfa lipoico. Este compuesto se produce de forma natural en el cuerpo y protege contra daños celulares en diversas condiciones. En gran cantidad de estudios se ha demostrado que también es útil para tratar problemas de la piel.

Extracto de semilla de uva. Esta sustancia proviene de los productos de desecho de las industrias vitivinícola y de fabricación del jugo de uva. Muchos estudios indican que este extracto es benéfico en muchas áreas de la salud debido a su efecto antioxidante, que se enlaza con el colágeno y promueve el aspecto juvenil de la piel, mayor elasticidad y flexibilidad.

Probióticos. El intestino suele ser un indicador de la salud y esto es especialmente cierto cuando se trata del estrés. ¿Sabía usted que el miedo y la ira pueden reducir diez veces el número de bacterias saludables en el intestino? En momentos de estrés, o enfermedad emocional, o después de excederse en la ingesta de alcohol, ayude a su organismo a mejorar con rapidez tomando productos lácteos fermentados, como el kéfir o yogurt, o una fórmula probiótica de buena calidad. Los probióticos contribuyen a normalizar el sistema inmunológico después de la exposición a los rayos UV. En estudios con animales (aún no se han llevado a cabo con seres humanos), el uso de probióticos es prometedor para el rejuvenecimiento de la piel tras la exposición al sol.

Se ha descubierto que Splenda (sucralosa), un sustituto del azúcar, reduce las bacterias buenas y también modifica el equilibrio del pH saludable en el cuerpo, por esta razón sería buena idea evitarlo. Recomiendo Stevia en su lugar.

Equilibrio hormonal

Tener las hormonas en equilibrio y bajo control es fundamental tanto para la salud del cerebro como para la piel. Los problemas con la testosterona, estrógeno, progesterona, hormonas tiroideas y los niveles de cortisol pueden causar trastornos importantes. Pero antes de empezar a tomar hormonas sintéticas, limpie su dieta y su entorno. Por ejemplo: ¿sabía que una explosión de azúcar puede reducir los niveles de testosterona en 25 por ciento? La testosterona se considera la hormona de la libido. Esto significa que si se come un pastel de queso en el restaurante, nadie va a comer postre cuando llegue a casa. El remplazo de estrógeno para las mujeres, cuando es apropiado, puede retardar el proceso de envejecimiento de la piel porque disminuye la pérdida de colágeno el cual afecta la capacidad de la piel para conservar la humedad.

Sol: lo suficiente, no demasiado

La mayoría de las personas necesitan unos veinte minutos de sol al día para tener un nivel saludable de vitamina D. También puede obtener la cantidad necesaria con un suplemento de vitamina D_3, si usted vive en lugares como Washington y Oregon, donde hay meses en los que el sol siempre está escondido detrás de las nubes. Sin embargo, es necesario evitar las horas en las que la luz solar es más fuerte, de 11 de la mañana a 2:00 de la tarde. Así como distintas plantas necesitan diferentes cantidades de sol y sombra, lo mismo ocurre con las personas. La personas de cabello rubio claro y las que son pelirrojas de tez clara necesitan tener especial cuidado con la exposición al sol, ya que sus índices de cáncer de piel son mucho más altos que los del resto de la población cuya piel es aceitunada u oscura.

Usar filtro solar o no. Hace años, cuando los investigadores descubrieron lo que la exposición excesiva al sol podía provocar en nuestra piel, el consejo general era untarse un bloqueador con determinado factor de protección solar. Lo que no tomaron en cuenta fue que algunos de los ingredientes de determinados protectores solares pueden ser más perjudiciales para el cuerpo que la exposición razonable al sol. Encontrará una lista de los protectores solares más seguros en la página electrónica de la asociación sin fines de lucro Environmental Working Group (www.ewg.org). Tampoco tomaron en cuenta que, en general, nuestros niveles de vitamina D se reducirían a niveles peligrosamente bajos. En mi opinión, la respuesta en este caso es tener cuidado con el sol. Reciba luz solar en cantidad suficiente para mantener sanos sus niveles de vitamina D, pero no tanta como para poner en riesgo la salud de la piel. Piense en veinte minutos al día sin protector solar. Nunca se queme con el sol y hágase una medición de sus niveles de vitamina D, mediante una prueba llamada 25 hidroxivitamina D.

Obtenga un bronceado saludable con sus cinco al día. Los científicos han demostrado que es posible darle a la piel un resplandor dorado al comer más frutas y verduras con carotenoides, que alteran sutilmente el color de la piel. Los carotenoides son los antioxidantes responsables de la coloración roja que se encuentra, por ejemplo, en los tomates, los pimientos, las ciruelas y las zanahorias. Con el tiempo dan a la piel humana (de raza blanca) un resplandor dorado de aspecto saludable. Los carotenoides se acumulan en la grasa, debajo de la piel, y se secretan a través de ella en el suero. Luego se reabsorben en la capa superior de la piel, lo que confiere el color dorado. Estas sustancias contienen poderosos antioxidantes que son buenos para la salud del cerebro. Los estudios demuestran que la gente considera que un brillo dorado sano es más atractivo que un pigmento más ligero. Los investigadores creen que los tonos rosados de piel, ligeramente enrojecidos por el flujo sanguíneo repleto de oxígeno, dan un aspecto más saludable, ya que dejan entrever un corazón y pulmones fuertes.

Buena salud vascular igual a una piel sana

Todo tiene que ver con el flujo sanguíneo. La piel contiene una gran cantidad de vasos sanguíneos, por lo que es vascular por naturaleza. Estos vasos sanguíneos promueven la circulación, el flujo sanguíneo y limpian la piel. Cuando nuestro sistema cardiovascular se obstruye y el flujo sanguíneo es deficiente, la piel pierde su tonalidad rosada y la apariencia juvenil. Además de las arrugas, las personas mayores suelen tener la piel pálida, debido a la falta de flujo sanguíneo.

Tome profundas bocanadas de aire fresco. Ponga una planta bajo una cúpula de cristal y no durará mucho tiempo. ¡Los seres vivos necesitan oxígeno en abundancia! Los ejercicios de respiración profunda ayudan a calmar el cuerpo y aumentan el oxígeno en la sangre. Respirar al aire libre, en la naturaleza, sobre todo cuando hay muchos árboles (lo que los japoneses denominan "respirar aire del bosque") reduce el cortisol, disminuye la glicación (una parte del envejecimiento) y aumenta el bienestar.

Evite la anemia. Ésta provoca que el número de glóbulos rojos sanos baje demasiado y que la persona tenga un aspecto fantasmal. Los glóbulos rojos contienen hemoglobina, misma que transporta oxígeno a los tejidos, y la falta de oxígeno causa problemas en todos los órganos. Algunos de los síntomas de anemia son: una ligera palidez de la piel y mareos.

Aumente el flujo de sangre a la piel. La mejor manera de conseguir el movimiento de sangre es a través del ejercicio.

1. *El ejercicio lo hace sudar.* "El cuerpo tiene muchos mecanismos para deshacerse de las toxinas: los riñones, el hígado y la piel", dice la doctora Sandra M. Johnson, dermatóloga que trabaja en Johnson Dermatology en Fort Smith, Arkansas. "El ejercicio aumenta la irrigación sanguínea de la piel y la estimulación neuronal, además de que permite que las glándulas sudoríparas aumenten sus funciones y se deshagan de las toxinas." Una vez que exude las toxinas, asegúrese de lavarse. El baño después de un entrenamiento impide que las toxinas se queden en la piel y previene infecciones bacterianas o fúngicas que pueden presentarse cuando la suciedad obstruye los poros.

2. *El ejercicio tonifica los músculos.* Cuanto más tonificado se encuentre debajo de la piel, más saludable se verá y se sentirá su piel. Tonificar los músculos también ayuda a reducir la celulitis. Ésta no se puede eliminar con ejercicio, pero ayuda a lucir mejor.

3. *El ejercicio aumenta el flujo de sangre y oxígeno a la piel.* Los estudios sobre la piel han demostrado que el ejercicio regular aumenta el flujo sanguíneo en diabéticos tipo 2 en la medida suficiente para reducir el riesgo de problemas de la piel que dan lugar a amputaciones. El ejercicio aumenta el flujo de sangre, lo que significa que más oxígeno y nutrientes llegan a la superficie de la piel.

4. *El ejercicio alivia el estrés.* Desde hace mucho tiempo se sabe que el

ejercicio es una gran manera de aliviar el estrés. Esos beneficios para el cuerpo y la mente se extienden al rostro porque uno frunce menos el entrecejo y sonríe más. Además, algunas erupciones en la piel pueden estar relacionadas con el estrés.

5. *El ejercicio le da a su cutis un brillo hermoso y natural.* Cuando hace ejercicio, su piel comienza a producir más aceites naturales que ayudan a que la piel se vea tersa y saludable.

El ejercicio es el ingrediente secreto vital del cuidado de la piel para tener una complexión más joven, más saludable y más suave.

Trate la apnea del sueño. Existen nuevas investigaciones que indican una mayor frecuencia de cánceres de piel en pacientes con apnea del sueño. También parece existir cierta relación entre la psoriasis y la apnea del sueño. Ambas condiciones están relacionadas con la falta de oxígeno y de flujo sanguíneo a todos los órganos, incluida la piel. El alcohol y la obesidad agravan la posibilidad de sufrir de apnea del sueño. Si usted tiene sueño durante el día, incluso después de una noche completa de sueño, o si su pareja le dice que ronca y luego parece que deja de respirar, para después resoplar y respirar de nuevo, es posible que deba hacerse un estudio. La apnea del sueño diagnosticada y tratada ha marcado una gran diferencia para muchas personas en función de la energía y la salud; esto incluye mayor flujo de sangre, oxígeno y nutrientes a la piel.

Disminuya el estrés para reducir las arrugas

Una planta puede entrar en estado de choque y marchitarse si se le saca de su maceta de manera brusca y descuidada para cambiarla a otra, o debido a la exposición a temperaturas extremas. De la misma manera, el estrés no es bueno para la salud ni para la belleza. Muchas personas adquieren una tonalidad grisácea, o pierden el pelo en momentos de mucho estrés. Si lo duda, eche un vistazo a los expresidentes en sus años de mandato. Los científicos estiman, con base en mediciones clásicas del envejecimiento, que un presidente de Estados Unidas envejece cerca de dos años por cada año en el cargo.

Reciba un masaje. El masaje ayuda a estimular el flujo sanguíneo en la piel y los estudios demuestran que relaja todo el cuerpo y reduce las hormonas del estrés después de una sesión. Los movimientos propios del masaje también pueden ayudar a eliminar el tejido cicatricial.

Pruebe la hipnosis y autorrelajación. La autohipnosis es una poderosa habilidad para tranquilizarse uno mismo, que le puede ayudar a relajarse cuando se encuentre estresado y a dormir bien por la noche.

Obtenga su sueño de belleza. Si alguna vez ha tenido una noche de insomnio, el cansancio habrá sido muy notorio en su cara, en especial alrededor de los ojos. Las mujeres que no duermen bien tienen alterada la función de barrera de la piel, sufren mayor pérdida de agua y tienen sustancias químicas sumamente inflamatorias en la circulación. Dormir bien mantiene las bacterias saludables en el intestino. (La falta de sueño reduce la cantidad de bacterias benéficas. Tomar un probiótico cuando no se duerme bien es una buena medida preventiva.) Curiosamente, la buena salud de la piel depende de dos sustancias químicas del cerebro que también tienen propiedades antienvejecimiento: el ácido gamma-aminobutírico (GABA) y la melatonina. El ácido GABA aumenta la supervivencia de las células que producen colágeno. La falta de melatonina puede causar adelgazamiento de la epidermis. Estas dos sustancias se encuentran en niveles bajos en las personas con problemas crónicos del sueño.

Pruebe la aromaterapia. En un estudio de sueño en el que se "canalizaron" cantidades muy pequeñas de aromas de jazmín y lavanda, en una sala con pacientes dormidos, el jazmín superó a la lavanda en términos de ayudar a la gente a disfrutar de un sueño más reparador. Los pacientes se movieron menos y durmieron más profundamente. La cantidad utilizada era tan pequeña que los sujetos no pudieron detectar el olor a nivel consciente. Por consiguiente, un toque de este aroma natural puede resultar útil.

Evite la exposición a sustancias tóxicas

Así como una planta se marchita debido a la exposición a sustancias químicas tóxicas en la tierra o en el aire, el cerebro y la piel se marchitan debido a la exposición interna y externa a sustancias tóxicas. En un estudio de imágenes cerebrales, la exposición a tóxicos le da al cerebro una apariencia desigual y festonada. Esto ocurre con el alcohol y las drogas, así como con las toxinas del medio ambiente, como el asbesto y la pintura a base de plomo. La exposición tóxica también puede dejar la piel con pequeñas depresiones, erupciones cutáneas y arrugas. Las siguientes son algunas cosas que debe evitar si quiere proteger su piel.

Deje de fumar. La nicotina reduce el flujo sanguíneo a la piel y le roba ese brillo saludable y sonrosado. También destruye la elasticidad, lo que promueve la formación de arrugas. El acto de inhalar el humo del cigarrillo también agrega líneas finas por encima del labio superior. Fumar durante diez o más años puede provocarle "la cara del fumador". Éste es un término que el doctor Douglas introdujo en 1985, cuando publicó un estudio en la revista *British Medical Journal* en el que demostró que podía identificar a los fumadores habituales sólo con mirar sus rasgos faciales. "La cara de fumador" provoca que la gente se vea mayor e incluye las siguientes características: arrugas finas por encima y por debajo de los labios, en las comisuras de los ojos, en las mejillas o en la mandíbula, aspecto demacrado, tono grisáceo y tez rojiza. Más malas noticias: de acuerdo con un estudio publicado en el *Journal of Clinical Oncology*, los fumadores tienen tres veces más probabilidades que los no fumadores de desarrollar un cierto tipo de cáncer de piel llamado carcinoma de células escamosas.

Evite los productos finales de glicación avanzada (PGA). Comer demasiados dulces y alimentos de alto índice glucémico puede causar arrugas. Un estudio publicado en la revista *British Journal of Dermatology* concluyó que el consumo de azúcar promueve un proceso natural llamado glicación, en el que los azúcares se unen a las proteínas para formar moléculas dañinas llamadas PGA. Estos productos dañan el cerebro y también el colágeno y la elastina, las fibras de proteínas que ayudan a mantener la piel firme y elástica. Cuanto más azúcar consuma, mayor daño habrá en estas proteínas y más arrugas le saldrán en la cara. Además, cocinar con líquidos en vez de utilizar calor seco reduce los PGA en el organismo. Cocer al vapor y escalfar son opciones saludables para la piel mucho mejores que cocinar a la parrilla con calor seco.

Limite el consumo de cafeína. El exceso de cafeína del café, té, chocolate o algunas preparaciones herbales, deshidrata la piel, lo que hace que se vea seca y arrugada.

Cuidado con el alcohol. Éste tiene un efecto deshidratante, reduce la humectación de la piel y aumenta las arrugas. También dilata los vasos sanguíneos y capilares de la piel. Con el consumo excesivo los vasos sanguíneos pierden su tono y se quedan dilatados permanentemente, dándole a su rostro un rubor que no desaparecerá. El alcohol también agota la vitamina A, un antioxidante importante que participa en la regeneración celular de la piel. El abuso del alcohol daña el hígado y reduce su capacidad para eliminar las toxinas del cuerpo, lo que provoca un aumento de toxinas en el organismo y la piel, esto lo hará parecer mayor de lo que realmente es.

Las sonrisas y el sexo: hábitos saludables para su piel

¡Sonría! Esto revierte el proceso de envejecimiento de la cara

Una sonrisa natural, sincera y feliz puede ser una de las mejores formas de mantenerse joven. Las personas que tienen cerebros tranquilos y centrados, y que llevan vidas saludables en miles de formas, tienden a ser más felices, por lo que sonríen más a menudo. Una investigación de psicología social también demostró que considerar los beneficios que obtiene una persona como un regalo de Dios, o de otra persona, se correlaciona con el envejecimiento sano y la longevidad. Así, además de comer frutas y verduras, beber agua y té, tomar suplementos saludables para el cerebro y la piel, y hacer mucho ejercicio, también puede hacerse un pequeño levantamiento facial si practica el arte de la gratitud todos los días, ya que tendrá algo de qué sonreír.

Para mantenerse atractivo después de los cuarenta

La popular canción de Frank Sinatra "You Make Me Feel So Young" también podría traducirse como "¡Me haces *ver* muy joven!". Las personas que tienen relaciones amorosas y coquetas, y llevan vidas sexuales normales y felices lucen más jóvenes. Es cierto, todos nos vemos mejor cuando estamos enamorados y disfrutamos de relaciones sexuales fantásticas con nuestras parejas.

¿Por qué? En cierto modo, el cerebro vive en nuestra piel la cual está llena de conexiones neuronales derivadas del cerebro, por esta razón la piel responde al tacto tan rápido. La piel es un órgano sensual y sexual; es por ello que puede despertar por medio de caricias. El envejecimiento provoca que las terminaciones nerviosas de la piel pierdan sensibilidad, lo que nos da otra razón para invertir en la salud del cerebro, el corazón y sexual. Un cerebro saludable le ayuda a disfrutar de una vida sexual sana, pero ¿sabía usted que una vida sexual placentera también puede ayudar al cerebro, el corazón y la piel? Es una de las mejores situaciones de la vida en la que todos salen ganando.

Una investigación realizada en Escocia reveló que hacer el amor tres veces a la semana puede hacerlo ver, en promedio, ¡diez años más joven! Los científicos entrevistaron a tres mil quinientos hombres y mujeres de Europa y Estados Unidos durante un periodo de diez años sobre una gran variedad de temas de estilo de vida. Los participantes tenían edades comprendidas entre los 20 y los 104 años, pero la mayoría eran de 45 a 55 años. Lo único que este grupo tenía en común era que todos se veían más jóvenes para su edad, según un panel de seis jueces que observaron a los entrevistados a través de un espejo unidireccional. Los jueces conjeturaron que las edades de los participantes eran de siete hasta doce años menores a su edad real.

Una vida sexual vigorosa, según este estudio, fue el segundo determinante más importante en el aspecto joven que puede tener una persona. Sólo la actividad física resultó ser más importante que el sexo para mantener a raya el envejecimiento. Los participantes de aspecto joven, en promedio, tenían relaciones sexuales tres veces a la semana. Tener relaciones sexuales con más frecuencia por semana no parece producir ningún beneficio adicional. Tres es el número mágico para mantener ese brillo juvenil.

El estudio también concluyó que el sexo sin una buena relación de apoyo y empatía no detiene el proceso de envejecimiento. De hecho, el engaño y el sexo casual con diferentes parejas influyen en el envejecimiento prematuro, debido a la preocupación y el estrés que provocan.

¡Una docena de razones saludables para hacer el amor!

Piense en las siguientes ventajas de una buena vida sexual y se preguntará por qué los médicos no recetan "ir a casa a hacer el amor con su pareja tres veces a la semana" para aumentar la felicidad, la salud y la longevidad.

- El sexo quema grasa; alrededor de 200 calorías por sesión en promedio; el equivalente a correr vigorosamente durante treinta minutos.
- El sexo hace que el cerebro libere endorfinas, sustancias químicas de origen natural que actúan como analgésicos; reducen la ansiedad tan bien o mejor que algunos antidepresivos o medicamentos ansiolíticos.
- En los hombres, el sexo parece estimular la liberación de la hormona de crecimiento y la testosterona, que fortalecen los huesos, los músculos y tonifican la piel.
- Tanto en los hombres como en las mujeres, las investigaciones han demostrado que el sexo también parece estimular la liberación de sustancias que refuerzan el sistema inmunológico. Unos investigadores de Wilkes University, de Wilkes-Barre, Pennsylvania, descubrieron que las relaciones sexuales, una o dos veces a la semana, aumentan 30 por ciento el vigor del sistema inmunológico.
- Según un estudio, el orgasmo masculino puede ser incluso beneficioso para sus parejas, pues el semen reduce la depresión en las mujeres. Un estudio concluyó que las mujeres cuyas parejas masculinas no usaban condones eran menos propensas a la depresión que aquellas cuya pareja usaba condón. Una teoría para explicar este singular resultado sugiere que la prostaglandina, una hormona que se encuentra en el semen, se absorbe por el tracto genital femenino, lo cual provoca la modulación de las hormonas femeninas.
- Las investigaciones indican que existen factores contra el cáncer que se producen al hacer el amor, tal vez debido a las hormonas positivas secretadas durante y después del sexo.
- Las personas que tienen mucho sexo tienden a comer mejor y hacer más ejercicio, a pesar de que no queda claro qué viene primero, si el sexo o los hábitos de salud. Puede ser otra situación de la vida en la que todos salen ganando, donde una actividad natural estimula la otra.
- Tener buen sexo y mucho puede aumentar los niveles de hormonas, como el estrógeno y la DHEA (dehidroepiandrosterona), que promueven una piel más suave, más fuerte.
- El sexo lo hace más feliz que un montón de dinero. De acuerdo con

un estudio realizado por National Bureau of Economic Research, se calcula que un matrimonio que tiene relaciones sexuales regularmente tiene el mismo nivel de felicidad que quien gana cien mil dólares extra al año.

• Un estudio de Queen's University en Belfast, Irlanda del Norte, descubrió que los hombres que tienen relaciones sexuales tres o más veces a la semana pueden reducir a la mitad el riesgo de ataque cardiaco. El sexo habitual también reduce a la mitad el riesgo de sufrir un accidente cerebrovascular en los hombres.

• Un equipo de endocrinólogos de la Universidad de Columbia descubrió que las mujeres que tienen relaciones sexuales al menos una vez a la semana tienen ciclos menstruales más regulares que las que no.

• En un estudio realizado en la Duke University, unos investigadores dieron seguimiento a 252 personas a lo largo de más de veinticinco años para determinar los factores de estilo de vida que influían en su existencia. La frecuencia sexual y disfrute pasado y presente del sexo fueron tres de los factores estudiados. Para los hombres, la frecuencia de las relaciones sexuales es un importante predictor de la longevidad. Si bien la frecuencia de las relaciones sexuales no fue predictiva de la longevidad de las mujeres, las que reportaron disfrute pasado de relaciones sexuales tuvieron mayor longevidad. Este estudio dejó entrever que existe una asociación positiva entre las relaciones sexuales, el placer y la longevidad.

• Las contracciones musculares durante el coito ejercitan la pelvis, los muslos, las nalgas, los brazos, el cuello y el tórax. La revista *Men's Health* ha llegado al grado de llamar a la cama el mejor equipo de ejercicio que se ha inventado.

El sexo lo mantiene joven

En agosto de 1982, durante mi año de prácticas en el piso de cirugía del Walter Reed Army Medical Center en Washington, D. C., Jesse fue dado de alta del hospital. Había ingresado hacía dos semanas para que lo operaran de urgencia por una hernia y había tenido algunas complicaciones menores. Tengo un recuerdo muy vívido de Jesse porque tenía cien años, pero hablaba y se comportaba como un hombre con treinta años menos. Mentalmente, era tan lúcido como cualquier paciente con el que había hablado ese año (o hasta la fecha). Él y yo entablamos una relación especial, porque a diferencia de los internos de cirugía que pasaban un máximo de cinco minutos en la habitación cada día, yo pasé horas hablando con él sobre su vida. A los otros internos les interesaba conocer las últimas técnicas quirúrgicas. A mí me interesaba la historia de Jesse y quería saber sobre sus secretos para la longevidad y la felicidad.

Jesse pasó su centésimo cumpleaños en el hospital y fue todo un acontecimiento. Su esposa, en realidad su segunda esposa, era tres décadas más joven y planeó la celebración con el personal de enfermería. Había un gran amor, alegría y afecto físico entre Jesse y su esposa. Era evidente que todavía se sentían atraídos el uno por el otro.

Poco antes de su salida del hospital me vio en la central de enfermería escribiendo notas. Con entusiasmo me hizo una seña para que fuera a su habitación. Sus maletas estaban hechas y él estaba vestido con un traje marrón, camisa blanca y boina azul. Me miró a los ojos y me preguntó con discreción:

—¿Cuánto tiempo, doctor?

—¿Cuánto tiempo para qué? —pregunté a mi vez.

—¿Cuánto tiempo tengo que esperar para poder hacerle el amor a mi esposa?

Me quedé mudo y él continuó en voz baja:

—¿Quiere saber el secreto para vivir hasta los cien años, doc? No pierda oportunidad de hacer el amor con su esposa. ¿Cuánto tiempo debo esperar?

Esbocé una enorme sonrisa.

—Creo que una semana más o menos, y entonces estará bien. Tenga cuidado al principio —entonces le di un abrazo y le dije—: Gracias. Usted me ha dado esperanza para muchos años por venir.

La ciencia finalmente alcanzó a Jesse treinta años después. Ahora hay una gran cantidad de investigaciones que asocian la actividad sexual sana con la longevidad. La lección de Jesse aún tiene validez hoy en día. Si bien, como hemos visto, hay muchos ingredientes de una larga vida, la actividad sexual frecuente con su pareja es uno de ellos.

La belleza y el cerebro

Si aplica las ideas de este capítulo de seis meses a un año, usted, al igual que Joni, no necesitará una cirugía estética después de todo. Y mejor aún, aumentará sus posibilidades de vivir mucho tiempo y disminuirá las probabilidades de sufrir de depresión, demencia, enfermedades del corazón, cáncer y obesidad. Los dos órganos más grandes del cuerpo, el cerebro y la piel, estarán en mejor estado y usted estará más sano, más feliz y más sexy, todo al mismo tiempo.

Cambie su cerebro ahora: veinte consejos para un mejor flujo sanguíneo, salud de la piel y vida sexual

1. La conexión entre cerebro y piel es tan fuerte que algunas personas llaman a la piel el "cerebro exterior". La salud de la piel es un indicador visual de la salud del cerebro. Si cuida su cerebro, también notará mejoras en su piel. ¡No se haga un minilevantamiento facial antes de ver lo que una vida saludable para el cerebro puede hacer por su apariencia!

2. Incluso bajar 4.5 kilos a base de alimentos de alto valor nutricional puede disminuir la edad de su rostro. Cuando las personas bajan de peso con una dieta saludable, a menudo quienes las rodean comentan sobre lo joven que se ve. Los que pierden peso por comer alimentos bajos en calorías y bajos en nutrientes son más propensos a verse demacrados, arrugados y débiles.

3. La belleza comienza en el cerebro. Un cerebro emocionalmente equilibrado relaja los músculos faciales y produce un aspecto más sereno y sonriente. Nutrir el cerebro también nutre la piel y la hace más atractiva.

4. El ejercicio embellece la piel. Aumenta el flujo sanguíneo y libera toxinas, tonifica los músculos, da un color sano a la piel y

alivia el estrés que produce arrugas. Haga que el ejercicio diario sea una parte de su régimen de piel sana.

5. Beber agua es útil, ya que expulsa las toxinas del cuerpo. Sin embargo, para mantener su piel humectada y ayudar a protegerla de los daños del sol, asegúrese de tomar, al menos, un gramo de aceite de pescado al día. Los aceites de semilla de borraja, onagra o grosella negra también mejoran la piel seca.

6. Para una piel sana que se ilumina desde dentro hacia fuera, beba té blanco, verde o negro. El té posee propiedades antiinflamatorias, que pueden ayudar a prevenir el cáncer de piel y revertir el envejecimiento. Se ha demostrado que el té blanco protege la elastina y el colágeno, lo que ayudan a mantener la fuerza y la elasticidad de la piel, además de disminuir las arrugas y la flacidez.

7. Las personas de las culturas donde se consumen grandes cantidades de verduras de color oscuro, mariscos, té, frutas y moras oscuras, tienen una piel más joven. Los que comen muchas carnes procesadas, grasas saturadas, azúcar blanca y almidón envejecen más rápido. Su piel es lo que come, por lo que debe alimentarse con ingredientes bellos.

8. Olvídese del bronceado tan dañino para la piel y dele un resplandor dorado natural consumiendo frutas y verduras de color amarillo y anaranjado, repletos de carotenoides saludables.

9. El masaje ayuda a estimular el flujo de sangre en la piel, y muchos estudios muestran que relaja todo el cuerpo y reduce las hormonas del estrés después de una sesión. Los movimientos propios del masaje también ayudan a eliminar el tejido cicatricial. Por lo tanto, ¿qué espera para disfrutar de un día de spa de vez en cuando? Y no olvide mimarse con un masaje terapéutico.

10. Usted realmente necesita su sueño de belleza. Las mujeres que duermen mal tienen alterada la función de barrera de la piel, pierden más agua de ésta y en su sangre circulan sustancias químicas sumamente inflamatorias. Curiosamente, la buena salud de la piel depende de dos sustancias químicas del cerebro que también tienen propiedades antiedad: GABA y melatonina. Trate

de tomar estos suplementos antes de acostarse, para ayudar tanto a su sueño como a su piel.

11. Las toxinas envejecen la piel. Evite fumar, el azúcar, las toxinas del medio ambiente, tomar alimentos preparados a la parrilla, a fuego alto, en seco y el consumo excesivo de alcohol y cafeína, para mantener la piel libre de toxinas.

12. Aunque lo que usted introduce en su cuerpo es lo que más afecta la salud de la piel, lo que se pone en ella también es importante. No deje de lavar, exfoliar, tonificar y humectar la piel con productos de alta calidad para el cuidado de la piel que estén libres de toxinas y contengan ingredientes que también sean buenos para el cerebro, como la granada y el té blanco.

13. Sea una persona agradecida y no sólo será más feliz, sino que también sonreirá más, lo que le ayudará a ser bello de dentro hacia fuera.

14. ¿Ha tenido alguna vez hambre de una caricia? Damos y recibimos sentimientos de amor y seguridad a través de la piel con abrazos y roces amorosos. Quienes son físicamente afectuosos con sus amigos, cónyuge e hijos cosecharán los beneficios del contacto regular tanto para el cuerpo como para el cerebro.

15. Un estudio demostró que una vida sexual amorosa y vigorosa puede hacer que las personas se vean de siete a doce años más jóvenes. Sólo la actividad física resultó ser más importante que el sexo para mantener a raya el envejecimiento. Si usted tiene una relación amorosa, hacer el amor tres veces a la semana lo hará lucir más joven.

16. Las personas que tienen mucho sexo tienden a comer mejor y hacer más ejercicio, a pesar de que no estamos seguros de qué es lo que sucede primero, si el sexo o los hábitos de salud. Puede ser otra situación de la vida donde todos salen ganando, en la que una actividad natural estimula la otra.

17. Tener buen sexo y con frecuencia aumenta los niveles de hormonas, como el estrógeno y la DHEA, las cuales promueven una piel más suave y firme.

18. Su cama puede ser el mejor equipo de ejercicio de su casa. El

sexo quema grasa: en promedio, alrededor de 200 calorías por sesión, el equivalente a correr vigorosamente durante treinta minutos. Su premio por participar en esta actividad placentera es un cuerpo más tonificado y un montón de hormonas que lo hacen sentir bien y son saludables para la piel.

19. La ansiedad y la depresión envejecen rápidamente el cuerpo y el rostro de una persona. Sin embargo, el ejercicio hace que el cerebro libere endorfinas, sustancias químicas naturales que actúan como analgésicos que reducen la ansiedad tan bien o mejor que algunos antidepresivos o ansiolíticos.

20. En los hombres, el sexo estimula la liberación de la hormona del crecimiento y testosterona, las cuales fortalecen los huesos, los músculos y tonifican la piel. El sexo habitual ayuda a mantener en circulación las hormonas antienvejecimiento de la mujer, embelleciendo así el cerebro, el cuerpo y la piel. Si usted se siente tentado a decir: "Estoy muy cansado" o "me duele la cabeza", piense en el sexo con su pareja no sólo como algo divertido que los une, sino también como uno de los tratamientos de belleza más placenteros de la naturaleza.

7 Chris y Sammie
Trate la depresión, el duelo y el estrés para agregar años a su vida

La fuente de la juventud existe: está en tu mente, tus talentos, la creatividad que aportas a tu vida y a las vidas de tus seres queridos. Cuando aprendas a aprovechar esta fuente, verdaderamente habrás derrotado a la edad.

SOPHIA LOREN

Ataques de ansiedad

Sammie era una niña encantadora que tenía una enorme sonrisa. Acababa de entrar a cuarto año cuando su madre, Chris, aceptó un trabajo fuera de casa por primera vez en años. A menudo la ansiedad se apoderaba de Sammie. Se angustiaba mucho cuando su madre tenía que trabajar un poco más tarde, a pesar de que sus amigos y familiares la cuidaban una hora o dos, hasta que Chris llegaba a casa. Entonces, aparentemente de la nada, Sammie se obsesionó con un miedo a enfermarse. "Su ansiedad era tan intensa, que programé una cita con un terapeuta. Era extraño porque no había pasado nada en nuestras vidas que diera motivo para que se preocupara de esa manera. Ninguna enfermedad o muerte en la familia o entre los amigos", señaló Chris. Ella y su esposo, Steve, intentaron tranquilizar a Sammie diciéndole que era más probable que "un avión se estrellara en su casa" a que le diera una enfermedad grave o mortal. Pese a todo, los temores inexplicables continuaron.

Un lunes, Sammie llegó de la escuela y describió una "gran máquina de imanes" que vio en una película durante la clase y la asustó. "Le dije que

239

era una máquina de resonancia magnética", señaló Chris y le explicó con calma lo que hacía. "Luego anotamos sus miedos en una hoja de papel y le pregunté: '¿Qué hacemos con nuestros miedos?' Sammie arrugó el papel y lo tiró a la chimenea, como una forma visual de desechar sus temores."

Al día siguiente, martes, Sammie se cayó cuando estaba patinando. La noche siguiente tenía la rodilla muy inflamada y se asustó. Al día siguiente, Chris llevó a su hija a la clínica. Y fue ahí cuando, para su horror y sorpresa, un "avión se estrelló en su casa", por así decirlo.

El temido diagnóstico

El médico le pidió a Chris que llamara a su esposo para que la apoyara, al darse cuenta de que el bulto en la rodilla de Sammie era un tumor. A Sammie le diagnosticaron osteosarcoma, un tipo insidioso de cáncer de hueso. "En retrospectiva", comenta Chris, "aunque no lo veíamos nada más que como una fase de ansiedad infantil en ese momento, varias escenas me vinieron a la mente. Hubo una reunión familiar al aire libre en la que Sammie tuvo dificultades para respirar. El 4 de julio no quiso correr con el resto de los niños." Lamentablemente, en el momento en que el cáncer se manifestó en la rodilla, ya había afectado también los pulmones. Empezaron a darle quimioterapia de cinco a siete días, cada tres semanas, durante un año muy duro. Junto con la quimioterapia llegaron las horribles náuseas, la debilidad

y la pérdida del cabello. Los médicos lograron salvar la pierna cancerosa de Sammie, pero 70 por ciento de la pierna y la rodilla era de titanio. También tuvieron que practicarle una toracotomía, una dolorosa cirugía mayor que requirió una incisión en el pecho y abrir las costillas para que los cirujanos pudieran extirpar los tumores pulmonares.

Sammie finalizó el tratamiento en noviembre de 2008 y la declararon libre de cáncer, pero en enero de 2009, se cayó en una feria. El cáncer se había propagado a la columna vertebral. Más tratamiento, una cirugía de columna, más toracotomías, más dolor atroz, más de las peores pesadillas de cualquier padre, multiplicados. A los tres meses la tomografía mostró que el cáncer se había extendido por todas partes. De hecho, el cirujano dijo que había demasiados tumores para contarlos. Aun así, sabiendo que la voluntad de vivir de Sammie era muy fuerte, Chris y Steve accedieron a intentar un curso más de quimioterapia para aminorar la propagación. Sin embargo, una noche, debido a que tenía niveles tan bajos de potasio por sus innumerables padecimientos, Sammie sufrió un paro cardiaco.

"Literalmente, la perdimos, mientras su vida se escapaba entre mis brazos", relató Chris. Sin embargo, Steve conocía el procedimiento para dar reanimación cardiopulmonar y consiguió que el corazón de su hija volviera a latir. Cuando volvió en sí, Sammie les contó que vio una luz brillante y pensó que la familia estaba en Disneylandia, ya que era un lugar feliz. ¿Una visión del cielo? Después de esta experiencia, no habría más quimioterapia, ni más intervenciones médicas.

El adiós más difícil

"Tuvimos que dejar de ayudar a Sammie a vivir y empezar a preparar a nuestra preciosa hija a morir", manifiesta Chris. Es una tarea ineludible que ninguna madre o padre puede apenas imaginar.

Sammie vivió siete meses más, pero estos días se llenaron de dolor horrendo, enfermedad y depresión. Finalmente hubo que trasladarla a un centro de cuidados para enfermos terminales, y aunque Sammie tuvo una visión de la felicidad más allá de la muerte, cuando tuvo el ataque al corazón, todavía luchó por vivir hasta el final. Los tres últimos días de su vida fueron peores de lo que Chris y Steve podrían haber imaginado. Hubo muchas convulsiones, y las largas horas de ver a su hija luchar en vano por su vida fueron desgarradoramente difíciles. "Sammie quería morir en casa", explica Chris con voz entrecortada, mientras se seca las lágrimas. "Hicimos todo lo que pudimos por ella hasta el final; murió mientras su padre la abrazaba con fuerza."

Los últimos tres días, además las múltiples pruebas durísimas que enfrentaron en los tres años y medio que desembocaron en la muerte de Sammie, se convertirían en un trauma que llenó la mente de Chris de recurrentes recuerdos dolorosos, los cuales no la dejaban pensar en nada más.

Descenso a la oscuridad

Hubo un hermoso funeral, una celebración de la vida, breve y valiente, de Sammie, pero después de que Chris le dio el último adiós a su hija, en muchos sentidos se dijo adiós a sí misma. "Sammie fue nuestra segunda hija", relata Chris. "Tiene una hermana mayor, Taylor, y un hermano menor, Ryan, y por supuesto, hice todo lo posible como madre en crisis; sin embargo, a menudo quedaban relegados a un segundo plano en nuestras vidas, que giraban en torno a la vida de su hermana; lo primero fue salvarla y después ayudarla a morir. Pensé muy poco, o nada, en mí durante esos años que invertí hasta la última pizca de fuerza en la atención de Sammie."

Para tratar de anestesiar el dolor de la enorme pérdida, Chris comenzó a comer y a beber. Le costaba mucho trabajo levantarse de la cama. "Me hundí en una depresión tan profunda que pensé que esperaría al aniversario de la muerte de Sammie y luego encontraría la forma de acabar con mi vida. Sentía que me era imposible seguir adelante. Estaba viendo a un terapeuta que trabajaba conmigo todas las semanas y me prometió que, a la larga, habría un cambio que atenuaría este dolor que me paralizaba. No fomentaba el uso de medicamentos, pues me decía que no existía ninguno que pudiera aliviar ese tipo de dolor. Pero había cosas que no había comentado con el terapeuta, como mi creciente afición al alcohol."

El punto decisivo

Entonces, un día Chris visitó a una amiga de su hermana. "Esta señora estaba en muy buena forma y tenía una actitud positiva." Chris era de corta estatura, medía solo 1.55 metros y pesaba poco más de 90 kg; caminaba en una oscuridad tan densa que pensó que nunca volvería a sonreír. "Esta amiga tenía un ejemplar de *Change Your Brain, Change Your Body Food Journal*, continúa Chris. "Lo hojeé y pensé: 'Bueno, me agrada. Tiene sentido para mí. Tengo que empezar a buscar el lado bueno de la vida'. Después de todo, mis opciones en ese momento eran beber hasta morir, o ir a rehabilitación. Y era demasiado orgullosa para ir a rehabilitación."

Chris se marchó a casa, buscó el libro *Change Your Brain, Change Your Body* en internet y lo descargó para leerlo esa noche. Leyó el libro entero en una sola noche (¡y no es un libro pequeño!). "Hubo una parte del libro... todavía recuerdo cómo me sentí cuando leí la lista de cosas que el alcohol impide sentir, como empatía y compasión por los demás. Me di cuenta de que necesitaba recuperar mis sentimientos de empatía y compasión por mis otros hijos y mi esposo. Tenía que encontrar una manera de ser feliz y sentirme completa de nuevo, por el bien de ellos y por el mío."

Chris era una esponja sedienta que absorbió todo lo escrito en el libro. "Seguí el plan al pie de la letra. De hecho, hice una limpieza de veintiocho días. Tiré todas las bebidas alcohólicas, no comí alimentos procesados y empecé a tomar aceite de pescado y vitamina D."

El cambio de Chris fue rápido y notable. "Después de los primeros ocho días ya no me importaba si nunca volvía a bajar de peso. ¡Era libre! Como estaba comiendo alimentos que nutrían de verdad mis células, los antojos de alimentos y alcohol cesaron. Me deshice de todas las bebidas de dieta y colas. Dormí toda la noche por primera vez en cuatro años. Y por primera vez en mucho tiempo, no me despertó el pánico."

Chris continúa: "Más allá del trauma con Sammie, nunca busqué las razones de mi depresión y adicción. Culpaba de todo lo que sentía a la pérdida y el dolor. Pero cuando leí *Change Your Brain, Change Your Body*, pude hacer una reflexión más a fondo sobre mi vida y me di cuenta que había luchado contra la ansiedad mucho tiempo. Después de los primeros ocho días de deshacerme de la basura y de los pensamientos automáticos negativos, de acuerdo con los métodos en el libro, mi nivel de ansiedad se redujo de 10 a 3. La verdad es que ahora puedo salir por mi cuenta de un ataque de ansiedad porque he aprendido a hacerme preguntas como: '¿Es verdad?', y 'Aunque una parte de esto sea cierta, ¿hay algo que pueda hacer para cambiarla?' También uso otras técnicas contra la ansiedad que vienen en el libro, pero la verdad, por lo general ahora mi cerebro está tan tranquilo que no las necesito. Y recuerden que empecé este programa apenas hace cinco meses".

Chris pasó de no haber corrido nunca a hacerlo cuatro días a la semana. Aconseja: "Recomiendo correr al aire libre si es posible. También conseguí apoyo de un grupo llamado Running for Women, donde me enseñaron a correr y caminar a intervalos. Corro 7.2 km al día, cuatro veces a la semana. En ocasiones corro con un grupo de mujeres, pero a veces lo hago sola. No dejo que nada me detenga. Pase lo que pase voy, ¡porque necesito esas endorfinas que me ayudan a mantener el equilibrio! Puede que no 'me encante' la sensación de correr mientras lo hago, pero lo veo como una inversión emocional que paga enormes dividendos. Sólo necesito una hora, cuatro veces a la semana, y el premio es un cerebro más tranquilo y un cuerpo más sano".

En cinco meses, Chris bajó 16 kilos y cuatro tallas de pantalones, lo cual considera un beneficio más de haber recuperado su vida emocional, gracias a los cambios nutricionales y actividad física. "No es sólo que esté bajando de peso. Estoy cambiando mi *forma* de bajar de peso. He perdido 20 cm de cintura, mi cuello ha adelgazado, y tengo la piel más brillante. Aunque me gustaría adelgazar más, si me vieran hoy, nunca pensarían: '¡Ahí va una mujer a la que no le vendría mal bajar algunos kilos!'. Mi peso, con la nueva musculatura, se ha distribuido bien. Era una chica Weight Watchers, pero comía un montón de alimentos dietéticos en ese plan, y sólo aumentaban mis antojos. Siempre recuperaba el peso que había bajado. En este plan no tengo antojos, porque como alimentos que de verdad me satisfacen. Finalmente parece que estoy en el cuerpo que siempre debí tener, ¡y así es!"

Ahora Chris admite que el fondo de su depresión tenía raíces y patrones más allá de la pérdida y el trauma de la muerte de su hija. Nos cuenta: "Sigo en duelo, pero el dolor es más sano". Habló de cuidar de sí misma en la misma forma que una madre se haría cargo de su hijo. "Mis amigas me hacen burla porque siempre llevo colaciones saludables en mi bolso, cuando salimos de casa para ir a los festejos de los niños. Dios sabe que no hay nada bueno en la mayoría de las cafeterías. Créanme, ¡me he fijado! Simplemente pregunto: 'Cuando sus hijos eran pequeños, ¿alguna vez salían de casa sin una pañalera llena de todo lo que su hijo podría necesitar, como algo sano de comer y una taza entrenadora? Estaban preparadas porque no querían terminar atrapadas en algún lugar con un bebé irritado y llorón, ¿verdad? Bueno, sólo estoy tratándome como una buena madre trataría a su hijo, porque no quiero quedar atrapada en algún lugar sin comida, ni bebidas nutritivas y terminar de mal humor y llorando".

Taylor, la otra hija de Chris, tiene ahora diecisiete años, y gran parte de su adolescencia transcurrió sin la atención completa de sus padres a causa de la grave enfermedad de su hermana. Hace poco Taylor le dijo a su mamá: "¡Qué alegría tenerte cerca otra vez!". Ryan tiene once años y es muy solidario con su madre. Le dijo a Chris: "¡Ya no tienes dos cuellos!". (Si hay algo que tienen los niños de once años es que son muy francos.) Un día también le dijo a Chris que no iba a comer postre toda la semana como una forma de apoyar el esfuerzo de su madre. Steve, su esposo, ha estado al lado de Chris a cada momento de esta larga prueba y siempre habla de lo orgulloso que está de su esposa y que él sabe que cada mañana ella despierta y debe elegir entre vivir feliz y honrar la memoria de su hija, o aflojar y volver a ese lugar oscuro. "Todavía estoy de luto, pero ahora lo guardo mejor, si eso tiene sentido. Cuando pasamos tiempo en familia y vamos a algún lugar divertido, realmente tengo que combatir los pensamientos negativos. Mi reacción automática es la tristeza y pensar en el hueco que se abrió en la familia donde Sammie solía estar. Sin embargo, asumo el control de mis pensamientos y recuerdo que Sammie es feliz y quiere que seamos felices. Me concentro en

245

lo que aún tenemos, como mi familia y los buenos recuerdos de Sammie, en lugar de concentrarme en lo que no tenemos."

La vida es buena de nuevo

Chris se ha convertido en una gran entusiasta de mi nuevo programa *The Amen Solution: Thinner, Smarter, Happier with Dr. Daniel Amen!* (La solución Amen: ¡más delgado, más inteligente y más feliz con el Dr. Daniel Amen!) El padre, la madre y la hermana de Chris están en el plan. Su hija Taylor ha bajado casi ocho kilos. Sus amigas a veces se le acercan y le dicen: "No puedo creer que te diga esto porque lo que tú pasaste es peor que lo que estoy pasando, pero me siento deprimida y no puedo dejar de notar el cambio en ti". Entonces Chris comparte mis libros con ellas: "Tengo un ejemplar de *The Amen Solution* en la mesa de la cocina, porque lo consulto a menudo para algo que necesito, o para alguien más que me pregunta por lo que me ha ocurrido en los últimos meses".

Cuando estaba impartiendo una charla en nuestra clínica del norte de California, un amigo de Chris llamado Mo, quien también es el director de investigación de resultados de las Clínicas Amen, llamó a Chris y la instó a venir a verme y escuchar mi charla. Los pensamientos automáticos negativos de Chris le dijeron a su cerebro: "Tengo mucho quehacer, de verdad no puedo". Pero de inmediato Chris reconoció que era la "vieja Chris" la que hablaba y respondió: "Me encantaría ir". Yo, por mi parte, estoy muy contento de que lo haya hecho, pues su historia me conmovió profundamente.

Cuando conocí a Chris, se puso a llorar, y casi me hace llorar a mí. Esto me pasa mucho. La gente se me acerca, empieza a llorar y me cuenta que nuestro trabajo ha cambiado su vida, o la vida de uno de sus seres queridos. Ésta ha sido la razón por la que hago lo que hago, a pesar de algunos obstáculos que se llegan a cruzar en nuestro camino.

Chris compartió: "Cuidar de mí misma es una forma de honrar la memoria de Sammie, y con esto todo lo demás parece volver a su orden natural. No quiero vivir en el reino del 'cáncer infantil'. Quiero ayudar a los demás a disfrutar de su vida y a superar sus problemas. Sammie no quería ser 'la niña del cáncer', tampoco quería ser la abanderada de la causa. Sólo quería ser Sammie".

La familia vendió la casa y se mudó a una nueva al poco tiempo de que Sammie murió. Para Chris, la casa estaba demasiado llena de recuerdos tristes y un nuevo hogar representaba un nuevo capítulo de vida. Como Chris comenzó a reflexionar sobre los cambios adicionales que quería hacer en su vida, buscó un trabajo que apoyara sus objetivos. Solicitó empleo en una tienda de zapatos especiales donde la gente busca el calzado adecuado para correr de acuerdo con la forma de su pie. "Tengo una gran experiencia como vendedora y muchas ganas de trabajar para esta empresa, pero díganme, ¿creen que contratarían a una mujer de mediana edad, de más de cuarenta años, que pesara 91 kg? En el pasado ese pensamiento me habría intimidado, pero mi propósito de estar sana era ahora tan firme; y, digo, había pasado por la muerte de mi hija, por eso pensé que no tenía nada que perder si solicitaba el empleo, y me lancé".

Chris finalmente consiguió el empleo y le encanta su trabajo. "El personal es gentil y amable, y nos la pasamos de maravilla en el trabajo. Estiro y cultivo mis células cerebrales con tanta información nueva que estoy aprendiendo."

Y agrega: "Estoy creando la vida que deseo en lugar de la que se me presentó. Me di cuenta, de la manera más dolorosa, que hay muchas cosas en la vida sobre las que no tenemos ningún control. Por lo mismo, es mejor tomar el control de lo que se puede. Me alimento bien, salgo a correr y soy amable conmigo misma. Esto me permite ser la persona alegre y sana que ahora puede brindar alegría de nuevo a los demás".

La hermana de Chris inició una campaña anual que tiene lugar cada primavera, cuando los hospitales infantiles están más necesitados de regalos para los niños enfermos. En este proyecto de beneficencia reúnen todo tipo de animales de peluche (cinco mil en 2011) y los regala a los seis hospitales locales que atienden a niños; hacen las entregas el Viernes Santo. Cuando un niño llega a una cama de hospital en esta época, encuentra un animal de peluche sobre la almohada con una etiqueta que dice: "De parte del ángel Sammie". Si desea más información sobre cómo ayudar a este programa de beneficencia y leer más sobre la historia de Sammie, visite: www.caringbridge. org/visit/sammiehartsfield.

Cómo la depresión, el duelo y el estrés le roban vida

La depresión, el duelo y el estrés crónicos pueden robarle años a su vida y lo hacen verse, sentirse y pensar más viejo que su verdadera edad. La depresión es uno de los grandes problemas y asesinos de nuestro tiempo. Afecta a cincuenta millones de estadunidenses en algún momento de su vida. Casi todos nosotros, o bien hemos sufrido de depresión o conocemos a alguien que la sufre. Dos de mis mejores amigos tenían padres que se suicidaron. La depresión, por sí misma, es un factor de riesgo de Alzheimer, enfermedades del corazón, cáncer y obesidad. Cuando la depresión acompaña a las enfermedades del corazón, las personas son mucho más propensas a morir de manera prematura. El duelo hace que el corazón lata a ritmos anormales, una de las razones por las que las personas experimentan dolor físico en el pecho ante la pérdida de un ser querido.

El estrés crónico se asocia con un aumento en la producción de ciertas hormonas que causan cambios metabólicos los cuales agregan más grasa en el abdomen y disminuyen la actividad de la parte del cerebro que ayuda al almacenamiento de los recuerdos a largo plazo. Siempre que experimente depresión, dolor o estrés crónico, considérelo una urgencia. Estos estados emocionales negativos tienen un efecto perjudicial en el organismo y se han asociado con obesidad, cáncer, diabetes, enfermedades del corazón y demencia. Si no se tratan de manera intensiva, la depresión, el dolor y el estrés crónico le robarán la posibilidad de tener una vida larga y saludable.

La historia de Chris ilustra cómo estos estados emocionales negativos pueden abrumar y robarle la vida, y cómo trabajar para sanarlos. Cuando un trauma emocional grave golpea, para ahuyentar el dolor muchas personas se automedican con alimentos tóxicos, alcohol, drogas o sexo. El problema es que las soluciones a corto plazo sólo erradican el dolor por un tiempo, pero la situación empeora a largo plazo.

El mejor momento para comenzar a sanar el estrés es cuando comienza

El pastor Gerald Sharon perdió a su esposa en diciembre de 2010, después de una batalla de nueve meses contra un cáncer de colon. Fue un infierno para él. Sin embargo, su reacción inicial a la crisis fue opuesta a la de Chris. Gerald era pastor desde hacía muchos años y había visto a muchas personas desmoronarse durante el estrés de las crisis. Sabía que si quería sobrevivir y ser capaz de cuidar a su esposa y apoyar a sus hijos tenía que recuperar la salud. Por consiguiente, en medio de la urgencia familiar, fue a ver a su médico, consultó a un nutriólogo y empezó una dieta de alimentación saludable con ejercicio, y bajó 22.6 kg. "Soy comedor compulsivo con el estrés", me confió. "Sabía que si no tenía cuidado, iba subir otros 22 kilos y a morir en el proceso.

Es común sufrir agotamiento físico y emocional cuando uno está de luto. La adaptación a la pérdida de un ser querido es uno de los retos más difíciles. Durante este periodo se le pide al cerebro que se adapte, a veces de repente, a nuevas rutinas y sin la presencia del ser querido. Por momentos el duelo hace que la persona piense que está perdiendo la cordura. En su *best seller* de memorias *The Year of Magical Thinking*, la autora Joan Didion escribe sobre el tipo de "malas pasadas" que su cerebro le jugaba mientras se ajustaba a la repentina pérdida de su esposo, después de décadas de feliz matrimonio. "Podemos esperar que estaremos postrados, inconsolables, locos de dolor con la pérdida", escribe. "Sin embargo, no esperamos estar literalmente locos, pensando que el esposo está a punto de regresar a casa y que necesitará sus zapatos." Le consolará saber que no está perdiendo la razón, pero su sistema límbico profundo, donde se almacenan sus emociones de conexión y relación, está atravesando por un proceso de abstinencia de la persona que ama, algo que puede ser tan tortuoso como el proceso de abstinencia de cualquier droga.

Inmediatamente después de la pérdida de un ser muy querido, el sistema límbico (el centro de sentimientos y estados de ánimo) puede sobrepasar a la corteza prefrontal (CPF) y ésta deja de funcionar bien por un tiempo. Incluso elaborar una lista de pendientes puede ser muy pesado en los días, semanas y meses después de la pérdida, o durante momentos de mucho estrés. Acepte que quizá usted tenga que reducir radicalmente su lista de pendientes para darle a su cerebro y a su cuerpo un tiempo para adaptarse. Ante una crisis no tiene por qué reaccionar con un comportamiento autodestructivo. Puede responder con amor; el tipo de amor que opta por cuidar su cerebro y su cuerpo para que pueda hacer frente a las tensiones que inevitablemente sobrevendrán.

Medios naturales para tratar la depresión, el duelo y el estrés para verse y sentirse más joven

Tanto Gerald como Chris nos brindan orientación para tratar la depresión, el duelo y el estrés. Además de ser amable y paciente con usted mismo, será de gran ayuda si puede poner en el inicio de su lista de cosas por hacer, recién acortada y con nuevas prioridades: "Cuidar mi cerebro de modo excepcional". Esta decisión le ayudará a sobrellevar todas las determinaciones y ajustes que deberá realizar en momentos difíciles. He aquí algunas maneras de practicar el buen cuidado del cerebro y de usted mismo en momentos de estrés o de duelo:

- Comer alimentos adecuados para nutrir su cuerpo es crucial en momentos de estrés. Las frutas y verduras reducen la inflamación que provoca más dolor y enfermedad. La proteína fortalece la transmisión de los impulsos nerviosos en el cerebro, además de ser el combustible esencial para sanar y optimizar el funcionamiento del cerebro. La tirosina, uno de los aminoácidos en las proteínas, aumenta los niveles de dos importantes neurotransmisores, la noradrenalina y la dopamina. Esto ayudará a aumentar su nivel de energía y a que se sienta mejor físicamente. Si no tiene ganas de comer alimentos sólidos, un licuado de proteínas de alta calidad puede ayudarle. Tome todo lo que pueda, aunque no sienta hambre. Si bien es probable que no sienta apetito en los peores días, su cuerpo necesita nutrientes más que nunca.
- Haga ejercicio físico, ya que le ayudará a resistir el dolor emocional y a sanar. Oblíguese a ponerse unos tenis y a caminar, de preferencia en exteriores para que también reciba el beneficio de la luz solar. Puede que, al igual que Chris, usted descubra que si logra pasar de la reticencia inicial a salir de casa y moverse, recibirá grandes dividendos. Escuchar música o un audiolibro le ayudará a hacer el paseo más agradable. Incluso si a usted no le "encanta" caminar, notará una mejoría de su estado de ánimo durante el día, lo que hará que esta inversión en la salud de su cerebro valga la pena. El yoga también puede ser un alivio si se siente ansioso y triste.

- Tome suplementos saludables. La suplementación inteligente es importante, como el uso de omega 3, la optimización del nivel de vitamina D y el uso de suplementos específicos, en función de su propio tipo de cerebro (hablaremos más sobre esto en un momento).

- La erradicación de los pensamientos automáticos negativos que infestan la mente es fundamental para mantener la fertilidad de la mente y cultivarla a largo plazo. (También hablaremos sobre esto más adelante en el capítulo.)

- Llore. ¿Sabía usted que se ha demostrado que las lágrimas de tristeza contienen toxinas, mientras que las lágrimas de felicidad no? Ésta es una razón por la que tendemos a sentirnos mejor después de llorar un buen rato cuando estamos tristes. No posponga ni reprima las lágrimas. Deje que fluyan las oleadas del luto y laven un poco el dolor de su cerebro y cuerpo con un llanto purificador.

- Establezca metas. Tener un objetivo específico es fundamental para el funcionamiento positivo del cerebro. Después de llorar a mares, es probable que sienta un poco menos de dolor; por esta razón, es buen momento para disfrutar de algo que le guste hacer y que sea bueno para usted. ¡Necesita descansos de la tristeza! Reúnase con un amigo comprensivo a comer, entreténgase todo lo que quiera en una librería hojeando los volúmenes, juegue o salga a correr con su perro. Vea una serie de comedia, o lea un libro divertido y ligero si puede. Haga cualquier cosa que le dé alivio o incluso le brinde un poco de alegría.

- Tan pronto como sea posible, aprenda algo nuevo. Tal vez tomar una clase de arte o de gastronomía, aprender a pescar o bailar samba. Aprender algo nuevo, especialmente algo fuera de su zona de confort, estimulará el crecimiento de nuevas células y conexiones neuronales. Cuando Chris se forzó a solicitar y obtener un nuevo trabajo, las neuronas de su cerebro respondieron con sentimientos de crecimiento y curación. Si el nuevo tema o habilidad realmente le llama la atención, es posible que experimente periodos "fluidos" donde se sienta casi transportado lejos de la preocupación, el sufrimiento y el dolor durante un tiempo. Un nuevo pasatiempo o interés le puede dar unas minivacaciones del duelo. Una viuda que se esforzaba por encontrar una razón para vivir se despertó una mañana y pensó: "Me gustaría trabajar en un rancho de rescate de caballos". Siguió ese deseo de trabajar como voluntaria en un rancho así y descubrió que el trabajo era trascendente y curativo para ella. Mientras consolaba a los animales, a su vez se sentía consolada por ellos. También se puso en contacto con gente compasiva que compartía su amor por los animales y la naturaleza.

• Hidrátese. El agua es crucial para el funcionamiento cerebral y también para que el sistema linfático siga trabajando para eliminar las toxinas de las células del sistema inmunológico y reducir las posibilidades de infección cuando esté estresado.

• Haga todo lo posible por centrarse en lo que puede hacer para tratar de ser más cariñoso y agradecido. "En mis treinta años de ayudar a las personas en duelo", escribe el doctor Louis LaGrand, consejero de duelo y autor de *Love Lives On: Learning from the Extraordinary Experiences of the Bereaved*, "he llegado a convencerme de que el amor es la estrategia más eficaz para hacer frente a cualquier pérdida. En el cerebro, reduce al mínimo y, a menudo, elimina el poder de los pensamientos negativos que generan dolor emocional y físico excesivo e innecesario." Además del gran consejo de "amar más", yo añadiría, "hacerse el propósito de ser más agradecido". Las emociones de amor y gratitud literalmente bloquean muchas emociones negativas en el cerebro. Es difícil sentirse agradecido y negativo o estresado al mismo tiempo.

Duelo complicado

Muchos de nosotros experimentaremos dolor en algún momento de nuestras vidas, ya sea debido a la muerte de un ser querido, un divorcio no deseado u otro tipo de rechazo o pérdida. Con el tiempo, la mayoría de la gente logra seguir adelante. Aunque nunca olvidamos a la persona que amamos profundamente, con el transcurso de los meses y los años, los recuerdos son menos dolorosos y más apegados a los sentimientos cálidos y positivos. Este periodo varía para cada persona, ya que como seres humanos, no atravesamos el proceso del duelo en un horario establecido. Sin embargo, existe un síndrome que alarga el proceso en algunas personas más que en otras.

En un estudio de UCLA sobre el duelo, los científicos propusieron que, además del duelo normal, hay un síndrome llamado "duelo complicado". Se trata de una especie de dolor implacable que no permite a quien lo siente sanar y seguir adelante. Activa las neuronas en los centros de gratificación del cerebro (al igual que en los centros de dolor), capaces de dar, a los recuerdos, propiedades similares a las adicciones. Después de la muerte de un ser querido, aquellos que con el tiempo se adaptan a la pérdida dejan de recibir esta gratificación neural, pero los que no se adaptan siguen necesitándola. Esto no es algo que las personas hagan de manera consciente; simplemente les pasa a ciertas personas (10 a 15 por ciento de la población en duelo) y no a otras.

El duelo complicado es debilitante, ya que produce punzadas recurrentes de emociones dolorosas, como anhelo y añoranza intensas, búsqueda de la persona fallecida y preocupación por los pensamientos del ser querido. Algunas de estas experiencias son comunes entre las personas que comienzan el proceso de duelo, pues el cerebro se esfuerza por adaptarse a la nueva realidad. Pero si el cerebro no se ajusta, si el dolor es igual de intenso años después, puede ser necesario recibir ayuda adicional para procesar el duelo y encontrar otra vez el sentido de la vida. Además de la "ayuda natural para el dolor y el estrés" desarrollada en la lista anterior, alguien cuyo duelo se ha complicado, o se ha convertido en depresión clínica, puede necesitar terapia, suplementos y medicamentos para seguir adelante.

A continuación se muestra un cuadro que le ayudará a determinar si usted o alguien que ama atraviesa por el proceso de duelo normal, o si se trata de un duelo complicado, o depresión clínica.

Duelo	Duelo complicado o depresión
Respuesta normal a la pérdida que provoca angustia.	Angustia generalizada; pérdida de interés y placer.
Puede experimentar síntomas físicos de angustia.	Angustia física, desesperanza, sentimiento de culpa.
Capaz de seguir mirando hacia el futuro.	Sin sentido de un futuro positivo.
Deseo pasivo de morir	Ideación suicida común.
Conserva la capacidad de sentir placer.	Cambio en la capacidad de disfrutar de la vida o las cosas que antes le parecían disfrutables. Afecto plano persistente, autoimagen negativa.
Aún capaz de expresar sentimientos y humor.	Aburrido, falta de interés y sin expresión.
El dolor llega en oleadas.	Dolor constante, implacable.
Puede sobrellevar la angustia por su cuenta o con apoyo de quienes lo escuchan. La medicación para el duelo es una excepción y no la regla.	Puede requerir combinación de terapia, suplementos y medicamentos.

Conozca su tipo de cerebro

Conocer el tipo de cerebro que tenemos es fundamental para conseguir la ayuda adecuada. Cuando empecé a trabajar con imágenes cerebrales en las Clínicas Amen en 1991, estaba buscando el patrón que se asocia con la depresión, el THDA o el trastorno bipolar. Pero nuestro trabajo de imágenes cerebrales nos enseñó claramente que no había un patrón cerebral asociado con alguna de estas enfermedades. Todas ellas tenían múltiples tipos. Por supuesto, me di cuenta de que nunca habrá un solo modelo para la depresión, ya que no todas las personas deprimidas son iguales. Algunas se aíslan, otras están enojadas, y otras más son ansiosas u obsesivas. Las tomografías me ayudaron a entender el tipo de depresión, THDA, trastorno bipolar, comer en exceso, o adicción que tenía una persona, para encauzar su tratamiento.

Esta idea dio lugar a un avance espectacular en mi eficacia personal con los pacientes y abrió un mundo nuevo de entendimiento y esperanza para las decenas de miles de personas que han acudido a las Clínicas Amen y los millones de personas que han leído mis libros. En esencia, vemos estos ocho tipos de cerebro:

1. Impulsivo
2. Compulsivo
3. Impulsivo-compulsivo
4. Triste o taciturno
5. Ansioso
6. Lóbulo temporal
7. Tóxico
8. Estrés postraumático

Los vemos también en todo tipo de combinaciones. Ésta es precisamente la razón por la cual la mayoría de los programas de tratamiento psicológico y psiquiátrico no funcionan igual con todos los pacientes. Estos programas adoptan una perspectiva universal para todas las enfermedades, como la depresión, que a juzgar por nuestro trabajo de imágenes cerebrales no tiene ningún sentido en absoluto.

Hay mucha más información, e incluso un autoexamen detallado, en nuestro sitio web (www.theamensolution.com) y en mis otros libros; por ejemplo, *Change Your Brain, Change Your Life*; *Healing* ADD; *Healing Anxiety and Depression*; *The Amen Solution* y *Unchain Your Brain*.

Cerebro tipo 1: el cerebro impulsivo

Las personas con este tipo de cerebro tienen poca actividad en la CPF. Piense en la CPF como el freno del cerebro. Nos impide decir tonterías o tomar malas decisiones. Posteriormente, las personas con este tipo de cerebro tienen muchos problemas con el control de los impulsos, la atención y la desorganización. Tienen dificultades para pensar en las consecuencias de su comportamiento antes de actuar, lo cual puede hacer que se metan en todo tipo de problemas vinculados con su salud, relaciones, trabajo y dinero.

Uno de mis mejores amigos es un ejemplo perfecto de este tipo de cerebro. Está por iniciar una dieta todos los días de su vida. Se despierta cada mañana comprometido con la idea de comer bien. Se mantiene firme al pasar por la primera tienda de donas. Empieza a sudar cuando pasa por la segunda. Cuando llega a la tercera tienda, ya no tiene fuerza de voluntad. Después de abandonar por completo sus planes para el mediodía, pronuncia las famosas palabras de todos los comedores impulsivos: "Voy a empezar mi dieta mañana".

Este tipo es común entre las personas con THDA, pues se asocia con niveles bajos de dopamina en el cerebro. La investigación indica que el THDA no tratado casi duplica el riesgo de tener sobrepeso y otros problemas médicos. Sin el tratamiento adecuado, es casi imposible que estas personas se mantengan firmes con cualquier plan de salud.

Mi equipo de investigación y yo hemos publicado varios estudios que muestran que cuando las personas con THDA tratan de concentrarse, en realidad tienen una menor actividad en la corteza prefrontal, lo cual influye en que tengan menos control sobre su propio comportamiento. Estas personas, literalmente, mientras más se esfuerzan por bajar de peso, peor les va.

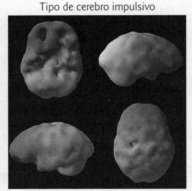

Estudio SPECT de un cerebro normal   Tipo de cerebro impulsivo

Actividad plena, uniforme y simétrica   Poca actividad de la CPF en la parte
                                          anterior del cerebro

Para este tipo de cerebro, ayuda aumentar los niveles de dopamina con el fin de reforzar la CPF. Las dietas altas en proteínas y bajas en carbohidratos tienden a ser benéficas, al igual que el ejercicio y ciertos medicamentos o suplementos estimulantes, como el té verde o la L-tirosina. Cualquier suplemento o medicamento que calme el cerebro, como el 5-HTP (5-hidroxitriptófano), por lo general hace que este tipo de cerebro empeore, ya que disminuye tanto las preocupaciones como el control de los impulsos.

Cerebro tipo 2: el cerebro compulsivo

Las personas con este tipo tienden a tener pensamientos o comportamientos negativos. A menudo dicen que no tienen ningún control sobre su comportamiento y suelen preocuparse, guardar resentimientos, ser rígidos e inflexibles, les gusta discutir y llevar la contra. El principal problema es que tienen dificultades para apartar la atención de lo que les interesa, por lo que se quedan enfrascados en malas ideas y comportamientos.

Con frecuencia me preguntan, ¿en qué difieren las personas impulsivas de las compulsivas? La impulsividad es cuando algo surge en su mente y actúa dejándose llevar por el momento sin detenerse a pensar. La compulsión es cuando algo le viene a la mente y siente que debe hacerlo a como dé lugar.

En los estudios SPECT, el cerebro compulsivo casi siempre muestra demasiada actividad en una parte profunda de los lóbulos frontales llamada circunvolución cingulada anterior. Esta parte es como la palanca de cambios que nos ayuda a ir de un pensamiento a otro o de una idea a otra. Cuando funciona de manera óptima, las personas tienden a ser más flexibles, adaptables y seguir la corriente. Cuando esta parte del cerebro trabaja demasiado, por lo general a causa de un déficit del neurotransmisor serotonina, la gente tiende a ser rígida, inflexible y se aferra a pensamientos o comportamientos negativos.

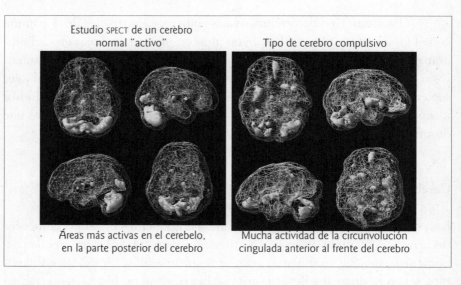

Estudio SPECT de un cerebro normal "activo"

Tipo de cerebro compulsivo

Áreas más activas en el cerebelo, en la parte posterior del cerebro

Mucha actividad de la circunvolución cingulada anterior al frente del cerebro

La cafeína y las pastillas para adelgazar empeoran el estado de este tipo de cerebro, debido a que estos cerebros no necesitan más estimulación. Las personas con este tipo de cerebro a menudo sienten que necesitan tomar un vaso de vino por la noche, o dos o tres, para calmar sus preocupaciones.

Los cerebros de tipo compulsivo se sienten mejor cuando encuentran maneras naturales de aumentar la serotonina. Ésta es un tranquilizante del cerebro. El ejercicio físico aumenta la serotonina, al igual que el uso de ciertos suplementos, como el 5-HTP o la hierba de san Juan. En realidad existen datos científicos fehacientes respecto al 5-HTP de que es útil en la depresión, la ansiedad y la reducción de peso.

Cerebro tipo 3: el cerebro impulsivo-compulsivo

A primera vista parece contradictorio. ¿Cómo se puede ser a la vez impulsivo y compulsivo? Piense en los jugadores compulsivos. Son personas que apuestan en forma compulsiva y, sin embargo, tienen muy poco control sobre sus impulsos. Ocurre lo mismo con este tipo cerebro. Nuestros estudios tienden a mostrar que existe demasiada actividad en la región considerada como la palanca de cambios del cerebro (la circunvolución cingulada anterior), por lo que estas personas piensan demasiado y no pueden olvidar los pensamientos negativos que los agobian, pero también tienen muy poca actividad en la CPF, por lo que tienen problemas para supervisar su propia conducta.

Barb tenía problemas de comportamiento antagónico e impulsivo cuando era adolescente y aún a la edad de cuarenta y ocho años se aferraba a los pensamientos negativos y tenía problemas para controlar sus impulsos, en especial en lo que se refiere a la crianza de sus hijos adolescentes. Muchas personas en su familia tenían problemas con el alcohol y otras adicciones, algo muy común con este tipo de cerebro. Barb había intentado, sin éxito, una serie de programas de tratamiento antes de ir a las Clínicas Amen. Había probado con estimulantes para el THDA, que la hacían enojar, y los antidepresivos que estimulan la producción de serotonina, como Prozac, Zoloft y Lexapro, que la volvían más impulsiva. Después de oír su historia y ver sus tomografías me quedó claro que tenía un cerebro impulsivo-compulsivo.

Las personas con este tipo de cerebro se benefician de los tratamientos que aumentan la serotonina y la dopamina, como el ejercicio con una combinación de suplementos, como el 5-HTP (para aumentar la serotonina) y el té verde (para aumentar la dopamina), o medicamentos con la misma función, como un estimulante y, al mismo tiempo, un antidepresivo estimulante de serotonina. Para Barb, esta combinación de suplementos le ayudó a equilibrar su cerebro y pudo sentirse emocionalmente estable. ¡Darle 5-HTP o té verde por sí solos habría empeorado las cosas!

Cerebro tipo 4: el cerebro triste o taciturno

Las personas con este tipo a menudo luchan contra la depresión, negatividad, falta de energía, poca autoestima y síntomas de dolor. En el SPECT cerebral a menudo vemos demasiada actividad en lo profundo de la parte límbica o emocional del cerebro. Con este tipo de cerebro, cuando existen factores externos de estrés, o de dolor, la vulnerabilidad es con frecuencia la depresión. Muchas veces oímos que la depresión es hereditaria, o que tiene su origen en sucesos estresantes en una etapa temprana de la vida.

Gary sufría de tristeza crónica y negatividad. Desde niño se sentía triste, lo que empeoró después de perder a su abuelo, a los trece años. A la edad de cincuenta y siete años se sentía más viejo que sus compañeros y sufría de artritis. Había tratado la psicoterapia y varios antidepresivos con poco efecto antes de venir a vernos. Su SPECT mostró demasiada actividad en la parte límbica o emocional de su cerebro, que se presenta con frecuencia en los trastornos del estado de ánimo. Con este tipo de cerebro, recomendamos a nuestros pacientes hacer ejercicio, tomar aceite de pescado en altas dosis (6 g) y algunos suplementos, como la SAMe (S-adenosilmetionina), para ayudar a mejorar el estado de ánimo, la energía y el dolor.

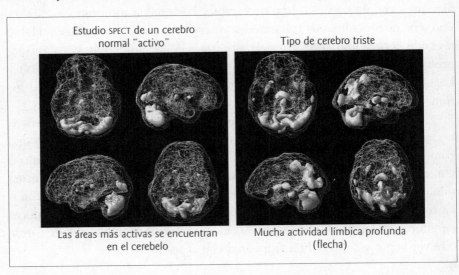

Estudio SPECT de un cerebro normal "activo"

Tipo de cerebro triste

Las áreas más activas se encuentran en el cerebelo

Mucha actividad límbica profunda (flecha)

SAMe es un suplemento alimenticio respaldado por una buena investigación que demuestra su eficacia para tratar la depresión y el dolor. Es de destacar que existe una clara conexión entre el dolor físico y la depresión, que SAMe parece mejorar, al igual que el antidepresivo Cymbalta (duloxetina). Cuando el cerebro límbico se combina con el cerebro compulsivo, las intervenciones con serotonina parecen ser las más eficaces.

Cerebro tipo 5: el cerebro ansioso

Las personas con este tipo luchan contra sentimientos de ansiedad o nerviosismo. A menudo se sienten tensos, con pánico y estrés, y tienden a predecir lo peor. Suelen evitar conflictos y viven con un sentimiento de angustia de que algo malo va a suceder. Por lo general vemos demasiada actividad en una zona profunda del cerebro llamada ganglios basales.

Doreen se sentía muy ansiosa la mayor parte del tiempo. Siempre estaba esperando que algo malo sucediera y, con frecuencia, sufría de dolores de cabeza y problemas estomacales. La marihuana le ayudaba relajarse, pero también le causaba problemas de memoria. Había probado medicamentos contra la ansiedad, pero pronto tuvo la sensación de que se estaba convirtiendo en fármacodependiente, sensación que detestaba. Su estudio SPECT mostró demasiada actividad en los ganglios basales. Esta parte del cerebro se relaciona con los niveles de ansiedad de una persona. Cuando hay demasiada actividad aquí, debido a los bajos niveles de una sustancia química llamada GABA, las personas tienen ansiedad y mucha tensión física.

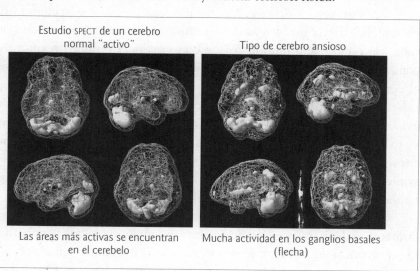

Estudio SPECT de un cerebro normal "activo"

Tipo de cerebro ansioso

Las áreas más activas se encuentran en el cerebelo

Mucha actividad en los ganglios basales (flecha)

Al calmar el cerebro de Doreen con meditación e hipnosis, además de usar una combinación de vitamina B_6, magnesio y GABA, se sintió más tranquila y más relajada y notó un marcado aumento de energía.

Cerebro tipo 6: el cerebro lóbulo temporal

Los lóbulos temporales, situados por debajo de las sienes y detrás de los ojos, se relacionan con la memoria, el aprendizaje, el procesamiento de las emociones, el lenguaje (audición y lectura), la interpretación de las señales sociales, la estabilidad del estado de ánimo y el control de temperamento. Los problemas en los lóbulos temporales, a menudo provocados por una antigua lesión cerebral, pueden provocar problemas de memoria, dificultades de aprendizaje, dificultad para encontrar las palabras adecuadas en una conversación, dificultad para interpretar las señales sociales, inestabilidad del estado de ánimo y problemas de temperamento. Los problemas del lóbulo temporal son muy comunes en la depresión resistente.

Beth, de veinticinco años, fue a vernos después de su cuarto intento de suicidio. Tenía problemas de depresión y temperamento desde que era niña. Su estado de ánimo fluctuaba con violencia y nunca podía predecir cómo se sentiría. Cuando tenía tres años, se cayó por las escaleras y perdió el conocimiento, pero sólo un momento. Beth había probado muchos antidepresivos sin ningún éxito. El SPECT cerebral de Beth mostró problemas evidentes en el lóbulo temporal izquierdo. Desde hace muchos años hemos visto que los problemas en esta parte del cerebro se asocian con pensamientos sombríos, malvados, destructivos y terribles, entre ellos, tanto los pensamientos suicidas como homicidas. Ninguno de los medicamentos que le habían dado era específico para estabilizar los lóbulos temporales.

He descubierto que los medicamentos anticonvulsivos son particularmente útiles para este tipo de cerebro. Además, también es muy útil equilibrar el azúcar en la sangre y, para lograrlo, hay que hacer comidas pequeñas cuatro o cinco veces al día, dormir bien y eliminar el azúcar. Con esta combinación de tratamientos, el estado de ánimo de Beth se estabilizó, no hubo necesidad de hospitalizarla y reinició sus estudios en la universidad.

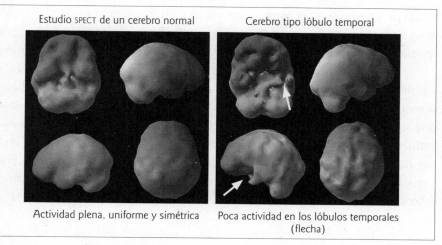

Estudio SPECT de un cerebro normal	Cerebro tipo lóbulo temporal
Actividad plena, uniforme y simétrica	Poca actividad en los lóbulos temporales (flecha)

Cerebro tipo 7: el cerebro tóxico

En este tipo, en general, observamos poca actividad en el cerebro. Hay muchas posibles causas de este tipo, entre otras:

- Drogadicción y alcoholismo
- Toxinas ambientales, como moho, pintura o solventes
- Quimioterapia o radioterapia anterior
- Infecciones cerebrales, como meningitis o encefalitis
- Falta de oxígeno, como en el caso de un estrangulamiento, conato de ahogamiento o apnea del sueño
- Envenenamiento por metales pesados, como plomo, hierro o mercurio
- Anemia
- Hipotiroidismo

Los pacientes con este patrón, a menudo tienen poca energía y se sienten deprimidos o tristes, tienen bajo consumo de energía, sufren confusión mental y deterioro cognitivo.

Will llegó a vernos por depresión resistente y confusión mental. Había visto a otros seis psiquiatras y probado numerosos medicamentos. Se sentía desesperado, impotente y sin valor. Con frecuencia tenía ideas suicidas y su familia estaba muy preocupada por él. Tenía sesenta y tres años, pero se veía mucho más viejo. Su SPECT cerebral mostró baja actividad en general.

Éste es el modelo clásico de un cerebro tóxico. Me reuní con él y su esposa. Me dijo, y ella lo confirmó, que no bebe ni consume drogas. Nuestros primeros esfuerzos necesitaban encaminarse a averiguar por qué tenía un cerebro de aspecto tan tóxico. Después de extensas pruebas de laboratorio y ambientales, descubrimos que había estado trabajando en una oficina en la que había proliferado el moho. La oficina se había inundado el año anterior a que empezara con la depresión. Otros compañeros también sufrieron de deterioro cognitivo.

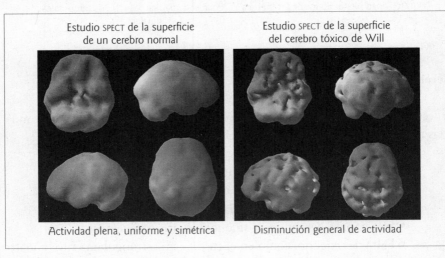

Estudio SPECT de la superficie de un cerebro normal

Estudio SPECT de la superficie del cerebro tóxico de Will

Actividad plena, uniforme y simétrica

Disminución general de actividad

El primer paso en el tratamiento de este tipo de cerebro es la eliminación de la toxina. Si una persona bebe o se droga, debe dejar de hacerlo si quiere sanar. Si hay moho en el ambiente, debe resolverse por completo antes de que la persona vuelva a trabajar. Si hay anemia o hipotiroidismo graves, es esencial tratarlos. Si hubo pérdida de oxígeno debido a la quimioterapia o la radiación, entonces conocemos la causa y podemos pasar directamente a la rehabilitación cerebral.

Cerebro tipo 8: el cerebro de trastorno de estrés postraumático

Las personas que han sufrido un trauma emocional a veces desarrollan patrones de estrés en el cerebro para toda la vida, sobre todo si tenían cerebros más vulnerables cuando ocurrieron los acontecimientos traumáticos. En los estudios SPECT vemos que el cerebro adquiere un patrón específico. Lo llamamos "modelo diamante plus", porque las imágenes del patrón aparecen en la forma de un diamante:

- Mayor actividad en la circunvolución cingulada anterior en la parte superior del diamante (pensamientos negativos).
- Aumento de actividad en el sistema límbico profundo en la parte inferior del diamante (sentimientos de tristeza).
- Aumento de actividad en los ganglios basales en los dos lados del diamante (ansiedad).
- Aumento de actividad en el exterior del lóbulo temporal derecho (ésta es la parte "plus" del modelo diamante plus), donde creemos que se guardan algunos recuerdos traumáticos.

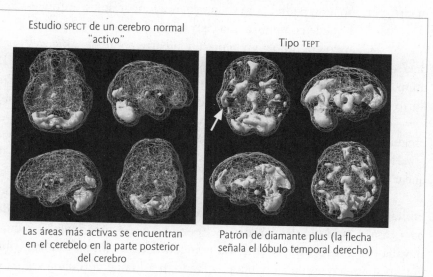

Estudio SPECT de un cerebro normal "activo"

Tipo TEPT

Las áreas más activas se encuentran en el cerebelo en la parte posterior del cerebro

Patrón de diamante plus (la flecha señala el lóbulo temporal derecho)

Las tomografías muestran un patrón en el que parece que el o los traumas se quedan grabados en el cerebro.

Frank, de sesenta y seis años, era el presidente de una gran empresa. Llegó a vernos porque su memoria era mala y tenía problemas de ansiedad, depresión y consumo excesivo de alcohol. Su esposa le había dado un ultimátum: o pedía ayuda o se divorciarían. Frank negó tener antecedentes de traumas emocionales. Su estudio muestra el patrón de diamante plus. Todo el exceso de actividad en el cerebro nos ayudó a entender por qué bebía tanto. Estaba tratando de apagar el incendio en su cerebro que lo hacía sentir terriblemente mal. Pero el alcohol lo había vuelto irritable, y su esposa ya estaba cansada del estrés crónico que él le provocaba. Cuando vi la forma de diamante, quise hacer preguntas más puntuales sobre traumas pasados. Una vez más, se negó a admitirlo. Siendo tan persistente como soy, le pregunté varias veces. Insistía en decir que no. Cuando llevó a su esposa a mi oficina, pregunté una vez más. Ella miró a su esposo y dijo:

—Frank tiene una mala relación con su padre.

—¿Por qué? —pregunté a Frank.

—Cuando empecé a ganar mucho dinero, le compré una casa a mi madre, pero no a mi padre; por eso me guarda rencor desde entonces.

—¿Por qué le compraste una casa sólo a tu madre? —inquirí.

—Cuando era niño y vivíamos en la parte pobre de Chicago, mis padres se separaron y mi madre me crió. Mi padre siempre estuvo ausente. Pero mi madre era adicta a las drogas y se alejaba de la casa con frecuencia. Cuando yo era joven, mi madre se rehabilitó y yo quise ayudarla a recuperarse.

—¿Y dices que no tienes traumas emocionales en tu pasado? —dije, preguntándome cómo podía haber olvidado los años que creció sin padre, criado por una madre drogadicta. Es increíble cómo el cerebro puede bloquear el dolor. ¡Vaya órgano solapado!

En ese momento el rostro de Frank cambió y comenzó a sollozar. Se había olvidado por completo de todas las veces que su madre no llegaba a casa, cuando lo dejaba solo y él pensaba que estaba muerta, o cuando llevaba hombres a los que él les tenía mucho miedo. Frank estaba agobiado por un trauma que nunca había procesado, por lo que el trauma seguía vivo y causando estragos en él, había bloqueado el cerebro emocional. Su cerebro hiperactivo le causó dolor emocional y recurrió al alcohol para tratar de extinguir el fuego en su mente. Por supuesto, el alcohol le causó todo tipo de problemas y lo distanció de los seres que amaba.

Para calmar el patrón de diamante plus y erradicar los últimos traumas emocionales que vimos en las imágenes, acostumbramos remitir a los pacientes a un tratamiento psicológico especial llamado Desensibilización y Reprocesamiento Mediante Movimientos Oculares (EMDR, por sus siglas en inglés). Publiqué un estudio hace varios años sobre el uso de EMDR con seis agentes de la policía que presentaron reacciones postraumáticas después de haber participado en tiroteos. Al comienzo del estudio todos los oficiales estaban de licencia por estrés. Después de unas ocho a diez sesiones, sus cerebros se tranquilizaron y todos se reincorporaron al trabajo. Si desea obtener más información sobre EMDR visite www.emdria.org. También hacemos que los pacientes participen en todas las estrategias de longevidad y salud del cerebro que contiene este libro.

Es común tener más de uno de los ocho tipos cerebrales enumerados anteriormente. Si eso es aplicable en su caso, trabaje primero con el tipo más doloroso y luego siga con los demás. También puede unirse a nuestra comunidad en línea en www.theamensolution.com para aprender más acerca de su propio cerebro y saber qué hacer con los patrones combinados. Además, cuando las personas tienen problemas de resistencia, un SPECT cerebral proporciona información valiosa adicional.

Erradicar los pensamientos automáticos negativos

Una de las técnicas que ayudó significativamente a Chris a sanar de su duelo fue la terapia para combatir pensamientos automáticos negativos, es decir, aprender a no creer en todo pensamiento estúpido que nos pasa por la mente. Aprendió a cuestionar y a poner en entredicho los pensamientos negativos que le daban vueltas en el cerebro. En las Clínicas Amen denominamos a este proceso "aprender a matar los malos pensamientos". Cuando no se controlan los pensamientos negativos que aparecen de forma automática y aparentemente de la nada, estos pensamientos le roban su felicidad, lo atormentan y, literalmente, pueden volverlo viejo, gordo, deprimido y débil mental.

El siguiente ejercicio para matar los pensamientos automáticos negativos es tan sencillo que tal vez le cueste trabajo creer lo poderoso que es, pero le aseguro que puede cambiar su vida. Su sufrimiento disminuirá, y su salud y felicidad mejorarán. Varios estudios de investigación han descubierto que esta técnica es tan eficaz y tan potente como los medicamentos antidepresivos.

Directrices para la terapia contra los pensamientos automáticos negativos

1. Siempre que se sienta triste, enojado, nervioso o fuera de control, dibuje dos líneas verticales hacia abajo en una hoja de papel para dividirla en tres columnas.
2. En la primera columna anote los pensamientos negativos que pasan por su mente.
3. En la segunda columna identifique el tipo de pensamiento negativo. Los terapeutas han clasificado nueve tipos diferentes de pensamiento negativo (ver tabla a continuación).
4. En la tercera columna, discuta, corrija y erradique los pensamientos negativos. ¿Era bueno para discutir con sus padres cuando era adolescentes? Yo era excelente. De la misma manera, tiene que aprender a ser bueno para discutir con las mentiras que usted mismo se dice.

Pensamiento negativo	Clasificación	Cómo erradicar el pensamiento negativo
Nunca volveré a ser feliz.	Clarividencia	Estoy triste ahora, pero me sentiré mejor pronto.
Soy un fracaso.	Etiquetar	He conseguido el éxito en muchas cosas.
¡Es tu culpa!	Asignación de culpas	Necesito examinar mi responsabilidad en el problema.
Debí haberlo hecho distinto.	Flagelarse	Aprenderé de mis errores para hacerlo mejor la próxima ocasión.
Estoy viejo.	Etiquetar	Rejuvenezco cada día.

Resumen de los nueve tipos diferentes de pensamientos negativos automáticos

1. Pensar en términos de siempre: pensamientos que generalizan una situación y de ordinario comienzan con palabras como siempre, nunca, todo el mundo, cada vez.

2. Centrarse en lo negativo: esto ocurre cuando uno se centra únicamente en lo malo de una situación e ignora todo lo que puede interpretarse como positivo.

3. Clarividencia: predecir el futuro de una manera negativa.

4. Leer la mente: creer arbitrariamente que uno sabe lo que piensa otra persona a pesar de que ésta no le ha dicho nada.

5. Pensar con los sentimientos: creer en los sentimientos negativos sin siquiera cuestionarlos.

6. Flagelarse: pensar en palabras como debería, debo, necesito, o tengo que.

7. Etiquetar: poner una etiqueta negativa a uno mismo o a otros.

8. Personalización: tomar de forma personal sucesos inocuos.

9. Asignación de culpas: culpar a otras personas por los problemas en su vida.

El trabajo: otra técnica

Otra técnica para erradicar los pensamientos automáticos negativos que enseño a todos mis pacientes se llama Trabajo. La desarrolló mi amiga Byron Katie y la explica muy bien en su libro *Loving What Is*. Katie, como le dicen sus amigos, describió su propia experiencia cuando sufría de depresión suicida. Era una madre joven, mujer de negocios y esposa que vivía en el desierto del sur de California. Entró en una profunda depresión cuando tenía treinta y tres años. Durante diez años se hundió cada vez más en el odio por ella misma, la rabia y la desesperación, y tenía pensamientos constantes de suicidio y paranoia. En los últimos dos años, con frecuencia era incapaz de salir de su habitación y de cuidar de sí misma o su familia. Entonces, una mañana en 1986, de la nada, Katie se despertó en un estado de asombro, transformada por la conciencia de que cuando creía en sus pensamientos, sufría, pero cuando los cuestionaba, no sufría. La gran visión de Katie es que no es la vida, ni otras personas, lo que nos hace sentir deprimidos, enojados, estresados, abandonados y desesperados, sino nuestros propios pensamientos los que nos hacen sentir de esa manera. En otras palabras, vivimos en un infierno, o vivimos en un paraíso, ambos creados por nosotros mismos.

Katie elaboró un método simple de consulta para cuestionar nuestros pensamientos. Consiste en escribir cualquiera de los pensamientos que nos molestan o cualquiera de los pensamientos con los que juzgamos a otras personas, plantearnos cuatro preguntas al respecto y después invertir los papeles. El objetivo no es el pensamiento positivo, sino más bien el pensamiento preciso. Las cuatro preguntas son:

1. ¿Es verdad lo que estoy pensando?
2. ¿Puedo saber con absoluta certeza que es verdad?
3. ¿Cómo reacciono cuando creo ese pensamiento?
4. ¿Quién sería yo sin ese pensamiento? O, dicho de otra manera, ¿cómo me sentiría si no tuviera ese pensamiento?

Después de responder las cuatro preguntas, tome el pensamiento original, conviértalo exactamente en lo opuesto y pregúntese si lo contrario del pensamiento original que provoca su sufrimiento es cierto, o incluso más cierto que el pensamiento original. A continuación, invierta el pensamiento y aplíquelo a sí mismo y a la otra persona (si otra persona interviene en el pensamiento).

He aquí un ejemplo: el esposo de Rosemary, con quien estuvo casada treinta y cuatro años, murió de cáncer. Ella era la directora de la sociedad de exalumnos de mi universidad y hemos sido amigos muchos años. Después de la muerte de John, estaba muy triste y solitaria. La ayudé a trabajar un poco su duelo. Dos años después de la muerte de John, Rosemary quería empezar a salir de nuevo. Le encantaba tener una relación íntima. Pero me dijo: "Nadie va a querer a una mujer de setenta y cinco años". Entonces hicimos el Trabajo con ese pensamiento. Primero le planteé esta serie de preguntas:

1. ¿Es cierto que nadie va a querer a una mujer de setenta y cinco años? "Sí", respondió ella. "Soy demasiado vieja para tener novio."
2. ¿Puedes saber con *absoluta* certeza que es cierto que nadie va a querer una mujer de setenta y cinco años? "No", respondió ella. "Por supuesto que no puedo saberlo a ciencia cierta."

3. ¿Cómo te sientes cuando tienes el pensamiento "Nadie va a querer a una mujer de setenta y cinco años"? "Me siento triste, desesperada, enojada con Dios y abrumada por mi soledad", respondió ella.

4. ¿Quién serías o cómo te sentirías si no tuvieras el pensamiento "Nadie va a querer a una mujer de setenta y cinco años"? "Bueno, me sentiría mucho más feliz y optimista. Me sentiría como siempre soy", respondió.

Entonces le pedí que cambiara el pensamiento original "Nadie va a querer a una mujer de setenta y cinco años". ¿Qué es lo contrario? "Alguien querrá a una mujer de setenta y cinco años." Bueno, ¿qué es más cierto? "No lo sé, pero si actúo como si nadie me quisiera, entonces nadie me va a querer." Después de nuestro ejercicio, Rosemary empezó a salir de nuevo.

Al cabo de un año conoció a Jack. Cuando me senté con Rosemary y Jack por primera vez me sentí como si estuviera con dos adolescentes de quince años que acababan de enamorarse. Se casaron al año siguiente y pronto celebrarán su quinto aniversario.

Todos necesitamos una manera de corregir nuestros pensamientos. Basta pensar en lo que habría sido de Rosemary si no hubiera matado los pensamientos negativos que le estaban robando su felicidad y su alegría. Habría muerto sola. Me consta que estas cuatro preguntas han transformado por completo la vida de muchas personas y pueden hacer lo mismo por usted.

Adopte una actitud positiva hacia el envejecimiento

Leroy "Satchel" Page se sobrepuso a la discriminación racial y logró entrar como lanzador de las Grandes Ligas, a la edad de cuarenta y dos años. Después de una carrera de cuarenta años fue elegido para ocupar un lugar en el Salón de la Fama en 1971. Cuando se le preguntó por su hazaña a una edad en la que muchos de los jugadores ya se retiraron hace mucho, Paige respondió con una pregunta: "¿Qué edad tendría si no supiera cuántos años tiene?". Excelente pregunta. La investigación muestra que las personas con actitudes optimistas y positivas sobre el envejecimiento sobreviven a aquellos que tienen una visión pesimista y negativa del envejecimiento por un promedio de más de siete años.

¿Cuánto poder tiene la actitud? En el libro *Counter Clockwise*, la autora Ellen Langer escribe: "Basta tener una actitud positiva para marcar una diferencia mucho más grande que la que se logra con cualquier otro método para reducir la tensión arterial o el colesterol, que por lo general aumentan la esperanza de vida alrededor de unos cuatro años. También supera los beneficios del ejercicio, mantener el peso adecuado y no fumar, que agregan de uno a tres años".

Acabar con los pensamientos automáticos negativos es vital para recuperarse de la pérdida de un ser querido y el estrés de la vida, pero también es una habilidad que alarga la vida cuando se trata, en concreto, de lo que pensamos sobre el envejecimiento. Visualizarse feliz, activo y saludable a medida que se envejece es un maravilloso ejercicio que puede agregar años a su vida.

Rejuvenezca ahora: veinte consejos para la salud del cerebro que le ayudarán a salir adelante del estrés, el duelo y la depresión

1. Cuando pasan por momentos de estrés, duelo o depresión, muchas personas sienten la tentación de automedicarse con alcohol, ¡sin darse cuenta de que el alcohol es un depresor! Lo anestesia y le impide experimentar los buenos sentimientos curativos de conexión y empatía con los demás que le ayudan a superar la

pérdida de un ser querido y el dolor. El exceso de alcohol solamente retrasa y multiplica el dolor. Diga no al alcohol y sí a un camino de curación y salud.

2. Debido a que la pérdida de un ser querido tiene un efecto tan importante en el cerebro y el cuerpo, puede ayudarle, al igual que ayudó a Chris y a Gerald, a empeñarse en estar sano. La decisión radical de buscar la salud le da al cerebro y al cuerpo algo positivo en qué concentrarse y produce recompensas positivas, a nivel emocional y físico.

3. Cuidar mucho tiempo a un enfermo causa estragos en el cuidador. Recuerde que hay que "cuidar al que cuida", y aprender el arte del cuidado radical de uno mismo. Si no se fortalece cuando tiene que cuidar a otros, es posible que no pueda apoyarlos mucho tiempo. Deje que otros le ayuden y tome un descanso para ir a caminar, leer algo inspirador, ver una película divertida o tomar una siesta libre de culpa.

4. Tome el consejo de Chris y asegúrese de no quedarse en algún lugar sin comida ni bebida nutritiva. Las almendras o nueces son una excelente colación portátil que puede guardar en su automóvil, maletín o bolso. "Trátate a ti mismo como un buen padre trataría a su hijo para que no termines en algún lugar con hambre, sed y de mal humor", especialmente en épocas de estrés o pérdida de un ser querido.

5. No permita que una muerte o tragedia lo vuelva una persona unidimensional, definida por completo por su pérdida. Usted es una persona que vivió y sobrevivió a un gran dolor, sí. Pero también es una persona llena de dones, talentos y compasión para compartir. Honre la memoria de su ser querido cuidando de su salud y viva una vida de benevolencia, rica y plena.

6. Cuando empiece a sentirse ansioso o molesto, quizá lo estén afectando los pensamientos automáticos negativos. Aprenda a desarrollar los mecanismos internos necesarios para reconocer y eliminar estas criaturas molestas.

7. Cuestione sus pensamientos. Una de las mejores maneras de eliminar los pensamientos negativos es cuestionarlos constantemente.

Siempre que se sienta triste, enojado, nervioso o fuera de control, anote sus pensamientos negativos, pregúntese si son verdaderos y empiece a discutir con ellos. No tiene que creerse cada pensamiento que se le ocurre. Este ejercicio le ayudará a cambiar su perspectiva de negativa a positiva en segundos y con la práctica, esto se volverá automático.

8. La depresión situacional es parte normal del duelo. El tiempo, las lágrimas, buscar el consuelo de otras personas y cuidar de sí mismo, normalmente alivian el dolor. Sin embargo, el duelo complicado o una depresión crónica que le provoca pensamientos suicidas, o lo vuelve incapaz de seguir adelante después de muchos meses, debe tratarse como una emergencia médica. Busque ayuda para este tipo de duelo inmediatamente. Ayudamos a muchas personas que están "atrapadas en el dolor" con los maravillosos recursos que tenemos en nuestras clínicas.

9. Como Chris señaló, hay muchas cosas en la vida sobre las que no tenemos ningún control. Razón de más para hacerse cargo de lo que puede controlar, como la salud y la felicidad, sobre todo después de un revés o una profunda tristeza. Ámese a sí mismo y cuide su cerebro: aliméntese bien, salga a caminar, o a correr y dígase cosas buenas.

10. Debido a que el dolor acaba con la energía, puede sentirse tentado a decir que no a las invitaciones de sus amigos. Trate de decir sí más a menudo y haga de lado el deseo automático de recluirse. Estar en compañía de gente amorosa y paciente es curativo para el cerebro abrumado por el dolor. Salir también le da a su cerebro "un descanso" muy necesario de pensar demasiado y de la tristeza.

11. El cerebro puede llegar a estar demasiado concentrado en la persona que perdió y excluir a otras personas que lo necesitan. Si el dolor es reciente, intente establecer una hora específica cada día para concentrarse y pensar en la persona que perdió: lleve un diario, llore, rece o haga lo que sea que necesite hacer. Luego déjelo ir y vuelva su atención hacia los otros que necesitan que usted se encuentre completamente presente para apoyarlos. Practique el arte de "estar aquí y ahora".

12. No subestime el poder de mejorar su dieta, hacer ejercicio y tomar algunos suplementos inteligentes para el cerebro (como la vitamina D y el aceite de pescado) para modificar rápidamente un estado de ánimo triste. Sentirse mejor proporciona su propia motivación. Una vez que experimente una mejoría en el estado de ánimo después de atender tanto a su cerebro como a su cuerpo, se volverá adicto a la sensación.

13. Si usted tiene un tipo de cerebro impulsivo, le ayudará más la dopamina. Las dietas altas en proteínas y bajas en carbohidratos tienden a ayudar, al igual que el ejercicio y ciertos medicamentos o suplementos estimulantes, como el té verde o la L-tirosina. Los suplementos o medicamentos calmantes pueden empeorar este tipo de cerebro.

14. Si tiene un tipo de cerebro compulsivo, puede resultarle difícil dejar de lado los pensamientos negativos dolorosos. La serotonina es calmante para este tipo de cerebro. El ejercicio físico aumenta la serotonina, al igual que el uso de ciertos suplementos, como el 5-HTP o la hierba de san Juan.

15. Si tiene un tipo de cerebro impulsivo-compulsivo, puede buscar impulsivamente algo poco saludable y luego, por compulsión, quedarse "atascado" y hacer lo mismo una y otra vez. Es necesario aumentar la serotonina y la dopamina. Una combinación de ejercicio con un suplemento calmante como el 5-HTP (para aumentar la serotonina) y té verde (para aumentar la dopamina) ayudan a equilibrar el cerebro de forma natural.

16. Si tiene un tipo de cerebro triste o taciturno, tiende a sentirse deprimido, lo que también puede hacer que se sienta dolorido por todas partes y letárgico. Para este tipo de cerebro, se recomienda el ejercicio, un aceite de pescado en dosis alta (6 g) y algunos suplementos, como la SAME, para ayudar a mejorar el estado de ánimo, la energía y aliviar el dolor.

17. Si tiene un tipo de cerebro ansioso, puede sentirse tenso, nervioso, e inquieto en el interior. El ejercicio, la meditación, la hipnosis, y una combinación de vitamina B_6, magnesio y GABA le serán de utilidad.

18. Si tiene un tipo cerebral de lóbulos temporales, puede tener problemas con la memoria y dificultades con el aprendizaje, inestabilidad del estado de ánimo, pensamientos sombríos o problemas de temperamento. Los medicamentos anticonvulsivos, junto con el equilibrio del azúcar en la sangre y dormir bien suelen ser útiles.

19. Si tiene un tipo de cerebro tóxico, puede sufrir de confusión mental, falta de energía y deterioro cognitivo. Las drogas o el abuso de alcohol y las toxinas ambientales son dos causas comunes. Elimine las toxinas y siga un programa saludable para el cerebro.

20. Aumente la ingesta de ácidos omega 3 (pescado o aceite de pescado) y los niveles de vitamina D para contrarrestar un estado de ánimo decaído.

8 Anthony, Patrick, Nancy y más sobre cómo revertir el daño cerebral

Mejore su cerebro aunque se haya portado mal con él

Remplacé una parte de mí que se me había escapado poco a poco de las manos.

FRED DRYER

AD: el asesino de Notre Dame

En julio de 2007, Anthony Davis fue a verme, como paciente, a las Clínicas Amen. Estaba preocupado por los problemas cognitivos que notó en otros jugadores profesionales de futbol americano jubilados.

AD, como le dice la mayoría de los que lo conocen, es un corredor del equipo de la Universidad del Sur de California que forma parte del Salón de la Fama. A AD lo conocen como el "Asesino de Notre Dame", ya que en 1972 anotó seis touchdowns en contra de la Universidad de Notre Dame. Los estudiantes de esta universidad odiaban tanto a AD que ponían su foto sobre los pasillos de la escuela para pisotearla. En 1974, AD anotó cuatro touchdowns más en contra de Notre Dame.

AD había oído hablar de nosotros y pensó que tal vez podríamos ayudarlo. A la edad de cincuenta y cuatro años, el cerebro de AD se veía como el de una persona de ochenta y cinco años. Mostraba claros indicios de trauma cerebral en la corteza prefrontal y en el lóbulo temporal izquierdo. En los últimos veinte años, el trabajo de las Clínicas Amen ha consistido en la rehabilitación cerebral. Hemos demostrado una y otra vez que el cerebro tiene la capacidad de mejorar después de un traumatismo y cuando cambiamos

277

o mejoramos los cerebros de las personas, cambiamos sus vidas. El caso de AD no fue la excepción. Le receté a AD un grupo de suplementos para mejorar el funcionamiento del cerebro que incluía aceite de pescado de alta calidad, un complejo vitamínico completo, un suplemento de minerales y los suplementos específicos para mejorar el flujo sanguíneo y los niveles de neurotransmisores en el cerebro. Después de varios meses, AD me dijo que se sentía mejor y tenía mejor concentración, más energía y la memoria había mejorado. Decidí hacerle una nueva tomografía a AD en enero de 2008. Su estudio de seguimiento mostró una mejoría significativa en el flujo sanguíneo y la actividad en general.

Vista superficial inferior del estudio SPECT del cerebro de AD

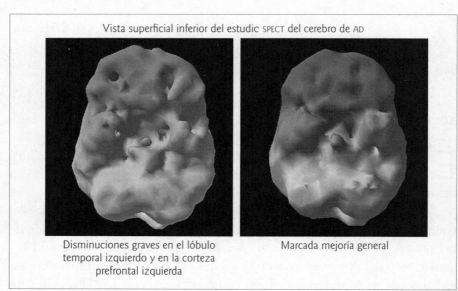

Disminuciones graves en el lóbulo temporal izquierdo y en la corteza prefrontal izquierda

Marcada mejoría general

Gracias a mi relación con Anthony conocí a muchos otros jugadores de la NFL en activo y jubilados, y él fue el ímpetu de nuestro estudio a gran escala de lesiones cerebrales y rehabilitación de jugadores profesionales de futbol americano. En ese momento, la NFL seguía diciendo que ignoraba si jugar futbol americano causaba daño cerebral a largo plazo, pero nunca había hecho los estudios para averiguarlo. Mis colegas y yo decidimos resolver la situación. Hasta la fecha, hemos explorado y tratado a 115 jugadores activos y retirados. Observamos indicios claros de daño cerebral en casi todos los jugadores.

Estudio típico de imágenes SPECT
de un jugador de la NFL

Daños en el polo prefrontal, polos
temporales, lóbulos occipitales y cerebelo

La parte más interesante de nuestro estudio es que es posible la recuperación y la mejoría de la función cerebral, incluso si el daño se produjo décadas atrás, como era el caso de la mayoría de nuestros jugadores. Setenta por ciento de ellos mostraron mejoría en sus estudios SPECT y pruebas neuropsicológicas. Después de los primeros cinco estudios de seguimiento descubrimos que nuestro grupo inicial de suplementos no fue lo suficientemente potente para el daño cerebral que observamos. Eso nos llevó a crear un segundo grupo de suplementos que han marcado una diferencia mucho más sustancial, sobre todo nuestro aceite de pescado y la fórmula Brain and Memory Power Boost®.

Componentes del programa de rehabilitación cerebral de la NFL para revertir el daño cerebral

Para ayudar a revertir el daño cerebral, facilitar la recuperación y mejorar el funcionamiento del cerebro de los jugadores de la NFL, integramos los siguientes componentes en su rehabilitación:

Educación sobre la salud cerebral:

- Dejar de hacer cosas que dañan el cerebro.
- Empezar a hacer las cosas que ayudan a su cerebro.

Educación nutricional óptima.
Grupo de reducción de peso para quienes lo necesitaban.
Ejercicios de coordinación.
Suplementos naturales, como el aceite de pescado y el Brain and Memory Power Boost.

Con aquellos jugadores que estaban deprimidos o dementes, hicimos más. Actué como psiquiatra de algunos de nuestros jugadores, o como consultor de sus propios médicos. En muchos casos, receté antidepresivos naturales, como SAME, ya que también ayuda ante el dolor. Si los suplementos no eran lo suficientemente fuertes, receté medicamentos. Varios de nuestros jugadores también optaron por tomar la terapia de oxigenación hiperbárica (TOHB), con la que hemos visto mejorar el flujo sanguíneo al cerebro y también hemos notado mejoría de la neurorretroalimentación. Con el paso de los años me ha impresionado la capacidad que tiene la TOHB para aumentar el flujo sanguíneo en los cerebros dañados. El doctor Paul Harch, uno de los principales expertos del mundo en TOHB y yo hicimos un estudio de cuarenta soldados que habían sufrido lesiones cerebrales a causa de artefactos explosivos improvisados (AEI) en Irak y Afganistán. Utilizamos los estudios SPECT de antes y después, así como datos de pruebas neuropsicológicas. Los resultados fueron impresionantes al igual que en el caso de nuestros jugadores de la NFL. La neurorretroalimentación utiliza electrodos para medir la actividad eléctrica del cerebro y luego los terapeutas enseñan a los pacientes cómo cambiarla. A continuación presento cinco ejemplos:

Roy

Roy Williams llegó a vernos a la edad de setenta y tres años. Es parte de una familia de tres generaciones en la NFL. Él jugó para los 49 de San Francisco. Su hijo Eric jugó para los Vaqueros de Dallas y su nieto Kyle jugó para los Halcones Marinos de Seattle. Las puntuaciones de las pruebas cognitivas de Roy correspondiente a atención, razonamiento y memoria estaban en el rango normal, pero tenía sobrepeso (151.5 kg), lo cual era demasiado para su cuerpo de dos metros de estatura. Su estudio SPECT mostró una disminución general de la actividad cerebral.

Cuando le conté a Roy sobre los estudios que indican que a medida que el peso aumenta, el tamaño de su cerebro disminuye, capté su atención. Cuando añadí que la contracción del cerebro se asocia con el envejecimiento, comprendió el cuadro y dijo que quería hacer lo que fuera para rejuvenecer su cerebro. Roy tiene un negocio muy próspero que ayuda a las familias en la transmisión de su riqueza a la siguiente generación, por lo que no estaba muy interesado en tener un cerebro viejo y encogido.

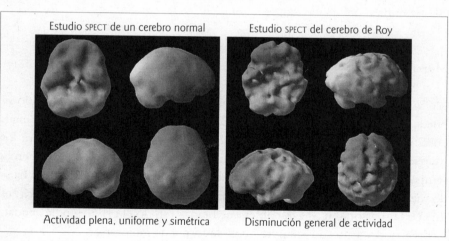

Estudio SPECT de un cerebro normal   Estudio SPECT del cerebro de Roy

Actividad plena, uniforme y simétrica   Disminución general de actividad

Roy eliminó sus malos hábitos cerebrales y adoptó una serie nuevas costumbres. Cuando meses después regresó para las pruebas de seguimiento, había bajado 13 kg, pero lo más sorprendente fue el hecho de que sus puntuaciones

de atención, memoria y razonamiento habían mejorado. ¡Su cerebro era cada vez más joven! Por otra parte, su esposa dice que ahora tiene la energía de una persona de cuarenta años, que en un principio realmente la irritaba, pero ahora ya no. Con el tiempo, las ideas de nuestro programa la contagiaron a ella y también ha bajado de peso.

Marvin

Marvin Fleming es otro ejemplo de que un cerebro gravemente dañado se puede recuperar. Marvin es el primer jugador en la historia de la NFL en jugar en cinco Súper Tazones. Jugó como ala cerrada durante doce años para los Empacadores de Green Bay y los Delfines de Miami, y le tocó participar en la temporada perfecta de los Delfines en 1972. Tenía sesenta y siete años cuando fue a vernos por primera vez; su cerebro estaba en problemas. Marvin es una de las personas más agradables que hemos tenido el privilegio de ayudar. Es divertido, cariñoso y siempre busca la forma de mejorarse.

Cuando le pregunté si alguna vez había sufrido una lesión cerebral me dijo que no. Las lesiones cerebrales son una causa común de envejecimiento prematuro y disfunción cognitiva. El cerebro es muy suave, tiene la consistencia de la mantequilla blanda, y el cráneo, por su parte, es muy duro, con muchas aristas óseas afiladas. Pensé: "Jugó de ala cerrada doce temporadas en la NFL, ¿cómo es que no sufrió de una lesión cerebral?". Por eso lo presioné. Marvin parecía orgulloso de sí mismo porque no recordaba haber sufrido una conmoción cerebral, quedar inconsciente, ver estrellitas o estar confundido en el campo de futbol después de un golpe, al igual que casi todos los 115 jugadores. No obstante, insistí. Había visto su cerebro y tenía indicios claros de lesión cerebral. Le pregunté por otras posibles causas, como lesiones de la infancia, la adolescencia y fuera del futbol, como accidentes de tránsito, caídas o peleas. Insistió en que no. He estado haciendo esto mucho tiempo y había visto miles de estudios como el de Marvin para saber que había algo más.

—Está bien, Marvin, por última vez, y luego te dejaré en paz: ¿me estás diciendo que no recuerdas algún accidente automovilístico, una pelea, una caída o un momento cuando jugabas futbol en el que te hayas golpeado la cabeza con tanta fuerza que provocara cambios en la conciencia, o en el proceso de pensamiento?

Lo que sucedió después en mi oficina es tan común que es una broma recurrente en las Clínicas Amén. Preguntamos diez veces a los pacientes si han tenido, o no, una lesión cerebral y los que inicialmente dicen que no terminan por recordar múltiples ocasiones en las que perdieron la conciencia, o se vieron envueltos en accidentes de tránsito graves. Nuestra directora de investigación, la doctora Kristen Willeumier, estaba presente en la entrevista con Marvin y me lanzó una mirada de complicidad.

La expresión de Marvin cambió. El hemisferio derecho de su cerebro tuvo una experiencia de memoria "reveladora" y se notó en el rostro de Marvin.

—Siento mucho haberle mentido, doctor Amen. Cuando estaba en la escuela, en la Universidad de Utah, hicimos un viaje en auto desde Utah hasta California, en la nieve, y el auto se salió de una carretera de montaña y caímos 45 metros río abajo. Quedé inconsciente y mis amigos tuvieron que sacarme del auto para que no me ahogara.

Me pregunté cómo era posible olvidar un acontecimiento tan impactante, pero lo he visto suceder muchas veces en mi trabajo. Imaginé todos los golpes de cabeza que había dado y recibido en el futbol, además del accidente automovilístico y cualquier otra cosa que no recordara; no es de extrañar que su cerebro tuviera problemas tan serios.

Estudio SPECT de un cerebro normal   Estudio SPECT del cerebro de Marvin

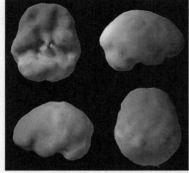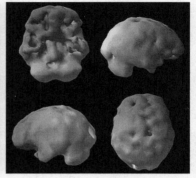

Actividad plena, uniforme y simétrica   Disminución general de actividad
con patrón de traumatismo cerebral

Todos nuestros jugadores se someten a exhaustivas pruebas cognitivas. La prueba de Marvin no salió bien. Lo que él tenía a su favor era una gran personalidad y la voluntad de hacer las cosas que la doctora Willeumier y yo le pedíamos.

Le indicamos a Marvin que debía bajar de peso (era "adicto al azúcar" al grado de comer el glaseado para pastel directamente de la lata, sin el pastel). También le mandamos un multivitamínico, dosis altas de aceite de pescado, el Brain and Memory Power Boost (nuestro suplemento diseñado especialmente para mejorar el funcionamiento del cerebro), TOHB para aumentar la oxigenación del cerebro y también le dijimos que hiciera más ejercicio.

Dos años después, su cerebro se ve drásticamente más joven, al igual que él, que bajó 9 kg, y sus puntuaciones cognitivas mejoraron hasta en 300 por ciento.

Normalmente, el cerebro se vuelve menos activo y menos eficiente con la edad. El cerebro de Marvin, al igual que el de muchos de los jugadores retirados de la NFL que participaron en nuestro estudio, se volvió más activo y más eficiente.

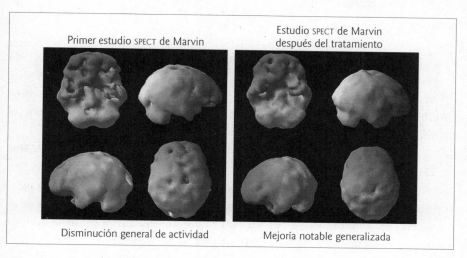

Primer estudio SPECT de Marvin

Estudio SPECT de Marvin después del tratamiento

Disminución general de actividad

Mejoría notable generalizada

Fred

Tenemos docenas de magníficos testimonios y correos electrónicos de nuestros jugadores. Uno de mis favoritos es de Fred Dryer, el famoso ala cerrada defensivo de los Carneros de Los Ángeles, que luego se convirtió en actor y estrella de televisión de la popular serie de televisión *Hunter*.

"Con los suplementos y, por supuesto, con las sesiones de neurorretroalimentación, remplacé una parte de mí que se me había escapado poco a poco de las manos", nos dijo. "Es muy extraño describir esta sensación, pero al pasar por el programa, me di cuenta de la energía mental y la 'agilidad' de pensamiento y cognición que 'reconocí' haber perdido."

"Jugar un deporte de contacto durante tantos años hizo tanto daño acumulativo que verdaderamente me asombra no haberme dado cuenta de la lenta progresión de la pérdida de función cerebral. No fue sino hasta que empecé a 'alimentar' mi cerebro con los suplementos y, al mismo tiempo, participé en las sesiones de neurorretroalimentación que empecé a notar hasta qué punto había disminuido mi funcionamiento cerebral. Ojalá hubiera contado con el conocimiento de esta ciencia-tecnología cuando jugaba futbol profesional. Habría ayudado a evitar todo lo que se ha perdido con el paso del tiempo."

Cam

A los treinta y cuatro años, Cam Cleeland fue uno de los jugadores más jóvenes en retirarse de la NFL. Jugó para los Santos de Nueva Orleans, los Patriotas de Nueva Inglaterra y los Carneros de San Luis. Se ofreció a participar en nuestro estudio porque tenía problemas de depresión, irritabilidad, frustración, mucho estrés, pensamientos obsesivos, problemas de memoria y de pareja.

A Cam le habían diagnosticado un total de ocho conmociones: tres en la universidad y cinco en sus años profesionales. El estudio SPECT de Cam mostró un claro daño cerebral y su Microcog (una prueba de la función neuropsicológica) mostró una disminución significativa en el funcionamiento cognitivo en general, la velocidad de procesamiento de la información, la atención, la memoria y el procesamiento espacial.

Después de ocho meses en nuestro programa de rehabilitación cerebral, Cam dijo que se sentía mucho mejor y había notado mejoría notable en la atención, claridad mental, memoria, estado de ánimo, motivación y nivel de ansiedad. Sintió que tenía un mayor control sobre la ira y que se llevaba mejor con sus hijos pequeños.

Su SPECT mostró una mejoría impresionante en las áreas de los lóbulos temporales (memoria y estabilidad del estado de ánimo), la corteza prefrontal (atención y juicio) y el cerebelo (velocidad de procesamiento). Su Microcog también mostró una extraordinaria mejoría.

Capitán Patrick Caffrey

Durante su despliegue en Afganistán, en 2008, el capitán Patrick Caffrey, oficial de máquinas de combate, estaba en medio de la introducción gradual de nuevos vehículos, especialmente blindados. Éstos son los vehículos que todas nuestras tropas utilizan en el presente. "Sabíamos algo sobre ellos", comentó. "Podían soportar una enorme explosión y, aun así, los soldados podríamos salir ilesos, o por lo menos eso pensábamos."

Una de las muchas tareas del Segundo Batallón del Séptimo Pelotón de Ingenieros Militares de los Marines era realizar limpieza de rutas; llevar detectores de metales y otros equipos especiales de detección de minas y artefactos explosivos improvisados. Su misión consistía en encontrarlos y quitarlos del camino para que la logística, convoyes e infantería, pudieran pasar libremente.

En ese momento, el capitán Caffrey no sabía nada de lesiones cerebrales traumáticas, a pesar de haber sufrido cinco o seis conmociones cerebrales en su vida por los deportes y otras lesiones. En su ignorancia, le dijo a uno de sus sargentos: "Entonces, ¿estoy loco porque como que *quiero* que exploten? No quiero decir salir herido, sino simplemente explotar y a continuación, alejarme como si nada". El sargento admitió que pensaba lo mismo; debía ser cosa de los marines. Lo que no sabían es que estarían juntos en el mismo vehículo en más de una explosión. Para Patrick esto redefine el siguiente adagio: "Ten cuidado con lo que deseas".

Antes de salir de Afganistán el capitán Caffrey pasó por tres explosiones en las que sufrió conmociones cerebrales. Pero pensó que se sentía bien. Después de todo, razonó, muchos otros habían pasado por cosas mucho peores que él. Sin embargo, su personalidad estaba empezando a cambiar. Se volvió propenso a ataques de ira, algo nuevo para él. Al llegar a casa, los cambios se hicieron más pronunciados. En sus propias palabras: "Estaba más irritable que nunca, tenía dolores de cabeza intensos, dificultad para enfocarme y concentrarme (sobre todo para oír lo que decía la gente), problemas de memoria e incapacidad para dormir. Era grosero y desagradable con la gente y lo peor de todo era que no me daba cuenta de lo mucho que había cambiado".

Patrick decidió hacerse un estudio SPECT en las Clínicas Amen en Newport Beach, California. "¡Cómo subestimé el valor de examinar el cerebro cuando se tiene un problema cerebral!", exclamó Patrick.

Vimos el daño que tenía en el lóbulo temporal derecho, lo cual explicaba sus cambios conductuales y cognitivos, dolores de cabeza, disminución de la capacidad de enfocarse y concentrarse y problemas de memoria.

A continuación, colocamos a Patrick en un régimen sencillo de suplementos naturales dirigido a tratar sus problemas cerebrales específicos. Nos dijo: "Sentí una gran diferencia de inmediato. ¡Me sentí más fuerte y más concentrado que nunca!". Después de haber servido en el ejército de Estados Unidos diez años, primero como un soldado, y luego como médico militar, admiro y compadezco a los soldados, y con la ayuda de Patrick, espero lograr que más personal militar, hombres y mujeres, reciban la ayuda que necesitan.

Estudio SPECT de un cerebro normal

Estudio SPECT del cerebro de Patrick

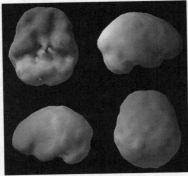 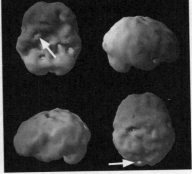

Actividad plena, uniforme y simétrica

Disminución de actividad en el lóbulo temporal derecho y el lóbulo occipital izquierdo

Lo que esto significa para usted

¿Y por qué debería preocuparse por los cerebros de estos gladiadores jubilados? Si podemos mejorar el cerebro de los jugadores retirados de la NFL que han sufrido decenas de miles de golpes en la cabeza, imagine el beneficio que usted puede obtener con un programa de salud del cerebro, incluso si se ha portado mal con él. Iniciar un programa para mejorar la salud del cerebro reduce, literalmente, la velocidad y, en algunos casos, revierte el proceso de envejecimiento.

Hemos visto personas que mejoran después de haber sufrido lesiones, infecciones, accidentes cerebrovasculares, pérdida de oxígeno, drogadicción y exposición a sustancias tóxicas. Los estudios SPECT nos dan una idea de cuántas reservas tiene el cerebro y cuánto es posible mejorar.

Éste es un programa personal, una opción inteligente para frenar el envejecimiento y revertir el daño cerebral.

1. Deje de hacer cualquier cosa que lastime su cerebro. Jugar futbol americano, a cualquier edad, no es algo inteligente para el cerebro. Me encantaba el juego, pero era un amor no correspondido.

2. Enfoque sus energías en actividades inteligentes para el cerebro, como los que se proponen en este libro: dieta sana, mucho ejercicio, nuevo aprendizaje, desarrollo de una comunidad de personas sanas, etcétera.
3. Baje de peso si es necesario.
4. Tome suplementos simples a diario para asegurarse de obtener los nutrientes que necesita. Yo recomiendo a todos mis pacientes que tomen un multivitamínico y aceite de pescado, y que conozcan y optimicen sus niveles de vitamina D.
5. Si se han producido daños, tome en cuenta estos suplementos para mejorar el cerebro:

- Ginkgo y la vinpocetina para estimular el flujo de sangre.
- Acetil-L-carnitina y huperzina A para aumentar el neurotransmisor acetilcolina.
- Fosfatidilserina para ayudar a las membranas celulares nerviosas.
- N-acetilcisteína (NAC) y ácido alfa lipoico como antioxidantes.

Agrupo estos nutrientes en nuestro suplemento nutricional Brain and Memory Power Boost, que utilizamos con nuestros jugadores retirados de la NFL. Pero para ser claros, este suplemento se usa en combinación con la totalidad del programa; ésa es la forma más inteligente de usar cualquier suplemento.

6. Considere la posibilidad de tomar TOHB para mejorar el flujo de sangre al cerebro si ha sufrido algún traumatismo. Infórmese más acerca de la TOHB en www.hbot.com.
7. Considere la posibilidad de tomar sesiones de neurorretroalimentación para ayudar a estabilizar los patrones de activación neuronal en el cerebro. La biorretroalimentación es una técnica de tratamiento que utiliza instrumentos para medir las respuestas fisiológicas del cuerpo de una persona (por ejemplo, temperatura de la mano, actividad de las glándulas sudoríparas, frecuencia respiratoria, frecuencia cardiaca, tensión arterial y los patrones de las ondas cerebrales). Los instrumentos transmiten la información sobre estos sistemas del cuerpo hacia el paciente para que

los conozca y pueda comenzar a cambiarlos. En la neurorretroalimentación, se mide la cantidad de patrones de ondas cerebrales específica a través del cerebro mediante electrodos colocados en el cuero cabelludo.

Hay cinco tipos de patrones de ondas cerebrales:

- *Ondas delta* (1-4 ciclos por segundo); son ondas muy lentas; se observan sobre todo durante el sueño.
- *Ondas theta* (5-7 ciclos por segundo); son ondas lentas; se observan al soñar despierto y en estados crepusculares.
- *Ondas alfa* (8-12 ciclos por segundo); son ondas cerebrales que se observan durante estados de relajación.
- *Ondas del* RSM (*ritmo sensoriomotor*) (12-15 ciclos por segundo); son las ondas que se observan durante los estados de relajación enfocada.
- *Ondas beta* (13-24 ciclos por segundo); son las ondas rápidas que se observan durante estados de concentración o trabajo mental.

Los investigadores han descubierto que las personas aprenden a cambiar voluntariamente las ondas cerebrales si cuentan con el entrenamiento adecuado. Antes de hacer neurorretroalimentación en nuestro consultorio, por lo general se practica a los pacientes un estudio SPECT o QEEG para guiar el tratamiento. En nuestros jugadores retirados de la NFL, a menudo vimos un nivel excesivamente alto de actividad de ondas lentas (delta y theta) y muy poca actividad de onda rápida (beta) en la parte frontal del cerebro. Muchos de estos atletas consideraron que la neurorretroalimentación era como un gimnasio para sus mentes y les pareció muy útil.

Ray y Nancy: una historia de esperanza continua

Ray White fue a vernos como parte de nuestro estudio de la NFL. A principios de 1970 jugó como apoyador de los Cargadores de San Diego. Parte de la motivación de Ray para participar en nuestro estudio fue que hacía poco le habían diagnosticado demencia del lóbulo temporal frontal a su esposa Nancy, y él quería que la evaluáramos también. Estaba enojado con el médico que diagnosticó a Nancy, porque le dijo a Ray que en un año ella no sabría quién era él.

Cuando evaluamos a Ray, observamos indicios de traumatismo cerebral, como en casi todos nuestros jugadores retirados, además tenía sobrepeso. Las tomografías de Nancy fueron un desastre. Tenía una grave disminución de actividad en la parte frontal de su cerebro, compatible con el diagnóstico de demencia del lóbulo temporal frontal.

La sesión de retroalimentación, en la que les mostré sus estudios, fue muy emotiva para Ray y Nancy, y también lo fue para mí. Teníamos experiencia que demostraba que podíamos ayudar a Ray. Sin embargo, aún no existe tratamiento eficaz para la demencia del lóbulo temporal frontal. En casos como el de Nancy mi propensión es hacer todo lo posible para tratar de frenar o revertir el proceso de la demencia. Y, desde luego, no siempre funciona. En este caso, les dije a Ray y a Nancy que era fundamental comenzar de inmediato un programa de salud para el cerebro, comer bien, dejar de beber alcohol, tomar suplementos y hacer ejercicio, y recomendé TOHB y neurorretroalimentación para Nancy. También le dije a Ray que necesitaba bajar de peso.

Diez semanas después los vi de nuevo en su primera consulta de seguimiento.

Yo estaba hecho un desastre emocional el día que regresaron. Una hora antes de ver a Ray y a Nancy acababa de descubrir que mi trabajo con SPECT había sido objeto de un ataque virulento en una revista médica psiquiátrica por dos médicos de la Universidad del Suroeste de Texas. No estaba molesto porque otros médicos atacaran mi trabajo. Estaba acostumbrado. Estaba molesto porque el editor de la revista había permitido que esas personas escribieran mentiras sobre mí, sin mostrarme primero los artículos. En mi opinión, no era una actitud ética. Acababa de colgar el teléfono después de una acalorada discusión con el editor cuando la doctora Willeumier me entregó el cuadro de seguimiento de Nancy. Estaba tan molesto que temblaba, cosa que ha sucedido quizá otras dos veces en toda mi vida adulta. En ese momento tenía como invitados a cinco médicos de Canadá que estaban aplicando nuestro trabajo con SPECT en sus pacientes. Tenía que tranquilizarme.

Respiré hondo diez veces para concentrarme. Cuando me calmé, abrí la carta de Nancy y no creí lo que veía. La tomografía de seguimiento de Nancy mostraba una mejoría extraordinaria. Se la mostré a los médicos visitantes, que se sorprendieron mucho. Examinamos el estudio en la pantalla grande de la computadora de mi oficina. Era palpable que el cerebro de Nancy había mejorado en diez semanas.

Nancy había cumplido todas mis recomendaciones de comer bien, tomar sus suplementos y eliminar el alcohol; llevaba cuarenta sesiones de terapia de oxigenación hiperbárica y dieciséis sesiones de neurorretroalimentación. Había mejorado de manera impresionante. La memoria y la función cognitiva estaban mejor; su arreglo personal había mejorado y se ocupaba más de su casa. Ray bromeó diciendo que había que reducir la velocidad, ya que muy pronto iba a ser más inteligente que él. Además, ¡Ray había bajado 13.6 kg! Comentó que su motivación era ayudar a su esposa. Si él hacía todo lo que le recomendamos, ella también lo haría. Lo harían como pareja. A veces la motivación es el amor. Ray amaba a Nancy.

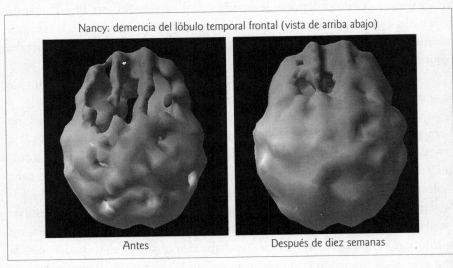

Nancy: demencia del lóbulo temporal frontal (vista de arriba abajo)

Antes   Después de diez semanas

He notado que cada vez que atacan mi trabajo, siempre hay un caso, o una serie de casos, que me mantienen centrado en la importancia de este trabajo. Es curioso cómo sucede esto.

Estos estudios se llevaron a cabo a principios de febrero y mayo de 2010. Cuando escribo este libro, he visto a Nancy cada dos meses desde entonces, y ahora, dieciocho meses después, ella mantiene sus logros. Lleva casi doscientos tratamientos de terapia de oxigenación hiperbárica y continúa con sus suplementos y neurorretroalimentación. Come sanamente, no ha vuelto a tomar alcohol, surfea tres o cuatro veces a la semana, va al gimnasio y recientemente comenzó a tomar clases de canto. Esta pareja me asombra. También sé que este programa no funciona para todas las personas a las que se les ha diagnosticado demencia. No todo el mundo tiene un cerebro que responda y no todos pueden pagar todos los tratamientos que Nancy recibió. Pero sinceramente creo que debemos aplicar estas técnicas a muchas más personas para recuperar la mente tanto como sea posible. Sé que si fuera mi esposa o mi madre le recomendaría el mismo programa.

Rejuvenezca ahora: veinte consejos para la salud del cerebro que ayudan a revertir el daño cerebral

1. Siempre que exista daño cerebral, es urgente reparar u optimizar el cerebro.
2. El envejecimiento del cerebro, por sí mismo, disminuye su flujo sanguíneo. A medida que envejecemos, nuestros cerebros se vuelven más vulnerables y, por lo tanto, tienen mayor necesidad de protección.
3. Use los estudios de imágenes cerebrales y las pruebas neuropsicológicas para entender las vulnerabilidades y deficiencias específicas del cerebro. No se puede cambiar lo que no se mide.
4. Deje de hacer inmediatamente lo que sea dañino para el cerebro.
5. Comience inmediatamente un programa de salud para el cerebro.
6. Las lesiones en la cabeza del pasado, como una caída en el patio a los cinco años, una conmoción cerebral mientras practicaba un deporte o un accidente automovilístico pueden alterar su cerebro. Piense de nuevo en su historial cerebral desde la infancia: ¿hubo algún cambio en su estado de ánimo o comportamiento después de cualquier traumatismo cerebral, aunque haya sido

leve? Anótelo. Si es así, es posible que deba considerar algunas de las medidas de rehabilitación que se explicaron anteriormente.

7. Cuando el comportamiento, las emociones, la memoria están en problemas, asegúrese de preguntarse diez veces si una lesión cerebral del pasado puede ser parte del problema.

8. La ansiedad, depresión, problemas de atención, obsesión, problemas de memoria, problemas de temperamento y poca energía son sólo algunos síntomas que podrían estar relacionados con una conmoción cerebral o una lesión cerebral pasada.

9. Un descubrimiento sorpresivo en nuestro estudio de la NFL y las tomografías cerebrales fue que era común una menor actividad en el cerebelo. Esta área está situada en la parte posterior e inferior del cerebro y es el centro de coordinación del cerebro. Las mejores actividades para estimular el cerebelo son el baile, tenis de mesa, malabares, escritura cursiva y caligrafía.

10. Si su hijo o hija va a jugar deportes de contacto, a pesar de los peligros que conlleva, investigue el programa y exija medidas de protección cerebral. Setenta y cinco por ciento de las lesiones cerebrales ocurren durante los entrenamientos. Los programas de futbol de las escuelas podrían eliminar en gran medida las lesiones y conmociones cerebrales si limitaran la cantidad de contactos de cabeza a cuerpo durante las prácticas semanales. Gracias a investigaciones como la nuestra y a la publicidad sobre las conmociones cerebrales, más escuelas están tomando medidas de seguridad para proteger el cerebro en los deportes.

11. A muchas personas que hacían ejercicio, o practicaban deportes a alto nivel cuando eran jóvenes les pasa que sus músculos se convierten en grasa cuando dejan de ejercitarse. Por sí solo, el exceso de peso puede provocar disminución del funcionamiento cognitivo. Recuerde: "A medida que el peso aumenta, el tamaño de su cerebro disminuye". Comenzar un programa saludable de reducción de peso puede mejorar el funcionamiento de su cerebro.

12. La apnea del sueño a menudo acompaña a la obesidad. Debido a que la apnea del sueño aumenta la posibilidad de padecer

demencia, es indispensable tratarla. Bajar de peso le ayudará, pero es posible que también deba realizarse un estudio del sueño y consultar a un especialista.

13. La buena noticia es que usted puede revertir el proceso de envejecimiento del cerebro e incluso mejorar los problemas causados por las lesiones cerebrales con un programa inteligente, incluso si el daño cerebral se produjo décadas atrás.

14. Los fundamentos de la rehabilitación cerebral incluyen nutrición óptima, ejercicio, ejercicios de coordinación especiales, reducción de peso (si es necesario) y suplementos como el aceite de pescado y nuestro suplemento especialmente formulado Brain and Memory Power Boost.

15. Muchos de mis pacientes han optado por someterse a la terapia de oxigenación hiperbárica, con la que hemos visto mejorar el flujo de sangre al cerebro. Con los años me ha impresionado la capacidad que tiene la TOHB para aumentar el flujo sanguíneo aun en cerebros dañados. Si usted sufrió daño cerebral en el pasado, es recomendable que piense en tomar algunas sesiones en una cámara de TOHB, que en la actualidad se ofrecen en muchas ciudades.

16. También hemos utilizamos con gran éxito la neurorretroalimentación para ayudar a revertir el daño cerebral; esta técnica utiliza electrodos para medir la actividad eléctrica del cerebro. Con la práctica y el entrenamiento, enseñamos a nuestros pacientes a cambiar la actividad del cerebro y alterar las ondas cerebrales para mejorarlo.

17. Los ejercicios de gimnasia mental pueden ayudar en la rehabilitación del cerebro.

18. Los suplementos para mejorar el funcionamiento del cerebro son útiles para las personas que desean reparar el daño y mejorar sus habilidades cognitivas. Algunos de ellos son: ginkgo y vinpocetina para mejorar el flujo sanguíneo; acetil-L-carnitina y huperzina A para aumentar el neurotransmisor acetilcolina; fosfatidilserina para ayudar a las membranas de las células nerviosas, y NAC y ácido alfa lipoico como antioxidantes. (Reúno este

grupo de suplementos en nuestro suplemento Brain and Memory Power Boost.)

19. Incluso si usted se ha portado mal con su cerebro, hemos visto que muchas personas recuperan el funcionamiento cerebral con un programa inteligente.

20. ¡El mejor momento para comenzar a revertir el daño cerebral es *ahora*!

9 Historia de dos Ricks
Cree su propia red de genios para mejorar juntos

Cuando los amigos conscientes de su salud la mejoran, la salud de sus amigos también mejora.

Rick Cortez es el artista gráfico que hace que mi programa de televisión pública tenga un aspecto tan bello. Nos conocemos desde hace años. Rick, de treinta y un años, es un hombre encantador, muy talentoso y trabajador. Desde que lo conozco, en los últimos siete u ocho años empezó a aumentar de peso hasta que llegó a casi 159 kg. Lo animé a recuperar la salud, pero no pasó nada. Luego, unas semanas después de grabar el último programa especial para la televisión pública, me escribió la siguiente carta.

Dr. Amen:

Quiero comunicarle un cambio muy emocionante que ha habido en mi vida desde la grabación de su nuevo programa especial para la televisión pública. En las 5 o 6 semanas que han transcurrido desde la grabación en vivo, he bajado 13.6 kilos y contando.

En el momento de la grabación pesaba más de 158 kilos. La comida rápida era el elemento básico de mi dieta y las porciones siempre eran grandes. A pesar de la gran cantidad de comida que ingería a diario, tenía antojos frecuentes de más de lo mismo. Me encantaba la "euforia" que me producía cenar unas hamburguesas dobles con queso y el helado de postre.

Después de su programa, sinceramente no esperaba un cambio de vida. Me conozco bien; soy impulsivo, no tengo fuerza de voluntad, ni resistencia...

Pero en los días siguientes a la grabación de su programa, Marco, un compañero de trabajo, decidió seguir una de las soluciones que usted ofrece: "influir en los demás para que sean más delgados, más inteligentes y más felices...". Me preguntó si podíamos hacer equipo para ayudarnos a crear un estilo de vida saludable de acuerdo con los principios que usted propone.

Entonces, Marco me enseñó fotografías de antes y después de un amigo suyo que había bajados más kilos de los que yo esperaba bajar (68 kilos). La clave de la reducción de peso sostenida es un cambio de vida, no una dieta de moda.

Eso era lo único que necesitaba. De repente ya no era imposible, era inevitable. Estaba seguro de que iba a bajar esos kilos.

En aproximadamente un año a partir de ahora voy a estar en mi peso ideal. Pero no tengo ninguna prisa. ¡Me la estoy pasando muy bien en lo que llego allí!

Gracias por inspirar a mi compañero de trabajo. En mi caso, marcó toda la diferencia.

Rick

La última vez que vi a Rick, ¡había bajado 44 kg!

De acuerdo con Rick, Marco era el tipo de persona que disfruta de ver a otros tener éxito y casi una semana después de la última grabación de mi programa especial, le dijo de pasada a Rick:

—Oye, tú y yo podríamos bajar algo de peso. ¿Qué te parece si intentamos la solución Amen juntos? ¿Quieres darle una oportunidad?

Rick no tenía nada que perder, excepto un poco más de 68 kg, por lo que accedió.

—Tener un amigo con quien comprobar todos los días mi progreso, a veces sólo dos o tres minutos al día, fue lo que marcó *toda* la diferencia y me mantuvo motivado.

Ha avanzado más de la mitad en su meta de alcanzar su peso ideal y no sólo parece diez años más joven, sino que también camina con más vigor y tiene una sensación evidente de confianza en sí mismo que irradia de su interior. Lo que me parece más inspirador es el efecto dominó de la influencia de un amigo alentando a otro. Una persona bajó 68 kg e inspiró al amigo de Rick, Marco. Éste se acercó a Rick, y ahora ambos cosechan los beneficios del apoyo mutuo. Rick ha inspirado a su familia, compañeros de trabajo y a todos los que leen su historia aquí. No cambiamos en el vacío. Nos necesitamos unos a otros.

En una visita reciente, Rick me habló un poco más de lo que había ocurrido:

–Recuerdo que empecé a perder el control sobre mi peso después de que me marché de casa (y dejé la comida casera y saludable que hacía mi madre) para asistir a la universidad y descubrí la comida rápida, los desvelos y el estilo de vida sedentario. En la preparatoria, participaba activamente en varios deportes, pero la carrera que elegí requería muchas horas frente al monitor de la computadora. También soy un gran fanático de las películas, así que en vez de salir a caminar, o hacer ejercicio, después de un día de trabajo, cenaba una hamburguesa doble con queso y luego me sentaba a ver una película con un helado de Ben & Jerry. ¿Sabía usted que cada una de esas delicias tiene miles de calorías? Aumenté de peso exorbitantemente en incrementos de entre 4.5 y 9 kg cada año.

Luego Rick me contó de la pérdida de energía, deseo y capacidad de moverse; empezó a salir a caminar y bailar con su encantadora esposa, con quien se casó hace cuatro años (¡le *encanta* bailar!). Contrató un entrenador personal durante un intento serio por bajar de peso, pero le daba aún más hambre, y el esfuerzo realizado no parecía valer la pena en comparación con la cantidad de kg perdidos. Se conformó con un estado de infortunio estable en términos de su salud.

–En general soy un tipo feliz, pero en esta área simplemente acepté la derrota —admitió Rick.

¿Por qué nos necesitamos unos a los otros?

¿Por qué querría reclutar a otros para que lo acompañaran en sus esfuerzos por verse y sentirse más joven? Porque le ayudarán a mantenerse firme en las épocas inevitables de vulnerabilidad. Es más fácil salir victorioso en conjunto y con apoyo regular. Busque amigos, familiares, compañeros de trabajo para reunirse con ellos, o forme parte de nuestra comunidad en línea en www.theamensolution.com.

No me canso de recalcar esto: ¡el apoyo social es uno de los elementos esenciales del éxito! Muchos estudios han demostrado que las relaciones positivas fortalecen la salud y la longevidad, mientras que la falta de conexiones sociales se asocia con depresión, deterioro cognitivo y muerte prematura. *En un estudio de más de trescientas mil personas, los investigadores concluyeron que la falta de relaciones sólidas aumenta el riesgo de muerte prematura por todas las causas ¡en 50 por ciento! El riesgo para la salud de estar desconectado socialmente se compara con fumar quince cigarrillos al día y es una amenaza mayor para la longevidad que la obesidad o no hacer ejercicio.*

¿Qué es lo que hace que las conexiones sociales positivas sean tan eficaces? Los investigadores han descubierto que ser parte de una comunidad conectada ayuda a aliviar el estrés crónico, que contribuye a la obesidad, problemas de memoria, enfermedades del corazón, problemas intestinales, desregulación de la insulina y debilidad del sistema inmunológico. Cuando uno forma parte de un grupo en el que se cuidan unos a otros y existe confianza mutua, las hormonas que reducen el estrés aumentan. Las mujeres, que tan naturalmente se reúnen para hablar, chatear y crear lazos afectivos, a menudo sienten una especie de paz eufórica después estar con sus amigas. Los estudios han demostrado que la oxitocina, la hormona de la confianza, se libera cuando las mujeres comparten y fortalecen sus lazos afectivos. El amor saludable entre las personas es la medicina que ayuda a vivir más tiempo. Otra de las ventajas de las relaciones sociales sanas es que cuando nuestros pensamientos son negativos, o poco razonables, los amigos y familiares sanos nos dan retroalimentación realista y positiva. Sin retroalimentación adecuada de los demás, todos somos más vulnerables a creer nuestros pensamientos negativos, lo que contribuye a la depresión y al deterioro de la salud.

El tipo de amistades que tiene

También son importantes las personas con las que pasa el tiempo. Hay que ser selectivo, porque la gente afecta el cerebro, el estado de ánimo y la salud física. Varios estudios muestran que si usted pasa tiempo con personas que no son saludables, sus hábitos tienden a ser contagiosos. Un estudio publicado en la revista *New England Journal of Medicine* muestra que una de las asociaciones más fuertes en la propagación de la enfermedad es el tipo de personas con las que uno se relaciona. El estudio se realizó utilizando información obtenida de más de doce mil personas que habían participado en un estudio multigeneracional del corazón, de 1971 a 2003. El estudio mostró que si una persona tenía un amigo que se volvía obeso, esa persona tenía 57 por ciento más probabilidades de volverse obesa. Esta cifra aumentaba a 171 por ciento si estas dos personas se identificaban como muy buenos amigos. La amistad es, al parecer, la correlación más fuerte: no importaba lo lejos que vivieran uno de otro, ya que la distancia geográfica resultó ser un factor insignificante. La influencia de los hermanos también se clasificó en un lugar prominente, con un aumento de 40 por ciento de las probabilidades de ser obeso, si el otro hermano también lo era.

El estudio pone de relieve el efecto de las redes sociales en temas de salud y explica un punto importante: muchos factores ejercen fuerte influencia en nuestra salud, entre ellos destacan los modelos de conducta que nos rodean. La poderosa influencia de la amistad funciona en ambos sentidos. *Los investigadores también concluyeron que cuando las personas conscientes de su salud la mejoran, la salud de sus amigos también lo hace.* Tome con seriedad la información de este libro: usted puede influir en toda su red de amigos y familiares. Si pone el ejemplo en su círculo de amigos y hace algo por mejorar su salud, sus amigos también podrán beneficiarse. El autor del estudio, señaló: "Las personas se conectan, por lo que su salud también está conectada". Las personas pueden conectarse para mejorar sus vidas a través de grupos de caminata, grupos de cocina saludable, grupos de meditación, grupos de nuevo aprendizaje, etcétera. Cuando usted pasa tiempo con personas que se centran en su salud es mucho más probable que quiera hacer lo mismo.

Interesar a otros en estar saludables es una situación mutuamente beneficiosa. Le ayuda a usted y les ayuda a ellos. Así como mejoran nuestras relaciones cuando estamos sanos emocionalmente, lo mismo ocurre con la salud física. Si tenemos buena salud, ésta tiende a ser contagiosa y mejora nuestras relaciones en términos de ser más activos, comer mejor, sentirse bien, tener aspecto más joven. ¡Qué regalo para recibir, dar y compartir!

En un extenso estudio sueco de personas de más de setenta y cinco años se llegó a la conclusión de que el riesgo de demencia era menor en los pacientes que tenían contactos satisfactorios con amigos y familiares.

¿Su iglesia, empresa, escuela, hospital o familia son sus amigos o sus cómplices?

¿Sabía usted que la Cleveland Clinic, un hospital reconocido por su tecnología innovadora en el campo de la medicina, tiene dentro de sus instalaciones uno de los McDonald's más visitado por metro cuadrado en el mundo? ¿No le parece un evidente conflicto de intereses? Cuando empecé a escribir este libro, fui con mi esposa a una cita para ver a su endocrinólogo. Tenía recipientes de dulces y galletas en la sala de espera. Un momento, vamos a ver si entiendo bien: los enfermos van al médico, o a una clínica de renombre, y los invitan a complacerse libremente con comida que los enferma más. ¡Increíble! En la última década mi trabajo se ha centrado más en la conexión entre la salud física y la salud emocional, y me he dado cuenta que muchas escuelas, empresas, hospitales e iglesias podrían hacer un mejor trabajo para ayudar a las personas a las que sirven.

En agosto de 2010 fui a una iglesia cerca de mi casa con mi familia y le dije a mi esposa que iba a apartar asientos, en tanto ella llevaba a nuestra hija a la iglesia para niños. Mientras caminaba hacia el santuario, esto fue lo que vi:

Venta de donas para beneficencia
Tocino y salchichas a la parrilla
Preparación de hot dogs para después del servicio religioso

Mientras buscaba un lugar donde sentarme, el ministro estaba hablando sobre el festival de helados que la iglesia había tenido la noche anterior.

Estaba tan frustrado que cuando mi esposa me encontró en la iglesia, estaba tecleando en mi teléfono, cosa que ella detesta con toda su alma, y me lanzó esa mirada que sólo una esposa puede lanzar: *¿Por qué estás usando esa cosa en la iglesia?* Entonces le mostré lo que estaba escribiendo:

> Ir a la iglesia... comprar donas... tocino... salchichas... hot dogs... helado. ¡No tienen idea de que están enviando a la gente al cielo antes de tiempo!

Casi dondequiera que miremos hay pruebas palpables de que las diversas instituciones de la sociedad, incluidas las escuelas públicas, iglesias y salas de espera de los médicos —por muy bien intencionadas que sean—, nos están haciendo daño con la comida que ofrecen. Tiene que haber una mejor manera. Las iglesias, empresas, escuelas, hospitales y todas las otras instituciones sociales tienen el potencial de ser poderosas influencias positivas sobre nuestra salud y conectarnos con el tipo de red de apoyo que lleva al éxito. Tenemos que hacer algo más para conseguirlo.

Para mí, la iglesia era el lugar lógico para comenzar. Durante ese servicio recé para que Dios me utilizara para ayudar a cambiar los lugares de culto. La casa de Dios, sin importar la religión de la que se trate, no debe ser un lugar que fomente la enfermedad.

Dos semanas después, el pastor Steve Komanapalli de la Iglesia Saddleback me llamó. Saddleback es una de las iglesias más grandes de Estados Unidos, tiene cerca de treinta mil miembros y diez centros en el sur de California. El pastor Steve es el asistente personal de Rick Warren. El pastor Warren es el pastor principal de Saddleback y autor de *The Purpose Driven Life*, que ya ha vendido más de treinta y cinco millones de ejemplares en todo el mundo. Durante la elección presidencial de 2008, el pastor Warren y la Iglesia Saddleback organizaron un foro civil con los senadores John McCain y Barack Obama. El pastor Warren también impartió la invocación en el discurso de toma de posesión de 2009 y apareció en la portada de la revista *Time* con la leyenda "el líder religioso más poderoso de Estados Unidos va ahora por el mundo". Su influencia positiva ha cruzado las fronteras confesionales y políticas.

Steve me preguntó si quería hablar con el pastor Warren acerca de una nueva iniciativa en la Iglesia Saddleback llamada *Decade of Destiny*. El personal estaba preparando un plan a diez años para sanar a la congregación de la iglesia, física, emocional, cognitiva, financiera, profesional y relacionalmente. ¿Estaría dispuesto a colaborar con la iniciativa para ayudar a los fieles de Saddleback a tener un cerebro y un cuerpo mejor?

Me sorprendió un poco la prontitud de la respuesta a mi oración de hacía dos semanas. Steve estableció un día y hora para que hablara por teléfono con Rick.

El pastor Warren me pareció cálido y amigable. Se reía con facilidad. Sin embargo, tenía un objetivo serio: ayudar a sus feligreses (incluido él mismo) a volverse más saludables en todos los niveles. Si funcionaba en Saddleback, esperaba poder exportar el plan a las iglesias de todo el mundo (Saddleback tiene relaciones con cuatrocientas mil iglesias de todo el mundo), como había hecho con iniciativas anteriores. Para mejorar la salud de su congregación, el pastor Warren reunió a un equipo de expertos. Ya había reclutado a los respetables médicos y autores de grandes éxitos Mehmet Oz (cirujano cardiovascular) y Mark Hyman (especialista en medicina funcional). Esperaba que yo proporcionara orientación sobre la salud del cerebro. Le dije: "¡Cuente conmigo! Su llamada es la respuesta a mis oraciones acerca de la necesidad de cambiar las iglesias". He sido cristiano desde que era pequeño. Me crié en la fe católica; fui monaguillo, ayudaba en misa cuando era un joven soldado del ejército de Estados Unidos, y asistí a una universidad y una escuela de medicina cristianas. El proyecto era para mí como estar en casa.

Durante nuestra conversación, el pastor Warren preguntó: "¿Hay algo que pueda hacer por usted para darle las gracias por ayudarnos?". Estaba a punto de grabar mi programa especial para la televisión pública *The Amen Solution: Thinner, Smarter, Happier with Dr. Daniel Amen* y le pregunté si podía reunir una audiencia para una sesión de práctica. "Desde luego", respondió él, y fijamos una fecha para la siguiente semana. El pastor Warren preguntó si podía entrevistarme después de terminar el ensayo para reproducirlo en el arranque de la sección de salud del programa *Decade of Destiny*. Acepté de inmediato.

El día de la grabación conocí, en persona, al pastor Steve, fuera del centro de medios. Oriundo del oriente de India, tiene la piel del color cálido de un café fuerte con leche. Sus ojos oscuros eran amables y su risa fácil. Me agradó de inmediato. Medía 1.77 metros de altura y pesaba cerca de 136 kg; yo esperaba que mi trabajo le ayudara a recuperar la salud.

La comida en el salón verde de la iglesia del pastor era horrible. Había chocolates, refrescos, bollos y pasteles. Le pregunté a Steve si estaban tratando de matar a los pastores con la comida que servían. Rio y respondió:

—Si usted piensa que esto es malo, dirijo un grupo de estudios bíblicos el sábado por la mañana y le doy a los chicos costillas a la parrilla como recompensa por aprender versículos de la Biblia.

Empezaba a entender por qué Dios había respondido a mi oración. Esa mentalidad de atraer y premiar a los feligreses con comida chatarra era como sentarse a esperar que ocurriera un ataque cardiaco masivo. También me di cuenta de que *no* sería fácil cambiar esa mentalidad.

El auditorio era un gran lugar para practicar mi nuevo programa, y al público le encantó. Después conocí al pastor Warren, un hombre muy grande, tanto de estatura como de peso. Yo estaba a la mitad de nuestro estudio de la NFL y ya me había acostumbrado a estar de pie junto a personas que miden 1.95 m y pesan 136 kg, pero Rick no se veía saludable y vibrante. Parecía cansado y enfermo.

Cuando nos sentamos para la entrevista, Rick empezó haciéndome tres preguntas en rápida sucesión. Una de las preguntas era sobre mi trabajo con el THDA (sus preguntas tan rápidas ahora tenían sentido). Hablamos del estrés y expliqué que la exposición creciente al cortisol, la hormona del estrés, pone grasa en el abdomen y mata las células de los principales centros de memoria del cerebro.

Luego me preguntó sobre el síndrome de dinosaurio, mismo que mencioné en el nuevo programa. Me mostró una diapositiva que decía:

SÍNDROME DEL DINOSAURIO:
CUERPO GRANDE. CEREBRO PEQUEÑO. EXTINTO.

—Esto me llamó mucho la atención —comentó Rick—. ¿Puede hablar más al respecto?

—Claro —respondí—. El síndrome del dinosaurio es un término que acuñé después de leer la investigación del doctor Ciro Raji de la Universidad de Pittsburgh, quien indicaba que al aumentar de peso, el tamaño físico del cerebro disminuye. Los investigadores descubrieron que cuando los sujetos tenían un IMC entre 25 y 30, que se considera sobrepeso, tenían 4 por ciento menos volumen del cerebro y éste parecía ocho años mayor que el de las personas sanas. Cuando los sujetos eran obesos, con un IMC superior a 30, tenían 8 por ciento menos volumen y sus cerebros parecían dieciséis años mayores que el de las personas saludables. En un estudio de seguimiento de mi grupo de investigación de las Clínicas Amen, publicado en la revista *Nature Obesity*, mostramos que a medida que el peso de una persona aumenta, el funcionamiento de la corteza prefrontal (CPF), la parte reflexiva, la parte más humana del cerebro, disminuye de tamaño.

–¿Es por eso que mis sermones duran cada vez más? —bromeó Rick. El público rio, y luego pasamos al tema de la motivación.

–¿Qué lo mueve? —le pregunté a Rick—. ¿Por qué quiere emprender esta nueva iniciativa?

Su respuesta fue precisa:

–Quiero que los próximos diez años sean los diez mejores años tanto para mí como para la iglesia en materia de recuperación de la salud.

Entonces hablamos de su dieta.

–Me da hambre hasta las dos de la tarde —comentó—. Podría ayunar hasta el mediodía todos los días de la semana, pero luego siento un apetito voraz y como en grandes cantidades hasta tarde por la noche.

–Tiene que abandonar ese patrón de alimentación —aconsejé—. Diversos estudios han demostrado que las personas que desayunan son más propensas a perder peso y no recuperarlo. Al comer regularmente, uno mantiene más estable el nivel de azúcar en la sangre durante todo el día. Un nivel estable de azúcar en la sangre ayuda a evitar los antojos. Mantener estable el nivel de azúcar en la sangre no sólo ayuda a bajar de peso, sino también a la concentración, la memoria y las habilidades en la toma de decisiones.

La entrevista fue muy divertida y agradable hasta ese punto. Pero luego pareció tomar un giro extraño. Rick me pidió que diera al público algunos consejos sobre la salud del cerebro.

–No es magia —repuse— es simple matemática. Si uno quiere estar sano no puede comer demasiadas calorías y las que elija deben ser de alta calidad. De lo contrario, el cuerpo y el cerebro se dirigen a la quiebra. Le envié un mensaje por correo electrónico hace un tiempo diciendo que si realmente quería tener una iglesia saludable debía empezar por cuidar las calorías y el contenido nutricional de la comida que sirven en Saddleback. Como no recibí respuesta, pensé que no estaba muy interesado en esa idea.

En ese momento me dio la impresión de que Rick estaba irritado conmigo.

—Leí el correo electrónico y pensé: "Sí, claro, es una gran idea... Ahora voy a ser el gendarme de la salud y la Gestapo de la comida en Saddleback.

—Sería una de las cosas más amorosas que puede hacer por su iglesia —respondí—. Pero tiene que entender el concepto, en un nivel verdaderamente emocional, tiene que convencerse de que si come en exceso no es un buen administrador de su cuerpo. Me doy cuenta de que tenemos que hacer un poco de terapia en torno a este tema.

—¡Pero hemos construido esta iglesia a base de donas! —replicó.

Me quedé horrorizado. Esto ayudaba a explicar una nueva investigación de la Northwestern University en la que se señaló que las personas que frecuentan los servicios religiosos tienen probabilidades considerablemente más altas de ser obesas cuando lleguen a la edad madura. Es evidente que las tradiciones de comidas informales, festejos sociales con helados, desayunos con hot cakes, cenas de espagueti y donas para que la gente se quede más tiempo en la iglesia no son buenas para el cerebro, el cuerpo o el alma. Cuando el cerebro está enfermo, el alma no está en su mejor momento. Tenemos que ser creativos con las alternativas de actividades sociales y con los alimentos saludables en nuestras iglesias.

Salí de la entrevista sintiéndome inquieto. Rick pedía ayuda, pero, al mismo tiempo, parecía no quererla, de la misma manera que reaccionan muchos adictos que he tratado cuando se enfrentan con la verdad. "Es un proceso, ten paciencia", pensé.

El Plan Daniel para cambiar la salud del mundo a través de las iglesias

En los siguientes tres meses, el personal, los otros médicos y yo formulamos el Plan Daniel, por el profeta del Antiguo Testamento que se negó a comer la mala comida del rey. En el capítulo primero del libro de Daniel (1:3-16), éste y sus tres amigos esclavizados, Sadrac, Mesac y Abed-nego, junto con otros jóvenes, recibieron la orden de comer los ricos alimentos y vino de la cocina del rey. Daniel y sus amigos estaban decididos a no contaminarse comiendo esos alimentos y bebiendo ese vino. Daniel pidió permiso al jefe de los eunucos, Melzar, para no consumir estos alimentos inaceptables. Pero Melzar imploró a Daniel que hiciera lo que le habían ordenado, ya que si no lo hacía, Melzar sería decapitado por contravenir las órdenes del rey de alimentar a Daniel y sus amigos, pues se veían desnutridos.

Entonces, Daniel desafió a Melzar: "Pon a prueba, te ruego, a tus siervos durante diez días, y dennos legumbres para comer y agua para beber. Compara después nuestros rostros con los rostros de los muchachos que comen de la ración de la comida del rey; y haz después con tus siervos según veas".

Melzar aceptó el reto de Daniel y los puso a prueba durante diez días. Al término de los diez días, Daniel y sus tres amigos se veían más sanos y mejor alimentados que los jóvenes que comían los alimentos asignados por el rey. Por consiguiente, después de eso, Melzar les dio de comer sólo verduras en lugar de la comida y el vino se lo proporcionó a los demás. Dios les dio a estos cuatro hombres una aptitud excepcional para comprender todos los aspectos de la literatura y la sabiduría. Daniel y sus amigos se veían mejor y eran más listos que los demás.

El Plan Daniel es un programa de pequeños grupos de cincuenta y dos semanas para volver saludable a la iglesia. Los grupos pequeños son el ingrediente secreto de la Iglesia Saddleback, donde los miembros se reúnen semanalmente, una hora o dos, en la casa de alguno de ellos, o en un restaurante para estudiar un tema específico, como un libro de la Biblia. Es el ingrediente secreto, porque el apoyo social y comunitario es la esencia de un cambio real. Usted no puede hacerlo solo. Estos grupos pequeños refuerzan el compromiso y el aprendizaje y proporcionan estímulo continuo y apoyo emocional. Saddleback tiene alrededor de cinco mil grupos pequeños, y el plan consistía en utilizar este formato para maximizar resultados y ayudar a la iglesia a ser más saludable. Si el profeta Daniel tuvo su pandilla de partidarios de ideas afines, usted también debería.

La investigación muestra que aquellos que tienen los niveles más altos de actividades sociales experimentan sólo una cuarta parte de deterioro mental en sus años dorados que quienes no son socialmente activos.

En noviembre y diciembre el pastor Warren habló con su iglesia extensamente sobre el Plan Daniel. El 12 de diciembre, con la asistencia de mi esposa Tana y yo en el servicio, Rick comunicó a la congregación que iba a ir tras ellos para que recuperaran la salud el primero de enero. Yo estaba muy contento de ver el progreso del pastor y la iglesia. Pero luego dijo algo que me desconcertó por completo:

—¡Pero desde ahora hasta el primero de enero, coman todo lo que quieran!

Miré a mi esposa Tana con incredulidad.

—¿De verdad dijo eso? —le pregunté.

Si hubiera tenido un tomate, podría habérselo lanzado. Para que ocurra un verdadero cambio, el nuevo comportamiento no puede suceder en algún momento en el futuro. Tiene que empezar ahora, no en una fecha futura.

Poco después del servicio, Rick y yo tuvimos una charla sobre el comentario. Casi de inmediato comprendió la idea.

—¿Me está diciendo que lo que hice fue algo así como decirle a un joven que en vista de que está a punto de casarse, debe ir a buscar sus últimas aventuras antes de la boda?

—Así es —respondí—. Si habla en serio respecto a su deseo de cambiar, *ahora* es el mejor momento para empezar, no mañana, ni el lunes o el primero de enero.

De regalo de Navidad le compré a Rick la primera edición de *The Great Divorce*, la parábola de C. S. Lewis, un libro maravilloso sobre el cambio duradero. Destaqué el siguiente pasaje: "El proceso gradual no sirve de nada en absoluto... Este momento contiene todos los momentos". Para que el cambio se produzca, es necesario tener un sentido de urgencia; *en este momento, ahora mismo*. Ésa es la razón por la que muchas personas deciden recuperar la salud, después de sufrir un ataque al corazón, o de que les diagnostican cáncer. Mi deseo para usted es que no necesite una crisis para empezar a recuperar la salud y que el valor de evitar una crisis sea suficiente motivación emocional.

El inicio formal del Plan Daniel fue el 15 de enero 2011, con una gran celebración en la Iglesia Saddleback. Fue un acontecimiento muy popular y la iglesia tuvo que rechazar a miles de personas. La emoción era palpable. Habíamos diseñado un plan inteligente para el cerebro y 9,200 personas se inscribieron para participar en nuestro estudio de investigación. Ese día, Rick pesó 132.5 kg. Cuando celebramos nuestra tercera reunión, en octubre, Rick había bajado casi 23 kg y 25 centímetros de cintura; se veía saludable y ¡diez años más joven! Le dijo a la congregación que sus secretos fueron:

Rick

Antes

Rick después de bajar casi 23 kg
en 10 meses con el Plan Daniel

1. Concentrarse en su motivación todos los días y decidirse a considerar la salud física y emocional como una disciplina espiritual. A menudo se repetía este verso del Nuevo Testamento: "¿O no sabéis que vuestro cuerpo es santuario del Espíritu Santo, que está en vosotros y habéis recibido de Dios, y que no os pertenecéis? Porque habéis sido comprados por precio; glorificad, pues, a Dios en vuestro cuerpo y en vuestro espíritu, los cuales son de Dios". (1 Corintios 6:19-20).

2. Llevar un diario de comidas para saber qué se llevaba a la boca. Dijo que fue toda una llamada de atención.

3. Beber agua todo el día.

4. Dormir las horas necesarias. Hasta que nos conocimos, Rick pasaba un día o dos a la semana sin dormir toda la noche. Nunca entendió que se trataba de un problema, pero las investigaciones indican que cuando dormimos menos de seis horas por la noche, el cerebro recibe menos irrigación sanguínea en general, lo que significa más ansiedad y más malas decisiones. Otras investigaciones señalan que la falta de sueño hace que las personas sean irrealmente optimistas y participen en comportamientos riesgosos. Para verse y sentirse más joven es fundamental centrarse en dormir bien, lo que por lo general significa más de siete horas por noche.

5. Consumir calorías de alta calidad. Rick dejó la comida chatarra y se centró en comer sólo alimentos de alta calidad. Le dijo a la congregación que eliminó los cuatro polvos blancos: cocaína (estaba bromeando), azúcar, harina blanca y sal. Eliminó las donas de su dieta y comenzaba el día con un desayuno saludable. Comía colaciones pequeñas durante el día. Dejó de beber calorías (especialmente los refrescos) y también dejó de usar edulcorantes artificiales; eliminó el pan de su dieta, ya que de inmediato se convierte en azúcar en el cuerpo. Comer de esta manera frenó sus antojos. También comenzó a comer más despacio para disfrutar más de la comida y aumentar la sensación de sentirse satisfecho más pronto.

6. Hacer ejercicio con regularidad, lo que incluye levantamiento de pesas y ejercicio cardiovascular. Estaba siendo más congruente con su entrenador.

7. Tomar suplementos sencillos, como un complejo multivitamínico, aceite de pescado y vitamina D.

8. Rendir cuentas a su pequeño grupo semanal.

Todos los componentes son necesarios para que el plan funcione, y todos son necesarios para que usted se vea y se sienta más joven, pero el componente de los grupos pequeños fue el que resultó ser el ingrediente secreto que hizo que el conjunto funcionara. *Si sigue este programa con otra persona, su familia, un grupo de personas de la iglesia, el trabajo o su comunidad, el proceso de curación es mucho más poderoso.*

No tengo la menor duda de que con un equipo de apoyo y el programa delineado en este libro, usted puede lograrlo también.

Cada vez que estoy en el campus de Saddleback, oigo relatos de cómo ha transformado la vida de las personas la observancia de los principios de este libro en formato de grupos pequeños, donde las personas se reúnen semanalmente para apoyarse unas a otras. La gente se acerca y me dice:

–He bajado 10 (20, 30, 40 o 70) kg.

–¡Mis medidas están mucho mejor!

–¡No más dolores de cabeza! Es increíble. Estaba tomando medicamentos para el dolor casi a diario, y ya llevo más de dos semanas sin ningún tipo de dolor o pastillas.

–Mi ropa habitual me queda floja y puedo volver a usar mi ropa vieja.

–El color está volviendo a mi pelo canoso. ¿Quién iba a imaginarlo?

–Mi estado de ánimo es mucho más estable y positivo.

–El asma ha mejorado.

–Con la eliminación de azúcar, harina, sal y los alimentos procesados, rara vez tengo antojos y ahora como alimentos ricos en nutrientes en pequeñas cantidades.

–¡Mi marido también bajó 11 kg!

–Acabo de terminar la quimioterapia. Todo el mundo está sorprendido por la gran cantidad de energía que tengo y lo rápido que mi cabello está volviendo a crecer. Corro con mayor velocidad que un amigo que es diez años más joven que yo y no tiene cáncer. (Él no está en el plan.)

–Mi tez luce muy bien y la mejoría en la suavidad de mi piel es notable.

–No he comido trigo desde hace seis semanas, y no he tenido más reflujo ni acidez.

–Noventa y ocho por ciento de mis dolores de cabeza por la noche han desaparecido. Me despierto con la sensación de claridad mental en lugar de niebla.

–No tengo dolor corporal, muscular o articular por las mañanas.

–No estoy tomando medicamentos para la presión arterial alta, y me estoy esforzando por dejar mis medicamentos para la diabetes tipo 2 y para el colesterol.

–Soy diabético. Ahora mi nivel de azúcar es más estable que cuando utilizaba la insulina. Ya no la necesito.

–Tengo menos dolor (inflamatorio) por la artritis.

–Reduje casi 8 cm de cintura y 10 cm de cadera.

–Tengo la piel facial más suave y más sana y menos acné.

–Tengo menos síntomas del síndrome premenstrual.

–Me gusta la aventura de descubrir nuevos alimentos, cocinar nuevos platos y probar cosas nuevas en los restaurantes.

–¡Mis niveles de triglicéridos han disminuido, el dolor articular ha bajado por lo menos 90 por ciento y ya no estoy tomando ese medicamento dañino! ¡Ah, por cierto, también puedo jugar con mis nietos!

–Resulta extraño decir esto en la iglesia, pero, ¡mi vida sexual ha mejorado de manera espectacular!

El ingrediente secreto en la práctica

Es domingo por la tarde, y Cindy, una madre soltera con cuatro niños pequeños, y también superviviente del cáncer, está en la cocina rodeada de varias amigas. Todas tienen trabajos de tiempo completo y todas decidieron recuperar juntas la salud. La casa está llena de deliciosos olores y ruidos de niños felices en el fondo. Es evidente que estas mujeres se divierten cocinando comidas saludables para toda la semana. Una amiga prepara cacerolas sanas y nutritivas para el desayuno en moldes para muffins, que pueden calentarse en las mañanas antes de ir a la escuela y la oficina. Las tareas (ir al supermercado, planear el menú, cocinar y almacenar los alimentos) se dividen entre las mujeres en función de sus preferencias. Lo que antes era una faena enorme para estas madres solteras y mujeres que trabajan, ahora es divertida, y el tiempo que ahorran al unir esfuerzos para preparar las comidas les da mucho tiempo, el necesario para descansar y pasar el rato con sus hijos.

En sus tratamientos contra el cáncer, Cindy tomó esteroides y aumentó 14 o 18 kg, que su cuerpo no había sido capaz de eliminar. De hecho, aún no se ha desintoxicado por completo de todos los medicamentos que tomó durante su tratamiento. Debido a que Cindy y sus amigas ya no están a dieta, sino que tienen un estilo de vida saludable para el cerebro, ahora es el consumo de alimentos lo que ayuda a su cuerpo a curarse. Está bajando de peso, se siente con más energía y cree que la Cindy de antes ha vuelto a la vida. Pero ella diría que es la camaradería lo que ha influido más para emprender una nueva forma de comer y sostener los cambios. Además, las mujeres se reúnen para charlar y caminar cada semana, y se animan entre ellas de forma espiritual y emocional.

Dee Eastman, amiga de las Clínicas Amen desde hace más de una década y directora del Plan Daniel en Saddleback, compartió con entusiasmo la historia de Cindy y muchas otras historias similares. Como ustedes saben, el apoyo en forma de equipos o grupos es la clave del éxito si quiere verse y sentirse más joven. La investigación es muy clara respecto a que la gente rara vez cambia de forma aislada; con mayor frecuencia el cambio tiende a ocurrir en grupos pequeños.

Dee señaló que esperaba ver que las personas bajaran de peso y que sus cuerpos estuvieran más en forma, pero subraya: "Me impresionó muchísimo la cantidad de beneficios adicionales para la salud que se estaban dando y que nos estaban reportando en tan poco tiempo. En sólo tres meses, la gente que inició inmediatamente el programa, se hizo los análisis de sangre y siguió los lineamientos del programa, empezó a ver resultados clínicos radicalmente mejores. Muchos pudieron dejar de tomar los medicamentos para la presión arterial y el colesterol. Otros informaron que podían dormir toda la noche sin necesidad de medicamentos". Está viendo con sus propios ojos lo que he venido diciendo desde hace años: "la comida es medicina". (Para más detalles, consulte el capítulo 2.) Además de mejores cifras en los análisis de laboratorio, Dee recibe continuamente informes de disminución de depresión, ansiedad que desaparece e irritabilidad que se calma. Dee admite que estos cambios, en un amplio espectro, no hubieran ocurrido sin el ingrediente especial del apoyo mutuo que brindan los grupos pequeños y también los grupos de apoyo en línea.

Las siguientes son algunas observaciones de la dinámica positiva de cambio que Dee ha observado gracias al apoyo que los amigos se dan mutuamente para estar saludables y ser funcionalmente más jóvenes.

La salud se incorpora de forma creativa a las visitas y reuniones sociales. Los integrantes de un grupo intergeneracional activo (una de las parejas es de setenta y nueve años) se reúnen para conversar y caminar tres veces por semana; se reúnen los sábados en un gimnasio local para hacer entrenamiento de circuito. Mientras caminan o hacen ejercicio, en un ambiente informal, comparten recetas saludables y consejos de cocina, además de otras alegrías y dificultades de la vida. Aseguran que es posible conectarse y recuperar la salud al mismo tiempo.

La curación interior y la exterior van de la mano, sobre todo en una cultura de grupos solidarios. Hay una mujer que casi se había dado por vencida, pero encontró refugio y aliento en un grupo. Mide aproximadamente 1.58 m y pesaba poco menos de 160 kg. Se esforzó con todo su corazón por recuperar la salud, animada por el apoyo de sus nuevos amigos que la impulsaron a seguir el plan alimenticio y de ejercicio. No sólo ha bajado 18 kg (es la primera vez que pesa menos de 150 kg en años), sino que también está sanando emocionalmente al tiempo que mejora su estado físico (esto hace que uno piense en las grandes posibilidades que se abrirían para los terapeutas si atendieran a sus pacientes mientras caminan, en lugar de quedarse sentados en el consultorio). El ejercicio la ha ayudado con su depresión gracias a la producción de buenas endorfinas y el mejoramiento del flujo de sangre y la composición corporal; en palabras de Dee: "sentirse cobijada por una comunidad amorosa" está sanando su corazón y su alma. Los seres humanos fuimos creados y estamos predispuestos genéticamente para crecer mejor en comunidad, tanto en el aspecto emocional y espiritual como físico.

Los grupos de apoyo saludables crean un ambiente seguro para ser sinceros con nosotros mismos y con los demás. Dee atribuye a Rick Warren el haber puesto el ejemplo de mostrarse abiertamente vulnerable. "Fue muy liberador oír al pastor Rick admitir: 'Oigan, me desvié del camino en lo que respecta a mi salud. Mientras me afanaba en tratar de salvar al mundo, descuidé mi cuerpo físico. Ahora tengo que bajar 40 kg". A menudo, Rick también les recuerda a sus feligreses que no tienen que pasar por nada ellos solos. Él está en un grupo pequeño que lo alienta y le pide cuentas junto con el resto de la iglesia.

Los grupos pueden crear un cambio en el tipo de comida que se sirve en situaciones sociales. Una vez a la semana un grupo se reúne en un famoso restaurante saludable para disfrutar juntos de una comida nutritiva. La gente lleva alimentos buenos para el cerebro para tomarlos como refrigerios en las reuniones y programas. Un grupo está planeando una cena saludable a la que cada miembro va a llevar su plato favorito, bueno para el cerebro, además de la receta y la información nutricional.

> Los estudios muestran que es más probable que los adultos jóvenes con sobrepeso u obesidad con más contactos sociales que también intentan bajar de peso, se adhieran a este propósito. El estímulo y la aprobación de los contactos sociales explican esta asociación, afirman los investigadores.

Consejos para el éxito de los grupos pequeños

Debbie Eaton es experta en grupos pequeños. Ella supervisa setecientos grupos en Saddleback y lo ha hecho desde hace muchos años. Ofreció algunos consejos para que tengan éxito. Recomiendo que los tome en cuenta cuando se una a un grupo de apoyo, o cree el propio, para comenzar a implementar este programa en su vida.

Rendición de cuentas y mucho ánimo

Los problemas en los grupos casi siempre se presentan cuando uno de estos rasgos está fuera de equilibrio. La rendición de cuentas demasiado rigurosa, sin mucho estímulo, influye en que algunos miembros del grupo se sientan desanimados, o crean que los demás son perfeccionistas. Mucho ánimo, sin un seguimiento adecuado que permita mantener los pies bien puestos en la tierra, provoca que los grupos se estanquen y no se esfuercen o crezcan.

Pasión compartida

Es importante que quienes se unan a su grupo compartan una pasión, como la pasión por el bienestar físico. A menudo los grupos pequeños funcionan mejor cuando dos buenos amigos invitan a otras personas que conocen para que ya exista algún tipo de conexión. Tal vez usted tenga un buen amigo que "apueste todo" con usted en este viaje hacia la salud. Si los dos piensan en otros dos amigos a quienes también les apasione bajar de peso, sentirse bien y hacerse cada vez más jóvenes, el grupo se puede formar y ampliar de forma rápida y orgánica.

El tamaño importa

El tamaño ideal de un grupo de apoyo es de ocho a diez personas. Si el grupo es más grande, los introvertidos pueden cerrarse y los extrovertidos asumir el control. Además, después de que un grupo pasa de diez personas, sus integrantes empiezan a pensar que es tan grande que si faltan de vez en cuando su ausencia no se notará. La gente no es tan constante y la rendición de cuentas no es tan alta. Por otro lado, si un grupo es demasiado pequeño, con el tiempo puede estancarse, parecer descentrado y conservador. No hay suficientes personalidades, o bien una base de experiencia amplia para mantener la dinámica viva y vibrante.

Si sus propósitos son más pequeños y más específicos (por ejemplo, hacer ejercicio con regularidad o consultar a un asesor en nutrición), quizá los cumpla mejor con uno o dos amigos, como fue el caso de Rick y Marco.

Comenzar con los límites presentes

En general, lo mejor es que se comprometa a participar en un grupo durante un periodo determinado. Procure empezar con un compromiso de seis semanas, y si el grupo funciona bien para todos pueden prorrogar el compromiso por un tiempo más.

Además de estas ideas, a continuación se presenta un par más sobre equipos de apoyo exitosos, que se basan en estudios de investigación.

La proximidad ayuda

La Iglesia Willow Creek, otra de las más grandes de Estados Unidos, se dio cuenta de que sus grupos pequeños no estaban funcionando, en el sentido de ayudar a las personas a sentirse y a seguir conectadas en la vida real. No fue sino hasta hace poco que Willow Creek comenzó a relacionarse con las comunidades de vecinos (llamados Grupos de mesa), que se reunían varias veces a la semana, que la gente comenzó de nuevo a preocuparse, compartir, luchar, crecer y entablar lazos afectivos entre sí. Piense en la comodidad y la ubicación para lograr que sea más fácil que el grupo se reúna. En el caso de Rick Cortez, tener un socio con quien compartir la responsabilidad en el trabajo le facilitaba comunicarse con él, antes de la jornada de trabajo o en la hora de la comida. Los vecinos son maravillosos compañeros para caminar o trotar. Cuanto más fácil sea reunirse, más probable será que lo hagan.

Sean guerreros unos por otros

Tiene que ser implacable en lo que respecta a su salud y un guerrero por la salud de sus seres queridos. Las investigaciones muestran que cuando los miembros del grupo son laxos entre ellos, hasta el punto de aceptar con empatía los retrocesos, que a veces son demasiados, la dinámica del grupo cambia. Sin proponérselo, éste empieza a apoyar la holgazanería y entonces sobreviene el deterioro de la salud. Los pacientes a veces me preguntan por qué soy tan directo y no acepto excusas. Aunque no lo crea, ése no es mi carácter personal. Por naturaleza, me encantaría ser moderado, tranquilo y comprensivo. Pero la verdad es que eso no ayuda, no demuestra mi amor por las personas y no es lo que más les conviene. ¿Alguna vez tuvo un amigo que lo quería tanto que no se atrevía a mentirle? Ése soy yo. Si hubiera dejado que el pastor Rick siguiera diciendo a la gente que comiera todo lo que quisiera, habríamos comenzado el plan mañana, y como el mañana nunca llega, su congregación seguiría enferma e iría directo a una muerte prematura. Vamos a crear juntos un movimiento. Puede comenzar sólo con usted y algunos amigos.

La siguiente historia trata del uso del ingrediente secreto de apoyo incondicional dentro de los matrimonios y las familias, para que pueda dejar un legado de alegría y salud a sus hijos y nietos.

El pastor Steve: dejar un legado mejor

¿Recuerda al pastor Steve Komanapalli? Como parte de su evaluación, le hicimos un estudio SPECT. Su cerebro no estaba saludable y mostraba muy poca actividad en la CPF, la parte del cerebro relacionada con el juicio y el control de los impulsos. En las pruebas cognitivas también salió mal, especialmente en el área de atención. Tomaba varios medicamentos para la diabetes, la hipertensión y problemas de colesterol. En su primera cita tuvo que rodar del sofá debido a su peso. Cuando conocí a Steve, él y su esposa, Nicole, estaban esperando su primera hija, Karis. Steve me agradaba mucho, razón por la cual tuve que ser directo con él. No podía comer pastel de chocolate (y costillas a las brasas, alitas de pollo con salsa búfalo, pollo frito, pizzas repletas de ingredientes y cervezas de raíz tamaño gigante) y *al mismo tiempo* estar sano y vivir mucho. No podía comer sin límites y dejar un legado positivo a la próxima generación. Le advertí que si no tomaba en serio su salud, un padrastro criaría a Karis porque él estaría muerto. ¿Realmente quería que Nicole y Karis tuvieran que sufrir a causa de sus enfermedades y muerte prematura?

Por la misma época, tuvo una charla con Nicole, durante la cual ella le advirtió: "Si te mueres de algo prevenible y me dejas sola para criar a nuestra hija sin ti, voy a llorar tu pérdida, pero me sentiré profundamente decepcionada porque no nos quisiste lo suficiente como para dar prioridad a tu salud. Me va a doler mucho saber que no antepusiste nuestro bienestar y las necesidades de nuestra familia a tu apetito insaciable". Después de estas dos conversaciones Steve inició el ascenso hacia la salud.

Steve se convirtió en uno de los líderes del plan en el centro de Saddleback. "Empecé a entender que lo que producía el mayor impacto en cómo me sentía era lo que me llevaba a la boca", dijo Steve al describir uno de sus muchos momentos "reveladores". En menos de un mes de hacer cambios en lo que comía, el colesterol y los triglicéridos de Steve volvieron al rango normal. Ahora juega ping-pong, que es uno de mis juegos favoritos para estimular el cerebro, y cuando se juega bien, un partido de ping-pong hace que el corazón se acelere, pero es factible para las personas de la talla de Steve. Cuando tiene hambre, Steve prepara colaciones de frutas y nueces y se ha dado cuenta de que queda satisfecho con una pequeña cantidad, a diferencia del ciclo interminable de antojos y hambre que perpetúa la comida chatarra.

Después de cinco meses en el plan, Steve bajó 16 kg y 10 cm de cintura. Sus indicadores de salud mejoraron de manera espectacular.

- Los triglicéridos disminuyeron de 385 a 63.
- El colesterol se redujo de 200 a 130.
- El HDL (colesterol bueno) aumentó de 22 a 46.
- El azúcar en la sangre disminuyó de 128 a 89.
- La HgA1C (un marcador de la diabetes) disminuyó de 7.2 (anormal) a 5.7 (normal)
- ¡Dejó de tomar medicamentos tanto para la presión arterial como para el colesterol!

El estudio SPECT de seguimiento de Steve mostró una notable mejoría en la CPF y sus resultados de atención mejoraron mucho. Su cerebro, cuerpo y mente se hicieron significativamente más jóvenes tan sólo cinco meses después de haber iniciado el programa. Steve tiene la fortuna de tener una esposa que lo ama lo suficiente como para retarlo y apoyarlo. A veces el mejor ingrediente secreto está justo en el patio trasero, o lo mira desde el otro lado de la mesa del comedor.

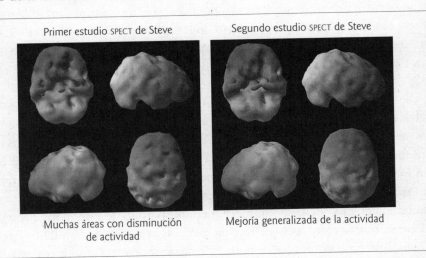

Primer estudio SPECT de Steve

Segundo estudio SPECT de Steve

Muchas áreas con disminución de actividad

Mejoría generalizada de la actividad

Los estudios demuestran que las personas que tienen relaciones amorosas tienden a vivir más tiempo, en parte porque se ayudan mutuamente a controlar la salud.

La historia de Saddleback y sus estadísticas combinadas son sorprendentemente positivas. En los primeros cinco meses, los feligreses de la iglesia bajaron un total de 90,800 kg, alrededor de 7.68 por ciento entre los participantes en la investigación. Con una reducción de 5 por ciento del peso corporal el riesgo de diabetes disminuye 58 por ciento. Ochenta por ciento de los participantes dijeron que habían cumplido bien, o al pie de la letra el programa. Ochenta por ciento dijo que era fácil, o muy fácil, de seguir. Cincuenta y cinco por ciento seguían el plan con otra persona de su familia, y 80 por ciento dijo que hacía más ejercicio.

Sin embargo, son las historias individuales las que conmueven e inspiran al cambio. Son las personas de carne y hueso detrás de las cifras lo que me hace sonreír. El otro día di un paseo por Balboa Island cerca de mi casa, en el condado de Orange, y me detuvo un grupo de personas que habían salido a caminar y me reconocieron por mi programa de la televisión pública. Una pareja, que había incorporado estos principios en su vida, había bajado 27 kg entre los dos. Dondequiera que voy me encuentro con personas que expresan su gratitud porque este conocimiento los ha motivado a llevar una vida mejor.

Es sumamente importante que conozca las claves para estar saludable, pero el ingrediente secreto que hace que funcionen y duren, además de añadir diversión y motivación al proceso, es hacerlo en conjunto. Invite a un amigo, o a un miembro de la familia, a hacer este programa con usted. A los dos les beneficiará.

Cree su propia red de genios

La historia de los dos Rick es sobre el uso de los recursos en sus relaciones para estar y mantenerse sano. Estoy en un grupo de apoyo profesional a cargo de mi amigo Joe Polish. En un encuentro reciente nos puso un ejercicio sobre el poder de las redes, que amablemente me ha permitido compartir con usted. El ejercicio se llama "Cree su propia red de genios", y le ayudará a prosperar y llegar a la consecución de sus metas, de manera similar a los grupos pequeños de Saddleback. La investigación ha demostrado que las relaciones fuertes se asocian con la salud, la felicidad y el éxito. La salud de su grupo es uno de los predictores más fuertes de su salud y longevidad. Este ejercicio le ayudará a crear y a sostener su propia red.

¿CUÁLES SON SUS METAS DE SALUD? (SEA ESPECÍFICO)

1. _____
2. _____
3. _____
4. _____
5. _____

ESCRIBA LOS NOMBRES DE CINCO PERSONAS QUE PUEDAN AYUDARLO A ALCANZAR SUS METAS Y APOYEN SUS ESFUERZOS POR ESTAR Y MANTENERSE SANO

1. _____
2. _____
3. _____
4. _____
5. _____

¿QUÉ CUALIDADES POSEEN (CONSEJOS DE SALUD, COMPAÑERO PARA HACER EJERCICIO, APOYO, ETCÉTERA)?

1. _____
2. _____
3. _____
4. _____
5. _____

¿CÓMO PUEDE USTED AYUDARLOS? CORRESPONDER AL APOYO
ES UN INGREDIENTE BÁSICO PARA EL FUNCIONAMIENTO
DE UNA RED DE GENIOS

1. _____
2. _____
3. _____
4. _____
5. _____

¿CÓMO PUEDEN ELLOS AYUDARLE? SEA ESPECÍFICO (CAMINAR JUNTOS
UNA VEZ A LA SEMANA, COMPARTIR RECETAS SALUDABLES, ETCÉTERA)

1. _____
2. _____
3. _____
4. _____
5. _____

Reserve un tiempo cada semana para comunicarse con las cinco personas de su red de genios, ya sea en persona, por teléfono, por correo electrónico o por mensaje de texto. Si realiza este ejercicio, empezará a construir una gran red que le ayudará a verse mejor y a vivir una vida más larga y saludable. A pesar de que este ejercicio es muy sencillo, también es muy eficaz. Mantenga siempre al día su red de genios y asegúrese de apoyar a otros en sus esfuerzos por usar el cerebro para cambiar su edad. Usted se apoyará en el proceso.

Rejuvenezca ahora: veinte consejos para mejorar juntos

1. El ingrediente secreto para la salud del cerebro y la longevidad es hacerlo juntos. Para empezar, haga una lista de las personas que lo apoyarán y viceversa. Somos más poderosos cuando usamos más de un buen cerebro a la vez.

2. Según C. S. Lewis, en su parábola corta *The Great Divorce*: "El proceso gradual no sirve de nada en absoluto... Este momento contiene todos los momentos". Ahora es el momento de ponerse bien, y no en una fecha indeterminada en el futuro. ¡Elija las personas que desea que se unan a usted y que estén listas para recuperar la salud *ahora*!

3. Comience cada día centrándose en sus objetivos y planeando cómo va a cumplirlos y, a continuación, comparta esto con su compañero de rendición de cuentas. Revisar el avance diario es un excelente motivador.

4. ¡Tiene que dormir para estar sano! El sueño es un ingrediente fundamental para alcanzar la longevidad. Céntrese en dormir ocho horas cada noche para estimular el funcionamiento cerebral y cumplir sus propósitos. Anime a sus amigos a hacer esto también.

5. ¿Es usted amigo o cómplice? Anote los nombres de las cinco personas con las que pasa la mayor parte del tiempo. ¿Está apoyando sus esfuerzos por tener salud (es usted su amigo)? ¿O apoya sus malos hábitos (es su cómplice)?

6. Combine una alimentación sana con las amistades. Prepare con los amigos comidas y bocadillos saludables para la próxima semana, comparta recetas e ideas para reducir calorías y aumentar la nutrición; lleve comida deliciosa y saludable a convivios y fiestas.

7. Haga ejercicio regularmente con un compañero o un grupo de amigos. Como esto tiene que ser práctico para que funcione, camine con personas que vivan cerca, o hagan ejercicio en el gimnasio antes o después de sus encuentros regulares.

8. En Facebook cree un grupo de amigos que se comprometan a reportar lo que hicieron para incorporar el ejercicio en su rutina cada día.

9. Incorpore el ejercicio en rutinas sociales. Realice una caminata con los amigos después de cenar juntos, póngase de acuerdo con alguien para jugar tenis antes del almuerzo y vaya en bicicleta a los eventos sociales.

10. Cree buenos recuerdos en la cocina con su familia de una manera

más sana. Por ejemplo, en lugar de hornear galletas de azúcar, deje que los niños decoren sus propias minipizzas o hagan esculturas "artísticas" de frutas y verduras (con trozos de frutas o verduras y mondadientes).

11. Recuerde a sus hijos y a su pareja que lo que se llevan a la boca afecta cómo se sienten. Ofrezca a su familia una gran variedad de alimentos atractivos y sabrosos, que promuevan el buen humor y nutran al cerebro y al cuerpo.

12. Decídase a crear un legado saludable para su familia. Empiece por poner el ejemplo. Dé prioridad al tiempo para el juego activo, trabajar en el jardín o ir de compras a los mercados de productores agrícolas y a cocinar comidas saludables juntos.

13. En su grupo de apoyo, ya sea que se componga de dos o diez personas, asegúrese de tener un buen equilibrio entre rendición de cuentas y ánimo. Sea un guerrero por la salud de los demás.

14. Investigue restaurantes de comida sana en su zona y haga planes para ir a cenar, comidas sociales, salidas nocturnas en pareja, etcétera. O forme un grupo de cenas en el que los integrantes se turnen para ser anfitriones de las otras parejas y ofrecerles comidas deliciosas y saludables para el cerebro.

15. Cree una red de genios con la ayuda del formulario que se presentó en este capítulo y póngase en contacto con cinco personas que usted crea que estarán dispuestas a apoyarse mutuamente en la adquisición de nuevos hábitos saludables.

16. Pase más tiempo con personas sanas en general, pues es cierto que uno llega a parecerse a las personas con las que pasa la mayor parte del tiempo. ¡Los hábitos saludables son contagiosos!

17. Comprométase a "influir en otros para que sean más delgados, más inteligentes, más felices y más jóvenes". Sea paciente en el proceso, pero congruente con los nuevos comportamientos. Estimule cada paso que se dé en una dirección positiva.

18. "Diga la verdad con amor" a alguien cuya salud le interesa. No fue fácil para la esposa de Steve, que amaba a su esposo incondicionalmente, a instarlo a cambiar. Pero al hacerlo, probablemente le regaló muchos más años felices y más sanos juntos.

19. Establezca una meta grupal para celebrar *juntos* su éxito. Rick Cortez espera con impaciencia bailar con su esposa. Otros grupos optan por organizar una carrera de 5 kilómetros, mientras que otros más escalan una cumbre para celebrar.

20. Considere la posibilidad de unirse a una comunidad de apoyo en línea. Creamos la página electrónica de la comunidad Amen Solution (www.theamensolution.com) para ofrecer precisamente esa oportunidad. Estoy allí como su "entrenador cerebral virtual", junto con otros que han decidido seguir el mismo camino hacia un estilo de vida saludable para el cerebro.

10 Daniel y los estudios SPECT
Lo que no conoce le roba su cerebro

Te maldigo a que sepas algo que es verdad y que nadie te crea.

Maldición rumana

Desde el momento en que me hice mi primer estudio de imágenes cerebrales en 1991, sentí envidia del cerebro. Ya había estudiado a decenas de pacientes cuando decidí hacer mi propia exploración, a la edad de treinta y siete años. Cuando vi la apariencia desigual, tóxica, comprendí que eso no era saludable. Toda mi vida he sido una persona que rara vez bebe alcohol, no fumo y nunca he consumido una droga ilegal.

Entonces, ¿por qué mi cerebro se veía tan mal?

Antes de que realmente comprendiera la salud del cerebro, tenía muchos de los malos hábitos cerebrales tratados en este libro. Jugué futbol en la preparatoria y sufrí conmociones en varias ocasiones. Comí un montón de comida rápida, vivía a base de refrescos de dieta y dormía cuatro o cinco horas por la noche. Trabajaba como loco, no hacía mucho ejercicio y tenía 13.6 kilos de más, que obstinadamente no desaparecían con sólo desearlo.

Mi último estudio, a los cincuenta y dos años de edad, se veía más saludable y más joven del que me hice hace quince años, lo que por lo general no ocurre con el proceso de envejecimiento. *Los cerebros generalmente se vuelven cada vez menos activos con la edad.* ¿Por qué mi estudio se veía mejor? Al ver las tomografías de otras personas comparadas con la mía sentí "envidia del cerebro" y quise tener un cerebro mejor.

327

El estudio spect literalmente cambió todo en mi vida.
Me ayudó a salir de la oscuridad, tanto en mi vida personal
como en mi vida profesional.

Fuera de mi oscuridad personal

Antes de hacerme el estudio de imágenes nunca había pensado en la salud física de mi propio cerebro, a pesar de haber sido el mejor estudiante de neuroanatomía en la facultad de medicina, haber pasado por cinco años de formación como médico residente y tener un posgrado y ser especialista acreditado en psiquiatría general y también en psiquiatría infantil y de la adolescencia.

Por ejemplo, no tenía ni idea de que:

- El sobrepeso afecta negativamente la salud del cerebro.
- Los alimentos con alto contenido de grasa y azúcar actúan sobre los centros de adicción del cerebro.
- Rociar productos químicos de limpieza en una ducha cerrada es una idea muy estúpida, además de tóxica para el cerebro.
- Dormir menos de seis horas por la noche disminuye el flujo de sangre al cerebro. Rara vez dormía más de cinco horas.
- El estrés crónico de trabajar tantas horas daña las células de los centros de memoria del cerebro.
- Estar expuesto al humo del tabaco daña los vasos sanguíneos del cerebro.
- Beber un litro de refresco de dieta con cafeína (algo común en mí antes del estudio spect) restringe drásticamente el flujo sanguíneo al cerebro.

En resumen, lo que ignoraba sobre la salud me estaba haciendo daño. Y no sólo un poco. Como he aprendido después de analizar más de setenta mil estudios spect de personas reales que sufren, *tener un cerebro no saludable va de la mano con tomar decisiones no saludables y una vida en un estado que dista mucho de ser óptimo.*

Mi estudio SPECT no muy saludable
a la edad de treinta y siete años

Mi estudio SPECT mucho más sano
a la edad de cincuenta y dos años

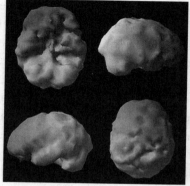 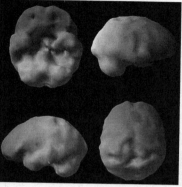

Patrón tóxico de superficie irregular

Patrón más pleno, uniforme y sano

Antes de mi primera tomografía no tenía ni idea de que podía cambiar la salud de mi cerebro si modificaba mis hábitos. Pensé que algunos de mis problemas cognitivos, como olvidar nombres, o estar desconcentrado y ser olvidadizo, eran parte normal del proceso de envejecimiento. Después de todo, ya tenía treinta y siete años. Las docenas de decisiones que tomaba todos los días las hacía sin conocimiento de lo que en realidad estaba haciendo con mi cerebro.

Después de aprender de los estudios de imágenes cerebrales y de la salud del cerebro, puse en práctica todos los principios fundamentales que expongo en este libro. Empecé a hacer más ejercicio, mejoré mi nutrición, dormí mejor, me hice estudios de sangre con mayor frecuencia y comencé a tomar suplementos saludables específicos para el cerebro.

Con el tiempo, los análisis de los estudios SPECT me hicieron ver desde otra perspectiva todos los aspectos de mi vida personal, e incluso la forma en que veía el mundo.

- Ver deportes de contacto definitivamente ya no es tan divertido. Me di cuenta de que cuando veía una pelea de box o un partido de futbol americano, lo que estaba viendo en realidad era un proceso de daño cerebral. Presenciaba cómo quedaban arruinados los cerebros de los atletas, lo que a su vez arruinaría sus vidas. Todavía sigo sin comprender por qué eso que llaman *Ultimate Fighting* es legal. ¿Acaso las comisiones de deportes no saben que la demencia provocada por el boxeo (demencia pugilística) se describió por primera vez en 1929, y que *Ultimate Fighting* es tan dañino, o peor que el boxeo? Esos atletas reciben patadas o rodillazos en la cabeza muchas veces.

- Cuando veía las noticias y los desastres naturales, me preguntaba cuántos sobrevivientes tendrían patrones de trauma emocional en sus tomografías o desarrollarían una disfunción cerebral derivada del estrés crónico.

- Cuando leía historias de soldados que regresan de la guerra con lesiones cerebrales causadas por aparatos explosivos improvisados, me horrorizaba que los militares no hicieran estudios rutinarios de la función cerebral, para evaluar el estado del funcionamiento del cerebro de los soldados, ni trataran activamente de rehabilitarlos. Fui médico de infantería y psiquiatra del ejército y sabía que nuestros soldados merecen la mejor atención posible.

- Cuando veía las historias de personas que habían cometido crímenes terribles, como asesinatos, en lugar de juzgarlos y pensar que eran malvadas, como es tan fácil hacerlo, me preguntaba si tendrían cerebros disfuncionales. Posteriormente publiqué ensayos sobre nuestro trabajo con asesinos.

- Los estudios de imágenes SPECT cambiaron los hábitos de mi familia, porque yo quería que mi esposa, hijos y nietos tuvieran el beneficio de un cerebro saludable. Si alguien sale con una de mis hijas más de cuatro meses, lo someto a un examen. Quiero conocer la salud de los cerebros de los jóvenes.

Los estudios SPECT definitivamente me dejaron en claro la "falta de salud" de mi cerebro, y a medida que acumulaba más experiencia con ellos, me di cuenta de que si cambiaba mis hábitos podría mejorar realmente la salud general de mi cerebro y, como consecuencia, cambiar mi vida. Tenía el deseo ferviente de mejorar mi cerebro. En cierto sentido, me enamoré de la salud de mi propio cerebro. La amplia experiencia que estaba adquiriendo con los estudios de los pacientes, antes y después del tratamiento, me convenció aún más de que nuestros hábitos aceleran o desaceleran el proceso de envejecimiento.

Abrir la puerta a la oscuridad profesional

En el momento en que di mi primera cátedra sobre los estudios SPECT del cerebro, en 1991, había evaluado y tratado a pacientes psiquiátricos durante casi una década sin el beneficio de las imágenes del cerebro. A menudo me sentía en la oscuridad porque no sabía qué hacer por mis pacientes, a pesar de estar altamente capacitado y certificado como médico. Cada vez que veía a una persona mayor que estaba deprimida, o se quejaba de sufrir problemas de memoria, un drogadicto resistente al tratamiento, un adolescente agresivo, o una pareja que no podía llevarse bien, pensaba que cualquier cosa que hiciera por ellos era como jugar a los dados. Hacía lo que me habían enseñado a hacer, como dar a un niño con THDA un medicamento estimulante, o a un paciente deprimido un antidepresivo, que en ocasiones funcionaba, pero con frecuencia provocaba que el paciente estuviera mucho peor, y a veces lo convertía en homicida o suicida.

Me sentía como si estuviera lanzando dardos en la oscuridad. A veces le atinaba. A veces lastimaba a la gente.

Y pasaba mucho tiempo angustiado, sabiendo que, en el mejor de los casos, estaba ejerciendo una ciencia sin sustento. A menudo me preguntaba cómo diagnosticarían y tratarían mis otros colegas (médicos cardiólogos, ortopedistas, neurocirujanos y gastroenterólogos) a sus pacientes si no pudieran ver imágenes de los órganos que causaban problemas.

Para mí, todo cambió en mi vida profesional después de asistir a la primera conferencia sobre el SPECT cerebral en un hospital del norte de California, donde yo era director del programa de diagnóstico dual, que se hacía cargo de los pacientes psiquiátricos, que también tenían problemas de toxicomanías. (El *diagnóstico dual* se refiere a un paciente que tiene dos problemas, como trastorno bipolar y adicción al alcohol. Por ejemplo, los trastornos del estado de ánimo y las adicciones a menudo van de la mano.) Desde el momento en que ordené el primer SPECT para un paciente, fue como si me hubieran dado anteojos para ver lo que estaba sucediendo en el cerebro. No más volar a ciegas y adivinar. Por supuesto, hacerse un estudio SPECT no siempre marca una gran diferencia en la atención del paciente, pero mis primeros diez casos fueron tan útiles que quedé completamente enganchado. Le doy varios ejemplos:

- A Matilda, de sesenta y nueve años, le habían diagnosticado la enfermedad de Alzheimer, pero no tenía el patrón de la enfermedad en el SPECT, que ya estaba descrito en la literatura médica desde 1991. Su estudio era más compatible con la depresión. Su memoria se restableció cuando la traté por depresión.
- Sandy, de cuarenta y cuatro años, tenía un cuadro clínico compatible con el THDA en adultos (lapso de atención corto, distracción, desorganización, dilación y problemas de control de impulsos), sin embargo, rechazó el tratamiento. Cuando vio las pruebas del THDA en su estudio SPECT se puso a llorar y dijo: "¿Quiere decir que no es mi culpa?", y de inmediato accedió a tomar el medicamento, lo que marcó una enorme diferencia en su vida y en su matrimonio. Yo creía que ya sabía su diagnóstico, pero la tomografía ayudó a que *ella* lo creyera.
- Geraldine, de setenta y dos años, era suicida y sufría de depresión persistente. En su estudio se veían dos grandes accidentes cerebrovasculares del lado derecho del cerebro, que anteriormente no habían sido detectados. El hecho de saber que había sufrido los accidentes cerebrovasculares nos ayudó a comprender mejor su depresión y también a prevenir un posible tercer accidente cerebrovascular que podría haberla matado.
- Chris, de doce años, fue hospitalizado por tercera vez por estallidos de violencia. Había estado viendo a un psicoanalista del Valle de Napa, que se preguntaba si el problema no sería la relación con la madre. El estudio del niño mostró problemas muy claros en el lóbulo temporal izquierdo, un área por debajo de la sien izquierda y detrás del ojo izquierdo. Esta zona se asocia a menudo con la violencia. Cuando lo traté con un medicamento anticonvulsivo, su comportamiento se normalizó y posteriormente mejoró en la

escuela. Sin el estudio de imágenes se dirigía a una vida institucionalizada en un programa de tratamiento residencial o en la cárcel.

- A Sherrie, de cincuenta y dos años, le habían diagnosticado trastorno bipolar, pero se negaba a tomar su medicamento. La hospitalizaron por tercera ocasión por oír voces procedentes de las paredes de su casa. Había tratado de sacar todo el cableado de la casa para deshacerse de las voces. Una vez que ella vio las anomalías en su estudio accedió a seguir el tratamiento y mejoró rápidamente.

- Ken, de cincuenta y nueve años, era alcohólico y adicto a la cocaína, pero básicamente negaba sus problemas de adicción. Después de ver el estudio de imágenes desarrolló envidia del cerebro, cesó por completo el consumo de drogas y adoptó un estilo de vida saludable para el cerebro. Un año más tarde, su cerebro mostraba una mejoría notable.

- Sara, de cuarenta y dos años, y Will, de cuarenta y ocho, habían fracasado en la terapia de pareja en varias ocasiones. Cuando les hicimos un estudio a cada uno resultó que Sara tenía un cerebro de aspecto obsesivo (demasiada actividad en la parte frontal del cerebro), mientras que Will tenía un cerebro con aspecto de THDA (muy poca actividad en la parte frontal del cerebro). Con los tratamientos adecuados para equilibrar individualmente sus cerebros, su matrimonio mejoró mucho.

- Ted, de diecisiete años, había recibido tratamiento en un centro residencial, pero no le había hecho efecto. Sufría de tendencias criminales y de impulsividad. Le faltaba la parte frontal izquierda de su cerebro en el SPECT, lo que significa que no tenía flujo sanguíneo en esa parte del cerebro. Resultó que se había caído de las escaleras cuando tenía cuatro años y quedó inconsciente durante media hora. Nadie se acordaba de la lesión, ni había pensado que podría tener relación con su comportamiento problemático.

- A Christina, de sesenta y dos años, le habían diagnosticado síndrome de fatiga crónica. Su médico de cabecera le dijo que tenía depresión y un trastorno de la personalidad y la envió a verme. En su estudio había un patrón claramente tóxico, compatible con una infección cerebral. Estaba deprimida y tenía una personalidad desordenada porque el órgano de control del estado de ánimo y la personalidad estaba dañado; requería un cambio completo en el plan de tratamiento.

En unos pocos meses, los estudios SPECT cambiaron por completo mi forma de practicar la medicina. ¿Cómo podía practicar la medicina sin imágenes? ¿Cómo iba a saber lo que estaba pasando en el cerebro de mis pacientes si no podía verlo? Mi ansiedad respecto a mis pacientes disminuyó y mi entusiasmo por ser psiquiatra aumentó. Mi eficacia y confianza también aumentaron. Ahora estaba más dispuesto a enfrentar casos complejos y resistentes al tratamiento.

- Con el fin de tratar eficazmente a los pacientes, sabía que era fundamental examinar sus cerebros antes de tratar de cambiarlos. No se puede cambiar lo que no se mide.
- Los estudios SPECT me ayudaron a hacer diagnósticos más completos para mis pacientes y a no pasar por alto datos importantes, como una antigua lesión en la cabeza, una infección o exposición a sustancias tóxicas.
- Los estudios SPECT me ayudaron a ser más selectivo en mis tratamientos. He aprendido gracias a las imágenes que las enfermedades como el THDA, la ansiedad, la depresión, las adicciones o la obesidad no son problemas únicos o aislados en el cerebro, sino que tienen varios tipos y las necesidades de tratamiento deben enfocarse en el tipo específico de cerebro, no como un diagnóstico general, como en el caso de la depresión.
- Los estudios SPECT me hicieron mucho más cauteloso en la prescripción de ciertos medicamentos o el uso de múltiples medicamentos, ya que, a menudo, aparecían como elementos tóxicos en las imágenes. Tenía que ser más responsable con el uso de los medicamentos.
- Los estudios SPECT me indujeron a usar tratamientos más naturales, pues a menudo son eficaces y se ven menos tóxicos en las imágenes.
- Los estudios SPECT me ayudaron a romper la negación de los toxicómanos. Es difícil decir que no existe un problema cuando el paciente está viendo una imagen en la que el cerebro se ve intoxicado.

- Los estudios SPECT disminuyeron el estigma, todavía tan extendido sobre las enfermedades psiquiátricas, ya que los pacientes entienden que sus problemas son médicos y no morales.
- Los estudios SPECT aumentaron el cumplimiento del programa, por parte de los pacientes, ya que éstos quieren mejorar sus cerebros.
- Los estudios SPECT me llevaron a trabajar con los pacientes para disminuir la velocidad del proceso de envejecimiento del cerebro y en muchos casos ayudar a revertirlo.

Con el tiempo, el trabajo con imágenes me llevó a crear un negocio saludable para el cerebro de nuestros empleados en las Clínicas Amen y también para otras empresas. La salud colectiva de los cerebros de los empleados es el activo más importante de una empresa. También me ha motivado a trabajar en la creación de iglesias saludables para el cerebro, como lo estoy haciendo con el Plan Daniel de la Iglesia Saddleback. Incluso ha contribuido a cambiar la cultura de nuestros deportes, como lo demuestra nuestro trabajo con los jugadores profesionales de futbol americano en activo y jubilados, que tenían altos niveles de traumatismo cerebral.

Gracias a nuestro trabajo con imágenes cerebrales, hemos podido entender qué factores dañan el cerebro y cuáles le ayudan. Sin examinar directamente la forma en que funciona el cerebro, sólo estamos tratando de adivinar lo que ocurre con nuestros pacientes y por eso se cometen demasiados errores. ¿Cómo conocer el estado de salud de su cerebro a menos que lo observe?

¿Cuándo debe pensar en hacerse un estudio SPECT?

Pienso en SPECT como un radar. Nuestra clínica de Newport Beach se encuentra muy cerca del aeropuerto Orange County/John Wayne. En los días soleados el piloto no necesita radar para aterrizar, ya que puede ver la pista. Pero en los días tormentosos, el radar es una herramienta esencial para aterrizar. De la misma manera, cuando el cuadro clínico es claro no es necesaria una tomografía. Sin embargo, para los casos poco claros o resistente al tratamiento, el SPECT puede proporcionar información útil e incluso crucial para salvar vidas.

Susan, de cuarenta y siete años, fue a verme por un caso de depresión persistente. Había consultado a otros seis médicos y había probado diez medicamentos distintos. Sufría de depresión grave, ataques de pánico, dolores de cabeza, mareos y temblores. Todo el mundo la estaba tratando como un caso psiquiátrico, le cambiaban su medicación antidepresiva y le recomendaban que continuara con la psicoterapia, que no tenía ningún efecto en su padecimiento. Se sentía desesperada y tenía ideas suicidas, a pesar de contar con una gran familia que la amaba, un marido que la apoyaba y tres adolescentes que adoraba.

Su spect se veía terrible. Mostraba una disminución generalizada y grave de la actividad y un patrón compatible con una infección o exposición a sustancias tóxicas.

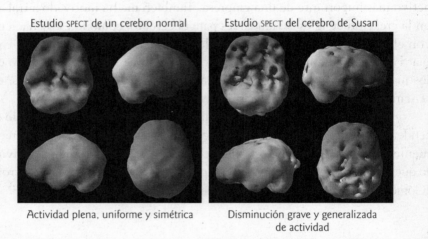

Estudio spect de un cerebro normal   Estudio spect del cerebro de Susan

Actividad plena, uniforme y simétrica   Disminución grave y generalizada
de actividad

Después de un extenso estudio de diagnóstico descubrimos que Susan tenía la enfermedad de Lyme, y pudimos darle un tratamiento eficaz. Cuando vi las tomografías, esto provocó muchas más preguntas que, a la larga, condujeron a un diagnóstico correcto. Con el tiempo y una amplia rehabilitación cerebral, mejoró su estado. Susan me dijo después que el estudio spect le había salvado la vida. Hasta antes de ver el daño en su cerebro, se sentía desesperada y desamparada. Darse cuenta de que su problema era médico y no moral marcó una gran diferencia para ella en términos psicológicos. Esto también orientó a su equipo médico en la dirección correcta. Con demasiada frecuencia, cuando las personas no mejoran, los médicos tienden a diagnosticar problemas "psiquiátricos" o problemas de personalidad. ¿Cómo podríamos saberlo si no lo vemos?

A través de los años ha sido evidente para mí que el costo de tener un problema cerebral mal tratado es mucho mayor que el costo de un estudio SPECT.

En nuestra experiencia, más compañías de seguros están empezando a pagar los estudios SPECT, sobre todo por razones como problemas de memoria, demencia y daño cerebral traumático. Al principio, las compañías de seguros se negaban a pagar los nuevos procedimientos, en especial los que se refieren a la atención de la salud mental. Pero la negación del SPECT a los pacientes, cuyo uso puede beneficiarlos claramente podría constituir una infracción de la Paul Wellstone and Pete Domenici Mental Health Parity and Addiction Equity Act de 2008, que no permite a las compañías de seguros discriminar a los pacientes por problemas de salud mental. Están obligadas a ofrecer la misma cobertura que para el resto de los procedimientos médicos. Tanto el American College of Radiology y la European Society of Nuclear Medicine (ESNM) han publicado directrices para el uso de SPECT con una serie de indicaciones relevantes sobre problemas de salud mental como el deterioro cognitivo, la demencia y las lesiones cerebrales traumáticas. Las directrices de ESNM también hacen referencia específica a la utilidad del SPECT en la evaluación de los trastornos psiquiátricos. Un análisis reciente de 2,711 recomendaciones para el ejercicio de la cardiología, por ejemplo, concluyó que sólo 11 por ciento se basaba en datos de más de un ensayo clínico aleatorizado y controlado, mientras que 48 por ciento se basaba simplemente en opiniones de expertos, estudios de casos, o lo que normalmente se hacía en la práctica. Del mismo modo, un análisis de 2011 de las directrices de práctica de la Infectious Diseases Society of America mostró que 14 por ciento de las recomendaciones se basaban en un alto nivel de pruebas científicas. La medicina, en muchos lugares, sigue siendo claramente un arte, y no una ciencia de datos concretos.

La aplicación de un mayor nivel de pruebas científicas de SPECT para problemas de salud mental que para otros procedimientos médicos cubiertos, es una infracción de la Parity Act, que estipula: "Las limitaciones de tratamiento aplicables a los beneficios de salud mental o de trastornos por consumo de sustancias no son más restrictivas que las limitaciones de tratamiento predominantes que se aplican prácticamente a todos los beneficios médicos y quirúrgicos cubiertos por el plan (o cobertura) y no existen otras limitaciones al tratamiento que sean aplicables únicamente a los beneficios que se extienden para problemas de salud mental o trastornos por consumo de sustancias".

¿Qué puedo hacer si no puedo conseguir un estudio SPECT?

Desde hace mucho tiempo sé que muchas personas no pueden hacerse un estudio de imágenes, ya sea por el costo, o porque no se encuentran cerca de un centro que los realice. Mis libros se han traducido a treinta idiomas, y si usted lee uno en China o Brasil, lo más probable es que no pueda conseguir un SPECT. Por ese motivo, elaboramos una serie de cuestionarios basados en miles de exploraciones, para ayudar a las personas a predecir lo que su análisis *podría* mostrar si pudieran hacérselo. Luego, con base en las respuestas, ofrecemos sugerencias respecto a formas de ayudar al cerebro con ciertos suplementos naturales, medicamentos o ejercicios. Para los casos no complicados, estos cuestionarios han demostrado ser sorprendentemente precisos, y por lo general, concuerdan con lo que vemos en los estudios de imágenes. Los cuestionarios se encuentran en línea en www.amenclinics.com o en www.theamensolution.com y los usan profesionales de salud mental en todo el mundo. Por supuesto, siempre debe hablar con su médico cuando considere las opciones de tratamiento.

Sea un guerrero del cerebro para usted y sus seres queridos

El SPECT también me ha enseñado que tengo que ser un "guerrero del cerebro" por mi propia salud. Nadie va a hacerlo por mí. De hecho, otros tratan de robarle la salud del cerebro en aras de obtener ganancias monetarias: "¿Quiere aumentar el tamaño de sus papas fritas por sólo unos centavos más?". Haría bien en convertirse en guerrero de su propia salud cerebral.

- Sea un guerrero del cerebro y estimúlelo para aumentar espectacularmente la calidad y la coherencia de sus decisiones.
- Sea un guerrero del cerebro que siempre se esfuerza para ser más consciente y reflexivo respecto a su salud.
- Sea un guerrero del cerebro y protéjalo de las lesiones y las toxinas.
- Sea un guerrero del cerebro y diga no a los vendedores de alimentos que le preguntan si quiere aumentar el tamaño de su pedido, volver a llenar su vaso, servirse otra vez, o que lo hacen comer más de lo necesario; esto le ayudará a mantener el cuerpo y el cerebro sanos.
- Sea un guerrero del cerebro: alcance y mantenga su peso en un nivel saludable.
- Sea un guerrero del cerebro y coma sólo alimentos nutritivos, en lugar de hacer más lucrativas a las compañías de alimentos.
- Sea un guerrero del cerebro y duerma lo necesario.
- Sea un guerrero del cerebro y aumente su resistencia y fuerza por medio del ejercicio inteligente.
- Sea un guerrero del cerebro y adopte la práctica de hacer gimnasia mental constante y aprender cosas nuevas.
- Sea un guerrero del cerebro y trate los problemas de salud mental, como el THDA, la ansiedad, la depresión entre otros. Comience con tratamientos naturales si tiene sentido para usted.
- Sea un guerrero del cerebro y elimine los pensamientos automáticos negativos que le roban felicidad y lo envejecen.
- Sea un guerrero del cerebro mediante el desarrollo de una práctica constante de reducción del estrés.
- Sea un guerrero del cerebro y rehabilítelo si ha sufrido algún daño, o si se ha portado mal con él hasta ahora.
- Sea un guerrero del cerebro y tome suplementos sencillos para darle los nutrientes que necesita.
- Sea un guerrero del cerebro y construya su propia red de genios que lo apoyen. La salud de las personas que pasan tiempo con usted importa para su propia salud.
- Sea un guerrero del cerebro y conozca sus cifras importantes, como las de presión arterial, nivel de vitamina D y HgA1C, para asegurarse de que estén dentro de un rango saludable.

- Sea un guerrero del cerebro y dé el regalo de la salud cerebral a sus hijos, nietos, familiares y amigos.
- Sea un guerrero del cerebro y ¡mantenga a su niño interior bajo control!

Rejuvenezca ahora: veinte consejos para el cerebro que mejorarán su vida basados en la investigación con imágenes SPECT

1. La envidia cerebral es, a menudo, el resultado de ver el propio cerebro en un estudio SPECT. Cuando vi mi exploración por primera vez, en 1991, me di cuenta que a pesar de que nunca he consumido drogas, rara vez bebía alcohol y nunca fumé, mi cerebro necesitaba ayuda. Yo quería un cerebro sano. Me decidí a hacer todo lo posible para tener el mejor cerebro posible, ya que cuando éste funciona bien, uno trabaja bien.

2. Los cerebros generalmente se vuelven menos activos con la edad. Sin embargo, esto no tiene que ser así. Con un programa inteligente para el cerebro, usted puede comenzar a revertir el proceso de envejecimiento del cerebro.

3. Cuando cambié mis malos hábitos cerebrales por otros buenos, mi cerebro verdaderamente rejuveneció. En los últimos años he visto pruebas palpables de esto en mis estudios SPECT: se ve funcionalmente más joven hoy de lo que lo que era hace quince años. He visto que esto sucede con las puntuaciones de nuestros pacientes. Usted también puede reducir la edad funcional del cerebro si cambia los malos hábitos por otros que beneficien al cerebro.

4. Muchas cosas "inesperadas" pueden dañar el cerebro, como el sobrepeso, comer demasiada azúcar, utilizar productos químicos del hogar sin la ventilación apropiada, dormir menos de siete horas, el exceso de trabajo, ser expuesto al humo del tabaco y tomar refrescos de dieta. Con el tiempo, los pequeños cambios se acumulan y producen mejoría notable en el funcionamiento cerebral.

5. Antes de cobrar conciencia de la salud del cerebro, pensaba que algunos de mis problemas cognitivos, como olvidar nombres, o

estar desconcentrado y ser olvidadizo, eran sólo parte normal del proceso de envejecimiento. ¡A los treinta y siete años! Olvidar nombres, estar desconcentrado, o ser olvidadizo, a cualquier edad es señal de problemas.

6. Tener un cerebro poco saludable va de la mano con tomar decisiones poco saludables y una vida que dista mucho de ser óptima.

7. No se puede cambiar lo que no se mide.

8. Ver el spect de su propio cerebro o de un ser querido aumenta la comprensión y la compasión. Si alguien tiene un cerebro que está fallando, está luchando literalmente con una discapacidad emocional y cognitiva. Merece ayuda y compasión, no condena. Si el cerebro está equilibrado, el comportamiento suele mejorar.

9. Los spect no mienten. Si alguien se niega a aceptar el daño que le está haciendo a su cerebro por beber demasiado, consumir drogas o trata de ocultar su adicción, un estudio spect revela la verdad. Hacerse un estudio de imágenes cerebrales a menudo sirve como impulso para ir a rehabilitación o a AA, o simplemente para tomar la decisión de una vez y para siempre de dejar de hacerle daño al cerebro.

10. Si quiere vivir mucho tiempo con la mente intacta, es fundamental que se convierta en un guerrero del cerebro por su propia salud. Nadie va a hacerlo por usted. Usted tiene que asumir la responsabilidad de la salud de su cerebro. Comience por la construcción de su propia red de genios que lo apoyarán. La salud de las personas que pasan tiempo con usted es importante para la suya.

11. Sea un guerrero del cerebro: alcance y mantenga su peso en un nivel saludable. Coma alimentos que le beneficien, haga ejercicio regularmente y tome suplementos simples que nutran al cerebro.

12. Sea un guerrero del cerebro y duerma lo necesario; trate la apnea del sueño; tome suplementos que ayudan a dormir, como la melatonina y gaba para que su sueño sea reparador y siga rutinas que inducen el sueño antes de irse a acostar.

13. Sea un guerrero del cerebro y adopte prácticas constantes de reducción de estrés por medio de la meditación, la respiración

profunda o la oración contemplativa. Elimine los pensamientos automáticos negativos que le roban felicidad y lo envejecen.

14. Sea un guerrero del cerebro y protéjalo de las lesiones y las toxinas. Inicie un programa de rehabilitación para devolver la salud a su cerebro si ha sufrido daños o algún tipo de lesión.

15. Sea un guerrero del cerebro mediante el ejercicio mental constante y el nuevo aprendizaje. Conserve intactas la curiosidad infantil y la apertura a nuevos conocimientos para mantenerse joven de mente y corazón.

16 Sea un guerrero del cerebro y ponga el ejemplo de buena salud física y mental a su familia y amigos. ¡Trasmita el estímulo!

17. Una verdadera señal de amor por usted mismo es cuidar bien de su cerebro y su cuerpo. Si no aún no se decide, ¿por qué no lo hace? ¡Usted se lo merece!

18. El éxito genera más éxito. Cuando hace las cosas bien, con el tiempo se vuelven cada vez más fácil de hacer.

19. La calidad de su vida está determinada por la suma de todas las decisiones que toma. Con un mejor cerebro será mucho más propenso a tomar mejores decisiones y a mejorar de manera radical todo en su vida.

20. Incluso si usted se ha portado mal con su cerebro, puede mejorarlo y cuando lo logre, mejorará todo en su vida.

Apéndice
Suplementos naturales para estimular su cerebro y prolongar su vida

Por **sí mismo,** el uso de suplementos sin una dieta, ejercicio, pensamientos positivos, grupo de apoyo y el entorno bajo el control es una pérdida de dinero. Debe hacer todo el programa para que funcione. Sin embargo, he visto casos en que los suplementos utilizados conjuntamente con un plan inteligente para el cerebro marcan una diferencia significativa.

Permítanme empezar por explicar las ventajas y desventajas del uso de suplementos naturales para mejorar el funcionamiento cerebral. Por principio de cuentas, a menudo son eficaces. Por lo general tienen menos efectos secundarios que la mayoría de los medicamentos habituales y son considerablemente menos costosos. Además, no tiene que decirle a la compañía de seguros que los toma. Por terrible que parezca, tomar medicamentos recetados puede afectar sus opciones al contratar un seguro. Conozco a muchas personas que han sido rechazadas, o que les piden pagar primas más altas debido a que toman ciertos medicamentos. Si hay alternativas naturales, vale la pena tomarlas en consideración.

Sin embargo, los suplementos naturales también tienen sus problemas. A pesar de que tienden a ser menos costosos que los medicamentos, pueden resultar más caros para usted en lo personal, ya que en general no están cubiertos por el seguro. Muchas personas no saben que los suplementos naturales pueden tener efectos secundarios y deben utilizarse con cuidado. Sólo porque algo es "natural" no significa que sea inocuo. Tanto el arsénico como el cianuro son naturales, pero eso no quiere decir que sean buenos para usted. Por ejemplo, la hierba de san Juan, uno de mis antidepresivos naturales favoritos puede causar sensibilidad al sol y disminuir la eficacia de algunos fármacos como las píldoras anticonceptivas. ¡Ah, estupendo! Se deprime, toma hierba de san Juan y ahora está embarazada, cuando no lo deseaba. Eso no puede ser algo bueno.

Una de las principales preocupaciones acerca de los suplementos naturales es la falta de control de calidad. Existe una gran variabilidad entre las marcas, por lo que necesita encontrar marcas de confianza. Otra desventaja es que muchas personas siguen los consejos que les da la dependienta adolescente de la tienda naturista, que tal vez no cuenta con la mejor información sobre los suplementos. Pero, incluso cuando se examinan los problemas, los beneficios de los suplementos naturales hacen que valga la pena considerarlos, en especial si tiene información precisa basada en investigaciones científicas.

A diario tomo un puñado de suplementos que, considero, marcan una diferencia significativa en mi vida. Me han ayudado a cambiar la salud de mi cerebro, mi energía y los resultados de mis análisis de laboratorio. Muchos médicos dicen que si uno tiene una dieta equilibrada no necesita suplementos. Me encanta lo que el doctor Mark Hyman escribió en su libro *The UltraMind Solution: Fix Your Broken Brain by Healing Your Body First*: Si la gente "come alimentos naturales, frescos, orgánicos, locales, sin modificaciones genéticas, cultivados en suelos ricos en minerales y nutrientes, que no han sido transportados a través de grandes distancias y almacenados durante meses antes de comerlos… y trabaja y vive al aire libre, respira sólo aire fresco no contaminado, bebe agua pura y limpia, duerme nueve horas por noche, mueve el cuerpo todos los días y está libre de estrés crónico y no está expuesto a las toxinas del medio ambiente", entonces es posible que no necesite suplementos. Debido a que vivimos en una sociedad de ritmo vertiginoso en la que uno compra comida en la calle, omite comidas, come golosinas repletas de azúcar, compra alimentos procesados y consume alimentos que han sido tratados químicamente, a todos nos viene bien un poco de ayuda de un suplemento multivitamínico con minerales.

Suplementos de la solución Amen

En las Clínicas Amen producimos nuestra línea de suplementos llamada Solución Amen, que hemos tardado más de una década en desarrollar. La razón por la que creé esta línea es que quería que mis pacientes y mi propia familia tuvieran acceso a suplementos de la más alta calidad, basados en investigaciones científicas disponibles. Después de que empecé a recomendar suplementos a mis pacientes, iban al supermercado, la farmacia o la tienda naturista y veían tantas opciones que no sabían qué o cómo elegir. Este dilema se agravó por los distintos niveles de calidad entre las diferentes marcas.

Otra razón por la que creé mi propia línea fue que en las Clínicas Amen vemos a un gran número de personas que tienen TDA. Me di cuenta de que si no conseguían los suplementos al salir de la consulta, se olvidaban de ellos o posponían las cosas y no iniciaban el tratamiento para su siguiente cita.

La investigación científica demuestra el beneficio terapéutico del uso de suplementos para mejorar el estado de ánimo, el sueño y la memoria. Recomiendo encarecidamente que, cuando compre un suplemento, consulte a un médico que esté familiarizado con los suplementos nutricionales para que este profesional determine cuáles suplementos y dosis pueden ser más eficaces para usted. Nuestro sitio web (www.amenclinics.com) contiene enlaces de publicaciones científicas sobre muchos suplementos diferentes relacionados con la salud del cerebro, para que usted, como consumidor, pueda estar plenamente informado de los riesgos y beneficios que conllevan. Por favor, recuerde que los suplementos pueden tener efectos muy potentes en el cuerpo y que debe tener precaución al combinarlos con medicamentos.

Tres suplementos para todos

Hay tres suplementos que normalmente recomiendo a *todos* mis pacientes, ya que son fundamentales para el funcionamiento óptimo del cerebro: un multivitamínico, aceite de pescado y vitamina D.

Multivitamínicos. Según estudios recientes, más de 50 por ciento de los estadunidenses no comen, por lo menos, cinco porciones de frutas y verduras al día, que es el mínimo requerido para obtener la nutrición que el organismo necesita. Yo recomiendo que todos mis pacientes tomen un complejo multivitamínico con minerales de alta calidad. En un editorial del *Journal of the American Medical Association*, los investigadores recomiendan a todo el mundo vitaminarse a diario, ya que esto ayuda a prevenir enfermedades crónicas. Además, las personas con problemas de control de peso a menudo no tienen dietas saludables y presentan deficiencias de vitaminas y nutrientes. Por otra parte, la investigación científica indica que las personas que toman un multivitamínico tienen un ADN de aspecto más joven.

Un estudio de 2010 de la Universidad de Northumbria en Inglaterra probó los efectos de los multivitamínicos en 215 hombres de entre treinta y cincuenta y cinco años. Para el estudio en doble ciego, controlado con placebo, se examinó el rendimiento mental de los hombres y se les pidió que calificaran su salud mental, el estrés y el estado de ánimo general. Al inicio del ensayo clínico, no hubo diferencias significativas entre el grupo que tomaba multivitamínico y el grupo del placebo. Cuando los participantes fueron reexaminados más o menos un mes más tarde, el grupo del multivitamínico informó tener mejor estado de ánimo y mostró un mayor rendimiento mental, lo que ayudó a los participantes a ser más felices y más inteligentes. No sólo eso, sino que el grupo del multivitamínico reportó mayor sensación de vigor, menos estrés y fatiga mental después de realizar las pruebas mentales.

Otro estudio controlado con placebo, de los investigadores de Northumbria, probó los efectos de los multivitamínicos en ochenta y un niños sanos, de ocho a catorce años. Mostraron que los niños que tomaron multivitaminas se desempeñaron mejor en dos de las tres tareas de atención. Los investigadores concluyeron que los complejos multivitamínicos tienen el potencial de mejorar el funcionamiento cerebral en los niños sanos.

NeuroVite Plus es la marca que desarrollamos en las Clínicas Amen. Contiene una gran variedad de nutrientes saludables para el cerebro. Cuatro cápsulas al día es la dosis completa, que contiene lo siguiente:

- Vitamina A y niveles altos de vitamina B, además de vitaminas C, D (2000 UI), E y K2
- Minerales, que incluyen zinc, cobre, magnesio, selenio, cromo, manganeso, calcio y magnesio

- Nutrientes para el cerebro, como ácido alfa lipoico, acetil-L-carnitina y fosfatidilserina
- Nutrientes equivalentes a:

  - 1 manzana (quercitina)
  - 1 tomate (licopeno)
  - 1 porción de espinacas frescas (luteína)
  - 1 porción de brócoli (concentrado de semillas de brócoli)
  - 2 litros de vino tinto (resveratrol, sin alcohol)
  - 1 taza de moras azules (pterostilbeno)

- 1 dosis completa de probióticos estabilizados

Aceite de pescado. Desde hace años he escrito acerca de los beneficios de los ácidos grasos omega 3, que se encuentran en los suplementos con aceite de pescado. Yo personalmente tomo un suplemento de aceite de pescado todos los días y recomiendo que todos mis pacientes hagan lo mismo. Cuando nos fijamos en la montaña de pruebas científicas, es fácil entender por qué. Las investigaciones científicas han demostrado que los ácidos grasos omega 3 son esenciales para el óptimo funcionamiento del cerebro y la salud del cuerpo.

Por ejemplo, según los investigadores de la Harvard School of Public Health, tener niveles bajos de ácidos grasos omega 3 es una de las principales causas evitables de muerte y se ha relacionado con enfermedades del corazón, accidentes cerebrales vasculares, depresión, conducta suicida, TDA, demencia y obesidad. También hay datos científicos que corroboran que los niveles bajos de ácidos grasos omega 3 desempeñan un papel en las toxicomanías.

Puedo asegurar que la mayoría de las personas, a menos que se centren en comer pescado, o tomen suplementos de aceite de pescado, tienen bajos niveles de omega 3. Lo sé porque en las Clínicas Amen llevamos a cabo un análisis de sangre a los pacientes en los que medimos los niveles de ácidos grasos omega 3 en la sangre. Antes de ofrecer la prueba a los pacientes, la he utilizado con mis empleados, varios miembros de la familia y, por supuesto, conmigo mismo. Cuando salieron los resultados de mi análisis, yo estaba muy contento con las cifras robustas. Una puntuación de omega 3 por encima de 7 es buena. La mía era casi de 11. Pero los resultados de casi todos los empleados y miembros de la familia que analicé no eran tan buenos. De hecho, me horrorizó el nivel tan bajo que tenían, ya que esto los pone en mayor riesgo de tener problemas tanto físicos como emocionales. Sin embargo, la solución es sencilla. Sólo necesitaban comer más pescado o tomar suplementos de aceite de pescado.

Aumentar la ingesta de ácidos grasos omega 3 es una de las mejores cosas que puede hacer por su capacidad intelectual, estado de ánimo y peso. Los dos ácidos grasos omega 3 más estudiados son el ácido eicosapentaenoico (EPA) y el ácido docosahexaenoico (DHA). El DHA constituye una gran parte de la sustancia gris del cerebro. La grasa del cerebro forma las membranas celulares y desempeña un papel vital en el funcionamiento de nuestras células. Las neuronas también son ricas en ácidos grasos omega 3. El EPA mejora el flujo de sangre, lo que estimula el funcionamiento del cerebro en general.

Se ha descubierto que el aumento de la ingesta de ácidos grasos omega 3 disminuye el apetito y los antojos, así como la grasa corporal. En un fascinante estudio de 2009 publicado en la revista *British Journal of Nutrition*, unos investigadores australianos analizaron muestras de sangre de 124 adultos (21 con peso saludable, 40 con sobrepeso y 63 obesos), calcularon su índice de masa corporal y midieron su cintura y la circunferencia de la cadera. Descubrieron que los individuos obesos tenían niveles significativamente más bajos de EPA y DHA en comparación con las personas de peso saludable. Los sujetos con niveles más altos eran más propensos a tener un índice de masa corporal y medidas de cintura y cadera saludables.

Más pruebas de los beneficios del aceite de pescado para la reducción de peso provienen de un estudio realizado en 2007 por la Universidad de Australia del Sur. El equipo de investigación demostró que tomar aceite de pescado en combinación con el ejercicio moderado, como caminar cuarenta y cinco minutos, tres veces a la semana, conduce a una reducción significativa de la grasa corporal después de tan sólo doce semanas. Pero tomar aceite de pescado sin hacer ejercicio, o hacer ejercicio sin tomar aceite de pescado, no produjo ninguna reducción de la grasa corporal.

Uno de los estudios más interesantes que he encontrado sobre el aceite de pescado y la pérdida de peso apareció en una edición de 2007 de la revista *International Journal of Obesity*. En este estudio, unos investigadores de Islandia estudiaron los efectos de los aceites de pescado y mariscos en la reducción de peso de 324 adultos jóvenes con sobrepeso y un IMC que iba desde 27.5 hasta 32.5. Los participantes fueron colocados en cuatro grupos que comieron dietas con un contenido calórico de 1,600 que era igual para todos, excepto que la dieta de cada grupo incluía sólo una de las siguientes opciones:

- Grupo control (cápsulas de aceite de girasol, sin pescado o mariscos)
- Pescados magros (3 porciones de bacalao, de 150 g cada una, a la semana)
- Pescados grasos (3 porciones de salmón, de 150 g cada una, a la semana)
- Aceite de pescado (cápsulas de DHA/EPA, sin mariscos)

Después de cuatro semanas, la cantidad promedio de pérdida de peso entre los hombres de cada uno de los cuatro grupos fue la siguiente:

- Grupo control: 3.54 kg
- Grupo de pescados magros: 4.35 kg
- Grupo de pescados grasos: 4.49 kg
- Grupo de aceite de pescado: 4.94 kg

Los investigadores concluyeron que la adición de pescado o aceite de pescado a una dieta baja en calorías, nutricionalmente balanceada, podría aumentar la reducción de peso en los hombres.

La investigación en los últimos años también ha revelado que las dietas ricas en ácidos grasos omega 3 ayudan a promover un equilibrio emocional sano y un buen estado de ánimo en años posteriores, posiblemente debido a que el DHA es un componente principal de las sinapsis en el cerebro. Un creciente volumen de datos científicos indica que el aceite de pescado ayuda a aliviar los síntomas de la depresión. Un estudio de veinte años que incluyó a 3,317 hombres y mujeres mostró que las personas con mayor consumo de EPA y DHA eran menos propensas a tener síntomas de depresión.

Hay una enorme cantidad de datos científicos que apunta a una conexión entre el consumo de pescado rico en ácidos grasos omega 3 y la función cognitiva. Un equipo de investigadores daneses comparó las dietas de

5,386 personas sanas de edad avanzada y concluyó que cuanto más pescado incluya la dieta de una persona, más tiempo podrá conservar la memoria y reducir el riesgo de demencia. El doctor J. A. Conquer y sus colegas de la Universidad de Guelph en Ontario estudiaron el contenido de ácidos grasos de la sangre en las primeras y últimas etapas de la demencia y observaron niveles bajos en comparación con las personas sanas. En 2010, investigadores de la UCLA analizaron las publicaciones científicas existentes sobre el DHA y el aceite de pescado, y concluyeron que la suplementación con DHA reduce la progresión de la enfermedad de Alzheimer y puede prevenir la demencia relacionada con la edad.

Los ácidos grasos omega 3 aumentan el rendimiento cognitivo en todas las edades. En 2010, unos científicos de la Universidad de Pittsburgh reportaron que las personas de mediana edad con niveles más altos de DHA tuvieron mejor desempeño en varias pruebas, entre ellas, las de razonamiento no verbal, flexibilidad mental, memoria de trabajo y vocabulario. En un estudio de unos investigadores suecos se demostró, después de encuestar a cerca de cinco mil niños de quince años, que aquellos que comían aceite de pescado, más de una vez a la semana, obtenían mejores puntuaciones en las pruebas de inteligencia estándar que los adolescentes que no comían pescado. Un estudio de seguimiento mostró que los adolescentes que toman aceite de pescado, más de una vez a la semana, también tienen mejores calificaciones en la escuela que los estudiantes con menor consumo de pescado.

Los beneficios adicionales de los ácidos grasos omega 3 incluyen mayor nivel de atención en las personas con TDA, menos estrés y menor riesgo de psicosis. Cuando les dimos a nuestros futbolistas retirados una dieta con suplementos de aceite de pescado, muchos de ellos lograron disminuir o eliminar por completo sus medicamentos para el dolor.

Mi recomendación para la mayoría de los adultos es tomar 1-2 g de aceite de pescado de alta calidad al día con equilibrio entre EPA y DHA.

Omega 3 Power es nuestra marca para apoyar la salud del cerebro y el corazón, ya que proporciona ácidos grasos omega 3 (EPA y DHA) altamente purificados con el proceso más avanzado de la industria de producción, purificación y desintoxicación. Se produce bajo las normas más rigurosas de la industria naturista. Cada lote de nuestro aceite es analizado de forma independiente por el laboratorio externo Eurofins para detectar más de 250 contaminantes ambientales, como los PCB. Nuestro aceite cuenta con la certificación de ser más de veinte veces menor que el requisito de la Proposición 65 de California que estipula menos de 90 nanogramos/día, y supera todas las demás normas regulatorias nacionales e internacionales. Dos cápsulas en gel contienen 2.8 g de aceite de pescado, 860 mg de EPA y 580 mg de DHA.

Vitamina D. La vitamina D, a veces llamada la vitamina del sol, es conocida porque contribuye a la formación de huesos y la estimulación del sistema inmunológico. Pero también es una vitamina esencial para la salud del cerebro, el estado de ánimo, la memoria y el peso. Si bien se clasifica como una vitamina, en realidad es una hormona esteroide vital para la salud. Los bajos niveles de vitamina D se asocian con depresión, autismo, psicosis, Alzheimer, esclerosis múltiple, enfermedades del corazón, diabetes, cáncer y obesidad. Por desgracia, la deficiencia de vitamina D es cada vez más común; en parte, porque pasamos más tiempo en casa y utilizamos más filtro solar.

¿Sabía usted que cuando no tiene suficiente vitamina D, se siente con hambre todo el tiempo, sin importar cuánto coma? Esto se debe a que los bajos niveles de vitamina D interfieren con la eficacia de la leptina, la hormona del apetito que le indica cuándo está satisfecho. Las investigaciones también muestran que la insuficiencia de vitamina D se asocia con un aumento de la grasa corporal. Un estudio de 2009 realizado en Canadá mostró que el peso y la grasa corporal eran significativamente menores en las mujeres que tenían niveles normales de vitamina D que en las mujeres con niveles insuficientes. Parece que la grasa extra inhibe la absorción de la vitamina D. Las pruebas demuestran que para lograr los mismos niveles las personas obesas necesitan dosis más altas de vitamina D que las personas delgadas.

Uno de los estudios más interesantes que he visto sobre la vitamina D fue realizado por investigadores de Stanford Hospital and Clinics. Detallaron cómo se le dio a un paciente una receta de 50,000 UI de vitamina D *a la semana* que se surtió por error por 50,000 UI *al día*. Después de seis meses, el nivel de vitamina D del paciente se incrementó de 7, que es extremadamente bajo, a 100, que se sitúa en el extremo superior de lo normal.

Lo que me pareció realmente interesante acerca de este informe es que el paciente se quejó de algunos efectos secundarios de la dosis muy alta, como disminución del apetito y reducción considerable de peso. Por supuesto, no estoy abogando por que tome más vitamina D de la necesaria. Pero creo que esto muestra que los niveles óptimos de vitamina D pueden desempeñar un papel en el control del apetito y la pérdida de peso.

La historia de este paciente muestra por qué es tan importante que compruebe su nivel de vitamina D antes y después del tratamiento. Así sabrá si está tomando la dosis correcta, o si es necesario ajustarla.

La vitamina D es tan importante para el funcionamiento cerebral que sus receptores se encuentran en todo el cerebro. La vitamina D desempeña un papel crucial en muchas de las funciones cognitivas básicas, entre ellas, el aprendizaje y la formación de recuerdos. Estas son sólo algunas de las áreas en las que la vitamina D incide en el buen funcionamiento del cerebro, según un estudio de 2008 que apareció en la revista FASEB *Journal*.

La comunidad científica está tomando conciencia de la importancia de la vitamina D para el funcionamiento óptimo del cerebro. En los últimos años, me he encontrado una serie de estudios que relacionan la falta de vitamina D con el deterioro cognitivo en hombres y mujeres mayores, así como algunos que indican que tener niveles óptimos de la vitamina del sol puede contribuir en la protección de la función cognitiva. Uno de estos estudios que apareció en el *Journal of Alzheimer's Disease* mostró que la vitamina D_3, la forma activa de la vitamina D, estimula el sistema inmunológico para eliminar del cerebro la beta-amiloide, una proteína anormal que se cree que es una causa importante de la enfermedad de Alzheimer. La vitamina D activa los receptores de las neuronas en las regiones importantes para la regulación del comportamiento y protege el cerebro porque tiene efectos antioxidantes y antiinflamatorios.

Otro estudio realizado en 2009 por un equipo de la Tufts University, en Boston, estudió el nivel de vitamina D en más de un millar de personas mayores de sesenta y cinco años y su efecto sobre la función cognitiva. Sólo 35 por ciento de los participantes tenían niveles óptimos de vitamina D y el resto estaba en las categorías de insuficiencia o deficiencia. Las personas con niveles óptimos de vitamina D (50 nmol/L o más) tuvieron un mejor desempeño en las pruebas de las funciones ejecutivas, como las de razonamiento, flexibilidad y complejidad perceptual. También obtuvieron mejores resultados en las pruebas de atención y velocidad de procesamiento que sus contrapartes con niveles subóptimos.

Cuanto más bajo sea su nivel de vitamina D, será más probable que se sienta triste. Los niveles bajos de vitamina D se asocian con una mayor frecuencia de depresión. En los últimos años, los investigadores se han preguntado si, dada esta asociación, los suplementos con vitamina D pueden mejorar el estado de ánimo.

Un ensayo clínico que trató de responder esa pregunta siguió a 441 adultos con sobrepeso y obesos con niveles similares de depresión durante un año. Los individuos tomaron ya sea un placebo, o una de dos dosis de vitamina D: 20,000 UI por semana, o 40,000 UI por el mismo periodo. Al final del año, los dos grupos que habían tomado la vitamina D mostraron una reducción significativa de los síntomas, mientras que el grupo que tomó el placebo no reportó mejoría. Otros estudios han reportado resultados similares.

La dosis recomendada actual de vitamina D es de 400 UI al día, pero la mayoría de los expertos coinciden en que esta cantidad es muy inferior a las necesidades fisiológicas de la mayoría de las personas y en su lugar proponen 2,000 UI de vitamina D al día. Creo que es muy importante poner a prueba sus necesidades específicas, en especial si tiene sobrepeso u obesidad, ya que el cuerpo no puede absorber la vitamina D de manera eficiente si usted es obeso.

La vitamina D_3 se presenta en comprimidos de 1,000 UI y 2,000 UI o como líquido de 10,000 UI.

Brain and Memory Power Boost

Éste es el suplemento formulado para ayudar a la estimulación del cerebro de los jugadores de la NFL en activo y jubilados. Cuando se utiliza en conjunción con un programa sano para el cerebro, hemos demostrado que produce una mejoría significativa de la memoria, el razonamiento, la atención, la velocidad de procesamiento y la precisión. Fue tan eficaz que yo lo tomo todos los días.

El suplemento Brain and Memory Power Boost incluye el superantioxidante N-acetil-cisteína (NAC), además de fosfatidilserina para mantener la integridad de las membranas celulares, huperzina A y acetil-L-carnitina para potenciar la disponibilidad de la acetilcolina, y vinpocetina y ginkgo biloba para mejorar el flujo de la sangre. Se trata de una novedosa combinación de potentes antioxidantes y nutrientes esenciales para mejorar y proteger la salud del cerebro. Este suplemento mejora la salud general del cerebro, la circulación, la memoria y la concentración.

Craving Control

La clave del éxito en el control de peso es llevar una dieta saludable para el cerebro y regular los antojos. Para apoyar este objetivo, creamos Craving Control, un potente suplemento nutricional formulado para promover los niveles saludables de azúcar en la sangre e insulina, al tiempo que proporciona antioxidantes y nutrientes al cuerpo. Nuestra formulación incluye NAC y glutamina para reducir la ansiedad; cromo y ácido alfa lipoico para reforzar la estabilidad de los niveles de azúcar en la sangre y un chocolate saludable para el cerebro y DL-fenilalanina diseñada para aumentar las endorfinas.

Ésta es la fórmula que utilizamos en las Clínicas Amen con nuestros grupos para bajar de peso. En el primer grupo, los participantes que usaron la fórmula para los antojos y asistieron a cada reunión del grupo bajaron, en promedio, 4.5 kg en diez semanas.

Restful Sleep

El sueño es esencial para el funcionamiento saludable del cerebro. Restful Sleep está formulado con una combinación de nutrientes diseñados para ayudar a tener la mente tranquila y promover el sueño profundo y reparador por la noche. Este suplemento contiene melatonina tanto de acción inmediata como de liberación gradual para mantenerlo dormido toda la noche, más el neurotransmisor GABA calmante, una mezcla de los elementos esenciales zinc y magnesio con valeriana, cuya combinación produce un efecto sedante general para ayudar a mejorar el sueño. En las Clínicas Amen nos referimos a Restful Sleep como "el martillo", porque muchas personas nos han dicho que les ha ayudado.

SAMe Mood and Movement Support

Las investigaciones científicas indican que SAMe ayuda para el estado de ánimo, el movimiento y el control del dolor. Está íntimamente relacionado con la creación de neurotransmisores fundamentales, como serotonina, dopamina y norepinefrina, los cuales promueven un estado de ánimo saludable. Y como ventaja añadida, también se ha demostrado que SAMe ayuda a sanar las articulaciones y a disminuir el dolor. La dosis típica es de 400 a 800 mg dos veces al día. Por lo general, es mejor tomarlo más temprano en el día, ya que es energizante. La investigación indica que hay que ser cauteloso con este suplemento si usted tiene trastorno bipolar.

Serotonin Mood Support

El Serotonin Mood Support promueve los niveles normales de serotonina, porque proporciona 5-HTP, un precursor directo de la serotonina, en combinación con un extracto patentado de azafrán, el cual ha demostrado clínicamente que refuerza un estado de ánimo normal. Incluye también vitamina B_6 e inositol para brindar apoyo sinérgico adicional. Serotonin Mood Support es útil para promover un estado de ánimo saludable cuando se sospecha que los niveles de serotonina son bajos. Parece ser especialmente útil para las personas que tienden a obsesionarse con pensamientos o comportamientos negativos. También se ha demostrado que ayuda a mantener patrones de sueño saludables.

Focus and Energy Optimizer

Formulado sin cafeína, la cual hace que la gente se sienta nerviosa, Focus and Energy Optimizer apoya los niveles saludables de energía y concentración. Está formulado a base de té verde y colina para mejorar la concentración, junto con tres poderosos adaptógenos que actúan en sinergia para aumentar la resistencia y la energía. Se ha demostrado científicamente que los adaptógenos ashwagandha, rhodiola y panax ginseng aumentan la resistencia del cuerpo al estrés y mantienen saludable el sistema inmunológico.

GABA Calming Support

GABA Calming Support fomenta la relajación física y la tranquilidad, ya que ofrece una combinación de neurotransmisores inhibitorios vitales para tranquilizar la mente hiperactiva. Contiene Pharma GABA natural, clínicamente ha demostrado que promueve la relajación mediante el aumento de las ondas cerebrales calmantes y centradas, al tiempo que reduce otras ondas cerebrales asociadas con la preocupación. Para complementar este suplemento natural clínicamente comprobado, se incluye vitamina B_6, magnesio y bálsamo de limón, una hierba conocida tradicionalmente por sus efectos calmantes.

Robert

Robert era jugador de la defensiva secundaria de los Vikingos de Minnesota. Es alto, delgado y en aparente buen estado de salud. Cuando se unió a nuestro estudio de trauma/rehabilitación del cerebro para jugadores de futbol americano profesional se quejó de que su memoria no era tan buena como antes y ahora debía llevar consigo más notas. Su principal preocupación fue que se enteró de que muchos exjugadores de la NFL tenían graves problemas de memoria, mucho más que cualquier otra situación, y a su padre le habían diagnosticado Alzheimer, lo que aumentaba su vulnerabilidad y angustia.

El SPECT inicial de Robert mostró niveles muy significativos de daño cerebral, en especial en la corteza prefrontal (juicio), los lóbulos temporales (memoria), los lóbulos parietales (sentido de dirección), y el cerebelo (coordinación). En nuestra prueba de memoria se situó en el quinto percentil, lo que significa que 95 por ciento de las personas de su edad y educación tienen mejores puntuaciones que Robert, graduado de Stanford.

Para nuestra satisfacción, el estudio de seguimiento SPECT de Robert tuvo resultados radicalmente mejores y la prueba de memoria mejoró 1,000 por ciento. ¿Cómo? Una de las mejores cosas de Robert es que seguía todas nuestras indicaciones al pie de la letra. Religiosamente tomaba nuestro multivitamínico NeuroVite, aceite de pescado, Omega-3 Power, y nuestro suplemento para el cerebro, Brain and Memory Power Boost. No omitió ninguna dosis y se mantuvo firme durante todo el periodo del estudio. Sus pruebas de seguimiento mostraron que su memoria había mejorado 1,000 por ciento y se situó en el 55° percentil en comparación con sus compañeros. Su SPECT mostró una mejoría espectacular en todas las áreas que eran problemáticas.

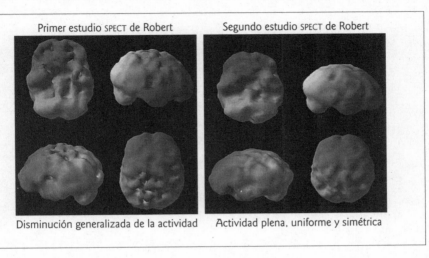

Primer estudio SPECT de Robert — Segundo estudio SPECT de Robert

Disminución generalizada de la actividad — Actividad plena, uniforme y simétrica

Antes de su primera evaluación, era evidente que Robert iba directo hacia un grave problema. Con estas intervenciones simples, su cerebro y sus puntuaciones en los exámenes mostraron una notable mejoría. Su cerebro, literalmente, se hizo más joven. Estoy muy emocionado por el progreso de Robert. Unos treinta años antes de que lo viéramos por primera vez, sufrió miles de golpes en la cabeza cuando jugaba en la preparatoria, la universidad y el futbol americano profesional. Sin embargo, a pesar de los daños y el tiempo que pasó, su cerebro seguía mostrando una notable capacidad de recuperación.

La buena noticia acerca de nuestro estudio es que ha demostrado la capacidad del cerebro dañado para registrar niveles altos de mejoría con sólo seguir un programa simple, económico e inteligente.

Nota sobre las referencias
y lecturas adicionales

La información contenida en *Usa tu cerebro para rejuvenecer* se basa en más de cuatrocientas fuentes que incluyen estudios científicos, libros, entrevistas con médicos especialistas, estadísticas de los organismos gubernamentales y organizaciones de salud y otros recursos confiables. Las referencias impresas ocupan más de sesenta páginas. En un esfuerzo por salvar algunos árboles —destinados a fabricar papel— he decidido colocarlas en el sitio web de las Clínicas Amen. Los invito a consultarlas en www.amenclinics.com/uybcya.

Agradecimientos

Vivo agradecido por tener un increíble grupo de colegas y amigos que me han ayudado con este trabajo. Manifiesto mi agradecimiento especial a todos mis pacientes y amigos que me han permitido compartir sus historias con usted. Gracias a la Dra. Doris Rapp, Steve, Marianne y Carlos por permitirme contar sus historias inspiradoras.

Gracias al pastor Rick Warren, que confió en mí, al Dr. Mehmet Oz y al Dr. Mark Hyman por la oportunidad de ayudar a diseñar el Plan Daniel de la Iglesia Saddleback. Puede que yo sea la única persona que felicita a un pastor por ayudar a que las cifras de su congregación se reduzcan (quiero decir, en la balanza), pero bajar en conjunto 113,398.18 kilos de peso es un avance por el que vale la pena entusiasmarse, en particular porque la reducción de peso se debió a un plan de alimentación nutritiva, que dejó a los participantes no sólo más delgados, sino más saludables y con más energía. Gracias al asistente del pastor Warren, Steve Komanapalli, por abrir su gran corazón tan elocuentemente como lo hizo cuando nos contó su historia de cómo cambió sus hábitos de salud para dejar un legado de salud a su familia. Dee Eastman y Debbie Eaton: gracias a las dos por enseñarnos lo que han aprendido sobre el poder de los grupos pequeños para transformar vidas en Saddleback y más allá. Señoras, ustedes hacen un trabajo increíble. Joe Polish: gracias, amigo mío, por crear el ejercicio "Cree su propia red de genios" y por permitirme transmitirlo a nuestros lectores.

Gracias a mi cuñada, Tamara, por compartir la historia inspiradora de su transformación, y a su hermana, Tana (que por casualidad es mi encantadora esposa), por su compasión y estímulo en el proceso. El Dr. Riz

Malik es un psiquiatra talentoso que trabaja en nuestras Clínicas Amen en Reston, Virginia. Riz me alegró el día con el mensaje que me envió por correo electrónico titulado "Una persona diferente". Gracias por compartir la descripción de su viaje hacia la salud y la aptitud física con nosotros y ahora con los lectores de este libro.

Dr. Andy McGill, le estoy muy agradecido por compartir cómo logró cambiar su vida en la edad madura, lo que le permite tener hoy un cerebro más joven del que tenía hace diez años. Tengo la impresión de que muchos harán un cambio radical para bien después de leer su historia. Dr. Joe Dispenza, ¿le he dicho últimamente que es muy brillante? Las ideas que nos dio sobre cómo tomar de una vez y para siempre la decisión de cambiar son simplemente increíbles y muy apreciadas. Dr. Ciro Raji, creo que su magnífica investigación sobre el ejercicio y la enfermedad de Alzheimer motivará a miles de personas a caminar con el fin de reducir el tamaño de sus cuerpos y hacer crecer sus cerebros. Muchas gracias por el buen trabajo que hace.

Jim Kwik, su contribución a la formación permanente y a este libro son increíbles. Gracias por ser tan generoso en el corazón y la mente. Gracias a Savannah DeVarney, quien compartió sus puntos de vista sobre nuestro gimnasio cerebral 24/7 en www.amensolutions.com y también su estupenda información sobre el "porqué" de ejercitar la mente con regularidad.

Joni Houtain, todo el mundo debería tener una animadora como usted en la vida. Gracias por compartir su historia con esa vulnerabilidad y buen humor. La risa es buena medicina. Que tenga muchos más años de "crecimiento juvenil" en cuerpo y alma.

Chris Hartsfield, quien ha padecido lo peor que una madre puede imaginar, y ahora ayuda a otros que luchan para encontrar una manera de salir adelante después de grandes sufrimientos. Su historia de la travesía de Sammie es un tesoro que proyecta su luz en los lugares más oscuros y muestra que podemos encontrar alegría y salud, incluso después de una pérdida indescriptible. Su historia va a cambiar vidas, tal vez incluso salvará algunas. Gerald Sharon, bendiciones a usted por animar a otros a cuidar de su salud, mientras pasan por el estrés y el dolor. Usted honra la memoria de su esposa por cuidar tan bien de usted mismo.

Mi más sincera gratitud a todos los jugadores y leyendas del futbol americano que participaron en nuestro estudio de la NFL, con un especial agradecimiento a AD (Anthony Davis), Roy Williams, Marvin Fleming, Fred Dryer y Cam Cleeland por dejarnos ver sus historias desde una perspectiva íntima. Además, vaya un agradecimiento especial al capitán Patrick Caffrey por compartir su historia y pasión por ayudar a los soldados heridos, y a Ray y Nancy, que continuamente me inspiran a seguir haciendo lo que hago.

Estoy especialmente agradecido con Becky Johnson y Frances Sharpe, que fueron invaluables por su colaboración en el proceso de investigación, entrevistas y en la realización de este libro. Además, agradezco a nuestro departamento de investigación, entre ellos a la Dra. Kristen Willeumeir y Derek Taylor, por sus valiosas ideas y estímulo. Otros miembros del personal de las Amen Clinics, Inc., como siempre, brindaron gran ayuda y apoyo durante este proceso, en especial mi asistente personal, Catherine Hanlon, y el Dr. José Annibali. También estoy muy agradecido con mi amigo y colega, el Dr. Earl Henslin, quien leyó el manuscrito y ofreció sugerencias reflexivas.

También quiero dar las gracias a mi increíble equipo literario de Crown Archetype, en especial a mi amable y reflexiva directora comercial, Julia Pastore y a Tina Constable, mi editora. Estoy eternamente agradecido con mi agente literario, Faith Hamlin, quien además de ser una de mis mejores amigas, es una mentora creativa, protectora y considerada, junto con Stephanie Diaz, nuestra agente de derechos en el extranjero. Si usted está leyendo este libro fuera de Estados Unidos, Stephanie lo hizo posible. Además, estoy muy agradecido con todos mis amigos y compañeros de trabajo de las estaciones de televisión pública en todo el país. La televisión pública es un tesoro para nuestro país y estoy agradecido de colaborar con estaciones para llevar nuestro mensaje de esperanza y curación al público. Y a Tana, mi esposa, mi alegría y mi mejor amiga, que pacientemente me escuchó durante horas y ofreció muchas sugerencias perspicaces sobre el libro. Los amo a todos ustedes.

Índice analítico

accidentes cerebrovasculares, 39, 59, 69
apnea del sueño y, 52
aceite de aguacate, 126
aceite de borraja, 218, 235
aceite de coco, 126
aceite de oliva, 126, 220
aceite de onagra, 218, 235
aceite de pescado, 31, 53, 54, 56, 58, 61,
62, 70, 74, 75, 82, 102, 121, 127, 167,
178, 182, 186, 212, 218, 235, 243, 260,
275, 276, 278-280, 284, 289, 295, 311,
345, 347-351, 356
aceite de semillas de grosellas negras, 218,
235
acetil-L-carnitina, 61, 70, 219, 289, 295,
347, 353
acetilcolina, 61, 70, 218, 219, 221, 295,
353
ácido alfa lipoico, 54, 61, 70, 74, 219, 222,
289, 295, 347, 354
ácido fólico, 48, 56, 57, 59, 74, 75
ácido palmítico, 36
ácidos grasos omega 3, 27, 28, 61, 71, 102,
182, 183, 186, 221, 347-350
alimentos con alto contenido de, 103,
104
niveles bajos de, 61, 102, 103
ácidos grasos omega 6, 27, 218
actitud catastrofista, 170
actitud positiva hacia el envejecimiento,
32, 272

actividades de coordinación, 145, 146, 147
adaptógenos, 355
Adderall, 178, 186, 212
adenosina, 107
adicciones, 137, 143, 166, 184-186, 259,
334
ADN dañado, 28, 31, 32
AGL (ácido gamma-linolénico), 218, 221
ajedrez, 203, 204
ajo, 107, 118
albahaca, 106
alergias alimentarias, 80, 112, 113, 125
alergias alimentarias ocultas, 112
algas, 32
algas marinas, 32
alimentos orgánicos, 113, 126
alimentos supersaludables para el cerebro,
109, 110
Amen, Tana, 63, 89, 135
Amen Clinics, Inc. (ACI), 16, 20, 23, 26,
33, 34, 46-48, 163, 215, 254, 267, 277,
278, 283, 287, 306, 335, 345-347, 354
Amen Solution, The. Thinner, Smarter,
Happier with Dr. Daniel Amen (Amen),
246, 255, 304
American College of Radiology, 337
American Heart Association, 29, 58
amigos, 26, 30
aminoácidos, 92, 222, 250
amputación, 225
analgésicos, 27, 231, 237

Anderson, Lane, 148
anemia, 57, 76, 130, 225, 263, 264
anticuerpos TPO (peroxidasa tiroidea), 55
antioxidantes, 28, 31, 71, 88, 104, 105,
    109, 110, 125, 127, 220, 221, 224, 289,
    295, 352, 354
ansiedad, *véase* depresión y ansiedad
apnea del sueño, 28, 39, 52, 69, 74, 226,
    263, 341
    ejemplo SPECT de, 17
    obesidad y, 52, 226, 294, 295
aprendizaje, *véase* aprendizaje vitalicio
aprendizaje vitalicio, 40, 69, 191
    curiosidad y, 192, 203, 207
    ejercicios mentales, 189, 196-198,
        200-205
    entorno de aprendizaje y, 192, 193
    lectura veloz, 194-196
    leer, 176, 191, 192, 204, 206, 207
    mejoramiento del cerebro "hágalo usted
    mismo", 202-204
    sugerencias para, 191-193
    tomar notas, 196, 207
    Véase también memoria
Archives of Dermatology, 219
aromaterapia, 227
arrugas faciales, 214, 217, 222, 228
artritis reumatoide, 79, 80, 220, 260, 313
asbesto, 228
ashwagandha, 355
asignación de culpas, como tipo de PAN,
    268, 269
ataques de ansiedad, 25, 239, 240, 244
aterosclerosis, 56, 59
atletas, 49, 277-286, 290, 291, 330, 353,
    354
Attention Support, 121
audiolibros, 191, 192, 205-207, 250
autocontrol, 55, 143, 147, 148, 182, 186
autohipnosis, 61, 62, 227
autorrelajación, 227
azafrán, 106, 355
azúcar, 27, 29, 32, 58, 87, 91, 100, 101,
    228, 311, 328
azúcar en la sangre, 53, 54, 61, 74, 92-94,

98, 108, 111, 125, 167, 182, 183, 306
    alta, 27, 53, 54, 58
    nivel de HgA1C, 54, 62, 74
azúcar en la sangre en ayuno, 48, 53, 54

bailar, 146-149, 159, 205, 206, 294
bálsamo de limón, 356
banda gástrica, 85
Barnes, Deborah, 71, 72
bebidas, *véase* dieta y nutrición
benzodiazepinas, 27
beta-amiloide, 59, 60, 352
betaendorfinas, 141
biometría hemática completa, 48, 53, 74
biorretroalimentación, 289, 290
bisfenol A, 91
bochornos, 212
Braverman, Eric, 216
Brain and Memory Power Boost, 70, 279,
    280, 284, 289, 295, 296, 353, 354, 356
British Journal of Dermatology, 228
British Journal of Nutrition, 348
British Medical Journal, 228
Burton, Thomas, 25, 26

cacahuates, alergias alimentarias y, 112,
    125
café, 107, 108, 127
cafeína, 27, 90, 91, 107, 108, 127, 132, 167,
    185, 228, 258
Caffrey, Patrick, 286, 287
calcio, 346
calorías, 25, 29, 71, 311
    dieta CROND, 51, 61, 73, 89, 126
    líquidas, 88, 311
    necesarias/consumidas, 48, 50, 51, 88-91
caminar, 68, 109, 110, 138, 145, 146, 155,
    156, 159, 250, 324
cáncer, 27, 39, 69, 107
    de piel, 219, 226, 228, 235
    depresión y, 248
    dieta y nutrición y, 89, 90
canela, 106
carbohidratos, 31, 61, 92-101, 215, 275
    con alto contenido de fibra, 98, 99

índice glucémico (IG), 88, 93
refinados, 93, 100, 101
carcinoma de células escamosas, 228
carne, 27, 92
carne de res, 92, 112
carotenoides, 224, 235
Cawthon, Richard, 28
celulitis, 225
cereales, índice glucémico (IG) y, 93
cerebelo, 67, 147, 205, 258, 294, 356
cerebro
ácidos grasos esenciales y, 101, 102
atrofia, 154, 155
cerebelo, 67, 147, 205, 258, 260, 261, 294, 356
cifras de salud y, véase cifras de salud
circunvolución cingulada anterior, 163, 164, 167, 257, 258, 265
circunvolución cingulada posterior, 47
corteza prefrontal (CPF) y, véase corteza prefrontal (CPF)
depresión y ansiedad y, véase depresión y ansiedad
diabetes y, 34
dieta y nutrición, véase dieta y nutrición
ejercicio y, véase ejercicio
envidia del cerebro, 327, 333
estrategias de rehabilitación, 29, 32
estrategias para desacelerar el envejecimiento, 30-32
ganglios basales, 204, 211, 261, 265
hipocampo, 140, 193
imágenes, véase SPECT (tomografía computarizada por emisión de fotón)
lesiones cerebrales, 25-27, 30, 33, 39, 65, 68, 72, 139, 143, 163, 164, 184, 278, 280, 282-288, 294, 295, 333, 342
lóbulos parietales, 46, 52, 62, 205, 356
lóbulos temporales, 262, 263, 276, 286, 356
niebla cerebral, 38, 262
núcleo accumbens, 166
obesidad y, 29, 34, 48, 175, 176
patrones de las ondas cerebrales, 289

piel y, véase piel
rehabilitación del cerebro, 277-295, 356, 357
respuestas emocionales y, 197, 198
siete principios para cambiar, 23-35
sistema límbico, 150-156, 197, 249, 260, 265
tipo de cerebro ansioso, 255, 261, 262, 275
tipo de cerebro compulsivo, 255, 257, 258, 275
tipo de cerebro de estrés postraumático, 255, 265-267
tipo de cerebro de lóbulo temporal, 37, 255, 262, 263, 265, 277, 278, 287, 288, 291, 332
tipo de cerebro impulsivo, 255-257, 275
tipo de cerebro impulsivo-compulsivo, 255, 258, 259, 275
tipo de cerebro tóxico, 255, 263, 264, 276
tipo de cerebro triste o taciturno, 255, 259, 260, 275
tipos, 254-267
toma de decisiones y, véase toma de decisiones
ventrículos, 66, 67
Change Your Brain, Change Your Body (Amen), 41, 45, 66, 120, 212, 243, 244, 255
chía, 32, 118, 126
ciclos menstruales, 232
cifras de salud, 39, 40, 43-76, 314
biometría hemática completa, 48, 53, 74
horas de sueño, véase sueño, horas de
IMC (índice de masa corporal), 48, 49, 60, 62, 73, 98, 102, 154, 175, 176, 306
nivel de HgA1C, 48, 54, 62, 74
nivel de homocisteína, 48, 56, 57, 75, 108
niveles de proteína C reactiva, 48, 56, 62, 75
niveles de testosterona, 28, 31, 48, 57, 58, 62, 75

niveles tiroideos, 48, 55, 75, 130, 223
perfil metabólico general, 48, 53, 54, 74
presión arterial, *véase* presión arterial
    alta
raciones al día de frutas y verduras, 48,
    51, 52, 73
razón cintura-estatura (RCE), 48-50, 73
cigarrillos, *véase* fumar
5-HTP (5-hidroxitriptófano), 257-259, 275,
    355
circulación, 224
    ejercicio y, 141
circunferencia de la cintura, 102, 348
circunvolución cingulada anterior, 163,
    164, 167, 257, 258, 265
circunvolución cingulada posterior, 47
cirugía plástica, 215
conexión entre mente y cuerpo, 40, 70,
    147, 159, 192, 214, 229, 230, 234
consumo de agua, 31, 81, 88-91, 126, 218,
    235, 252, 311
consumo de alcohol, 60, 74, 90, 91, 130-
    132, 136, 157, 158, 167, 170, 174, 185,
    243, 263, 266, 267, 272, 292, 333
    apnea del sueño y, 226
    cantidad, 31, 68
    funcionamiento cognitivo y, 34
    lesión cerebral y, 25
    piel y, 228, 229, 236
convulsiones, 69
corteza prefrontal (CPF), 34, 35, 36, 61,
    141, 147, 150, 163, 166, 167, 170, 171,
    204, 249, 356
    actividad durante la vida, 173-175
    TDAH/TDA y, 177, 186
    desarrollo de, 173-175, 185
    saludable, 173
    niño interior y, 178-180
    poca actividad en, 166, 173, 255, 319
    ejercicios mentales para, 196-198, 205,
        208
    obesidad y, 175, 176
clarividencia, como tipo de pensamiento
    automático negativo, 268, 269
Cleeland, Cam, 286

Cleveland Clinic, 302
cobre, 346
cocaína, 100, 101, 166
colaciones
    beneficios de, 111, 112
    índice glucémico (IG) y, 97
    ideas para, 111, 112
colágeno, 218, 220-223, 227, 228, 235
colesterol, 58, 59, 62, 69, 83, 319, 320
    perfil de lípidos y, 58
colesterol HDL (lipoproteína de alta
    densidad), 58, 123, 320
colesterol LDL (lipoproteína de baja
    densidad), 58, 60, 123
colina, 355
comer fuera, 125
comida rápida, 84, 85, 90, 183, 209, 297,
    299, 302, 303, 307, 308, 319
comportamiento compulsivo, 167, 181,
    257-259
comportamiento de búsqueda de
    emociones, 29, 177
comportamiento impulsivo, 29, 180, 181,
    255, 256, 258
conciencia
    cambiar el nivel de, 180-182
    definición, 180
    longevidad y, 169-171
    seis facetas de, 181, 183
Conferencia Internacional sobre la
    Enfermedad de Alzheimer (2011), 72
confianza, 181, 200
Conquer, J. A., 350
control de impulsos, 36, 167, 173
CoQ10 (coenzima Q), 70
Cortez, Rick, 297, 298, 318, 326
cortisol, 142, 223, 225, 305
Cosby, Bill, 175
Counter Clockwise (Langer), 272
Craving Control, 354
cree su propia red de genios, 297, 339
    ejercicio, 321-323
cromo, 346, 354
cromosomas, 140
crucigramas, 202

crustáceos, alergias alimentarias y, 112
cúrcuma, 106
curcumina, 70
cuidadores, 64
curiosidad, 203, 342
Cymbalta (duloxetina), 260

Davis, Anthony, 277-278
deanol, 221
deber, sentido del, 181
Deems, Eddie, 148
defecaciones, 82
DHEA (dehidroepiandrosterona), 231, 236
demencia, 33
    definición, 37
    Véase también enfermedad de Alzheimer
demencia alcohólica, 37
demencia del lóbulo temporal frontal, 37,
    291, 292, 302
demencia por traumatismo cerebral, 37, 337
demencia pugilística, 330
demencia vascular, 37
desayuno, 25, 87, 92, 93, 95, 127, 213, 313
    índice glucémico (IG) y, 95
Desensibilización y Reprocesamiento
    mediante Movimientos Oculares (EMDR,
    siglas en inglés), 267
depresión y ansiedad, 29, 32, 39, 40, 69,
    72, 144, 145, 147, 170, 171, 237, 248,
    332, 339
    diabetes y, 34
    dieta y nutrición y, 90, 102
    ejercicio y, 138, 144, 145, 147, 156, 158,
        237
    en comparación con el duelo, 253, 254
    en la niñez, 72, 73
    imágenes del cerebro y, 25
    incidencia de, 248
    lesión cerebral y, 25
    orgasmo y, 231
    sueño y, 141
    suplementos y, 102, 349, 353
    tipos de cerebro y, 255-262
    tratamiento, 250-252, 268, 269, 272, 276
desastres naturales, 330

deshidratación, 91
DeVarney, Savannah, 197
DHA (ácido docosahexaenoico), 102, 106,
    348-351
diabetes, 27, 39, 69, 313
    café y, 108
    cerebro y, 34, 35
    depresión y ansiedad y, 34
    dieta y nutrición y, 89, 90
    ejercicio y, 225
    nivel de HgA1C y, 48, 54, 74, 320
diagnóstico dual, 331
días de suspensión de la dieta, 88
Didion, Joan, 249
dieta CROND, 51, 61, 73, 126
dieta de eliminación, 80, 113
dieta HCG, 50
dieta mediterránea, 105
dieta y nutrición, 18, 27, 31, 39, 62, 63, 71,
    77-127, 210, 212, 213, 275
    acetilcolina y, 218, 219
    alergias alimentarias, 112, 113, 125
    alimentos orgánicos, 113, 114, 117, 118,
        344
    alimentos supersaludables para el
        cerebro, 21, 63, 90, 109, 110
    antioxidantes, 25, 28, 31, 71, 88, 104,
        105, 109
    apoyo social y, 141, 170, 300, 311-313,
        321, 324, 325
    azúcar, 27, 29, 32, 58, 87, 91, 100, 101,
        111, 126, 228, 311
    café, 108, 112, 119, 127, 228
    cafeína, 82, 90, 91, 107, 108, 127, 167,
        228, 236, 258
    calorías y, *véase* calorías
    carbohidratos, *véase* carbohidratos
    colaciones, *véase* colaciones
    comer fuera, 125
    comer sanamente con presupuesto
        limitado, 117, 118, 126
    comida rápida, 85, 86, 90, 120, 209,
        297, 299, 305, 307, 308
    consumo de agua, 31, 81, 88, 90, 91,
        125, 218, 235, 311

depresión y ansiedad y, 90, 102
desayuno, 71, 92, 93, 95, 127, 213, 306
días de suspensión, 88
dieta CROND, 51, 61, 73, 126
dieta de eliminación, 80, 113, 125
dieta mediterránea, 105
enfermedad de Alzheimer y, 90, 102
estrés y, 250
etiquetas de los alimentos, 51, 101, 111, 119, 125
fibra, 93, 98-100, 221
frutas y verduras, véase frutas y verduras
grasas, véase grasas, dietéticas
guías nutricionales, 119, 125
helado, 36
hierbas y especias, 31, 88, 106, 107, 127
índice glucémico (IG), 88, 93-98, 127
pescados y mariscos, véase pescados y mariscos
piel y, 215, 216, 218-221, 228, 234, 235
potasio, 110, 111
productos lácteos, 81, 112, 113, 222
proteína, 31, 87, 92, 93, 127, 250, 275
refrescos, 101, 120, 311, 327, 328
sal, 61, 110, 111, 127
siete reglas para comer alimentos saludables para el cerebro, 88-107
tamaño de las porciones, 51, 52, 61, 71, 72, 81, 94-98, 127, 212, 213
TDAH/TDA y, 33, 90, 102, 103, 212, 213
Véase también calorías; suplementos
Dispenza, Joe, 149-152
DMAE (dimetilaminoetanol), 221, 222
dopamina, 92, 127, 144, 166, 167, 250, 256, 257, 259, 275, 355
drogadicción, véase toxicomanías
Dr. Phil (programa de televisión), 161, 162, 165, 166
Dryer, Fred, 277, 285
duelo, 40, 170, 239, 248-254, 267
complicado, 252-254
en comparación con depresión, 253, 254
tratamiento, 170, 239, 250-252
duelo complicado, 252-254

duloxetina, 260
DUHVE, 193

Eastman, Dee, 314
Eat Healthy with the Brain Doctor's Wife (T. Amen), 110
Eaton, Debbie, 316
eccema, 112, 219
educación, 69, 191, 203, 207
Véase también aprendizaje vitalicio
edulcorantes artificiales, 61, 91, 311
Einstein, Albert, 190
ejercicio, 18, 28-31, 40, 69, 73, 201, 210, 212, 213, 225, 226, 275
actividades de coordinación, 145-147
aeróbico, 139, 144-148, 178, 186
apoyo social y, 324
bailar, 146-149, 159, 205, 206
beneficios de, 73, 138-147, 192, 202
caminar, 68, 109, 110, 138, 145, 146, 155, 156, 159, 250, 324
circulación y, 141
depresión y, 138, 144, 145, 147, 156, 158, 237
diabetes y, 225
enfermedad de Alzheimer y, 140-142, 158
entrenamiento de resistencia, 139, 140, 145, 147
entrenamiento por ráfagas (a intervalos), 145-147, 160
equilibrio y, 139
estrés y, 141, 142, 158, 160
excesivo, 28
falta de, 60
FNDC (factor neurotrófico derivado del cerebro) y, 141, 142, 144
longevidad y, 138-140
memoria y, 141-143
nivel del estado de ánimo y, 133, 138, 141, 144, 158
piel y, 215, 225, 226, 234
pilates, 140, 160
por la mañana, 135, 159
sexualidad y, 145

sistema del calendario de pared y la X y, 156, 157
sueño y, 141, 159
tai chi, 139, 147, 160
tensión arterial alta y, 53, 60
yoga, 139, 140, 147, 160, 250
ejercicio aeróbico, 145, 146, 178
ejercicio de red de genios, 321-323
ejercicio de página de milagros, 182, 186
ejercicio físico, *véase* ejercicio
ejercicio mental, 70, 63, 142
elastina, 220, 228
embarazo, cafeína y, 108
encefalitis, 263
endorfinas, 143, 146, 157, 231, 237, 244, 315, 354
enfermedad celiaca, 79
enfermedad de Alzheimer, 27, 350
   apnea del sueño y, 52
   café y, 108
   conciencia y, 171
   cortisol y, 142
   cuidadores y, 64
   definición, 37
   dieta y nutrición y, 90, 102
   ejemplos de SPECT, 17, 47, 63, 67
   ejercicio y, 153-155, 158, 159
   enfermedades y problemas asociados con, 39
   factores de riesgo de, 34, 59, 60, 64-66, 68, 69, 176, 248
   fortaleza muscular y, 140
   gen de la apolipoproteína E (APOE) y, 59-61, 69, 72
   incidencia de, 36, 64
   lineamientos de estadificación de, 36, 37
   memoria y, 45-47, 68
   obesidad y, 48, 155
   reducción del riesgo de, 38, 64-71, 76
   suplementos y, 70, 350, 353
   TDAH/TDA y, 176
enfermedad de Crohn, 79
enfermedades de las encías, 27, 31
enfermedades del corazón, 27, 28, 54, 57, 59, 76, 108, 110, 300

apnea del sueño y, 52
depresión y, 248
dieta y nutrición y, 89, 90, 347
enfermedad de Lyme, 336
enfermedad de Parkinson, 107, 108, 176
enfermedad de reflujo gastroesofágico (ERGE), 121
enfermedades infecciosas, 27, 28
enfermedades psiquiátricas, 335
   lesión cerebral y, 25
enfermedades vasculares, 39, 57, 75
ensayo mental, 151
entrenamiento a intervalos, 145
entrenamiento de fuerza, 31
entrenamiento de resistencia, 147
entrenamiento por ráfagas, 145-147
Environmental Working Group, 224
EPA (ácido eicosapentaenoico), 102, 218, 348
epinefrina, 92, 127
equilibrio, ejercicio y, 139
espinacas, 57, 75, 92, 104, 111
establecimiento de metas, 251
estado de concierto, 192
estreñimiento, 87
estrés, 248-253
   aprendizaje y, 192, 193
   dieta y nutrición y, 111, 141
   ejercicio y, 141, 142, 158, 160
   piel y, 226, 227
   tratamiento, 201, 225, 226, 248-252, 272, 273, 355
estrógeno, 69, 113, 223, 231, 236
etiquetar como tipo de pensamiento automático negativo, 268, 269
etiquetas de los alimentos, 51, 101, 111, 119, 125
euforia del corredor, 143
European Society of Nuclear Medicine (ESNM), 337
Evolve the Brain: The Science of Changing Your Mind (Dispenza), 149
exposición al sol, 223, 224
exposición a sustancias tóxicas, 39, 227, 228, 288
extracto de semillas de uva, 126

Facebook, 324
FASEB Journal, 352
fenilalanina, 222
fertilidad, cafeína y, 108
fibra, 93, 94, 98, 99, 221
fibromialgia, 79, 83, 135
filtros solares, 223, 224
flagelarse, como tipo de pensamiento
    automático negativo, 268, 269
Fleming, Marvin, 282
FNDC (Factor Neurotrófico Derivado del
    Cerebro), 141
Focus and Energy Optimizer, 167, 355
folato, 57
fosfatidilcolina, 219
fosfatidilserina, 289, 347
frecuencia cardiaca, 108, 136, 141, 289
fresas, 104, 107, 109
frutas y verduras, 61, 81
    antioxidantes en, 71, 104, 105, 109, 110
    carotenoides en, 224, 235
    con alto contenido de proteínas, 92
    fibra y, 93, 99
    fuentes de folato en, 57
    índice glucémico (IG) y, 93, 95, 96
    "los doce del patíbulo", 28, 114
    menos contaminadas, 115
    raciones al día, 51, 52, 73, 345
frutos secos, alergias alimentarias y, 112, 125
ftalatos, 27, 91
fuerza muscular, 140
fumar, 13, 14, 20, 27, 47, 55, 58, 60, 61, 74,
    171, 174, 228
    humo de tabaco, 228, 328
    piel y, 228, 236
funcionamiento cognitivo, 34
función mitocondrial, 70

GABA (ácido gamma-aminobutírico), 92,
    227
GABA Calming Support, 356
galactosa, 101
ganglios basales, 204, 211, 261, 265
gen de la apolipoproteína E (APOE), 48, 59,
    60, 65, 68, 72, 73

genética, 26, 56, 315, 344
Gibson, Lawrence E., 220
gimnasio cerebral 24/7, 197, 200-203, 206
ginkgo biloba, 70, 107, 353
glándulas suprarrenales, 142
glándula tiroides, 55, 56
glicación, 221, 225, 228
glóbulos blancos, 53
glóbulos rojos, 53, 225
glucosa, 70
glutamina, 92, 354
GMS (glutamato monosódico), 112
grasas, dietéticas, 31, 88, 101, 102, 126
    Véase también ácidos grasos omega 3
grasas poliinsaturadas, 61
grasas saturadas, 61, 104, 220
grasas trans, 28, 29, 104
Great Divorce, The (Lewis), 309, 324
grelina, 98
guías nutricionales, 119, 125

habilidades para la toma de decisiones, 23,
    30, 39, 90, 141, 147, 158, 161-187
    conciencia y, 154-157, 161, 165-171,
        180-182
    corteza prefrontal (CPF) y, 141, 147,
        157-163, 172-175
    sugerencias para tomar decisiones
    saludables, 183-187
hábitos, crear nuevos, 151
Haidt, Jonathan, 196
Happiness Hypothesis, The (Haidt), 196-198
Harch, Paul, 280
Harris, Bill, 202
Harvard School of Public Health, 347
Healing ADD (Amen), 255
Healing Anxiety and Depression (Amen),
    255
helado, 36
hemoglobina, 225
Hermanos Wright, 152
hidratación, 25, 91, 218, 252
    piel y, 218-220
hidrocefalia de presión normal (HPN), 68
hierba de san Juan, 258, 275, 343, 344

hierbas y especias, 106, 107
hierro, 57, 75
hipertensión, *véase* presión arterial alta
hipertiroidismo, 56
hipnosis, 227, 275
hipocampo, 142, 193
hipotiroidismo, 55, 56, 130, 263
hormona del crecimiento, 237
hormonas, en la alimentación de animales,
    113, 126
hormonas tiroideas, 31, 55, 56, 75, 223
huevos, alergias alimentarias y, 112, 125
humo del tabaco, 228, 328
huperzina A, 61, 70, 219, 289, 353
Hyman, Mark, 77, 304, 344

idiomas, aprendizaje de nuevos, 202
Iglesia Saddleback, 303, 304, 307, 310, 312,
    335
Iglesia Willow Creek, 317, 318
imágenes del cerebro, *véase* SPECT
    (tomografía computarizada por emisión
    de fotón)
IMC (índice de masa corporal), 48, 49, 60,
    73, 154, 175, 176, 306, 349
incontinencia urinaria, 68
Índice glucémico (IG), 88, 93-98, 127, 228
indigencia, lesión cerebral y, 25
infecciones, 26, 57, 130, 225, 263
infecciones por VIH, 59
Infectious Diseases Society of America, 337
inflamación, 27, 31, 32, 70, 221, 250
    cafeína y, 108
    nivel de ferritina y, 57, 75
    niveles de proteína C reactiva, 56, 75
inositol, 355
insomnio, 52, 74, 227
Instituto de Obesidad, Nutrición y
    Ejercicio, 94
instrumentos musicales, 206
intención firme, 152, 153
International Journal of Obesity, 348
intoxicación por metales pesados, 263
IRM (imágenes por resonancia magnética),
    16, 143

Isaac, Brad, 156

jarabe de maíz de alta fructosa (JMAF), 87,
    101
jazmín, 227
jengibre, 107
Johnson, Robert, 143
Johnson, Sandra M., 225
Journal of Alzheimer's Disease, 352
Journal of Clinical Oncology, 228
Journal of Dermatological Research, 218
Journal of the American Medical Association,
    110, 346
juegos de trivia, 203
jugadores de futbol, 277, 278, 335, 356
jugadores de la National Football League,
    50, 51, 164, 278-280, 353
juegos de mesa, 203, 206

Katie, Byron, 269
Kefir, 222
Komanapalli, Steve, 303-305, 319-321, 325
Kwik, Jim, 189-195

LaGrand, Louis, 252
Lancet Neurology, 72
Langer, Ellen, 272
lavanda, 227
leche, alergias alimentarias y, 112, 125
lectura veloz, 194-196
leer, 152, 191, 192, 194-196, 206
leer la mente, como tipo de pensamiento
    automático negativo, 268, 269
leguminosas y nueces, índice glucémico
    (IG) y, 97
leptina, 351
lesiones en la cabeza, 25-27, 30, 33, 39, 65,
    68, 72, 139, 143, 163, 164, 184, 278,
    280, 282-288, 294, 295, 333, 342
leucemia, 53
levantamiento facial, 215, 216, 229
Lewis C. S., 169, 170, 309, 324
Lexapro, 259
licopeno, 347
Lincoln, Abraham, 152

líquido cefalorraquídeo, 68
lisina, 221
llevar un diario, 192, 311
llorar, 251
lóbulos temporales, 262, 263, 276, 286, 356
lóbulos parietales, 46, 52, 62, 205, 356
longevidad, 26, 30, 84, 89, 93, 98, 127, 148, 158, 183-185
    actividad sexual y, 230-232
    conciencia y, 169-171
    ejercicio y, 138
Loren, Sophia, 239
Love Lives On: Learning from the Extraordinary Experiences of the Bereaved (LaGrand), 252
Loving What Is (Katie), 269
L-tirosina, 92, 178, 186, 257
L-triptófano, 92
luteína, 347

magnesio, 354, 356
mah-jong, 203
"Making a Good Brain Great", curso de preparatoria, 30
Malik, Riz, 119-124
maltodextrina, 101
maltosa, 101
Mandela, Nelson, 153
manganeso, 219, 346
manzanas, 109
marihuana, 261
mariscos, *véase* pescados y mariscos
masaje, 227, 235
Hospital General de Massachusetts, 146
McGill, Andrew, 129-137, 149, 156, 157
McGill, Kathe, 130, 131, 134, 135
McGill, Katy, 129-131, 135
medicamentos, 334
    TDAH/TDA, 176, 185, 211
    ansiolíticos, 92, 231, 237
    anticonvulsivos, 92, 237, 276
    antidepresivos, 106, 144, 158, 231, 237, 259, 268, 343
    seguro y, 173, 337
meditación, 32, 204, 208, 262, 275

melatonina, 341, 354
memoria, 18, 19, 189, 190
    enfermedad de Alzheimer y, 37, 45-47, 68
    gen de apolipoproteína E (APOE) y, 59, 60
    imágenes del cerebro y, 35
    ejercicio y, 139, 140
    inmediata y retardada, 47
    olfato y, 193
    recordar nombres, 193, 194, 206
    suplementos para, 61, 62, 345
    sugerencias, 193, 194
    Véase también aprendizaje vitalicio
memoria visual, 47
meningitis, 263
menopausia, 113, 212
mensajes de texto, 166, 184
Men's Health (revista), 232
mercurio, 53, 263
    en peces, 115, 116
metabolismo, 88, 92, 127, 147
metanfetaminas, 34
Microcog, prueba, 286
microglia, 109
mielina, 174-176
minerales, *véase* suplementos
mnemotecnia, 202
Modelo Douglas, 228
modelos de conducta, 152, 301
moho, 27, 130, 263, 264
moras azules, 105, 109
Moore, Dudley, 172

N-acetilcisteína (NAC), 61, 289
Nash, Ogden, 15
National Bureau of Economic Research, 232
National Institute of Aging, 37, 38
National Institute on Drug Abuse, 175, 176
National Resources Defense Council, 115
Nature Obesity (revista), 306
Nature Publishing Group Journal, 175
neuronas, 25, 59, 151, 152, 154, 251, 348, 352

neurorretroalimentación, 32, 280, 285, 289, 290, 295
NeuroVite Plus, 346, 347, 356
New England Journal of Medicine, 206, 301
Newman-Bluestein, Donna, 149
niñez, 39
niño interior, 178-180, 186
nivel de estado de ánimo, ejercicio y, 131, 141, 143, 147, 155
nivel de ferritina, 57, 75
nivel de HgA1C, 54
nivel de homocisteína, 56, 57, 75, 108
nivel de 25-hidroxivitamina, 54, 74
niveles de proteína C reactiva, 56, 75
niveles tiroideos, 28, 48, 55
nombres, recordar, 193, 194, 206
norepinefrina, 127
    depresión y ansiedad en, 92, 127, 144, 355
    factores de riesgo de la enfermedad de Alzheimer en, 65, 71, 72
    lesiones en la cabeza en, 92
    obesidad en, 92
núcleo accumbens, 166

obesidad, 38, 71
    TDAH/TDA y, 174
    enfermedad de Alzheimer y, 48
    IMC (índice de masa corporal), 47, 48, 60, 62, 73, 98, 102, 152, 174, 306, 349
    cerebro y, 29, 34, 36, 71-73, 154, 155, 175-177, 234
    en la niñez, 73
    depresión y, 247
    dieta y, *véase* dieta y nutrición
    ejercicio y, *véase* ejercicio
    amistad y, 101
    falta de sueño y, 227, 311
    apnea del sueño y, 52, 226, 295
    apoyo social y, 297-299, 314-316, 321
    suplementos y, 349, 350, 352, 355
    circunferencia de la cintura, 102, 349
olfato, memoria y, 193
omega 3 Power, 350, 351, 356

ondas cerebrales alfa, 290
ondas cerebrales beta, 290
ondas cerebrales del RSM (ritmo sensoriomotor), 290
ondas cerebrales delta, 290
ondas cerebrales theta, 290
optimismo, 32, 170, 184, 185
orégano, 107
orgasmo, 231
oxígeno, 25, 52, 70, 130, 136, 156, 224-226, 263, 264, 280
oxitocina, 300
Oz, Mehmet, 304, 361

Page, Leroy "Satchel", 272
PAN (pensamientos automáticos negativos), 244, 246, 251, 272, 339
    eliminación, 267-271
panax ginseng, 355
Parity Act de 2008, 337
pastillas anticonceptivas, hierba de san Juan y, 343, 344
pastillas para adelgazar, 258
patrón diamante plus, 265-267
patrones de pensamiento negativo, 29, 73, 149
    pensamientos automáticos negativos, 268-271
PGA (productos finales de la glicación avanzada), 29, 228
películas de terror, 166, 184
pensar con los sentimientos, como tipo de pensamiento automático negativo, 269
pensar en términos de siempre, como tipo de pensamiento negativo automático, 269
perfil de lípidos, 48, 58
perfil metabólico general, 53, 54, 74
perseverancia y persistencia, 170, 181
personalización, como tipo de pensamiento automático negativo, 269
pescados y mariscos, 92, 102, 115, 125, 347, 348
    alergias alimentarias y, 112, 125
    mercurio en, 115

opciones más seguras, 115, 116
tilapia orgánica, 118
peso abdominal, 49, 101, 248, 305
pesticidas, 27, 28, 113
piel, 34, 40, 87, 209, 214-231, 312, 313
actividad sexual y, 230
arrugas faciales, 214, 220, 228, 229
cáncer, 219, 223, 228, 235
consumo de alcohol y, 228, 229, 236
dieta y nutrición y, 210, 215, 216, 220, 234, 235
ejercicio y, 215, 225, 226, 229, 234, 235
estrés y, 91, 225, 226
exposición a sustancias tóxicas y, 227, 228, 236
exposición al sol, 28, 219, 221, 222, 223, 224
filtros solares y, 223, 224
fumar y, 228
hidratación y, 218-220, 228, 235
hormonas y, 223
levantamientos faciales, 215
productos para el cuidado de la piel, 236
salud vascular y, 224-226
sonreír y, 229, 236
sueño y, 226, 235
sugerencias para una piel sana, 234-237
suplementos y, 218, 219, 221, 222
pilates, 140, 160
pintura a base de plomo, 228
piñones, 219
Plan Daniel, 307-313, 335
Polish, Joe, 321
polifenoles, 109, 219
pollo, 92, 127
pornografía en internet, 166, 184
positividad, 198-201
postura corporal, confiada, 200
potasio, 110, 111
preguntas hipotéticas, 150, 192
preocupación, véase depresión y ansiedad
presión arterial, véase presión arterial alta
presión arterial alta, 39, 60, 65, 74, 80, 83, 123, 127
apnea del sueño y, 52

cafeína y, 108
reducir, 53, 62, 98, 111
Preventing Alzheimer's (Amen y Shankle), 177
probióticos, 222, 227, 347
productos finales de la glicación avanzada, 29
problemas de aprendizaje, lesión cerebral y, 25, 26, 73
problemas de ira, imágenes del cerebro y, 33
problemas de salud mental, 337-339
problemas intestinales, 31, 300
productos lácteos, 113, 126, 222
programa Decade of Destiny, 304, 305
programas escolares de futbol, 94
prostaglandina, 231
proteína, 31, 87, 92, 93, 127, 250, 275
Prozac, 148, 259
prueba de VO$_2$ (volumen de oxígeno), 136
pseudodemencia, 37
psoriasis, 56, 226
pterostilbeno, 347
Purpose Driven Life, The (Warren), 303

quercitina, 347
quimioterapia, 27, 263, 264, 312
quinoa, 32

radiación, 263, 264
radicales libres, 25, 27, 28, 31, 70, 109
Raji, Cyrus, 153-156, 305, 362
Rapp, Doris, 20
razón cintura a estatura (RCE), 48
recuperación de palabras, 47
red neural, 151
reducción de peso, véase dieta y nutrición; obesidad
reflexión, 18, 181, 199
reflujo ácido, 121
refrescos, 101, 121, 311, 328
relaciones sociales/sistemas de apoyo, 170, 300
releer, 196
reloj biológico, 140-145
resistencia a la insulina, 56, 57, 75

respiración profunda, 32, 225
Restful Sleep, 354
resveratrol, 347
rhodiola, 178, 184, 186, 355
risa, 193, 229, 362
Ritalin, 178, 186
Rogers, Will, 189
romero, 107
rompecabezas, 203
romper la rutina, 204, 207
roncar, 52, 226
Rush University Medical Center, 140

sal, 61, 87, 90, 106, 110, 126, 311
sal marina, 110, 127
salud vascular, piel y, 224-226
salvia, 106
SAMe (S-adenosilmetionina), 260, 275, 280, 355
San Francisco VA Medical Center, 72
Scrabble, 203
Seinfeld, Jerry, 156
selenio, 346
semen, 231
sentido de dirección, 205, 356
serotonina, 92, 93, 144, 167, 257-260, 275, 355
Serotonin Mood Support, 167
Sexting, 166, 184
sexualidad, 40
    adicciones, 162, 166, 184
    ejercicio y, 145
    ventajas del sexo frecuente, 230-234, 236, 237
Shankle, Rod, 177
Sharon, Gerald, 248, 249
Sierra Tucson, 143
sífilis, 48, 59
síndrome de fatiga crónica, 333, 334
síndrome de intestino irritable, 70
síndrome del dinosaurio, 154, 175, 305
síndrome metabólico, 56, 101
sistema límbico, 156, 197, 204, 249, 265
sistemas de apoyo, 26, 30, 39
Smith, David, 137

sobrecarga de información, 191-193
sobrepeso, véase obesidad
soldados, 280, 286, 287, 330
solventes orgánicos, 27, 130, 263
sonreír, 229, 236
sorbitol, 101
soya, alergias alimentarias y, 112
SPECT (tomografía computarizada por emisión de fotón), 327-347
    apnea del sueño y, 52
    beneficios de, 32
    compañías de seguros y, 337
    consumo de alcohol y, 128, 129, 155
    ejemplos de, 16, 18, 19, 21, 22, 33, 46, 63, 67, 129, 132, 256, 257, 259, 260, 263, 264, 278, 279, 281, 284, 287, 292, 320, 329, 336, 358
    función de, 15
    Parity Act y, 337
Splenda (sucralosa), 222
Stanford Hospital and Clinics, 351
Stevia, 91, 222
subvocalización, 195
sudar, 225
Sudoku, 202
sueño
    cafeína y, 107, 108
    ejercicio y, 141, 159
    horas de, 31, 48, 52, 74, 167, 182, 311, 324, 328, 340, 344
    insomnio, 52, 74
    piel y, 235, 236
    suplementos y, 345, 354, 355
    Véase también apnea del sueño
suicidio, 102
    lesión cerebral y, 26
suplementos, 29, 31, 209, 211, 212, 292, 293, 344-358
    aceite de borraja, 218, 235
    aceite de onagra, 218, 235
    aceite de pescado, 31, 53, 54, 61, 62, 71, 74, 75, 121, 127, 182, 186, 212, 218, 280, 347, 348
    aceite de semillas de grosellas negras, 218, 235

acetil-L-carnitina, 61, 70, 219, 289, 295, 347, 353
ácido alfa lipoico, 54, 61, 70, 218, 21, 289, 296, 348, 355
AGL (ácido gamma-linolénico), 217, 221
Amen Solution, 345, 346
Attention Support, 120
Brain and Memory Power Boost, 69, 165, 279, 280, 284, 285, 289, 295, 296, 354, 355, 358
5-HTP (5-hidroxitriptófano), 256-258, 275, 356
CoQIO (coenzima Q), 70
Craving Control, 355
curcumina, 69
DMAE (dimetilaminoetanol), 221
extracto de semillas de uva, 126
fenilalanina, 222, 354
Focus and Energy Optimizer, 167, 355
fosfatidilcolina, 219
fosfatidilserina, 289, 296, 348, 355
GABA (ácido gamma-aminobutírico), 92, 227, 235, 261, 275, 341, 354
GABA Calming Support, 356
ginkgo biloba, 61, 70, 106, 289, 296, 355
hierba de san Juan, 258, 275, 343
huperzina A, 61, 70, 219, 289, 295, 353
lisina, 221
L-tirosina, 92, 176, 185, 250, 256, 275
manganeso, 219, 346
melatonina, 52, 62, 74, 141, 159, 227, 235, 341, 354
N-acetilcisteína (NAC), 61, 70, 289, 295, 353
NeuroVite Plus, 346, 356
Omega Power, 350, 351, 356
piel y, 217, 220-222
Restful Sleep, 354
rhodiola, 178, 184, 186
SAME (S-adenosilmetionina), 260, 275, 280, 355
Serotonin Mood Support, 165, 356
suplementos multivitamínicos con minerales, 30, 31, 61, 70, 176, 185,
278, 289, 311, 345-348, 358
té verde, 30, 31, 91, 126, 176, 183, 185, 219, 235, 256, 258, 275
ventajas y desventajas, 344-346
vinpocetina, 61, 70, 289, 295, 353
zinc, 221, 346, 354
suplementos de Amen Solution, 345
suplementos multivitamínicos con minerales, 278, 344, 346

TAC (tomografía axial computarizada), 16
tai chi, 139, 147, 160
tamaño de las porciones, 51, 52, 61, 71, 72, 81, 94-98, 127, 199, 212, 213
Taylor, Derek, 175
TC (tomografía computarizada), 143
té, 31, 32, 44, 91, 107, 112, 126, 127, 219, 220, 235
té blanco, 218-220, 235
telomerasa, 140
telómeros, 28, 140, 203
té negro, 219, 235
tenis, 146
tenis de mesa, 294
terapia de remplazo hormonal, 58
Terman, Lewis, 169, 180
testosterona, 28, 31, 69, 145, 148, 223, 231, 237
niveles de, 39, 57, 58, 62, 75
té verde, 31, 91, 127, 178, 184, 186, 218, 219, 235
THDA/TDA, 69, 72, 105, 127, 129, 185, 211, 305, 332, 333, 346
dieta y nutrición, 90, 101, 103, 212, 255, 256
enfermedad de Alzheimer y, 176
imágenes del cerebro y, 32
obesidad y, 174
síntomas de, 175
tratamiento de, 33, 176-178, 182, 186
tipo de cerebro ansioso, 255, 261, 262, 275
tipo de cerebro compulsivo, 255, 257, 258, 275
tipo de cerebro de estrés postraumático, 255, 265-267

tipo de cerebro de lóbulo temporal, 37, 255, 262, 263, 265, 277, 278, 287, 288, 291, 332

tipo de cerebro impulsivo, 255-257, 275

tipo de cerebro impulsivo-compulsivo, 255, 258, 259, 275

tipo de cerebro tóxico, 255, 263, 264, 276

tipo de cerebro triste o taciturno, 255, 259, 260, 275

títulos universitarios, 150, 203, 207

TOHB (terapia de oxigenación hiperbárica), 32, 280, 284, 289, 291-293, 295

tomar notas, 196, 207

tomillo, 106

toxicomanías, 102, 143, 331, 334, 347

toxinas ambientales, 18, 20, 31, 130, 228, 236, 263, 276

trabajo, el, 269-271

trastorno bipolar, 254, 333, 355

trastorno de déficit de atención, *véase* THDA/TDA

triglicéridos, 58, 59, 79, 83, 101, 123, 313, 319, 320

trigo, alergias alimentarias y, 112, 125

TSH (hormona estimulante de la tiroides), 55

UltraMind Solution, The: Fix Your Broken Brain by Healing Your Body First (Hyman), 344

Unchain Your Brain: Steps to Breaking the Addictions That Steal Your Life (Amen y Smith), 137, 255

Universidad de California en los Ángeles (UCLA), 64

Universidad de Columbia, 232

Universidad de Derby, 148

Universidad de Duke, 232

Universidad de Guelph, Canadá, 103, 145, 350

Universidad de Harvard, 108

Universidad del Suroeste de Texas, 291

Universidad de Michigan, 129, 139

Universidad de Northumbria, Inglaterra, 346

Universidad de Northwestern, 307

Universidad de Nueva Inglaterra, 149

Universidad de Pennsylvania, 52

Universidad de Pittsburgh, 350

Universidad de Princeton, 101

Universidad de Queen's, Irlanda, 232

Universidad de St. Andrews, Escocia, 139

Universidad de Stanford, 169

Universidad de Tufts, 352

Universidad de Utah, 28

Universidad de Wilkes, 231

valeriana, 354

verduras, *véase* frutas y verduras

ventrículos, 66, 67

viajes, dieta y nutrición y, 87, 84

videojuegos, 166, 184

vinpocetina, 61, 70, 289, 295, 353

visualización, 151, 272

vitamina A, 221, 229, 346

vitaminas B, 56, 61, 221, 346

vitamina B_6, 57, 75, 262, 275, 355

vitamina B_{12}, 57, 59, 75

vitamina C, 221, 346

vitamina D, 27, 31, 47, 127, 221, 351, 352
  exposición al sol y, 221, 223, 224
  niveles de, 29, 48, 54, 55, 70, 351-353

vitamina E, 221

vitiligo, 222

Volkow, Nora, 175, 176

Wall Street Journal, 25

Walter Reed Army Institute of Research, 52

Walter Reed Army Medical Center, 232

Warren, Rick, 303-307, 309-311, 315

White, Nancy, 291, 292

White, Ray, 290, 291

Willeumier, Kristen, 283

Williams, Roy, 281, 282

Wilson, Robert, 171

Year of Magical Thinking, The (Didion), 249

yoga, 139, 140, 147, 160, 250

yogurt, 222

zinc, 221, 346, 354

Zoloft, 144, 259

Esta obra se imprimió y encuadernó
en el mes de abril de 2022,
en los talleres de Impregráfica Digital, S.A. de C.V.,
Av. Coyoacán 100–D, Col. Del Valle Norte,
C.P. 03103, Benito Juárez, Ciudad de México.